U0901157

黑龙江垦区统计年鉴

STATISTICAL YEARBOOK OF HEILONGJIANG STATE FARMS

2011

（总第十九期 No.19）

黑龙江省农垦总局统计局
国家统计局黑龙江农垦调查队 编

(京)新登字041号

图书在版编目（CIP）数据

黑龙江垦区统计年鉴. 2011/ 黑龙江省农垦总局统计局，
国家统计局黑龙江农垦调查队编.
—北京：中国统计出版社，2011.8
ISBN 978-7-5037-6319-9/C.2539

Ⅰ.①黑… Ⅱ.①黑… ②国…Ⅲ.垦殖场—统计资料—
黑龙江省—2011—年鉴 Ⅳ.C832.35-54

中国版本图书馆CIP数据核字(2011)第164262号

黑龙江垦区统计年鉴-2011

作　　者/黑龙江省农垦总局统计局　国家统计局黑龙江农垦调查队
责任编辑/陈越月　韩军
责任校对/韩军　白国兴　于远滋　刘博　张斌　刘洲　张春艳　杨雪松　姜波
封面设计/刘璐　韩军
出版发行/中国统计出版社
通信地址/北京市西城区月坛南街57号
邮　　编/100826
办公地址/北京市丰台区西三环南路甲6号
电　　话/(010)63376907
E-mail / yearbook@gj.stats.cn
印　　刷/黑龙江新时代印刷厂
经　　销/新华书店
开　　本/880×1230毫米　1/16
字　　数/1000千字
印　　张/24印张
版　　别/2011年8月第1版
版　　次/2011年8月第1次印刷
书　　号/ISBN 978-7-5037-6319-9/C.2539
定　　价/280.00元

《黑龙江垦区统计年鉴-2011》

编委会和编辑人员

出版发行：中国统计出版社

编 辑 说 明

一、《黑龙江垦区统计年鉴—2011》是一部全面反映黑龙江垦区经济和社会发展情况的资料性年刊，本书系统收录了全垦区和各分局、总局直属单位、农牧场2010年经济和社会各方面的统计数据，以及历史重要年份的主要统计数据 。

二、全书主要分16部分：特载（文字资料）；1.行政区划和自然资源；2.综合；3.人口、从业人员和职工工资；4.固定资产投资；5.能源和原材料消费；6.人民生活；7.农林牧渔业；8.工业；9.建筑业；10.交通运输和通讯业；11.批发零售业和餐饮业； 12.对外经济贸易；13.教育科技和文化事业；14.卫生环保和其他；15.各农牧场和总局直属单位主要指标。各部分末附有主要统计指标解释。

三、本年鉴资料主要来自是黑龙江省农垦总局2010年及以前各年度的统计年报、业务部门的统计年报和抽样调查资料，部分专业历史数据和资料来源口径有调整，请留意表中注释。

四、本年鉴的编辑原则。由于各种原因，黑龙江垦区的管理体制几经变动，为了研究问题方便，在汇编全垦区历史性资料时，我们采取了现行管理体制口径，就是以2010年管理体制口径为准，凡是2010年以前划出的单位(农场或工厂等)，其统计数据，一律从其各年汇总的总计数据中扣除(包括追溯的部分指标历史数字)。本年鉴个别指标，由于数据来源和计算方法不同，当年资料总局数据与分局的汇总数不等，请使用时注意。

五、本年鉴中所使用的度量衡单位均采用国际统一标准计量单位。

六、本年鉴根据出版的要求，标明2011年是出版年份，而资料截止于2010年底。

七、符号使用说明：“…”表示数据不足本表计量单位；“空格”表示该项统计指标数据不详或无该项数据；“#”表示其中的主要项。

编　者

二〇一一年五月

目　　录

特　　载

一、行政区划和自然资源

二、综　　合

三、人口、从业人员和职工工资

四、固定资产投资

五、能源和原材料消费

六、人民生活

七、农林牧渔业

八、工　业

九、建筑业

十、交通运输和通讯业

十一、批发零售业和餐饮业

十二、对外经济贸易

十三、教育科技和文化事业

十四、卫生、环保和其他

附录　各农牧场和总局直属单位基本情况

STATISTICAL YEARBOOK

特　载

转变发展方式 优化战略布局 建设绿色垦区 奋力夺取现代化大农业建设新的伟大胜利

——在中共黑龙江省农垦总局委员会（扩大）会议上的报告

隋凤富

(2010年11月1日)

同志们：

现在，我代表总局党委向大会作报告。

这次总局党委（扩大）会议，是在垦区发展的重要历史转折时期召开的一次极为重要的会议。会议的主题是：**深入贯彻落实党的十七大、十七届五中全会和省委十届十四次全会精神，认真总结“十一五”发展成就，精心描绘“十二五”宏伟蓝图，转变发展方式，优化战略布局，建设绿色垦区，奋力夺取现代化大农业建设新的伟大胜利。**

一、全面完成“十一五”规划主要目标和任务，为建设现代化大农业奠定了坚实基础

“十一五”时期，面对国际金融危机和多重自然灾害的严峻挑战，在党和国家的关怀支持下，在省委省政府和农业部的正确领导下，总局党委带领垦区人民，以科学发展观为统领，深入贯彻党的十七大和十七届三中、四中全会精神，坚持“抓城、强工、带农”统筹发展方针，加速推进城乡一体跨越发展，开创了垦区经济社会又好又快发展的崭新局面。

（一）主要经济指标实现翻番增长。预计今年实现垦区生产总值665亿元，比上年增长19%左右，比2005年增长1.1倍，5年平均增速16%。其中第一、第二、第三产业增加值分别达350亿元、152亿元和163亿元，分别比2005年增长91.7%、1.76倍和1倍。预计实现非公有制经济增加值291亿元，比2005年增长1.37倍。预计实现人均生产总值39700元，比2005年增长1倍。预计完成固定资产投资195亿元，比2005年增长2.3倍。预计实现进出口总额20.5亿美元，比2005年增长4.45倍。“十一五”以来，国有及国有控股企业累计实现利润60亿元，是“十五”期间的2.8倍；家庭农场累计实现利润464亿元，是“十五”期间的2.7倍。

（二）综合生产能力大幅提高。“十一五”时期，通过加强农田水利建设，加大现代农机装备力度，大力推广新技术新模式和全方位标准化作业，确保了粮食总产连年迈上新台阶。垦区今年实现粮食总产363.6亿斤，比2005年增加158.3亿斤，五年累计为国家提供商品粮1334亿斤，保障国家粮食安全的能力显著增强。实施农业“走出去”战略，在俄罗斯、菲律宾、巴西等国家进行农业开发，拓展了新的发展空间。畜牧业战胜市场波动和疫情多发的双重挑战，保持了强劲发展势头，今年预计实现畜牧业增加值85亿元，比2005年增长1.6倍，五年累计提供优质畜产品811.2万吨，垦区已成为国家重要的优质畜产品生产基地。推进农业产业化经营，实施“强工”战略，工业经济保持快速发展，国家级和省级重点产业化龙头企业增加到18家，九三粮油工业集团销售收入突破200亿元，北大荒商贸集团营业收入突破100亿元，米、面、油、乳等十大支柱产业格局更加稳固，农产品加工能力达到2000万吨，比2005年增加588万吨。“北大荒”、“九三”、“完达山”、“丰缘”成为中国驰名商标，其中“北大荒”品牌价值突破200亿元，位居中国最具价值品牌排行榜第45位。垦区被农业部命名为国家级现代化大农业示范区，成为我国农业现代化建设的重要窗口。

（三）城镇化建设取得历史性突破。强力实施“抓城”战略，坚持规划城镇、建设城镇、经营城镇、管理城镇，“四五”城镇体系格局基本形成，海林、七星等农场被列为国家级优美示范乡镇和全省旅游名镇，九三分局局直等16个城镇被列为全省百镇建设试点镇。“十一五”以来，垦区累计搬迁居民点1248个，占计划搬迁总量的76%，复垦新增耕地近40万亩，创造了城镇化集约用地的奇迹。完成危房改造1345万平方米，新建住宅1539万平方米，16万户居民喜迁新居。垦区城镇化率达72.3%，比2005年提高21.3个百分点。人民群众企盼已久的“耕作在广袤田野上，居住在现代化城镇里”的美好愿望正在变成现实。

（四）十大民生工程成效显著。“十一五”时期，垦区连续实施“路、住、水、能、树，文、教、卫、保、富”十大民生工程，人民群众的生活水平大幅提高，生活质量明显改善。新建公路总里程8507公里，为“十五”时期的4.3倍，农场通车率达到100%。人均居住面积提高到26.63平方米。新增50万人用上安全饮用水。新增3.2万户居民用上清洁能源。完成国家级生态垦区建设任务。累计植树造林143万亩，区域森林覆盖率达到18.2%，初步实现绿满垦区。六项文化惠民覆盖工程基本完成，通信网络覆盖率达到98%，“报、刊、台、网”宣传主阵地作用进一步增强。高标准高质量完成“普九”任务，职工人均受教育程度提高到11.3年。建立健全三级医疗卫生服务体系，基层卫生服务机构覆盖率达到100%。社会保险范围不断扩大，医疗保险制度实现全民覆盖。低保标准提高到260元，人均月补差额提高到165元。深入开展“扶低支富”工程，2.2万户职工实现脱贫。农场职工家庭人均纯收入预计达到12800元，比2005年增长83.8%，恩格尔系数下降到35%。

（五）场县合作共建向纵深发展。按照省委省政府的统一部署，扎实推进场县合作共建，5年累计完成农机代耕、代种、代收作业9846万亩，龙头企业拉动地方种植基地面积9800万亩，180万户农民进入垦地共建产业体系。垦区学校吸纳地方学生11.2万人、垦区医院接诊地方患者71万人次，场镇合作共建试点正在稳步推进。场县合作领域进一步拓宽，合作层次进一步提高，垦区在全省城乡一体化建设中的示范带动作用进一步凸显。

（六）保障支撑体系日趋完善。积极推进内部政企分开和集团化改革，北大荒集团总公司启动运行，北大荒集团整体竞争优势日益增强，在中国企业500强中的位次上升到第83位。省委省政府出台《关于支持垦区加快发展的若干意见》和《关于发挥垦区示范带动作用促进全省新农村建设的意见》，为垦区发展创造了良好的政策环境。省人大常委会审议通过《黑龙江省垦区条例》，进一步完善和规范了垦区行政管理体制，为垦区跨越发展提供了有力的体制保障。加强科技研发体系建设，农业科技贡献率提高到67%以上，农业科技成果转化率达到82%以上，居国内领先水平。大力实施“百千万”人才工程，积极拓展培训开发领域，不断优化人才公共服务，为现代化大农业建设提供了重要的人才支撑。

（七）党的建设与精神文明建设成果丰硕。始终坚持抓好党的建设，扎实开展深入学习实践科学发展观活动，各级领导班子执政能力不断增强，人民群众对干群关系和反腐败工作的满意率达到90%以上。广泛开展践行北大荒核心价值观活动，涌现出康金环、徐元林、陈大玉等一批新时代楷模。全面实施北大荒新形象提升工程和北大荒精神教育创新工程，进一步凝聚起推进垦区跨越发展的强大力量。切实加强民主法制建设，“五五”普法和依法治垦工作成效显著。进一步加强社会治安综合治理和严打整治斗争，处理法轮功问题实现“三个零”目标，垦区成为全省社会治安最好的地区之一。安全生产总体形势持续稳定好转，人民群众生命财产安全得到有效保障。充分调动各方面的积极性和创造性，统战、工会、共青团、老干部、关工委、民兵和预备役在改革发展中发挥了重要作用。广大干部职工精神面貌焕然一新，形成了人心凝聚、真抓实干、竞相发展的可喜局面。

在看到成绩的同时，也要清醒认识到，我们的工作与人民群众的期待还有不少差距：经济结构调整目标没有实现，2010年第一、第二、第三产业的比重大致为52.6:22.9:24.5，其中第二、第三产业比重分别比“十一五”规划目标低4个和6个百分点；龙头企业对上下游产业的拉动作用不够明显，一些农场的经济结构比较单一，强大的资源优势和发展潜力尚未充分挖掘出来；个别单位在发展上创新能力不强，发展速度明显滞后；一些领导干部宗旨观念淡薄、工作方法简单，不善于耐心细致地做群众工作，激化了干群矛盾，增加了不稳定因素；个别领导干部还存在形式主义、为政不廉等问题，奢侈浪费、消极腐败等现象还时有发生。对于这些前进中的困难和问题，我们要高度重视，务必认真加以解决，努力推动垦区经济社会更好更快发展。

垦区能够取得这样的成就，得益于党和国家创造的良好宏观环境，得益于省委省政府和农业部坚强有力的领导，得益于历届总局党委班子打下的坚实基础，得益于广大干部职工矢志不渝的奋发努力。在此，我代表总局党委、总局，向所有关心帮助垦区发展的各级领导、各界人士，向情系北大荒、始终关注支持垦区建设的老领导、老同志，向艰苦奋斗、无私奉献的垦区广大干部职工群众，表示衷心的感谢并致以崇高的敬意！

过去五年极不平凡的创新实践，深化了我们对发展规律的认识。必须把勇担历史使命放在第一位毫不动摇。自觉把垦区的前途命运与中华民族的伟大复兴紧密结合在一起，坚定不移地承担起维护国家粮食安全、食品安全和生态安全的历史重任，赢得了党和国家的高度重视，赢得了省委省政府和农业部的大力支持，垦区发展的环境越来越优越。必须把转变发展方式作为推动跨越发展的关键环节重点突破。加强战略思维，转变发展方式，确立“抓城、强工、带农”统筹发展方针，实施“三步走”百年垦区发展战略，推动垦区发展进入加速跨越、奋力超越的新阶段，把握了发展主动权，占据了战略制高点，垦区发展的前景越来越广阔。必须把人民群众的根本利益作为出发点和落脚点切实维护好发展好。高度重视和改善民生，把“以人为本”理念落实到老百姓看得见、摸得着的民生工程上，实现了北大荒的事业共同建设，北大荒的未来共同开创，北大荒的发展成果共同享有，垦区发展的群众基础越来越雄厚。必须把体制创新、科技创新和理论创新作为实现战略目标的根本保障强力推进。坚持从体制创新中获取不竭发展动力，从科技创新中挖掘发展潜力，从理论创新中探索发展新路，始终保持早谋一局、先行一步，不断形成新的发展优势，集聚新的发展动力，垦区发展的后劲越来越足。必须把示范带动周边发展作为应尽职责主动抓好。主动承担社会责任，积极融入全省发展大局，推动垦地共建由单项共建向全方位合作延伸，由局部自发探索向全省有序推进扩展，由辐射示范向引领带动提升，垦区发展的空间越来越大。必须把队伍建设作为垦区事业蓬勃发展长盛不衰的战略基石不断加强。树立正确的用人导向，形成了重德才、重实绩、重民意、讲奉献的用人氛围，培育了一支政治上靠得住、工作上有本事、作风上过得硬的领导干部队伍，带头弘扬北大荒精神，带头践行北大荒核心价值观，带头躬身发展实干创业，以良好的党风政风凝聚人心，垦区发展的凝聚力向心力越来越强。

五年的发展成就来之不易，创造的巨大物质财富、打下的坚实基础和积攒的发展后劲极为宝贵，积累的实践经验、创造的精神财富和形成的历史积淀影响深远，将激励我们更好地抢抓机遇，迎接挑战，以更加坚定的信心、更加昂扬的斗志、更加务实的工作，在建设现代化大农业的伟大征程上再创辉煌。

二、科学描绘“十二五”蓝图，朝着建设现代化大农业的宏伟目标奋勇前进

展望“十二五”，垦区即将步入建设现代化大农业的提速期，构建“三个垦区”、实施“三步走”战略的关键期，加速“实现跨越”和“奋力超越”的攻坚期。深刻认识并准确把握国内外形势的新变化新特点，科学谋划和全面实施“十二五”发展规划，对于垦区继续抓住和用好重要战略机遇期，全面推动现代化大农业建设跨上新台阶，具有决定性意义。

要准确把握时代脉搏，明确发展定位。从国际环境看，受金融危机影响，全球经济发生深度调整，气候变化以及粮食安全、能源资源安全等全球性问题更加突出，世界各国正进入新一轮的发展模式转型期，为垦区发挥资源和产业优势，加快发展方式转变，加速构建世界级现代农业企业集团提供了新的机遇。从国内环境看，即将启程的“十二五”，是中国经济发展的新一个五年周期。站在新的起点上，党的十七届五中全会提出，未来五年是一个可以大有作为的重要战略机遇期，要坚持科学发展，加快转变经济发展方式，着力促进从外需向内需、从高碳向低碳、从强国向富民的三大转型，推进全面建设小康社会，开创中国特色社会主义事业新局面，并特别强调要**“加大粮食主产区投入和利益补偿”、“推进现代农业示范区建设”**。省委十届十四次全会也提出，要**“发挥垦区示范带动作用”、“努力走出一条具有龙江特色的现代化大农业发展道路”，“坚持垦区带动，推进城乡一体化发展”**。中央和省委对未来发展形势的这些科学判断及战略部署，对垦区的发展极为有利，必将使垦区发展优势得到充分发挥，发展潜力得到更大释放，发展速度和效益得到更快提升。我们一定要把思想统一到中央和省委的全面部署上来，聚精会神谋发展，坚定不移促转变，持之以恒抓落实。如果说过去几十年我们致力于“**赶超**”的话，那么未来就是要在“**引领**”上下功夫，就是要在国家战略和全省大局中，进一步提高维护国家粮食安全、食品安全、生态安全的能力，创建具有中国特色、时代特征、农垦特点的社会主义现代化大农业发展模式，在中华民族伟大复兴进程中充分发挥时代赋予的国家队作用。

垦区“十二五”期间发展的指导思想是：**高举中国特色社会主义伟大旗帜，按照党的十七大和十七届五中全会部署，以邓小平理论和“三个**

代表”重要思想为指导，深入贯彻落实科学发展观，适应国内外形势新变化，顺应人民过上更好生活新期待，进一步深化改革开放，加快转变发展方式，优化战略布局，建设绿色垦区，率先全面建成小康社会，奋力夺取现代化大农业建设新的伟大胜利。

谋划和实施好“十二五”规划，我们务必把握好以下原则：

*——要把实现科学发展作为永恒主题。*更加注重以人为本，实现人的全面发展；更加注重全面协调可持续，加快构建绿色发展模式；更加注重统筹兼顾，推动城乡一体跨越发展。

*——要把转变经济发展方式作为核心任务。*推动经济发展由规模扩张向内涵发展转变，由经验支撑型向创新推动型转变，由低效益向高效益转变，由高耗能向低耗能转变，加快建成资源节约型、环境友好型垦区。

*——要把加快经济结构战略性调整作为主攻方向。*不断优化产业结构，加快发展第二、第三产业，培育新经济增长点，形成新的发展优势，实现垦区经济由主要依靠第一产业支撑，向依靠第一、第二、第三产业协同带动转变。

*——要把深化改革开放作为强大动力。*进一步深化改革，创新管理体制和运行机制，增强经济发展的内生动力。进一步加大“引进来”、“走出去”步伐，提高对外开放水平和层次，为经济发展拓展新的空间。

*——要把促进社会和谐作为根本目标。*更加注重保障和改善民生，推进基本公共服务均等化，使发展成果惠及垦区全体人民。牢固树立安全发展理念，实施“科技兴安”战略，维护垦区安全。加强社会管理，完善社会保障，关爱弱势群体，促进社会公平正义，实现包容性发展。

“十二五”时期，垦区经济要实现“**两次倍增**”，**即：到2010年，垦区的经济总量、人均生产总值、营业收入、人均纯收入等主要经济指标要比2007年翻一番以上，北大荒集团进入世界500强，粮食总产量达到400亿斤，城镇化率超过80%，代耕、代种、代收面积超过4000万亩，全面建成小康社会，整体上实现“跨越发展”目标；到2015年，各项主要经济指标要比2010年翻一番以上，北大荒集团在世界500强中的位次有较大幅度提升，粮食总产突破460亿斤，比2010年再增加100亿斤，城镇化水平进一步提高，创建带动全省城乡一体化发展的新机制，“域外垦区”建设取得重大进展，基本形成北大荒绿色发展模式，为实现“奋力超越”奠定具有决定性意义的基础。**

为实现“两次倍增”目标，垦区要着力建设“三大主体功能区”，加快构建“三大绿色体系”，努力实现“七项重点突破”。

（一）着力建设“三大主体功能区”

立足垦区资源环境、产业发展和人口分布条件，整合各种要素资源，优化总体发展布局，强化区域发展功能，加快建设东、中、西互动发展，与全省“八大经济区”和“十大工程”有效衔接融合的“三大主体功能区”，推动国家级现代化大农业示范区建设。

*1、建设现代化大农业核心经济区。*建三江、红兴隆、牡丹江和宝泉岭分局，要发挥生产力水平较高、产业基础雄厚、科技人才集中、经济增长潜力巨大等优势，积极探索，深化改革，创新发展，在垦区东部建成现代化大农业核心经济区。其中，建三江分局要定位于国家级现代农业综合配套改革专项试验区和绿色稻米产业核心区，红兴隆分局要定位于全产业链综合配套改革试验区，牡丹江分局要定位于低碳型循环经济试验区，宝泉岭分局要定位于绿色农产品生产加工示范区。切实通过核心经济区的率先发展，引领带动垦区现代化大农业建设。

*2、建设现代化大农业综合开发区。*绥化和哈尔滨分局，要发挥毗邻大中城市的区位优势，着力调整产业结构，积极培育战略性新兴产业，形成以加工业为中轴、现代服务业为主体、第二、第三产业共同发展的产业格局，在垦区中部建成现代化大农业综合开发区。其中，绥化分局要定位于场县共建核心示范区，哈尔滨分局要定位于集约开发核心示范区。切实通过综合开发区建设，实现以小谋大，加快中部崛起。

*3、建设现代化大农业生态保护区。*九三、北安和齐齐哈尔分局，要发挥位于松嫩平原腹地、毗邻大小兴安岭生态保护区的区位优势和生态优势，绿色有机农业和畜牧业发展基础好的产业优势，着力保护和改善生态环境，切实减少污染物排放，在垦区西部建成现代化大农业生态保护区。其中，九三分局要定位于非转基因大豆核心保护区，北安分局要定位于绿色有机农业核心示范区，齐齐哈尔分局要定位于农牧业循环经济核心示范区。切实通过生态保护区建设，为垦区绿色发展和可持续发

展夯实资源环境基础。

（二）加快构建“三大绿色体系”

要秉承绿色发展理念，把绿色发展作为转变经济发展方式、推动垦区科学发展的突破口和基本要求，加快构建绿色农业体系、绿色产业体系和绿色城镇体系，形成具有垦区特色和引领作用的北大荒绿色发展模式。

1、建立和完善北大荒“绿色农业体系”。加快转变农业发展方式，构建以智能化、低碳化、功能多元化为特征的绿色农业体系，实现粮食增产、农业提质、产业延伸。

要大力推进农业智能化。在持续加强农业基础设施建设、提高现代农机装备水平、优化种植业结构、培育优良品种、推广先进农业科技的基础上，以物联网技术为载体，充分利用信息技术，实现农业生产的精准操作，达到产前、产中、产后的全程可监控和质量可追溯。

要大力推进农业低碳化。积极推广应用节能节水节肥技术，推行免耕少耕、秸秆还田等保护性耕作措施，增加土壤碳汇。继续推进植树造林、退耕还湿还草，保护和拓展绿色空间，增加森林碳汇。加强生物质能源开发、农业废弃物资源化利用，持续增加生物质碳汇。做到资源节约和环境友好，在洁净的土地上生产出安全放心的食品。

要大力推进农业功能多元化。开发生产功能，大力发展高效设施农业。开发生态功能，大力发展绿色农业。开发景观功能，大力发展观光农业。开发生活功能，大力发展休闲农业。开发示范功能，大力发展园区农业。开发文化功能，大力发展创意农业。促进农业产业链向多元化延伸，实现农业经济效益多极化增长。

2、建立和完善北大荒“绿色产业体系”。适应工业化、信息化、现代化、市场化、国际化发展新趋势，坚持走垦区特色新型工业化道路，构建结构优化、技术先进、清洁安全、附加值高、吸纳就业能力强，能够担当保障安全食品有效供给任务的现代绿色产业体系。

要提高科技研发水平。加快产品结构调整，不断增加高附加值产品比重，延长产业链，提升产业整体效益水平。九三粮油工业、完达山乳业、北大荒薯业等重点龙头企业要加大研发投入，建立国家级产品研发中心，着力提升企业自主创新能力，提升在行业标准制定上的话语权。加快工业领域信息化应用步伐，带动传统工业产业升级。

要促进企业节能减排。大力推行“清洁化”、“低碳化”生产，提升能源利用效率，培育一批二氧化碳零排放企业。推进废弃物产业的延伸和耦合，实现生产装置互联、上下游产品互供、废弃物相互利用。在水稻和马铃薯加工等重点行业探索应用新技术，利用秸秆等农副产品开发健康纸、生物肥等符合现代消费需求的升级产品。

要强化食品安全管理。牢牢抓住食品安全关，促进垦区工业健康发展。重点龙头企业要建立国家级食品安全检测中心，强化食品安全监管，严格实施覆盖产、加、销全程的食品质量安全责任制。积极探索实施“产品准出制度”、“产品质量可追溯制度”，把垦区打造成全国最大的安全食品生产基地。

3、建立和完善北大荒“绿色城镇体系”。以绿色理念规划、建设和管理城镇，推行绿色建筑标准，倡导低碳生活方式，建设一批北国园林生态城镇，形成生态、秀美、宜居、和谐的现代城镇群。

要秉承绿色规划理念。坚持城市繁荣与乡村优美相结合，工业文明与农业文明相结合，现代生活方式与传统文化传承相结合，进行城镇布局规划和详细规划，做到经济建设与社会发展同步，资源利用与产业发展协调，基础设施与公共服务配套，地域文化与城市特色融合，实现城镇与生态、人居与自然的协调发展。

要推广建设绿色建筑。充分利用现代建筑集成技术，科学配置能源、环境、绿化、建材、废弃物处理利用等系统，建设节水、节材、节地、节能、环保的绿色建筑，让居民在享用建筑物基本功能的基础上，享受更洁净的空气、更充足的阳光、更舒适的绿色空间。

要倡导低碳生活方式。启动低碳化社区示范工程，加强公共建筑物节能管理，提高能源利用效率。加大宣传教育力度，倡导以节能、低碳、环保为主题的低碳生活方式，让爱护环境、节约能源、整洁文明成为垦区每一位居民的自觉行动。

（三）努力实现“七项重大突破”

要把握发展大势，转变发展方式，创新发展模式，努力在重点领域和关键环节实现战略性新突破，为现代化大农业建设注入不竭动力。

1、要在打造世界级绿色现代农业企业集团上取得重大突破。北大荒集团要尽快建成法人实体和市场竞争主体，抓住国家完善资本市场、推进人民币国际化的有利时机，以多种形式进入资本市场直接融资，在确保产业安全的前提下，尽快实现经营性资产资本化。加大境外农业合作开发规模，推进对外经贸科技合作战略升级，加快北大荒集团国际化进程。

2、要在推进垦区新型工业化上取得重大突破。加快体制机制创新，尽快建立和完善现代企业制度。着力推进技术创新、管理创新和市场营销创新，推动重点龙头企业跻身产业链高端。加快非公有制经济发展，加强工业园区建设，打造中小企业成长平台，促进中小企业的集群发展。

3、要在培育新经济增长点上取得重大突破。充分利用国家政策，积极培育房地产开发、金融保险、新型能源、创意农业等新兴产业，优化产业结构，促进新型业态转换升级，实现产业战略融合，使垦区经济发展更具活力。

4、要在改革发展成果共享上取得重大突破。持之以恒地实施十大民生工程，逐步完善符合垦情、广泛覆盖、系统完整的基本公共服务体系，以全面发展的成果增进人民福祉，让全体北大荒人过上更加幸福、更有尊严的生活。

5、要在带动全省城乡一体化发展上取得重大突破。充分发挥垦区优势，扩大场县共建范围，丰富场县共建内容，进一步抓好邻近场镇的统筹共建，扎实推进“32111”工程，在全省城乡一体化发展中发挥示范引领作用。

6、要在提升北大荒文化软实力上取得重大突破。以全球视角和历史眼光审视北大荒之路，不断丰富北大荒发展战略理论。赋予北大荒精神、北大荒核心价值观新的时代内涵，大力发展文化事业和文化产业，进一步发展和繁荣北大荒文化，建设北大荒人共有的精神家园。

7、要在北大荒人才队伍建设上取得重大突破。优化人才成长环境，完善育才、引才、聚才、用才机制。加强领导班子和干部队伍建设，推动党风廉政建设，营造干事创业、风清气正的良好氛围，吸引更多的人才投身北大荒事业，形成现代化大农业建设的滚滚洪流。

三、抓重点破难点，确保“十二五”规划开好局起好步

2011年是实施“十二五”规划的开局之年，也是实现“跨越发展”目标的关键一年。扎实做好2011年工作责任重大、意义深远。总局党委对2011年工作的总体要求是：**全面贯彻党的十七大和十七届五中全会精神，按照省委省政府和农业部的统一部署，继续坚持“抓城、强工、带农”统筹发展方针，抓城镇，强工业，优农业，兴服务，惠民生，建体系，上科技，促共建，把现代化大农业建设推向新阶段**。主要预期目标是：保持经济增速18%以上，固定资产投资增长35%，外贸出口总额增长20%，农场职工家庭人均纯收入增长15%以上，万元GDP综合能耗下降4.5%以上。

（一）抓城镇，基本实现农垦城镇化目标。抓住国家棚户区改造政策机遇，整体搬迁400个居民点，改造危旧房700万平方米，新建住宅500万平方米，城镇化率接近80%，达到发达国家平均水平，垦区“四五”城镇体系格局基本定型。加强城镇基础设施建设，完善城镇供水、供热、供气等公共配套工程，加快建设污水处理厂和生活垃圾无害化处理设施，进一步增强城镇综合承载能力。按照创建“三优”文明城市要求，下大气力治理“脏、乱、差、低”，切实改善社会管理和公共服务，提高城镇管理水平。综合运用政策和市场手段，引导生产要素向城镇集聚，通过最广泛的市场配置资源经营城镇，大力培育城镇支柱产业，实现产业富民、产业强镇、产业兴垦。

（二）强工业，快速提升龙头企业核心竞争力。创新龙头企业管理体制和运行机制，充分激发龙头企业生机活力，力争实现工业销售收入、增加值、利润总额均增长30%。积极构建多元融资体系，加快引进战略投资者，促进股权结构多元化。加大股份制改造力度，推进龙头企业上市。建立与市场竞争相适应的内部激励和约束机制，重点岗位要实现用人制度和分配制度的市场化。加强企业资金监管和重大物资采购管控，加大应收账款清收力度，最大限度地实现国有资产的保值增值。完善龙头企业业绩考评体系，增设经济增加值考核指标，加大风险收入考核比重，加强对考核目标完成情况的过程跟踪，确保企业经营者的年薪收入与企业的真实经营业绩挂钩。密切龙头企业和基地关系，推广基地入股分红模式，鼓励种植、养殖大户参股龙头企业；探索大型企业与基地一体化经营模式，鼓励核心基地农场将土地发包权委托给重点龙头企业行使，促进龙头和基地结成稳定的利益联结体。加大企业科研投入，把科技研发、产品创新列为企业和经营者业绩考核的重要内容，引导企业成为自主创新的主体。

（三）优农业，进一步提高粮食安全保障能力。围绕现代化大农业示范区建设，继续优化农业结构，提升农业综合生产能力、抗风险能力和市场竞争能力。加强农业基础设施建设，重点推进三江平原灌区和西部节水灌溉工程建设，扩大土地复垦整理规模，加快中低产田改造，再装备一批现代农机装备区。调优种植结构，加强高产攻关，提高标准化水平，确保粮食增产20亿斤以上，总产突破380亿斤。大力发展绿色农业，基本实现全面积无公害化种植，绿色食品和有机食品种植面积占到60%左右。加快推进畜牧业“倍增计划”，启动标准化牧场建设，新建绿色养殖小区80个，继续推行股份制养殖场建设，保持畜牧业快速增长势头。积极探索国有林权制度改革，进一步激发林业经济发展活力。加快农业“走出去”步伐，力争在境外经营耕地100万亩以上。

（四）兴服务，努力集聚城镇发展的后续动力。适应工业化、城镇化和居民消费结构升级的新形势，加强对服务业的规划引导，改造提升传统服务业，积极发展现代服务业，全面提高服务业发展水平，加快形成以服务业为主导的城镇经济结构。大力发展商贸物流、金融保险、科技信息、服务外包等面向生产的服务业，深入实施“万村千乡市场”工程，完善农业社会化服务体系，促进服务业与第一、第二产业有机融合、互动发展。依托绿色城镇体系建设，大力发展旅游产业，拉动餐饮住宿、休闲娱乐和文化创意产业发展。积极发展物业管理、家政服务和社会化养老等面向民生的服务业。放宽服务领域市场准入条件，积极扶持中小型服务企业发展。

（五）惠民生，不断促进社会事业全面发展。启动第三批新农村建设试点，扎实推进十大民生工程，让改革发展成果更多地惠及全体北大荒人民。“路”，确保建虎高速公路建成通车，佳抚公路建三江段扩建工程开工建设，新建农村公路1300公里，圆满完成公路建设三年决战任务。“住”，重点解决1万户特困职工群众的住房问题。“水”，再解决12万人饮水安全问题。“能”，加大清洁能源和可再生能源利用，新建清洁能源项目10项，新增1万户农场居民用上新能源。“树”，新增造林绿化面积10万亩，城镇绿化覆盖率提高到37%。“文”，完善四级公共文化服务体系，加强文化基础设施建设，提高精神文化产品供给能力。“教”，扩大公办幼儿园办学规模，巩固提高义务教育办学水平，培训从业人员8万人次，使3万从业人员达到高中文化程度。“卫”，推进社区卫生服务体系建设，加强公共卫生管理，保障人民群众身体健康和生命安全。“保”，将“老工伤”人员全部纳入工伤保险统筹，完善居民最低生活保障制度和社会救助制度，最低生活保障标准提高到300元，人均月补差标准提高到200元，北大荒养老中心建成投入使用。“富”，深入推进开发式扶贫，启动“职工共同富裕行动”，使3600户贫困和低收入职工家庭实现脱贫脱低。新增就业2万人，农场职工家庭人均纯收入力争达到15000元，恩格尔系数降到35%以下。

（六）建体系，尽快提升全产业链竞争优势。按照构建绿色产业体系的要求，以北大荒集团为主体，统筹产业布局，重点整合加工、流通等要素资源，加快构建绿色安全、低碳节能、统一有序的加工体系、物流体系、营销体系，完善以“北大荒”品牌为核心、以“九三”、“完达山”和“丰缘”等品牌为支撑的品牌体系，提升全产业链竞争优势，增强北大荒集团综合竞争力。北大荒集团总公司要全面行使出资人职责，对经营性国有资产保值增值承担全部责任。规范财务运营管理中心，统筹企业资金运营管理，提高资金运营效率。

（七）上科技，强力支撑创新型垦区建设。加快建成北京研发中心和哈尔滨科技转化中心，使之与垦区高校、科研院所、企业产品研发中心和农场科技示范园区有机衔接，构筑垦区科技创新和推广体系，提高科学技术对经济增长的贡献率。加快垦区信息化资源整合，实现电信网、广播电视网、互联网“三网融合”，推进物联网研发应用。建设国内一流、国际先进的现代化大农业信息中心，促进高新技术企业孵化、知识产权管理、科技培训交流和技术贸易合作，提高农业信息化服务水平。

（八）促共建，示范引领全省城乡一体化建设。全面推进“32111工程”，完成代耕、代种、代收面积4000万亩，确保裴德和双山两个场镇共建试点一期工程、兴凯湖旅游名镇总体规划和一期工程，以及农垦承担的黑瞎子岛开发和五大连池风景区建设工程顺利完工。向地方农村推广科技、良种等社会化服务面积各4000万亩，农业保险覆盖地方面积3500万亩，龙头企业拉动地方种植基地面积4000万亩，使全省1/3左右的农户纳入垦地共建产业体系，实现垦地互利共赢。

四、切实加强领导，完善工作机制，为全面建设现代化大农业提供坚强保障

（一）以学习型党组织建设为重点，加强党的执政能力建设。垦区各级领导班子要把深入学习、全面领会党的十七届五中全会精神，作为当前和今后一个时期的一项主要任务，进一步用科学发展观武装头脑指导实践。推进学习型党组织建设，加强和改进干部教育培训，注重实践锻炼，增强领导班子和领导干部推动科学发展、促进社会和谐的能力。提高战略思维能力，准确把握发展趋势，科学谋划发展蓝图。提高科学决策能力，善于统筹协调，增强工作的原则性、系统性、预见性、创新性和务实性。提高工作执行力，不动摇、不懈怠、不折腾，做到一本蓝图绘到底，一件事情抓出头，不换频道不走调，干就干出样，抓就抓到位。

（二）以深入开展争先创优活动为重点，加强基层党组织建设。深入开展创建“党员先锋岗”、“工人先锋号”、“青年文明号”、“巾帼建功”等活动，营造“比学赶帮超”的浓厚氛围。落实基层党建工作责任制，以党支部书记队伍建设为重点，加强基层党组织建设，完善组织功能，创新活动方式，增强基层党组织的凝聚力和战斗力。发挥基层党组织推动发展、服务群众、凝聚人心、促进和谐的作用，带动工会、共青团、关工委、民兵和预备役等各类基层组织建设，团结带领广大人民群众投身现代化大农业建设。

（三）以坚持党的根本宗旨为重点，加强领导班子和干部队伍建设。垦区全体党员，特别是各级领导干部，一定要增强党的意识、宗旨意识、执政意识、大局意识和责任意识，牢固树立群众观点，贯彻执行群众路线，把是否有利于贯彻落实总局党委决策部署、是否有利于改善提高人民群众生活水平、是否有利于垦区全面协调可持续发展，作为新时期衡量各级领导班子和领导干部是否履职尽责的重要标准。坚持权为民所赋、权为民所用的马克思主义权力观，树立正确的政绩观，真正做到勤政为民甘于奉献、脚踏实地干事创业，努力做出经得起实践、人民和历史检验的实绩。坚持有利于科学发展的用人导向，真正把谋划发展有思路、推动发展有魄力、加快发展有贡献的优秀干部选出来、用起来。深入实施“人才强垦”战略，强力推进“百千万”人才工程，促进人才集聚和结构优化，支撑现代化大农业发展。

（四）以党的作风建设为重点，加强反腐倡廉建设。全面贯彻落实《建立健全惩治和预防腐败体系2008—2012年工作规划》，努力构建具有垦区特色的惩治和预防腐败体系。全面实施反腐倡廉“清风净土”工程，大力倡导清正廉洁的风气，努力铲除滋生腐败的土壤和条件。坚持执行《中国共产党党员领导干部廉洁从政若干准则》，教育广大党员干部切实在自身定位上始终当好“公仆”，在掌权用权上正确用好“公权”，在选人用人上必须出以“公心”，在加强修养上高度重视“公德”，在言传身教上努力提高“公信”，在保持本色上自觉当好“公民”，以“六公”勤政理念保障“六民”执政理念的贯彻落实。进一步加强作风建设，探索建立和落实机关效能保障制度。坚决纠正损害群众利益的不正之风，切实解决群众反映强烈的突出问题。实施政务公开，落实层级监督，严格执行“三重一大”决策制度，规范权力运行，确保政令畅通。坚决查处违纪违法案件，保持惩治腐败的高压态势，为垦区经济社会更好更快发展营造优良的党风政风民风。

（五）以强化激励约束机制为重点，加强责任追究制度建设。要把党的政治优势和垦区的组织化优势相结合，建立激励约束和督查考评机制。组织、纪检、监察、审计、督查等部门要组成联合工作组，围绕中心工作，定期对重点行业和单位实施督查考评，以督查促落实，以考评定奖惩，对做出突出贡献的人员，给予精神激励和物质奖励；对弄虚作假、玩忽职守、决策失误、贻误战机的人员，要严厉惩处、追究责任。对涉嫌犯罪的，要移送司法机关依法处理。强化问责，提高效能，依靠切实可行的制度，形成聚精会神搞建设、一心一意谋发展的良好氛围。

（六）以优化发展环境为重点，加强制度体系建设。全面贯彻实施《黑龙江省垦区条例》，完善垦区行政管理体制，依法落实各级行政管理机构权责，健全依法行政制度体系，为垦区发展创造良好的法制环境。密切关注国家和省的政策导向，加强政策研究和对外沟通协调，积极争取国家和省的政策支持，并努力把各项支持政策落实到位，为垦区发展创造有利的政策环境。高度重视新时期、新形势下土地承包、房屋拆迁、劳动关系和安全生产等问题，尽快建立健全相关制度，为垦区发展营造稳定的社会环境。重点完善土地承包经营制度，正确处理土地利益分配关系，推进土地承包经营规范化、制度化。健全社会矛盾调处机制，进一步疏通人民群众诉求渠道，加大依法治访力度，全力化解人民内部矛盾。完善突发事件应急管理机制，着力提高领导干部应对和处理危机事件的能力。完善民主管理制度，推行工资集体协商谈判，构建和谐劳动关系。落实安全生产责任制，切实加强安全管理，确保垦区社会和谐安宁、人民群众安居乐业。

（七）以“十二五”规划编制和实施为重点，加强跟踪问效机制建设。各级各部门要通力配合，谋划好、制定好“十二五”总体规划和专项规划。积极对上沟通衔接，努力把垦区的规划目标融入到国家和省的专项规划，赢得国家和省的政策支持。把“十二五”规划与年度计划有机结合，以年度计划的有序推进，保证“十二五”规划目标的顺利实现。建立“十二五”规划跟踪问效和中期评估制度，科学评估规划执行效果，及时调整规划推进力度和速度，确保全面实现“十二五”规划目标。

同志们，垦区已经进入了历史上最好的发展机遇期，面临着最有利于发展的领导环境、政策环境和周边环境。我们要认清形势，振奋精神，担起重责，不辱使命，高起点谋发展，高标准大发展，高速度快发展，用一流的工作业绩，创造建设绿色垦区的新奇迹，谱写“十二五”辉煌发展的新篇章，夺取现代化大农业建设的新胜利！

明确目标任务　狠抓推进落实 确保垦区“十二五”规划开好局起好步

李　　涛

（2010年11月2日）

同志们：

这次总局党委（扩大）会议历时两天，现在就要结束了。在全体与会同志的共同努力下，会议开得隆重而热烈，始终洋溢着民主向上、求实创新的浓厚氛围，圆满完成了各项议程，达到了预期目的，非常成功，很有成效，是一次继往开来的大会、团结鼓劲的大会、务实创新的大会 。

会议期间，大家认真听取了凤富同志代表总局党委所作的工作报告，学习了积慧同志代表总局作的垦区“十二五”规划编制的草案说明，研读了下发的两个重要文件，交流了一批具有代表性、示范性和方向性的先进典型，对《报告》和垦区“十二五”规划进行了热烈讨论。与会同志在讨论中一致认为：《报告》对“十一五”成就的评价客观实际，对重要经验的提炼全面准确，对形势的分析深刻透彻，对“十二五”蓝图的描绘恢弘大气，对明年工作的部署具体明确，完全符合中央和省委精神，切合垦区发展实际，具有很强的针对性和指导性，是推进垦区完成跨越奋力超越、深入实施“三步走”百年垦区战略的纲领性文件。同时，大家还对《报告》和“十二五”规划编制草案提出了一些很好的意见和建议，会后将组织有关部门认真研究吸纳。

这次会议议题重要，内容丰富，准备充分，氛围活泼，会风优良。大家以饱满的政治热情和高度负责的态度，认真参与讨论，积极建言献策，收到了集思广益、民主决策、科学决策的明显成效。主要收获集中体现在“三个更加”上：一是思想更加统一了，一致认为垦区已经进入了全新发展阶段，面临的机遇和挑战前所未有，必须保持来之不易的发展势头，抢抓机遇，迎接挑战，凝神聚力抓跨越，一心一意奔超越，努力夺取现代化大农业建设新的伟大胜利；二是思路更加明晰了，一致认为这次会议确定的发展思路，是总局党委审视国内外发展趋势、紧密结合国家战略和全省发展大局、立足垦区发展实际确立的战略定位，是垦区近些年来发展思路的继承、创新和发展，体现了连续性、全面性和科学性；三是信心更加坚定了，一致认为建设现代化大农业，转变经济发展方式，是垦区实现跨越奋力超越的根本举措，只要认真贯彻落实好会议精神，我们完全有基础、有条件、有潜力实现这个目标，一定能够达到预期目的，取得更大成效。

下面，为贯彻落实好这次会议精神，我再强调三个问题。

一、紧密结合垦区实际，迅速掀起贯彻落实总局党委（扩大）会议精神的新热潮

凤富同志的《报告》，主题鲜明、重点突出，立意高远，思想深刻，任务明确、鼓舞斗志。《报告》围绕建设现代化大农业、转变经济发展方式这条主线，突出了垦区科学发展、绿色发展这个主题，确立了实现跨越发展、奋力超越这个中心任务。这是总局党委集中全体垦区人民智慧，立足垦区经济社会发展实际，着眼未来发展定位和优化战略布局作出的战略抉择，是贯彻落实科学发展观要求在垦区的具体化、系统化，体现了与时俱进、开拓创新的时代要求，代表了垦区人民加速经济发展、构建和谐社会的共同心愿。当前和今后一个时期，垦区各级各部门要把贯彻落实这次会议精神作为首要政治任务抓紧抓好，真正把垦区广大干部群众的思想统一到总局党委（扩大）会议精神上来，把力量凝聚到总局党委确定的各项目标任务上来。

一要在学习贯彻会议精神上掀高潮。各级、各单位、各部门要采取多种方式，迅速传达这次会议精神。要按照中央和省委的统一部署要求，把贯彻落实这次会议精神与学习宣传党的十七届五中全会、省委十届十四次全会精神有机结合起来，切实加强领导，精心组织实施，制定周密计划，作出具体安排，在垦区上下迅速掀起学习宣传贯彻落实会议精神的新热潮。各级领导干部要带头学习、带头宣讲，学以致用、用以促学，真正学深、学透、学懂，带动职工群众广泛参与学习宣传，使会议确定

的各项发展目标家喻户晓，各项经济社会发展措施深入人心。要通过深入的学习领会，使垦区广大干部群众把思想统一到深入落实科学发展观的要求上来，统一到总局党委对国际国内、全省和垦区发展形势的分析判断上来，统一到垦区对“十二五”和明年经济社会发展的总体要求、目标任务和工作部署上来。学习贯彻好会议精神，各级领导干部必须以一种“等不起”的紧迫感、“慢不得”的危机感、“坐不住”的责任感，扎扎实实把总局党委的各项决策部署贯彻落实到具体工作当中，转化为实现跨越发展的正确思路，转化为奋力超越的强大动力，转化为领导科学发展的实际能力。

*二要在领会会议精神实质上下功夫。*凤富书记讲话的核心是全力推进垦区科学发展、绿色发展，努力夺取现代化大农业建设新的伟大胜利，这是解决垦区所有问题的根本。落实好会议精神，必须深刻领会、全面把握和深刻理解这次会议召开的历史背景和时代要求，按照凤富书记关于垦区“十二五”规划的丰富内涵和愿景目标，站得更高一些、看得更远一些、想得更深一些，用战略思维思考和谋划本地、本单位、本部门科学发展的新思路。要深刻领会凤富书记讲话中紧紧围绕现代化大农业建设，着力打造“三大主体功能区”，构建“三大绿色发展体系”的目标定位和部署要求，引导党员干部进一步增强贯彻落实科学发展观的紧迫性和坚定性，切实转变经济发展方式，摈弃一切不符合科学发展的思想观念、体制机制，坚持做到始终以科学发展观统揽经济社会发展全局。要进一步深化对垦情和发展阶段性特征的认识，切实增强忧患意识、大局意识和责任意识，抢抓机遇，发挥优势，开拓进取，坚定实现更好更快发展的信心和决心。要进一步增强加快转变经济发展方式的自觉性，着力把握发展趋势，遵循发展规律，创新发展理念，努力提高发展的质量和效益，推动垦区经济社会始终在更好更快发展的轨道上砥砺前行。

*三要在结合实际推动工作上见成效。*学习贯彻好总局党委（扩大）会议精神，关键是要做好正在做的事，重点是抓好当前的各项工作，核心是谋划好“十二五”发展思路。总的要求是发展的目标定位要准，工作的标准要高，推进的速度要快、发展的质量要好。各级、各单位、各部门要以贯彻落实这次会议精神为契机，认真研究当前经济社会发展中存在的突出矛盾和问题，探索解决新矛盾、新问题的具体办法。要运用战略思维，结合加快转变经济发展方式，深入思考如何构建“三大绿色发展体系”，怎样把“十大民生工程”落到实处，用什么样的措施保证恩格尔系数下降与职工收入增长相协调、如何科学地细化分解“十二五”目标等问题，科学谋划和确定加速发展的新思路和新定位，并采取切实可行的措施，确保把总局党委提出的目标任务变成实实在在的行动。要善于开动宣传机器，在全社会大力营造学习先进、奋力赶超、敢为人先、干事创业的良好氛围，形成强大的工作合力，为推动垦区经济社会实现跨越加速超越插上腾飞的翅膀。

二、狠抓工作推进落实，确保垦区既定目标的顺利实现

贯彻好这次会议精神，根本在认识，重点在领导，关键在落实。这次会议提出的明年乃至今后五年垦区发展的思路、目标和措施，是经总局党委集体讨论研究，广泛征求各方意见确定下来的，是经过垦区上下的共同努力完全可以实现的。每一个目标都是一份庄严的承诺，每一项任务都意味着沉甸甸的责任。我们就是要用狠抓落实的实际效果取信于民，回馈社会，报效国家。

*一要在解放思想、抢抓机遇中抓落实。*解放思想，抢抓机遇，是贯彻落实好这次会议精神的前提和基础。建设现代化大农业示范区，促进全省城乡一体化发展，全力打造世界级绿色现代化农业企业集团，在没有经验可循的情况下，必须把继续解放思想、全力抢抓机遇放在重要位置，在紧紧围绕持续实现“绿色”发展、着力推动发展方式“转变”上动脑筋，下功夫，求实效。要立足实际，按照《报告》中提出的“实现七项重大突破”的部署要求，选准转变经济发展方式的突破口，把思想从传统的体制机制和办事习惯中解放出来，学会用改革和发展的办法解决前进中遇到的新问题。要把思想从片面强调以物的增长为重点的传统观念中解放出来，大力推动经济增长方式由粗放型向集约型、由数量型向质量型、由高碳型向低碳型、由外延扩张型向内涵提升型转变。要拓宽发展思路，改进工作方法破除不合时宜的旧思想，树立放手试、大胆闯的新理念，靠思想大解放、观念大更新来创造性地开展工作，以更大的气魄、更大的思路、更大的作为，来做好垦区更好更快发展这篇大文章。

我们要把解放思想的成果体现在增强抢抓机遇的意识和责任上，紧紧抓住未来五年的重要战略机遇期，善于在挑战中抓住机遇，在用好机遇中迎接挑战，不断拓展发展空间，创新发展举措，牢牢把握科学发展、绿色发展的主动权。凤富书记在《报告》中指出，今后一个时期，垦区要适应科学发展、绿色发展的新要求，必须紧紧抓住并用好“五大机遇”，即一要抓住国家完善资本市场、推进人民币国际化的有利时机，着力打造世界级绿色现代农业企业集团；二要抓住加快非公有制经济发展的机遇，着力打造充满活力、比较优势明显的企业集群；三要抓住国家对大型沼气、秸秆燃气等清洁能源产业政策支持的机遇，加快发展垦区战略性新兴产业；四要抓住垦区城镇化示范带动全省经济社会融合发展的机遇，着力推动垦区“四五”城镇体系整体上水平；五要抓住加快场县共建步伐的机遇，着力在促进全省城乡一体化发展上取得重大突破。在这些有利机遇和条件面前，各级各部门一定要增强抢抓机遇的责任感和捕捉机遇的敏锐性，以前所未有的决心和举措，以先人一步的思想观念，高人一筹的胆略与气魄，积极主动地做好政策、项目和工作对接，在创造性开展工作中抢抓机遇，在构筑更高发展平台中用好机遇，为加快实施“三步走”百年垦区战略注入新动力、增添新活力。

*二要在瞄准目标、强化措施中抓落实。*凤富书记在《报告》中对垦区“十二五”规划的发展定位、指导思想、基本原则和奋斗目标都一一作了说明，特别是结合垦区长远发展对每个分局的发展定位都提出了明确要求，为垦区发展指明了前进方向，我们必须要不折不扣地抓好落实。党的十七届五中全会指出，要采取更加有效的措施，促进经济包容性增长，实现恩格尔系数与人民收入相协调的目标。为同步落实好这些部署要求，我们要把工作的着力点放在圆满完成明年的目标任务上。《报告》提出了垦区明年要实现保持经济增速18%以上，固定资产投资增长35%，外贸出口总额增长20%，农场职工家庭人均纯收入增长15%以上的发展目标，各级领导要咬定目标不放松，保持标准不降低。对总局党委既定的目标任务，必须凝神聚力地贯彻施行，决不答应任何人以任何借口粉饰任务上的不足和发展上的差距。要瞄准目标，奋勇争先，牢固树立“干好工作是本职，干不到一流是渎职、完不成任务是失职”的理念，把高标准、严要求贯穿于执行任务的每个环节，敢于同勇的争、和强的比、向高的攀、与快的赛，努力在新一轮发展中争得优势，在奋力超越中搏得主动，确保高标准、高质量地完成总局党委下达的各项目标任务。

完成好既定的目标任务，必须要强化措施保证。一要完善责任分工机制。各级、各单位、各部门要按照会议要求，把工作目标任务层层分解，逐一细化，明确责任，落实到具体部门、具体领导和具体承办人员。二要落实督办问效机制。坚持以检查促落实，以公开促监督。责任单位领导要牵头定期组织自查自纠，检查工作进度和质量，及时发现和解决遇到的矛盾问题。各级督查组织要更好发挥职能作用，推动各项工作高效落实。三要健全考核评价机制。继续完善目标考核评价体系，优化和细化考核办法，进一步提高目标考核的针对性、科学性。四要强化领导干部责任追究制。进一步加大重奖和严惩工作力度，激励各级领导干部牢固树立立党为公、执政为民的理念，切实增强责任意识、大局意识、危机意识和忧患意识，真正把总局党委提出的各项目标任务抓实落靠，为推动垦区更好更快发展提供坚强保证。

*三要在加强领导、转变作风中抓落实。*凤富书记在《报告》中对进一步加强党对经济工作的领导提出了七个方面的要求，既全面又具体，既实际又可行。贯彻落实好这次会议精神，我们就是要把加强领导、转变作风贯穿于抓落实的全过程。要抓紧完善适应垦区科学发展的领导班子和领导干部政绩评价体系，真正建立起“激励有为、淘汰平庸”的考核机制，着力提高各级领导干部抓落实的能力。要始终把班子建设放在最重要位置，加强教育和培训，引导各级干部以世界眼光、战略思维来观察问题，正确把握时代要求，深刻认识形势变化，沉着应对各种困难和风险。要进一步深化干部人事制度改革，创新用人机制，给想干事的人以机会，给能干事的人以舞台，给不干事的人以危机，真正把扑下身子干事业、人民群众信得过的优秀干部选拔到领导岗位上来。要进一步加大惩庸治懒力度，坚决调整那些在位不谋事、不干事的“太平官”、“二传手”、“老好人”，加快形成重政治素养、重道德品行、重工作实绩、重基层实干的用人导向。要加大治理腐败的惩戒力度，进一步加大腐败成本，使各级干部不想腐败、不敢腐败、不能腐败，努力在垦区上下营造一心为民、干净做事、清白做人、干事创业的良好环境。

贯彻好这次会议精神，最为关键的就是要转变作风抓落实。只有把嘴上说的、纸上写的、会上定的，变为具体的行动、实际的效果、人民的利益，我们的工作才算做到了位、做到了家。要牢固树立正确的政绩观，讲实话、出实招、办实事、求实效，做到说一句，是一句，句句算数；干一件，成一件，件件落实。要善于从大处着眼、小处动手，重视在深化细致上做文章，把困难估计得充分一些，把限制要素考虑得全面一些，把应对的措施谋划得周全一些。特别是对总局党委和总局部署的重点任务和群众关心的热点问题，一定要深入研究，缜密安排，从大事做起，从具体事干起，一件一件抓落实。要大力加强和改进学风，以建设学习型党组织为契机，大力加强政策理论和现代科技等知识的学习，善于把贯彻上级精神与当地实际紧密结合起来，把政策的原则性和工作的灵活性结合起来，增强思考问题的系统性，谋划发展的超前性，不断提高各级干部的科学执政能力。要积极引导各级干部把全部的心思用在抓发展上，把精力用在干事业上，把成效体现在抓落实上，以更加勤勉负责、奋发有为的精神状态，廉洁奉公、坦荡公正的人格魅力，赢得干部群众的支持和信任，在垦区上下汇聚起完成跨越、奋力超越的强大合力，不断把建设现代化大农业的伟大事业推向前进。

三、集中精力攻坚克难，切实做好当前的几项具体工作

以这次会议召开为标志，垦区发展已经进入了新的历史阶段和全力攻坚时期。现在，宏伟的蓝图已经绘就，更高的目标已经明确。贯彻落实好这次会议精神，当务之急是要尽快行动起来，立足现在，着眼长远，扎扎实实地做好当前重点工作，为确保“十一五”目标任务的圆满完成、实现“十二五”良好开局奠定坚实基础。

一是编制完善好“十二五”规划。当前，各级党委要把编制好、完善好“十二五”规划当作重要任务抓紧抓实抓好。要对照这次会议提出的目标任务，在坚持《报告》中提出的“四个更加注重”的基础上，按照会议确定四项任务的新要求，加强对全局性、战略性、前瞻性重大问题的研究。具体要抓好三项工作：一要抓领导，落责任。尽快把完善规划编制工作摆上重要日程，明确一位领导专门负责，并把任务落实到具体部门、单位和个人。二要抓联动，助推动。总局要搞好与省和国家有关部委的沟通衔接，同时要加强对分局和农场的指导。分局、农场在编制规划时，要进一步加强上下沟通、横向交流和有机融合，确保规划编制高质量、高标准完成。三要抓衔接，重创新。要注意与这次会议提出的任务目标相衔接，与时俱进、创造性地开展规划研究、编制和完善工作。总之，“十二五”规划的编制和完善是一项系统工程，环节多，任务重，各级都要给予一定的财力、物力、人力支持，保证规划编制的顺利完成，并进一步把规划研究好、完善好和实施好。

二是精心安排部署明年工作。各级各部门要按照这次会议确定的总体发展思路和目标任务，紧紧围绕“抓城镇、强工业、优农业、兴服务、惠民生、建体系、上科技、促共建的部署要求，及早着手，超前某划，对明年工作进行认真研究，周密安排部署。要以贯彻实施《黑龙江省垦区条例》为契机，抓紧完善垦区行政管理体制，加强项目衔接、资金争取、政策对接等工作，主动沟通协调，抓实落靠责任，务求更大实效。各级领导干部要认真分析研究国家政策的新走势、新动向，积极掌握新情况，研究新问题，提出新措施，把国家和省支持垦区发展的各项政策落实到位，力求在经济社会发展的主要领域实现新突破，取得新进展。要全力做好春耕生产准备，认真做好农机检修、种子和生产资料采购等各项春耕准备工作，为明年粮食生产再上新台阶夯实基础。要全力做好粮食后续工作，积极以多种方式收储职工手中余粮，抓好龙头企业与基地的利益联接，确保垦区粮食丰产丰收和龙头企业原料的充足供应。总之，我们要集中力量，精心谋划和落实好各项准备工作，为明年工作开好局、起好步创造良好条件。

三是千方百计维护社会稳定。当前，在垦区各项改革深入推进，各种矛盾相互交织，发展步伐不断加快的情况下，保持垦区社会稳定至关重要。各级领导干部要以对党、对人民、对农垦事业高度负责的态度，从构建垦区和谐社会的高度，认真抓好信访、安全生产、社会治安综合治理等社会稳定工作。要全力做好信访接待、矛盾排查和化解工作，切实把各种不稳定因素稳控在基层，消除在萌芽状态。要切实抓好安全生产工作，安监、消防、交通等各有关部门要各司其职，各负其责，全力维护正常生产生活秩序。要加强社会治安综合治理，完善应急管理体制机制，进一步提高应对突发公共事件的能力。要切实解决好困难职工群众的衣食住行、就医、子女上学和越冬等方面的问题，保证他们正常的生产生活。各级领导干部要经常深入到贫困场队、特困家庭，通过走访慰问，体察社情民意，解决实际困难，把党的温暖送到千家万户。总之，我们要采取更加得力有效的措施，为垦区科学发展加速超越创造更加和谐稳定、公平有序的社会环境 。

同志们，站在新的历史起点上，我们肩负的任务艰巨，责任重大，使命光荣。垦区上下一定要按照这次会议的部署要求，凝神聚力谋发展之策，心无旁骛立创新之志，砥砺奋发鼓争先之劲，排除万难求务实之效，为确保明年各项工作开好局、起好步，更加信心百倍地团结和带领垦区168万人民，共同开创垦区更加美好的未来而努力奋斗！

黑龙江省农垦总局2010年经济和社会发展统计公报

2010年，垦区各级在省委、省政府和农业部的正确领导下，以党的十七大、十七届四中、五中全会精神为指导，全面落实科学发展观，坚持“抓城、强工、带农”统筹发展方针，围绕建设现代化大农业和城乡一体跨越发展目标，凝心聚力，勇担使命，乘势而上，开拓创新，克服了国际金融危机和自然灾害等各种风险挑战，垦区经济呈现又好又快发展势头，社会事业全面进步，人民生活水平不断提高，全面完成了“十一五”规划的主要目标和任务。

一、综　　合

经济总量再上新台阶。全年垦区生产总值首次突破600亿元大关，达到688.1亿元，比上年增加142.7亿元，增长19.2%，增速连续七年超过13%。人均生产总值达到41118元，按可比价格计算增长18.5%，以当年平均汇率折算人均地区生产总值为6075美元，比上年增加1267美元。全年实现非公有制经济增加值291.5亿元，比上年增长15.2%。初步核算，北大荒集团2010年实现销售收入1016亿元，首次突破1000亿元大关。

三次产业均保持两位数增长。第一产业增加值365.6亿元，增长15.9%，第二产业增加值151.4亿元，增长27.2%，第三产业增加值171.1亿元，增长19.5%。一、二、三产业对垦区当年经济增长的贡献率分别为44.4%、29.7%和26.0%。

经济结构调整有新变化。三次产业结构为53.1：22：24.9，第二产业比重比上年提高1.1个百分点；农林牧渔业结构为73.4：0.8:23.8:0.5；公有和非公有经济结构为57.6：42.4。

“十一五”时期，垦区经济总量实现倍增、增速逐年加快，人民生活水平显著提高。2010年垦区生产总值由2005年的269.9亿元增加到688.1亿元，按可比价格计算翻1.1番，年均增长16%，超过“十五”时期和“十一五”规划目标2.8和2.9个百分点。其中，三次产业年均分别增长13.9%、20.8%和15.6%；农场职工家庭人均纯收入由2005年的6179元提高到13267元，按可比价格计算增长85.9%，年均增长13.2%，超过“十五”时期和“十一五”规划目标1.5和1.6个百分点，是改革开放以来增速最快的时期；居住环境更加宽敞舒适，人均住宅面积由2005年的17平方米增加到25.2平方米，净增8.2平方米，年均增长8.2%，人均住房面积居全省前列。

图1 2006-2010年垦区生产总值及其增长速度

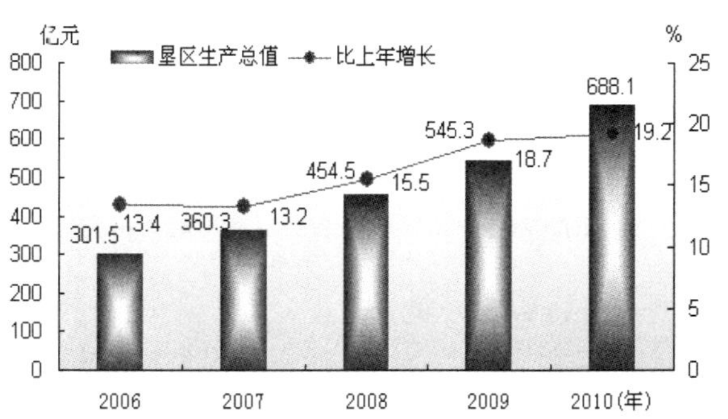

粮食生产连续七年实现播种面积、综合单产和总产量历史性突破。2010年垦区种植各种农作物280.1万公顷，比上年增长6%，实现农业增加值268.3亿元，增长15.6%。其中，粮食种植面积270.3万公顷，比上年增长6.2%，占全部农作物的比重达96.5%。高产作物水稻和玉米分别达到128.2万公顷和62.2万公顷，两者占粮食面积的比重为70.4%，比上年提高4.4个百分点，为垦区粮食总产量跃上新台阶奠定了坚实的基础。粮食综合单产实现6726公斤/公顷，比上年增长3.5%。粮食综合生产能力再创历史新高，总产量达到181.8亿公斤，比上年增长10.0%。在我省粮食生产中的地位和对国家粮食安全的贡献进一步增强，粮食产量占全省和全国的比重分别为36.3%和3.3%，对当年全省和全国粮食增量的贡献率分别为25.7%和10.6%。为国家提供的商品粮达到169.4亿公斤，粮食商品率达93.2%，比上年提高0.7个百分点。

历经63年的开发建设，垦区已累计生产粮食4868亿斤，累计向国家交售商品粮3673亿斤。2010年与2005年相比，粮食总产量增加158.3亿斤，增长77.1%；可提供商品粮增加157.9亿斤，增长87.3%；粮食商品率提高5个百分点。“十一五”期间累计生产粮食和提供商品粮分别为1454亿斤和1333亿斤，比“十五”期间分别增长65.6%和79.2%，占垦区63年来累计生产粮食和累计交售商品粮的比重分别为29.9%和36.3%，为维护国家粮食安全作出了重要贡献。

绿色有机农业和农产品质量追溯体系得到长足发展。年末垦区有效使用绿色食品标志产品数达到257个，比上年增加2个，占全省的23.4%；全年种植绿色有机食品农作物155.5万公顷，占垦区农作物总种植面积的55.5%；无公害农产品产地认定面积223.3万公顷，占全省的23.3%。到2010年末，垦区累计获得全国农业标准化示范农场项目22个，全国绿色食品标准化原料生产基地60个。农垦农产品质量追溯系统项目建设继续增加，2010年建设项目12个，创建项目32个。垦区农产品检验检测体系建设进一步加强，建成了部级质检中心3个。

图2 2006-2010年粮食产量及其增长速度

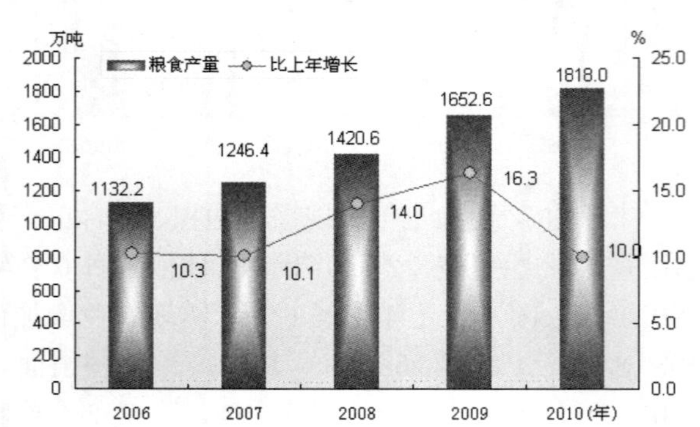

表1　2010年主要农产品产量

产品名称	产量(万吨)	比上年增长(%)
粮　　食	1818.0	10.0
其中：水　稻	1094.4	18.0
小　麦	56.5	-27.2
玉　米	481.6	5.8
大　豆	162.2	-5.6
杂　豆	8.8	10.9
马铃薯	13.9	37.0
油　　料　　(折粮)	2.2	-32.1
亚　　麻	0.5	-70.5
甜　　菜	53.4	15.5
蔬　　菜	31.3	3.7
瓜　　类	32.3	10.0
饲料作物	229.2	2.1

林业生产增速加快。垦区林业以“绿满垦区、共建生态家园”为目标，加大林业基础建设投入，积极推进林业经济倍增计划，以森林防火、造林绿化为重点，大力发展林业产业，促进了垦区林业协调可持续发展。全年实现林业增加值3.1亿元，比上年增长39.4%，增幅比上年提高11.1个百分点。当年完成造林绿化30万亩，建设绿色城堡856个，绿色通道1450公里，完成绿色屏障5567条，见缝插绿7630块，使城镇暨管理区绿化覆盖率提高3个百分点，提前两年达到35%的目标。全年未发生大的森林火灾，森林过火面积控制在0.5‰以下，林业有害生物成灾率控制在4.4‰以下，森林病虫害防治率达85%以上。严厉查处毁林、毁湿案件，林政案件结案率95%以上，有效地保护了森林、湿地安全。2010年垦区林业全面纳入了国家和省林业发展规划，到位各项林业资金突破3亿元，有41个农场进入《大小兴安岭生态保护与经济转型规划》，为未来10年区域经济快速发展奠定了基础。

畜牧业继续保持增长势头。今年，在养殖成本上升、生猪等市场价格呈阶段性低迷的情况下，垦区各级出台多项扶持政策，使畜牧业较好地抵御了市场风险，“两牛一猪”饲养量达到历史最好水平。全年实现畜牧业增加值87.0亿元，比上年增长15.6%。主要畜禽存栏和产品产量如下：

表2　2010年主要畜产品产量和年末存栏

指标名称	计量单位	绝对值	比上年增长(%)
肉类总产量	万吨	61.1	6.8
其中：猪肉	万吨	39.4	7.1
牛肉	万吨	10.4	5.6
羊肉	万吨	3.1	7.6
禽肉	万吨	7.8	6.6
禽蛋产量	万吨	7.5	5.5
牛奶产量	万吨	119.2	3.4
大牲畜存栏	万头	89.2	0.1
其中：奶牛	万头	39.5	5.5
黄牛	万头	49.5	-3.8
猪存栏	万头	231.4	-0.5
其中：能繁母猪	万头	27.8	-2.1
羊存栏	万只	167.4	-2.3
其中：绒山羊	万只	82.0	-4.2
家禽存栏	万只	1522.8	2.5
其中：鹅	万只	135.4	-3.6
鹿存栏	万只	2.6	-6.9
兔存栏	万只	16.1	-22.6

“十一五”时期，垦区畜牧业经济总量翻了1.23番，年均增长17.4%。年末垦区肉、蛋、奶产量分别达到61.1万吨、7.5万吨和119.2万吨，比2005年分别增长88.5%、60.1%和44.5%；奶牛、肉牛和生猪存栏分别为39.5万头、49.5万头和231.4万头，比2005年分别增长30.1%、-0.5%和32.9%。

渔业生产稳步增长。全年实现渔业增加值1.8亿元，比上年增长17.1%。全年养殖面积为2.55万公顷，水产品产量2.6万吨，比上年增长9.5%。

农业基础设施建设得到加强，现代化水平进一步提高。年末垦区有效灌溉面积达139.3万公顷，增长14.3%，其中节水灌溉面积18.1万公顷；机电井7.4万眼，增长4.8%。现有粮食处理中心228座，种子加工厂81个，金属粮仓2116座，水泥晒场2382万平方米，农用飞机场68处。粮食仓储能力达到692万吨，比上年增长30.1%。农机装备能力显著提升，截至2010年末，垦区建设完善了331个现代农机装备作业区，农业生产田间作业综合机械化率提高到96.5%。年末拥有农用机械总动力671.6万千瓦，比上年增长11.1%；农用大中型拖拉机5.26万台，增长9.8%，其中100马力以上拖拉机5409台，增加496台；机动水稻插秧机6.1万台，增长10.8%；联合收获机1.98万台，增长10.8%。现有农用飞机45架，垦区航化作业面积141.1万公顷，比上年增长18.2%。

图3 2006-2010年农业机械情况

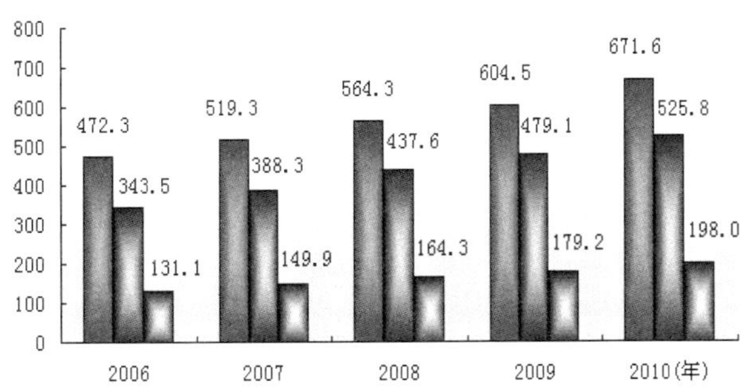

三、工业和建筑业

工业生产保持快速增长，整体实力不断提高。2010年，垦区继续实施“强工”战略，突出抓好工业重点项目建设，大力推进农业产业化经营，着力做强米、面、油、乳、肉、药、薯等十大支柱产业，提高企业的竞争实力和运行质量。全年实现工业增加值110.6亿元，比上年增长22%，其中，规模以上企业完成增加值72.5亿元，增长29.3%；省级以上龙头企业完成增加值34.5亿元，增长17.9%。在全部工业增加值中，轻工业增加值83.1亿元，增长21.8%；重工业增加值27.5亿元，增长24.9%。国有及国有控股企业增加值41.1亿元，增长19.7%；大中型企业完成增加值40.8亿元，增长17.8%；小型工业企业和个体工业增加值69.8亿元，增长25.9%，占全部工业增加值的63.1%，成为拉动垦区工业经济增长的重要力量。“十一五”期间，工业增加值由2005年的40.5亿元增加到2010年的110.6亿元，增长了1.47倍，翻了1.3番，年均增长19.8%。

图4 2006-2010年工业增加值及其增长速度

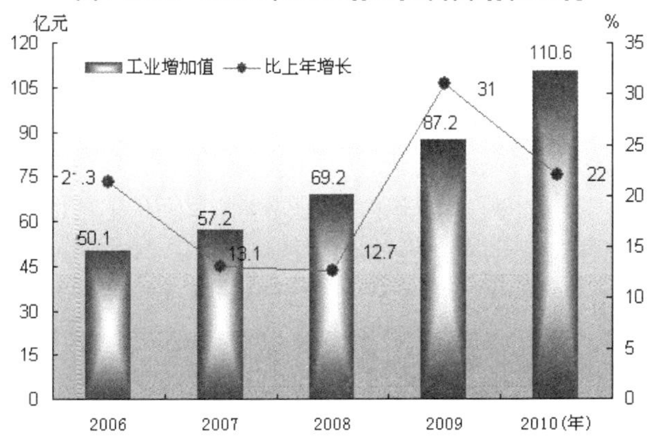

表3　2010年主要工业产品产量

指标名称	计量单位	产量	比上年增长(%)
小麦粉	万吨	23.5	16.4
大米	万吨	359.5	24.2
食用植物油	万吨	104.3	31.2
乳制品	万吨	57.7	61.6
其中：液体乳	万吨	46.3	67.4
成品糖	万吨	3.3	3.3
鲜冷藏冻肉	万吨	18.2	67.9
白酒	千升	49358	14.1
大麦芽	万吨	21.9	-12.9
配混合饲料	万吨	34.3	12.5
豆粕	万吨	474.2	33.9
中成药	万吨	0.25	-30.0
化肥(实物量)	万吨	29.7	20.2
水泥	万吨	189.6	15.8
焦炭	万吨	19.8	15.2
发电量	亿度	4.7	-1.8
机制纸及纸板	万吨	3.7	-22.4
豆制品	万吨	5.2	28.2
精甲醇	万吨	0.99	3.1倍
淀粉	万吨	4.5	-7.8

规模以上工业效益继续提高。全年实现利税总额29.9亿元，比上年增长1.65倍，其中利润12.8亿元，增长1.1倍。工业经济效益综合指数为168.8，比上年提高19.2点。

建筑业生产和效益显著提高。全年实现建筑业增加值40.8亿元，比上年增长43.9%，增幅比上年提高了11.5个百分点。当年新开工的单位工程施工个数3041个，比上年增加247个。当年单位工程竣工个数2833个，比上年增加121个。年内房屋建筑施工面积和竣工面积分别达到645.6万平方米和524.6万平方米，分别比上年增长55%和48.6%。实现利税14.6亿元，增长32.1%，其中利润9.8亿元，增长29.7%。

四、固定资产投资

固定资产投资持续高速增长。2010年垦区继续抓住国家加大农业投入和推进城乡一体化发展的机遇，以加速实现垦区“三化”进程为目标，积极推进大项目战略的实施，突出农产品龙头加工项目、国家大型商品粮基地、农业水利设施、农机具购置、高速公路和农村公路建设、农场危房改造和廉租房等重点建设项目的投资，固定资产投资呈现大幅度增长。全年完成固定资产投资总额206.1亿元，比上年增长44.3%；其中，生产性建设投资94.5亿元，增长58.8%，非生产性建设投资111.6亿元，增长40%。从产业投向上看，第一产业43亿元，增长45.8%，占20.9%；第二产业14.4亿元，下降5.3%，占7.0%；第三产业148.7亿元，增长51.6%，占72.1%，第三产业投资比重比上年提高了3.4个百分点。当年投资对经济增长的贡献率达到44.4%。

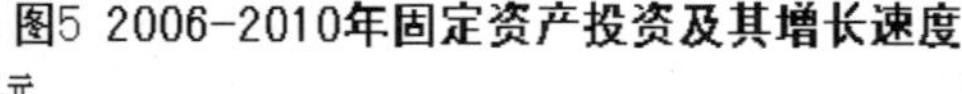
图5 2006-2010年固定资产投资及其增长速度

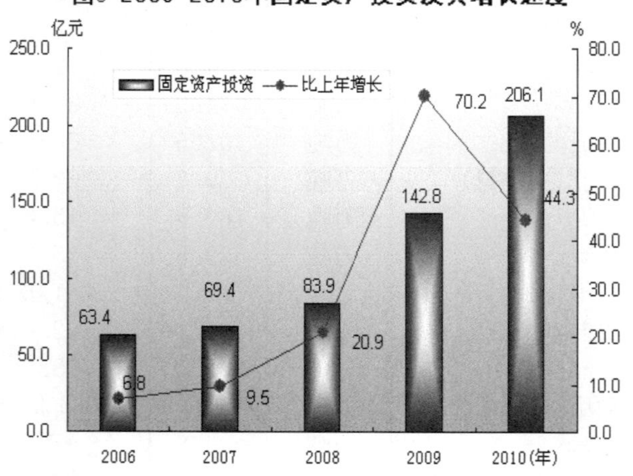

五、交通运输、通讯和旅游业

交通运输业发展较快。全年垦区完成运输场站、公路绿化风景线工程、公路养护中心和区域物流园区建设等投资5.7亿元，增长67.6%。新改扩建农场客运站11个，新建管理区客运站24个；新建扩建了公路养护中心3个；新建续建区域性物流园区3个。运输基础设施进一步完善，运输生产能力显著增强。全年共完成道路客运量999万人次，客运周转量63114万人公里，货运量1993万吨，货运周转量128706万吨公里，分别比上年增长3%、6.5%、5%和10.2%。

公路建设大跨步发展。全年完成公路建设投资37.9亿元，增长49.8%，其中，境内省属第一条建三江至虎林高速公路本年完成投资25.4亿元。全年垦区农村公路开工建设2500公里，完成交工通车里程1515公里，其中，通达工程209公里，通畅新续建项目工程1306公里，使垦区农村公路硬化里程突破8300公里大关，为垦区新农村建设做出了突出贡献。

通信事业健康持续发展。年末农垦通信拥有通信线路26261公里，比上年增长2.5%。其中，光缆线路总长度14802皮长公里，增加724公里。垦区固定电话达到45.8万部，比上年增长4.2%，户均电话普及率达到73.1%，比上年提高0.9个百分点。宽带用户达到11万户，比上年增加2.6万户，增长31.4%。

旅游业发展取得新成效。全年累计接待国内外旅游者279.3万人次，实现旅游收入13.3亿元，分别比上年增长31.4%和30.4%。年末，垦区拥有A级以上景区10个，其中，4A景区2个，3A景区7个，2A景区1个；海林、七星农场被确定为黑龙江省旅游名镇。

六、国内贸易和对外经济

消费品市场发展活跃。全年垦区实现社会消费品零售总额116.7亿元，比上年增长14.6%。其中，农场及农场以下消费品零售额98.6亿元，增长15.7%；批发零售贸易业消费品零售额100.2亿元，增长14.3%；餐饮业零售额14.5亿元，增长16.0%；食品类商品零售额45.2亿元，增长13.9%，占全部零售额的比重为38.7%。

对外贸易实现历史性突破。外贸进出口总额首次突破20亿美元大关，达到20.5亿美元，比上年增长4.6%，其中，出口总额实现6.1亿美元，比上年增长32.7%。

招商引资和对外经济贸易合作稳步发展。全年签订国内外经济技术合作项目122项，其中利用外资项目12项。实际利用国内外资金37.1亿元,其中合同利用外资到位额5195万美元,比上年增长4.6%。

实施“走出去”战略迈出新步伐。在俄罗斯、菲律宾、朝鲜、美国、巴西、哈萨克斯坦、香港等国家和地区注册公司15家；在境外租种土地120万亩；对外劳务输出累计达到8746人次，输出生产机械3000台套；累计境外投资超过2.5亿元人民币，累计生产粮豆7.5亿公斤。

七、科技、教育、卫生、文化和体育

科技事业扎实推进。2010年末垦区有专业科研所19个，省级工程技术研究中心7个，有6个试验站和2个研究室纳入全国农业产业技术创新体系之中。年内开展的研发推广项目195个，其中省部级以上科技项目144个。全年垦区各级科技投入4.1亿元，比上年增长53.8%，其中，投入科技攻关、开发和推广等总局以上项目经费达到6560万元，比上年增长52.5%。全年共有61项科技成果通过总局级鉴定，取得省部级以上科技成果奖项21个，其中省科学技术奖6个，农业部丰收奖15个；年内承担农业部基层农技体系改革与建设示范县项目9个，现有高新技术企业16家、高新技术产品30项。

教育事业持续健康发展。年末垦区有独立普通小学47所，招生1.6万人，在校生9.7万人，毕业生2.1万人；普通中学124所，招生3.2万人，在校生11万人，毕业生3.4万人。普通高等院校3所，招生0.8万人，在校生2.8万人，毕业生0.8万人；中等职业教育学校10所，招生1.6万人，在校生5.3万人，毕业生3.6万人。当年高考进入普本分数线以上的有5091人，比去年增加131人。

卫生服务体系建设得到加强，人民群众健康水平稳步提高。2010年末垦区共有各级各类医疗卫生机构2006个，其中综合医院116所，专科医院1所，疗养院1所；卫生监督所（含疾病预防控制中心）116个，妇幼保健院97所。卫生技术人员14127人，其中，执业医师和执业助理医师8333人，注册护士4497人。拥有住院床位和观察床位8481张。当年报告乙、丙传染病共18种，比全省少10种；报告发病率为132/10万，比全省发病率低88.5%。适龄儿童国家免疫规划“五苗”接种达到98%以上，均高于省和国家的规定水平。

文化艺术事业进一步繁荣发展。年末垦区共有博物馆12个，图书馆（室）528个，俱乐部（文化站）158个，文化广场272个，专业艺术表演375场次。现有一报四刊，《北大荒日报》全年总印数1831万份，杂志4种，全年总印数19.2万册。基层文化工程建设成效显著，2010年垦区深入实施文化信息共享工程第四期目标，在哈尔滨分局建立基层中心，在23个农场建立基层服务站，在242个管理区建立基层服务点。垦区各地广泛开展了由全国著名词曲作家创作形成的《北大荒——中华大粮仓》、《请到北大荒来》、《北大荒我的家》等3首展示和颂扬现代北大荒的新歌活动。在第九届中国艺术节群星奖戏剧小品大赛中，垦区选送的小品《旗帜》作为黑龙江省的唯一参赛作品荣获群星奖。

广播电视事业稳步发展。年末垦区共有121个广播电视台（站），有线电视光缆28047公里，有线电视用户25万户。农垦广播电视台共开办《北大荒农业》、《北大荒公共》、《北大荒资讯》3个频道，9个自办节目，三个频道节目全天24小时连续播出。年内开办专栏节目364期、播出新闻5146条，同时在省和中央电视台播发新闻366条、播出专题片160部。为进一步提高宣传和收视效果，全年组织开展了“百场百城行”、首届国际大豆产业博览会暨“北大荒大豆节”等6个系列宣传报道。

全民健身运动深入开展，体育事业再创佳绩。年末垦区拥有体育场馆141个，全年组织各类体育运动会及体育比赛487次，有14.8万人参加了各种类型的体育运动项目。继续加大全民健身工程投入力度，在全垦区共建设国家级“雪炭工程”1个、省级体育健身路径工程56个、国家级农民体育健身工程16个。在第十二届全省运动会上，垦区运动员共获得10枚金牌、14枚银牌、7枚铜牌。

八、社会保障和环境保护

社会保障事业成效显著。2010年，垦区基本养老、医疗、失业、工伤、生育等“五险合一”社会保险体系进一步完善，社会保险覆盖面不断扩大，社会保障功能明显增强。年末垦区企事业单位及个体灵活就业人员参加基本养老保险人数达47.1万人，比上年增长4.4%。离退休人员达到34.1万人，全年累计发放养老金45.2亿元，比上年增长17.3%；垦区基本医疗保险制度实现全面覆盖，全年基本医疗保险参保人员为145.3万人，其中参加职工医疗保险71.8万人，参加居民医疗保险73.5万人，全年支付医疗保险基金6.98亿元；参加失业保险人员43.4万人，全年发放失业保险金824万元；工伤保险参保人员41.8万人，全年工伤保险待遇支出2542万元；生育保险参保人员39.5万人，全年生育保险待遇支出1218万元。"五七工""家属工"人员的养老保障等历史遗留问题得到解决。各项社会保险待遇按时足额支付，待遇标准明显提高，广大参保人员的根本利益得到有效保障。

环境保护工作取得新进展。年末垦区已建各级各类自然保护区22个，保护地130个，总面积75.3万公顷，使垦区受保护土地面积达到13.6%。继续加强农村环境保护和自然生态保护工作，加大环境监管力度，狠抓污染防治工作，严格控制污染物排放量，超额完成全年减排目标。为曙光、红旗、海林、山河等农场申报了以奖促治和以奖代补项目7个，积极争取农村饮用水水源地保护项目。广泛开展国家级、省级生态乡镇创建工作，2010年垦区获得国家级生态乡镇称号农场5个，待命名13个，省级生态乡镇48个，省级生态村30个，生态系列创建工作走在全省前列。

九、人口与人民生活

人口保持低速增长。全年垦区人口出生率为4.05‰，比上年提高0.04个千分点，人口自然增长率为-1.29‰，比上年下降0.12个千分点。年末垦区总人口167.3万人，比年初增加0.5万人。其中，农场人口144.3万人，占总人口的86.3%。

从业人员薪酬保持较高增长。年末垦区从业人员93.7万人，全年从业人员劳动报酬144.6亿元，比上年增长19.4‰；年末全部在岗职工38万人，比上年增加1.2万人，在岗职工年平均工资为17639元/人，比上年增长18.7%。

农场职工收入再创历史新高。全年农场职工家庭人均纯收入突破13000元大关，达到13267元，比上年增加2331元，扣除物价因素实际增长16.8%。其中，工资性收入增长13.1%，家庭经营性收入增长26.7%。农场职工家庭人均生活消费支出7761元，比上年增长5.5%，其中食品消费支出所占比重即恩格尔系数为34.5%。耐用消费品数量稳中有增，年末，平均每百户农场职工家庭拥有彩电106台、洗衣机93台、电冰箱76台、空调4台、摩托车68辆、生活用汽车7辆、热水器35台、微波炉17台、照相机23台、影碟机40台、家用计算机55台、移动电话185部。

图6 2006-2010年农场职工家庭人均纯收入及其增长速度

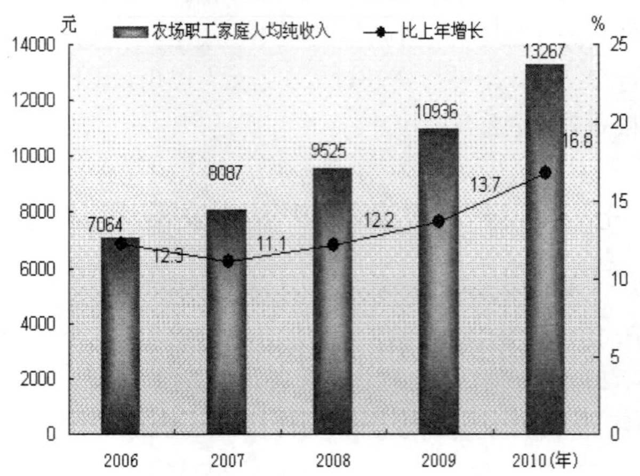

小城镇建设超常规发展。垦区继续加快小城镇基础设施和城区环境绿化美化建设，增强城镇的综合载体功能。全年新建小城镇住房738.2万平方米，比上年增加294.5万平方米，增长66.4%，小城镇人均拥有住房面积28.2平方米，比上年增加2.2平方米；集中供热面积2408.6万平方米，比上年增长30.4%；城镇高等级混凝土路面已达1403公里，增长16.6%；人均绿地面积35平方米，增长25%。

居民居住条件得到持续改善。垦区继续加快居民住宅基础设施、公共设施建设步伐，全年用于住宅的投资达80.7亿元，比上年增长33.8%。到年末，垦区居民住房面积达到4215.3万平方米，比上年增长13.5%，人均住房面积25.2平方米，比上年增加2.9平方米。

居民储蓄存款继续增加。年末垦区居民储蓄总额219.5亿元，比上年增长19.5%，人均储蓄额13121元。

注：1.垦区生产总值、各产业增加值绝对数按现价计算，增长速度按可比价格计算。

2.公报数据为初步统计数据，最终数据以《2011年黑龙江垦区统计年鉴》为准。

STATISTICAL YEARBOOK

1 行政区划和自然资源

1-1 各部门机构数(一)

(2010年) 单位:个

项目	合计	宝泉岭分局	红兴隆分局	建三江分局	牡丹江分局
一、农业					
农牧场个数	113	13	12	15	14
#农场	105	13	12	15	14
牧场	7				
农林牧渔业单位数	1208	347	110	154	198
#管理区	572	44	73	112	109
二、工业					
工业企业及生产单位数	679	62	105	77	123
#国有及国有控股	156	9	21	15	13
法人	562	54	87	66	119
农场属	565	53	88	55	109
三、建筑业					
建筑企业单位数	134	18	21	17	12
#国有及国有控股	26	6	7	4	2
四级以上资质等级	57	6	9	4	6
农场属	98	14	15	14	10
四、交通运输、仓储业					
交通运输、仓储业单位数	160	11	30	41	35
#国有及国有控股	141	10	27	39	33
法人	16	1	3	2	2
农场属	123	10	21	37	22
五、批发和零售业					
批发和零售业单位数	358	39	32	29	60
#国有及国有控股	182	27	20	14	32
法人	277	24	14	17	55
农场属	268	33	29	24	46
六、住宿和餐饮业					
住宿和餐饮业单位数	62	10	17	12	4
#国有及国有控股	47	9	11	12	4
法人	17	3	3	2	
七、居民服务及其他服务业					
居民服务及其他服务业单位数	45	11	16	1	14
#国有及国有控股	32	4	12	1	13
法人	7	5			1
八、信息传输、计算机服务和软件业					
信息传输、计算机服务和软件业单位数	37	1	4	11	1
九、房地产业					
房地产业单位数	32	3	8	5	2
十、租赁与商务服务业					
租赁与商务服务业单位数	65	3	10	5	6

1-1(1)续表　　(2010年)　　单位:个

项　目	北安分局	九三分局	齐齐哈尔分局	绥化分局	哈尔滨分局	总局直属
一、农业						
农牧场个数	15	11	11	10	11	1
#农　场	15	11	8	7	9	1
牧　场			3	2	2	
农林牧渔业单位数	138	114	48	52	42	5
#管理区	97	78	28	21	10	
二、工业						
工业企业及生产单位数	93	34	50	66	58	11
#国有及国有控股	37	13	7	20	12	9
法　人	50	21	44	64	46	11
农场属	86	22	44	59	49	
三、建筑业						
建筑企业单位数	22	6	3	18	3	14
#国有及国有控股	3		1			3
四级以上资质等级	14	2	2		2	12
农场属	17	6	3	16	3	
四、交通运输、仓储业						
交通运输、仓储业单位数	26	2	2	9	3	1
#国有及国有控股	22	2	1	5	1	1
法　人	1	1		3	2	1
农场属	24	1	2	3	3	
五、批发和零售业						
批发和零售业单位数	43	21	9	68	16	41
#国有及国有控股	23	20	3	6	4	33
法　人	30	8	7	68	13	41
农场属	32	16	8	66	14	
六、住宿和餐饮业						
住宿和餐饮业单位数	11	3	1	2	1	1
#国有及国有控股	7	2	1			1
法　人	1	3	1	2	1	1
七、居民服务及其他服务业						
居民服务及其他服务业单位数	1					2
#国有及国有控股	1					1
法　人						1
八、信息传输、计算机服务和软件业						
信息传输、计算机服务和软件业单位数	2	1	1	1	1	14
九、房地产业						
房地产业单位数	2			4	1	7
十、租赁与商务服务业						
租赁与商务服务业单位数	3	13	2		1	22

1-1 各部门机构数(二)

(2010年) 单位:个

项目	合计	宝泉岭分局	红兴隆分局	建三江分局	牡丹江分局
十一、个体经营户	35458	4378	5937	7981	4632
农林牧渔业	1116	97	642	1	17
工　业	2070	235	424	499	276
建筑业	54	0	17	1	14
交通运输业	492	131	41	93	46
批发和零售业	19422	2215	3217	4276	2859
住宿和餐饮业	5156	612	714	1650	683
其　他	7148	1088	882	1461	737
十二、卫生事业					
医疗卫生机构	2285	360	517	374	345
1.医　院	116	13	14	15	14
综合医院	115	13	14	15	14
专科医院	1				
2.卫生院、门诊部(所)	1839	318	465	311	289
#基层卫生所	1686	318	450	297	268
3.疗养院	1				
4.卫生监督及防保机构	329	29	38	48	42
卫生监督所	116	14	13	16	15
疾病预防控制中心	116	1	14	16	15
妇幼保健站	97	14	11	16	12
十三、体育、教育、文化、电视事					
1. 体育机构:体校	1		1		
2. 教育事业					
普通高等学校	4				
成人高等学校	3				
普通中等专业学校	2	1			
成人中等专业学校	4		1	1	
普通中学	124	16	15	17	16
职业中学	5		2		
小　学	47	2	15	2	1
3. 文化、艺术事业					
艺术表演团体	1				
艺术创作机构	1				
俱乐部、文化站	158	10	21	8	86
图书馆、室	528	133	125	26	153
报　社	1				
4. 广播电视事业					
电视转播台(座)	37	9	7	7	6
有线电视站(个)	105	13	12	15	13
十四、科学研究事业					
独立科学研究机构	19	1	1	1	1
自然科学	17	1	1	1	1
社会科学	1				
科学技术情报和文献机构	1				

注:本表第十一、十二、十三(4)、十四部分的数据分别由工商局、卫生局、广电局、科技局提供。

1-1(2)续表　　　　(2010年)　　　　单位:个

项　　目	北安分局	九三分局	齐齐哈尔分局	绥化分局	哈尔滨分局	总局直属
十一、个体经营户	3666	3527	2887	1170	1280	
农林牧渔业	24	9	168	12	146	
工　　业	132	230	110	74	90	
建 筑 业	5	6	6	1	4	
交通运输业	60	19	12	82	8	
批发和零售业	2423	2197	1400	545	290	
住宿和餐饮业	438	510	195	249	105	
其　　他	584	556	996	207	637	
十二、卫生事业						
医疗卫生机构	252	182	157	95	42	5
1. 医　　院	16	13	12	9	11	2
综合医院	16	13	12	9	11	1
专科医院						1
2.卫生院、门诊部(所)	197	130	121	59	4	0
#基层卫生所	197	130	111	58	4	
3.疗　养　院						1
4. 卫生监督及防保机构	39	39	24	27	29	2
卫生监督所	16	13	8	9	10	1
疾病预防控制中心	12	13	8	9	10	1
妇幼保健站	11	13	8	9	9	0
十三、体育、教育、文化、电视事业						
1. 体育机构:体校						
2. 教育事业						
普通高等学校						4
成人高等学校						3
普通中等专业学校	1					
成人中等专业学校	1					1
普通中学	17	13	9	9	10	2
职业中学		2			1	
小　　学		13	3	9	2	0
3. 文化、艺术事业						
艺术表演团体						1
艺术创作机构						1
俱乐部、文化站	11	9	2	4	2	5
图　书　馆、室	31	34	8	6	5	12
报　　社						1
4. 广播电视事业						
电视转播台(座)	2	3	2	1		
有线电视站(个)	14	11	7	9	11	
十四、科学研究事业						
独立科学研究机构	1	1				13
自然科学	1	1				11
社会科学						1
科学技术情报和文献机构						1

1-2 自然状况及资源

(2010年)

项　　目	单 位	数 量	项　　目	单 位	数 量
一、自然状况			#可开发量	亿立方米	33.04
1. 地理位置			水库数量	座	190
北　纬	度	43°56'-50°21'	水库容量	万立方米	112018
东　经	度	123°32'-134°33'	大型水库	座	2
2. 土地总面积	万公顷	553.63		万立方米	31020
构成：山　地	%	11.7	八五二农场蛤蟆通水库	万立方米	15720
丘　陵	%	29.0	查哈阳农场太平湖水库	万立方米	15300
漫　岗	%	24.6	中型水库	座	16
平　原	%	16.5		万立方米	41424
沼　泽	%	18.2	八五三农场清河水库	万立方米	2588
3. 气　候			八五二农场大索伦水库	万立方米	1650
年平均气温	摄氏度	-0.9-4.0	云山农场云山水库	万立方米	5196
有效积温≥10	摄氏度	2100-2500	八五六农场青山水库	万立方米	4362
年降水总量	亿立方米	265	八五五农场红星水库	万立方米	1940
年平均降水量	毫米	450-600	海林农场双峰水库	万立方米	1163
相对湿度	%	66-74	二龙山农场跃进水库	万立方米	5757
全年日照时数	小时	2400-2900	引龙河农场青年水库	万立方米	4910
年无霜期	天	100-140	赵光农场工农水库	万立方米	1930
二、自然资源			尾山农场三七水库	万立方米	1238
1. 土地资源			建设农场青石岭水库	万立方米	1470
耕地面积	万公顷	280.1	襄河农场襄河水库	万立方米	1401
水面面积	万公顷	26.1	格球山农场炮台山水库	万立方米	1286
#已养殖面积	万公顷	3.2	七星泡农场东风水库	万立方米	2700
林地面积	万公顷	91.7	红五月农场南阳河水库	万立方米	1614
草地面积	万公顷	35.9	大西江农场西江水库	万立方米	2219
2. 林木资源			小（I）型水库	座	105
森林蓄积量	万立方米	6270		万立方米	36177
森林覆盖率	%	19.8	小（II）型水库	座	67
3. 水利资源				万立方米	3397
河流入境水量	亿立方米	3000	4. 矿产资源		
水资源总量	亿立方米	97.59	煤　炭	万吨	15000
（1）地表水量	亿立方米	56.66	石灰石	亿吨	10
（2）地下水量	亿立方米	40.93	黄　金	吨	15.4

注：气候资料为多年平均值；矿产资源为以前调查数；林木资源和水利资源分别由总局林业局和水务局提供。

1-3 土地资源利用情况

单位:公顷

年份 单位	土地 总面积	耕地	林地	#苗圃	园地	牧地草原
2000	5385957	2045117	790619	2298	2667	336986
2004	5439339	2123679	891033	2128	2302	363969
2005	5439344	2268907	895467	2055	1899	355370
2006	5435462	2336514	894377	2094	2050	354314
2007	5542002	2390906	913324	2080	2410	372214
2008	5542014	2535598	903042	2044	2285	372585
2009	5534858	2649854	910712	2270	3111	368515
2010	5536308	2800938	916808	2370	2951	358918
宝泉岭局	575667	325718	81494	360	40	22024
红兴隆局	880811	446931	164308	260	2111	18298
建三江局	1234694	728710	171620	159		23459
牡丹江局	855135	466757	164769	236	109	45757
北安局	898483	315931	130287	514	84	81663
九三局	565729	267961	86004	405	25	92847
齐齐哈尔局	265486	137028	47174	182	448	45353
绥化局	201849	84730	60296	214	96	20189
哈尔滨局	53521	23939	10783	40	33	9287
总局直属	4934	3232	74	1	5	43

1-3 续表

单位:公顷

年份 单位	苇塘	水面	可垦荒地	宜林地	场址道路 及其他建 筑占地	其他土地
2000	36956	277967	562315		235584	1095448
2004	38654	272944	475973	21422	234633	1014730
2005	37297	268335	395013	17662	234451	964943
2006	34370	267959	365521	17687	233958	928712
2007	37356	280048	357070	18656	245366	924654
2008	37341	277510	270969	21150	242915	878619
2009	38902	263212	224167	19232	239266	817889
2010	33849	260797	185950	17091	232279	726727
宝泉岭局	926	41766	23769	1758	26295	51878
红兴隆局	11969	57189	54838	5360	61147	58661
建三江局	9273	47148	51253	6621	49203	147407
牡丹江局	3851	73292	7913	672	30796	61219
北安局	1	12979	23422	576	24913	308628
九三局	1600	9600	16867	112	15306	75407
齐齐哈尔局	4204	8138	810	1992	10424	9917
绥化局	1728	8115	6802		8757	11136
哈尔滨局	297	2258	276		4460	2188
总局直属		314			979	287

1-4 各分局平均气温

（2010年） 单位：摄氏度

月份	宝泉岭分局	红兴隆分局	建三江分局	牡丹江分局	北安分局	九三分局	齐齐哈尔分局	绥化分局	哈尔滨分局
一月	-18.0	-18.3	-20.2	-17.7	-21.8	-21.4	-20.6	-20.8	
二月	-16.6	-15.5	-19.0	-15.7	-20.3	-21.4	-20.1	-18.7	
三月	-8.5	-8.2	-10.3	-10.4	-11.3	-11.7	-10.8	-10.4	
四月	3.5	3.7	3.0	3.6	1.4	1.9	2	1.9	
五月	16.2	15.3	14.6	14.5	14.1	14.4	14.6	14.3	
六月	23.6	23.9	23.3	22.1	24.0	23.5	24.3	13.5	
七月	22.0	22.1	21.8	22.2	21.6	21.5	21.7	21.9	
八月	21.0	21.5	21.2	22.3	19.2	18.5	18.8	19.9	
九月	14.8	14.8	14.6	15.8	14.5	13.9	14.4	14.3	
十月	5.2	6.2	5.3	6.2	3.9	3.6	4.2	4.6	
十一月	-6.3	-4.0	-5.3	-4.9	-7.5	-8.5	-7.9	-5.7	
十二月	-17.7	-17.8	-18.5	-18.6	-21.3	-22.1	-21.1	-19.0	
全年	**3.3**	**3.6**	**2.5**	**3.3**	**1.4**	**1.0**	**1.6**	**1.3**	
比历年（+\-）	0.9	-0.3	0.2	-0.1	0.5	0.6	0.3	-0.3	

注：1-4 表至 1-7 表的数据由农业局提供。

1-5 各分局降水量

（2010年） 单位：毫米

月份	宝泉岭分局	红兴隆分局	建三江分局	牡丹江分局	北安分局	九三分局	齐齐哈尔分局	绥化分局	哈尔滨分局
一月	4.6	6.7	8.0	4.9	4.6	2.7	2.9	6.4	
二月	9.2	11.1	8.1	30.0	6.8	5.3	4.1	7.3	
三月	21.1	20.7	23.3	31.6	18.8	4.3	7.5	36.7	
四月	46.3	15.2	26.5	28.4	23.0	21.8	23.2	35.9	
五月	174.5	82.7	81.6	112.1	55.0	54.0	70.6	93.8	
六月	72.2	55.6	21.7	92.8	30.3	70.0	20.5	33.6	
七月	181.5	115.5	103.2	113.3	93.1	59.9	173.9	150.6	
八月	175.8	153.4	152.8	78.5	61.7	148.2	123.5	154.7	
九月	31.9	39.7	13.6	24.4	10.7	18.9	18.1	39.9	
十月	12.1	25.7	13.5	24.7	16.0	9.8	8.4	21.9	
十一月	11.0	5.6	15.4	29.2	18.6	19.1	19.4	31.3	
十二月	31.7	37.0	35.4	37.9	24.3	19.8	18.4	28.2	
全年	**771.9**	**568.9**	**503.1**	**607.8**	**362.9**	**433.8**	**490.5**	**640.3**	
比历年（+\-）	198.8	75.3	-38.0	67.0	-189.3	-63.8	-1.1	10.9	

1-6 各分局日照时数

(2010年)

单位:小时

月份	宝泉岭分局	红兴隆分局	建三江分局	牡丹江分局	北安分局	九三分局	齐齐哈尔分局	绥化分局	哈尔滨分局
一月	119.4	140.3	113.4	119.2	129.5	123.9	163.7	91.1	
二月	106.5	165.3	152.2	130.7	169.1	178.0	195.0	171.0	
三月	185.0	218.5	227.9	167.1	223.8	236.7	235.3	217.3	
四月	218.6	228.0	217.7	166.6	211.6	233.1	194.6	193.8	
五月	161.1	234.4	236.7	180.5	252.8	259.7	202.2	205.7	
六月	266.1	298.4	270.3	244.6	323.6	313.4	278.9	284.3	
七月	161.2	233.7	181.7	170.7	232.4	260.7	214.5	174.4	
八月	189.6	253.6	218.5	207.0	188.1	224.1	176.1	141.0	
九月	254.3	267.9	253.9	212.9	262.1	240.9	256.3	272.0	
十月	177.4	216.0	181.2	170.8	171.1	155.5	204.6	160.5	
十一月	93.7	138.1	137.5	116.9	121.5	87.5	112.1	68.5	
十二月	66.3	74.0	117.0	99.2	107.6	62.5	112.8	72.9	
全年	**1999.2**	**2468.2**	**2308.0**	**1986.2**	**2393.2**	**2376.0**	**2346.1**	**2052.5**	
比历年(+\-)	-430.1	23.0	26.1	-355.1	-302.8	-294.8	-126.5	-281.8	

1-7 各分局无霜期及≥10℃积温

(2010年)

单位	初终霜日期(日/月)及无霜期(天)				≥10℃初终日期(日/月)及积温(℃)			
	终日	初日	无霜期	比历年(+/-)	初日	终日	积温	比历年(+\-)
宝泉岭局	29/4	23/9	146	12	13/5	20/9	2733.3	227.2
红兴隆局	29/4	23/9	146	3	13/5	20/9	2778.6	70.5
建三江局	4/5	23/9	141	0	13/5	21/9	2636.0	163.2
牡丹江局	26/4	24/9	150	1	13/5	21/9	2750.0	12.9
北安局	9/5	11/9	130	9	13/5	20/9	2675.9	274.3
九三局	13/5	17/9	126	5	13/5	19/9	2615.0	347.4
齐齐哈尔局	13/5	7/9	116	-7	12/5	20/9	2688.6	348.8
绥化局	13/5	22/9	131	12	13/5	20/9	2684.0	271.8
哈尔滨局								

主要统计指标解释

森林面积 指生长着乔木和竹林，郁闭度在0.3以上（不包括0.3）的林地面积，即有林地面积。它是反映森林资源总面积的重要指标。森林面积包括天然林面积和人工林面积。但不包括灌木林地和疏林地面积。

森林覆盖率 通常是指森林面积占土地总面积之比，一般用百分数表示。但国家规定在计算森林覆盖率时，森林面积还包括灌木林面积、农田林网树占地面积以及四旁树木的覆盖面积。森林覆盖率，是反映一个国家或地区森林资源和绿化水平的重要指标。计算公式：

$$森林覆盖率(\%)=\frac{森林面积}{土地总面积}\times 100\%$$

森林蓄积量 指森林面积上生长着的林木树干材积总量。它是反映一个国家或地区森林资源总规模和水平的重要指标。

草地面积 指牧区和农区用于放牧牲畜或割草，植被盖度在5%以上的草原、草坡、草山等面积。包括天然的和人工种植或改良的草地面积。

淡水总面积 指江、河、湖泊、塘堰、水库等各种流水或蓄水的水面占地面积。

矿产保有储量 指探明的矿产储量（包括工业储量和远景储量）扣除已开采部分和地下损失量后的年底实有储量。它反映国家矿产资源的现状。

≥0℃积温 为稳定通过0℃的各日平均温度累计值。

有效积温 为稳定通过0℃的各日平均温度累计值。

STATISTICAL
YEARBOOK

2 综合

垦区生产总值（亿元）

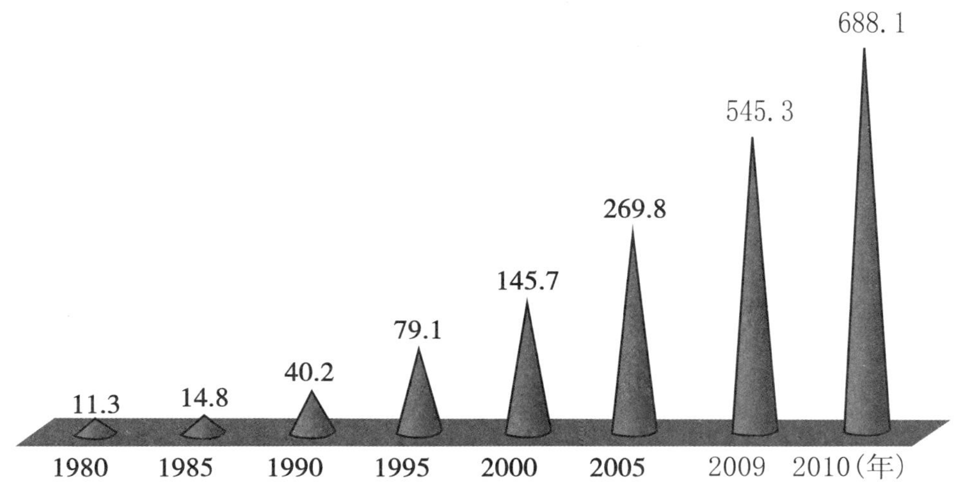

垦区生产总值构成（%）

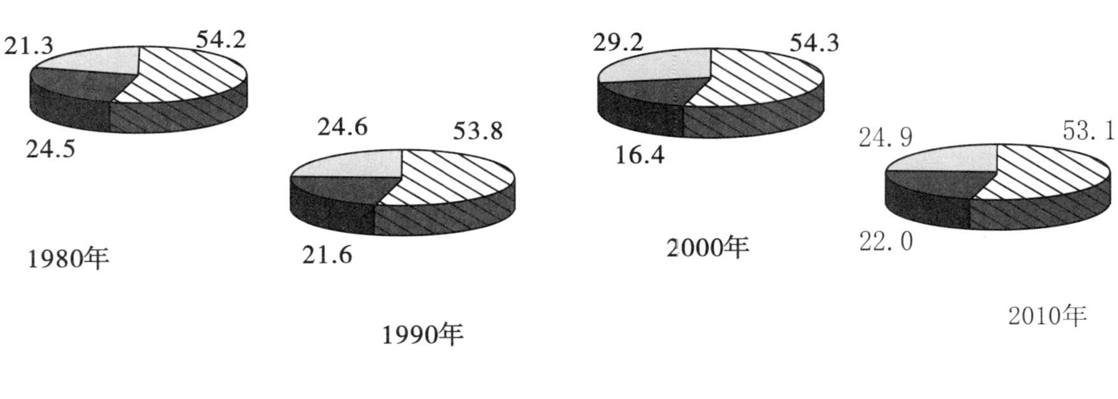

2-1　国民经济主要指标总量

指　　标	单位	1978	1980	1990	2000	2005	2009	2010
一、年末总人口	**万人**	**166.3**	**156.7**	**155.4**	**157.5**	**158.6**	**166.8**	**167.3**
二、从业人员数	**万人**	**86.4**	**74.2**	**81.4**	**70.7**	**74.4**	**91.7**	**93.7**
#职　工	万人	80.9	68.5	73.1	43.4	34.5	36.8	37.9
三、生产总值	**亿元**	**9.7**	**11.3**	**40.2**	**145.7**	**269.8**	**545.3**	**688.1**
#第三产业增加值	亿元	2.6	2.4	9.9	42.6	70.9	138.9	171.1
四、工农业总产值	**亿元**	**16.3**	**18.7**	**71.6**	**211.4**	**495.7**	**996.1**	**1267.9**
五、固定资产投资								
1.全社会固定资产投资总额	万元	30651	43826	69629	219391	593665	1428162	2061482
生产性建设	万元	21545	30897	54044	149840	396246	594825	944962
非生产性建设	万元	9106	12929	15585	69551	197419	833337	1116520
#住　宅	万元	4099	2590	7916	17777	56095	603485	807164
2.国有单位固定资产投资额	万元	30651	43826	63569	184210	421309	963118	1346675.54
六、企业主要财务指标(统营)								
1.固定资产原值	亿元	21.1	23.9	43.4	124.2	222.5	394.8	458.7
2.固定资产净值	亿元	14.8	17.6	31.3	89.7	160.2	225.6	277.6
3.销售(经营)收入	亿元	14.7	22.8	65.7	111.8	207.8	421.3	639.1
4.利润总额	万元	-13110	13719	22646	16831	49384	166107	71287
七、职工收入和消费								
1.职工工资总额	亿元	4.2	5.3	10.6	24.8	32.3	53.6	66.7
2.职工平均工资	元/人	518	763	1445	5593	9205	14862	17639
3.农场职工家庭人均纯收入	元/人	246	327	1217	3337	6179	10936	13267
4.农场职工家庭人均消费支出	元/人			816	2511	3373	7358	7761
八、农林牧渔业								
1.农林牧渔业总产值	亿元	10	13.2	44.9	144.0	279.7	555.7	693.0
2.主要农产品产量								
粮　食	万吨	234.6	324.9	460.3	814.1	1026.5	1652.6	1818.0
油　料	万吨	0.9	0.3	6.4	7.7	11.4	3.3	2.2
甜　菜	万吨	5.9	19.5	98.9	30.7	51.6	46.2	53.4
水　果	万吨		0.49	0.31	0.40	0.63	2.5	2.6
肉　类	万吨	6.3	5.1	3.5	10.0	32.4	57.1	61.1
牛　奶	万吨	2.5	1.9	21.9	28.0	82.5	115.3	119.2
水产品	万吨	0.19	0.17	0.69	1.21	1.90	2.36	2.58

注:本表第六、十、十二、十三(1)、十四部分的数据分别由总局财务处、交通局、商务局、教育局、卫生局提供。

2-1续表

指　　标	单位	1978	1980	1990	2000	2005	2009	2010
九、工　　业								
1. 工业总产值	亿元	6.3	5.5	26.7	67.4	216.0	440.4	574.9
2. 主要工业产品产量								
原　　煤	万吨	91.2	98.5	178.5	82.7	33.0	46.5	53.5
焦　　炭	万吨	4.0	2.3	14.2	3.3	21.4	17.2	19.8
发 电 量	万度	13874	9464	47219	43917	51646	47622	46779
水　　泥	万吨	8.6	10.9	38.8	77.0	134.8	163.8	189.6
化　　肥(实物量)	万吨	3.4	0.1	10.9	9.9	20.8	24.7	29.7
机制纸及纸板	万吨	0.9	1.4	3.5	1.5	2.6	4.8	3.7
机 制 糖	万吨	0.8	1.9	8.8	1.5	1.7	3.2	3.3
乳 制 品(含液体乳)	万吨	0.1	0.2	2.8	4.4	17.8	35.7	57.7
十、交通运输								
1. 货物周转量	万吨公里	42298	41435	30933	50882	126138	116819	128706
2. 旅客周转量	万人公里			29178	29378	52308	59262	63114
十一、国内商业								
1. 商品销售总额	亿元			14.0	90.3	110.1	225.5	400.4
2. 社会消费品零售总额	亿元	3.5	4.2	12.0	35.4	58.8	103.3	116.7
十二、对外贸易								
进出口总额	万美元		5669.8	11174.9	6998.1	46100	196447	205359
进口额	万美元			912.0	229.2	21800	150214	143995
出口额	万美元		5669.8	10262.9	6768.9	24300	46233	61364
十三、教育文化								
1. 在校学生数								
高等学校	人	1225	1396	3030	7933	20659	28174	29054
中等专业学校	人	992	2131	3070	8080	7221	2680	3189
普通中学	万人	14.7	14.9	11.6	13.8	13.9	11.4	11.0
小　　学	万人	26.9	27.8	16.9	14.6	12.8	10.2	9.7
2. 出版数量								
杂　　志	万册	10.8	9.0	37.9	11.0	7.8	11.5	19.2
报　　纸	万份	756.4	680.6	688.6	1650	1269.0	1612.7	1829.1
十四、卫　　生								
卫生机构床位数	张	9197	9677	9324	7838	7352	8959	11416
卫生技术人员	人	17331	16324	14903	11487	10103	11290	12143
#医　　生	人	3852	4882	7628	6392	6347	6278	8333

2-2　国民经济主要指标发展速度

指　　标	发展速度(2010年为以下各年)(%)						平均年增长速度(%)	
	1978	1980	1990	2000	2005	2009	1978-2010	2000-2010
一、年末总人口	**100.6**	**106.8**	**107.7**	**106.2**	**105.5**	**100.3**	**0.02**	**0.61**
二、从业人员数	**108.4**	**126.3**	**115.1**	**132.5**	**125.9**	**102.2**	**0.25**	**2.86**
# 职　工	46.8	55.3	51.8	87.3	109.9	103.0	-2.34	-1.35
三、生产总值	**2181.6**	**1880.9**	**836.7**	**378.8**	**209.8**	**119.2**	**10.11**	**14.25**
# 第三产业增加值	1790.9	1832.7	899.8	345.9	206.1	119.5	9.44	13.21
四、固定资产投资								
1.全社会固定资产投资总额	6725.7	4703.8	2960.7	939.6	347.2	144.3	14.06	25.11
生产性建设	4386.0	3058.4	1748.5	630.6	238.5	158.9	12.54	20.22
非生产性建设	12261.4	8635.8	7164.1	1605.3	565.6	134.0	16.22	31.99
# 住　宅	19691.7	31164.6	10196.6	4540.5	1438.9	133.8	17.95	46.46
2.国有单位固定资产投资额	4393.6	3072.8	2118.4	731.1	319.6	139.8	12.55	22.01
五、企业主要财务指标								
1.固定资产原值	2173.9	1919.2	1056.9	369.3	206.2	116.2	10.10	13.96
2.固定资产净值	1875.7	1577.3	886.9	309.5	173.3	123.0	9.59	11.96
3.销售(经营)收入	4347.6	2803.1	972.8	571.6	307.6	151.7	12.51	19.05
4.利润总额	743.8	519.6	314.8	423.5	144.4	42.9	6.47	15.53
六、职工收入和消费								
1.职工工资总额	1588.1	1258.5	629.2	269.0	206.5	124.4	9.03	10.40
2.职工平均工资	3405.2	2311.8	1220.7	315.4	191.6	118.7	11.66	12.17
3.农场职工家庭人均纯收入	5393.1	4057.2	1090.1	397.6	214.7	121.3	13.27	14.80
4.农场职工家庭人均消费支出			951.1	309.1	230.1	105.5		11.95
七、农林牧渔业								
1.农林牧渔业总产值	1287.6	974.5	558.2	306.4	188.7	112.7	8.31	11.85
2.主要农产品产量								
粮　　食	774.9	559.6	395.0	223.3	177.1	110.0	6.61	8.37
油　　料	244.4	733.3	34.4	28.6	19.3	66.7	2.83	-11.77
甜　　菜	905.1	273.8	54.0	173.9	103.5	115.6	7.13	5.69
水　　果		530.6	838.7	650.0	412.7	104.0		20.58
肉　　类	969.8	1198.0	1745.7	611.0	188.6	107.0	7.36	19.84
牛　　奶	4768.0	6273.7	544.3	425.7	144.5	103.4	12.84	15.59
水 产 品	1357.9	1517.6	373.9	213.2	135.8	109.3	8.49	7.87

注:生产总值、人均纯收入、农林牧渔业总产值、工业总产值的发展速度和平均年增长速度均按可比价计算。

2-2续表

指　标	发展速度(2010年为以下各年)(%)						平均年增长速度(%)	
	1978	1980	1990	2000	2005	2009	1978-2010	2000-2010
八、工　业								
1.工业总产值	2763.1	3143.1	1099.8	613.2	228.7	120.3	10.93	19.88
2.主要工业产品产量								
原　煤	58.7	54.3	30.0	64.7	162.1	115.1	-1.65	-4.26
焦　炭	495.0	860.9	139.4	600.0	92.5	115.1	5.13	19.62
发电量	337.2	494.3	99.1	106.5	90.6	98.2	3.87	0.63
水　泥	2204.7	1739.4	488.7	246.2	140.7	115.8	10.15	9.43
化　肥(实物量)	873.5	29700.0	272.5	300.0	142.8	120.2	7.01	11.61
机制纸及纸板	411.1	264.3	105.7	246.7	142.3	77.1	4.52	9.45
机制糖	412.5	173.7	37.5	220.0	194.1	103.1	4.53	8.20
乳制品(含液体乳)	57700.0	28850.0	2060.7	1311.4	324.2	161.6	21.98	29.35
九、交通运输								
1.货物周转量	304.3	310.6	416.1	252.9	102.0	110.2	3.54	9.72
2.旅客周转量			216.3	214.8	120.7	106.5		7.95
十、国内商业								
1.商品销售总额			2860.0	443.4	363.7	177.6		16.06
2.社会消费品零售总额	3334.3	2778.6	972.5	329.7	198.5	113.0	11.58	12.67
十一、对外贸易								
进出口总额		3622.0	1837.7	2934.5	445.5	104.5		40.20
进口额			15788.9	62825.1	660.5	95.9		90.46
出口额		1082.3	597.9	906.6	252.5	132.7		24.66
十二、教育文化								
1.在校学生数								
高等学校	2371.8	2081.2	958.9	366.2	140.6	103.1	10.40	13.86
中等专业学校	321.5	149.6	103.9	39.5	44.2	119.0	3.72	-8.88
普通中学	74.8	73.8	94.8	79.7	79.1	96.5	-0.90	-2.24
小　学	36.1	34.9	57.4	66.4	75.8	95.1	-3.14	-4.01
2.出版数量								
杂　志	177.8	213.3	50.7	174.5	246.2	167.0	1.81	5.73
报　纸	241.8	268.7	265.6	110.9	144.1	113.4	2.80	1.04
十三、卫　生								
卫生机构床位数	124.1	118.0	122.4	145.6	155.3	127.4	0.68	3.83
卫生技术人员	70.1	74.4	81.5	105.7	120.2	107.6	-1.11	0.56
#医　生	216.3	170.7	109.2	130.4	131.3	132.7	2.44	2.69

2-3　国民经济主要比例关系

单位:%

指　标	1978	1980	1990	2000	2005	2009	2010
一、生产总值三次产业比例							
第一产业	37.4	54.2	53.8	54.3	55.0	53.6	53.1
第二产业	35.6	24.5	21.6	16.4	18.7	20.9	22.0
第三产业	27.0	21.3	24.6	29.3	26.3	25.5	24.9
二、生产总值所有制结构比例							
公　有				59.8	59.7	55.6	57.6
非公有				40.2	40.3	44.4	42.4
第一产业:公　有				75.5	77.6	73.9	74.2
非公有				24.5	22.4	26.1	25.8
第二产业:公　有				47	39.0	34.7	36.0
非公有				53	61.0	65.3	64.0
第三产业:公　有				38	37.0	34.3	41.5
非公有				62	63.0	65.7	58.5
三、社会总产出五大部门比例							
农林牧渔业	50.5	56.4	54.1	55.5	47.5	45.6	40.9
工　业	31.9	23.8	32.1	26.4	36.4	36.1	35.0
建筑业	8.8	10.6	5.8	5.7	4.9	6.5	7.0
运输仓储和邮电业	1.7	2.0	1.8	3.9	3.4	3.6	3.0
贸易和餐饮业	7.1	7.2	6.2	8.5	7.8	8.1	6.3
四、固定资产投资资金来源比例							
国家预算内投资	50.6	32.9	20.2	26.8	15.8	18.2	16.9
国内贷款			23.2	7.1	4.7	1.9	3.5
利用外资				7.1	0.03	0.5	0.4
自筹投资	46.1	67.1	46.3	51.1	67.3	63.4	56.9
其他投资	3.3		10.3	7.9	12.17	16.0	22.3
五、固定资产投资生产与非生产比例							
生产性建设	70.3	70.5	77.6	68.3	66.7	41.6	45.8
非生产性建设	29.7	29.5	22.4	31.7	33.3	58.4	54.2
#住　宅			11.4	8.1	9.4	42.3	39.2
六、固定资产投资主要行业投资比例							
农林牧渔业	50.6	40.6	45.5	65.2	28.9	20.7	20.8
工　业	20.1	20.4	31.6	11.7	37.9	10.3	6.6
交通运输、通讯业	5.6	7.7	4.1	3.8	4.7	8.8	17.6
教育文化艺术和广电事业	1.8	3.6	3.7	3.7	5.8	3.2	2.4
科技事业		0.1	0.6	1.1	0.4	0.3	0.2

注:生产总值、社会总产出、工业总产值、农林牧渔业总产值的比例按现价计算。

2-3续表

指　　　标	1978	1980	1990	2000	2005	2009	2010
七、国有固定资产投资三次产业比例							
第一产业	50.6	40.6	46.5	58.0	30.6	20.7	20.8
第二产业	20.1	20.4	31.6	14.4	38.2	10.6	6.6
第三产业	29.3	39.0	21.9	27.6	31.2	68.7	72.6
八、国有固定资产投资农工比例							
农林牧渔业	50.6	40.6	46.5	58.0	45.2	66.8	75.1
工　业	49.4	59.4	53.5	42.0	54.8	23.2	24.9
九、工农业总产值农轻重比例							
农林牧渔业	61.3	70.4	62.7	68.1	56.4	55.8	54.7
轻工业	20.7	19.2	26.6	24.4	37.2	37.2	38.5
重工业	18.0	10.4	10.7	7.5	6.4	7.0	6.8
十、工业总产值轻重工业比例							
轻工业	51.2	55.8	71.4	76.5	85.6	84.1	85.0
重工业	48.8	44.2	28.6	23.5	14.4	15.9	15.0
十一、农林牧渔业总产值各业比例							
农　业	90.4	93.6	90.7	84.9	73.2	69.4	69.9
林　业	0.8	0.9	0.8	0.9	0.6	0.7	0.8
牧　业	8.6	5.4	7.9	13.5	24.3	27.9	27.4
渔　业	0.2	0.1	0.6	0.7	0.7	0.5	0.5
服务业					1.2	1.5	1.4
十二、农林牧渔业总产值所有制结构比例							
农　业:国　有				89.1	99.0	98.4	98.7
非国有				10.9	1.0	1.6	1.3
林　业:国　有				64.8	73.4	66.3	74.4
非国有				35.2	26.6	23.7	25.6
牧　业:国　有				4.2	0.9	0.6	0.3
非国有				95.8	99.1	99.4	99.7
渔　业:国　有				20.1	12.6	31.5	27.9
非国有				79.9	87.4	78.5	72.1
服务业:国　有					48.2	44.6	46.2
非国有					51.8	55.4	53.8
十三、全社会从业人员人数比例							
1.按三次产业分							
第一产业	59.4	55.0	54.3	59.6	62.5	65.8	64.3
第二产业	22.3	23.3	24.5	14.3	14.1	14.1	14.2
第三产业	18.3	21.7	21.2	26.1	23.4	20.1	21.5
2.按经济类型分							
国有经济			89.8	81.2	73.1	72.4	71.9
非国有经济			10.2	18.8	26.9	27.6	28.1

2-4　主要经济指标占全国农垦和全省的比重

(2010年)

指　　标	单位	全国农垦	黑龙江省	黑龙江垦区	占全国农垦（%）	占黑龙江省（%）
一、年末总人口	万人	**1332.3**	**3831.2**	**167.3**	**12.6**	**4.4**
二、全部从业人员	万人	**330.7**	**1932.0**	**93.7**	**28.3**	**4.8**
三、生产总值	亿元	**3381.1**	**10235.0**	**688.1**	**20.4**	**6.7**
# 农林牧渔业增加值	亿元	1171.1	1302.3	365.6	31.2	28.1
工业增加值	亿元	1081.5	4003.5	110.6	10.2	2.8
四、固定资产投资						
全社会固定资产投资总额	亿元	1811.2	6812.6	206.1	11.4	3.0
# 公有控股经济投资	亿元	792.4	2736.9	134.7	17.0	4.9
五、收　入						
农场职工家庭(农村居民)人均纯收入	元/人	8232.0	6211.0	13267	161.2	213.6
在岗职工平均工资	元/人	17900.0	29603.0	17639	98.5	59.6
六、主要农产品产量						
粮　食	万吨	2953.3	5013.0	1818.0	61.6	36.3
# 水　稻	万吨	1514.1	1844.0	1094.4	72.3	59.3
小　麦	万吨	335.9	92.5	56.5	16.8	61.1
玉　米	万吨	809.2	2324.0	481.6	59.5	20.7
大　豆	万吨	195.1	585.0	162.2	83.1	27.7
油　料	万吨	80.3	27.5	2.2	2.7	8.0
甜　菜	万吨	256.5	175.0	53.4	20.8	30.5
亚　麻	万吨	9.4	2.2	0.5	5.3	23.0
水　果	万吨	323.4	233.0	2.63	0.8	1.1
肉　类	万吨	256.4	165.6	61.1	23.8	36.9
牛　奶	万吨	366.1	552.5	119.2	32.6	21.6
七、主要工业产品产量						
大　米	万吨	668.2	782.6	359.6	53.8	45.9
食用植物油	万吨	193.1	210.0	104.3	54.0	49.7
乳制品	万吨	284.0	183.9	57.7	20.3	31.4
# 液体乳	万吨	247.6	116.9	46.3	18.7	39.6
成品糖	万吨	205.8	18.7	3.3	1.6	17.6
焦　炭	万吨	206.8	1094.1	19.8	9.6	1.8
水　泥	万吨	2245.1	3507.2	189.6	8.4	5.4
化　肥(折纯)	万吨	35.7	64.9	13.2	30.8	16.9
机制纸及纸板	万吨	61.7	89.4	3.7	6.0	4.1
中成药	万吨	2.1	9.2	0.24	11.2	2.6
八、交通运输						
1.货物周转量	亿吨公里		1852.2	12.9		0.7
2.旅客周转量	亿人公里		627.9	6.3		1.0
九、批发零售贸易						
社会消费品零售总额	亿元	2491.8	4039.2	116.7	4.7	2.9
十、对外贸易						
进出口总额	亿美元		255.0	20.5		8.0
进口额	亿美元		162.8	14.4		8.8
出口额	亿美元	78.9	92.2	6.1	7.7	6.6

2-5　平均每天主要社会经济活动及主要经济指标人均占有量

指　　标	单 位	1990	2000	2004	2005	2009	2010
一、平均每天主要社会经济活动							
(一)每天创造的财富							
生产总值	万元	1101.4	3991.8	6468.5	7391.8	14939.7	18852.4
农林牧渔业总产值	万元	1230.1	3945.2	6424.7	7663.1	15224.7	18987.4
工业总产值	万元	731.5	1848.6	4315.1	5917.8	12065.8	15749.8
销售(经营)收入	万元	1800.0	3063.0	4515.1	5693.2	11542.5	17509.6
利润总额	万元	62.0	46.1	127.8	135.3	455.1	195.3
水　泥	吨	1063.0	2109.6	3816.4	3693.2	4487.1	5194.5
化　肥	吨	298.6	271.2	347.9	569.9	677.1	813.6
(二)每天消费(销售)量							
消费总额	万元	328.8	969.9	1284.9	1611	2830.1	3197.3
平均每人消费额	元	2.1	6.2	8.1	10.2	17.0	19.0
粮食(原粮)	吨	894.6	541.2	565.7	670.3	525.9	649.1
肉　类	吨	46.2	67.2	58.8	76.4	73.4	77.0
食用植物油	吨	30.3	35.0	42.9	41.8	54.1	49.8
(三)每天其他经济活动							
新建住宅面积	平方米	121	1845	1532	1426	15726	26932
(四)每天人口变动							
出　生	人	46	29.1	20.8	19.6	18.9	20.6
死　亡	人	17	17.5	19.6	18.6	23.3	26.3
二、主要经济指标人均占有量							
(一)人均创造财富							
生产总值	元	2586	9254	14953	17012	32777	41186
销售(经营)收入	元	4231	7100	10437	13103	25258	38190
利润总额	元	145.6	106.4	295.5	311.4	995.8	426
水　泥	公斤	250	488.7	882.2	849.9	982.0	1133.0
化　肥	公斤	70	63	80.4	131.2	148.1	177.5
粮　食	公斤	2962	5170.2	5937.3	6472.5	9907.7	10863.4
肉　类	公斤	22.5	63.5	147.6	204.3	342.3	364.8
(二)人均占有生产资料							
耕　地	公顷	1.3	1.3	1.3	1.4	1.6	1.7
森　林	公顷	0.5	0.5	0.6	0.6	0.5	0.5
草　原	公顷	0.3	0.2	0.2	0.2	0.2	0.2
水　域	公顷	0.2	0.2	0.2	0.2	0.2	0.2
固定资产(净值)	元	2011	5785	8581	10101	13525	16588
(三)其他人均占有量							
纯收入	元	1217	3337	5593	6179	10936	13267
生活消费	元	816	2511	3119	3373	7358	7761

2-6　主要经济指标与以往历史最高水平对比

指　　　　标	单 位	以往历史最高水平		2009 年	2010 年	2010 年比历史最高水平增长（%）
		年份	数量			
年末总人口	万　人	2009	166.8	166.8	167.3	0.3
从业人员	万　人	2009	91.7	91.7	93.7	2.2
生产总值	亿　元	2009	545.3	545.3	688.1	19.2
农林牧渔业总产值	亿　元	2009	555.7	555.7	693.0	12.7
工业总产值	亿　元	2009	440.4	440.4	574.9	20.3
耕地面积	万公顷	2009	265.0	265.0	280.1	5.7
林地面积	万公顷	1978	98	91.1	91.7	-6.4
草原面积	万公顷	1978	105	36.9	35.9	-65.8
总播种面积	万公顷	2009	264.4	264.4	280.1	5.9
粮食作物面积	万公顷	2009	254.4	254.4	270.3	6.3
粮食总产量	万　吨	2009	1652.6	1652.6	1818	10.0
粮食平均单产	公斤/公顷	2009	6496	6496	6726	3.5
水稻单产	公斤/公顷	2009	8491	8491	8534	0.5
小麦单产	公斤/公顷	2009	5373	5373	5010	-6.8
玉米单产	公斤/公顷	2009	7737	7737	7748	0.1
大豆单产	公斤/公顷	2008	2603	2588	2599	-0.2
奶牛年末存栏	万　头	2009	37.4	37.4	39.5	5.6
黄牛年末存栏	万　头	2007	53	51.4	49.5	-6.6
猪年末存栏	万　头	2009	232.6	232.6	231.4	-0.5
羊年末存栏	万　只	2003	210.4	171.4	167.4	-20.4
肉类总产量	万　吨	2009	57.1	57.1	61.1	7.0
#猪　肉	万　吨	2009	36.8	36.8	39.4	7.1
牛　肉	万　吨	2009	9.9	9.9	10.4	5.1
羊　肉	万　吨	2009	2.90	2.90	3.10	6.9
牛奶产量	万　吨	2009	115.3	115.3	119.2	3.4
禽蛋产量	万　吨	2009	7.08	7.08	7.5	5.9
水产品产量	万　吨	2009	2.36	2.36	2.58	9.3
交售粮食	万　吨	2009	1528.7	1528.7	1694.0	10.8
粮食商品率	%	2009	92.5	92.5	93.2	+0.7个百分点
出口大豆	万　吨	1989	50	7.9	11.4	-77.2
农场职工家庭人均纯收入	元/人	2008	9525	10936	13267	12.2
利润总额	万　元	2009	166107	166107	71287	-57.1

注：生产总值、农林牧渔业总产值、工业总产值、农场职工家庭人均纯收入的增长速度均按可比价计算。

2-7 垦区生产总值

单位:万元

年份	生产总值	第一产业	第二产业	工业	建筑业	第三产业	#交通运输、仓储及通讯业	#贸易业及餐饮业
1949	93	69	7	3	4	17	1	8
1950	270	130	101	86	15	40	2	16
1951	225	128	55	32	23	41	2	20
1952	471	299	101	44	56	72	4	34
1953	860	478	244	91	153	138	9	68
1954	1697	1312	213	56	157	172	16	85
1955	2476	1641	396	70	326	440	17	210
1956	5957	3710	1336	235	1101	910	49	375
1957	7563	4129	2197	795	1402	1237	84	493
1958	11010	4328	3405	1822	1582	3277	134	1286
1959	20592	7661	6101	4043	2058	6830	302	2538
1960	19230	5732	7040	5105	1934	6458	214	2634
1961	19073	7005	5862	5010	852	6206	184	2567
1962	15026	6795	4895	4352	543	3335	156	1265
1963	18437	9046	5769	4600	1169	3622	199	1336
1964	20282	9892	6294	4705	1589	4096	239	1496
1965	22871	12061	6521	4908	1613	4290	280	1652
1966	27348	13537	8204	6515	1689	5607	360	2105
1967	33339	17770	8209	6519	1691	7360	485	2913
1968	34901	19023	8258	6705	1553	7620	537	2980
1969	32665	15022	9325	7123	2202	8318	420	3280
1970	40572	18143	11800	8794	3006	10629	533	3874
1971	41876	18274	12036	8730	3306	11566	628	4106
1972	47934	19821	14571	11143	3429	13542	674	4463
1973	49395	16478	16489	11749	4740	16428	720	5149
1974	65177	27320	19842	16106	3736	18015	881	6140
1975	77698	33290	23928	19594	4334	20480	998	6414
1976	80631	36095	24674	21115	3558	19862	1165	5752
1977	85550	34156	27772	24025	3747	23622	1280	6365
1978	96866	36259	34476	29068	5408	26131	1506	5424
1979	104102	40325	36452	30211	6241	27325	1484	5967

注:国民经济核算数据为与第二次经济普查衔接修订后的数据。

2-7 续表　　　　单位:万元

年份	生产总值	第一产业	第二产业			第三产业		
				工业	建筑业		#交通运输、仓储及通讯业	#贸易业及餐饮业
1980	113420	61462	27759	21086	5673	24199	1780	6290
1981	58905	5712	29109	23279	5830	24084	1241	6765
1982	123039	60295	31265	25876	5389	31479	2557	7541
1983	161292	91976	33333	28591	4742	35983	3291	7435
1984	136189	63325	36225	30545	5680	36639	3308	8200
1985	148093	66627	40622	34530	6092	40844	3589	9183
1986	178033	87239	43264	36334	6930	47530	4539	11904
1987	203952	92259	51194	42791	8403	60499	5547	19327
1988	243198	115960	63417	53817	9600	63821	6878	20746
1989	318931	166251	76980	65876	11104	75700	9512	22523
1990	401974	216131	86835	70856	15979	99008	10278	33453
1991	320288	121461	88443	74502	13941	110384	11516	41124
1992	362738	151691	90067	75550	14517	120980	11663	40621
1993	465133	229494	92592	76075	16517	143047	15041	39834
1994	567640	312972	94260	77258	17002	160408	13999	38670
1995	791074	454339	133478	110943	22535	203257	13710	51670
1996	1088400	669943	169305	139262	30043	249152	19377	67794
1997	1350782	846561	199633	161680	37953	304588	30470	90623
1998	1410402	826438	227622	181139	46483	356342	37472	116660
1999	1366008	759356	230359	181782	48577	376293	45996	115288
2000	1457251	791863	239595	191459	48136	425793	54207	129855
2001	1606628	865574	263036	212872	50164	478018	66735	140661
2002	1718555	874150	308845	246834	62011	535560	79257	177678
2003	1879502	938360	354302	279843	74459	586840	91421	214219
2004	2361168	1301394	432031	338494	93537	627743	100126	226270
2005	2698322	1484469	504860	405276	99584	708993	112212	268807
2006	3014742	1578985	622940	501038	121902	812817	134632	284547
2007	3603481	1892367	723288	572210	151078	987826	158832	372605
2008	4544690	2449720	898008	692135	205873	1196962	198462	471668
2009	5453578	2922173	1142211	872148	270063	1389194	228521	540588
2010	6881123	3656133	1514422	1106337	408085	1710568	266256	595059

注:国民经济核算数据为与第二次经济普查衔接修订后的数据。

2-8 垦区生产总值构成

（以生产总值为100） 单位:%

年份	第一产业	第二产业	工业	建筑业	第三产业	#交通运输、仓储及通讯业	#贸易业及餐饮业	人均生产总值(元)
1949	74.2	7.7	3.0	4.7	18.1	0.9	8.6	192
1950	48.1	37.2	31.8	5.4	14.7	0.9	5.8	376
1951	57.0	24.7	14.2	10.4	18.4	0.7	8.9	152
1952	63.4	21.3	9.4	12.0	15.3	0.9	7.2	202
1953	55.6	28.4	10.6	17.8	16.0	1.0	7.9	278
1954	77.3	12.5	3.3	9.3	10.1	0.9	5.0	431
1955	66.3	16.0	2.8	13.2	17.8	0.7	8.5	397
1956	62.3	22.4	3.9	18.5	15.3	0.8	6.3	505
1957	54.6	29.1	10.5	18.5	16.4	1.1	6.5	434
1958	39.3	30.9	16.6	14.4	29.8	1.2	11.7	356
1959	37.2	29.6	19.6	10.0	33.2	1.5	12.3	368
1960	29.8	36.6	26.5	10.1	33.6	1.1	13.7	249
1961	36.7	30.7	26.3	4.5	32.5	1.0	13.5	234
1962	45.2	32.6	29.0	3.6	22.2	1.0	8.4	197
1963	49.1	31.3	24.9	6.3	19.6	1.1	7.2	248
1964	48.8	31.0	23.2	7.8	20.2	1.2	7.4	265
1965	52.7	28.5	21.5	7.1	18.8	1.2	7.2	280
1966	49.5	30.0	23.8	6.2	20.5	1.3	7.7	302
1967	53.3	24.6	19.6	5.1	22.1	1.5	8.7	348
1968	54.5	23.7	19.2	4.5	21.8	1.5	8.5	329
1969	46.0	28.5	21.8	6.7	25.5	1.3	10.0	258
1970	44.7	29.1	21.7	7.4	26.2	1.3	9.5	291
1971	43.6	28.7	20.8	7.9	27.6	1.5	9.8	287
1972	41.4	30.4	23.2	7.2	28.3	1.4	9.3	321
1973	33.4	33.4	23.8	9.6	33.3	1.5	10.4	327
1974	41.9	30.4	24.7	5.7	27.6	1.4	9.4	426
1975	42.8	30.8	25.2	5.6	26.4	1.3	8.3	502
1976	44.8	30.6	26.2	4.4	24.6	1.4	7.1	509
1977	39.9	32.5	28.1	4.4	27.6	1.5	7.4	525
1978	37.4	35.6	30.0	5.6	27.0	1.6	5.6	585
1979	38.7	35.0	29.0	6.0	26.2	1.4	5.7	649

2-8续表　（以生产总值为100）　单位:%

年份	第一产业	第二产业	工业	建筑业	第三产业	#交通运输、仓储及通讯业	#贸易业及餐饮业	人均生产总值(元)
1980	54.2	24.5	18.6	5.9	21.3	1.6	5.5	729
1981	9.7	49.4	39.5	9.9	40.9	2.1	11.5	374
1982	49.0	25.4	21.0	4.4	25.6	2.1	6.1	775
1983	57.0	20.7	17.7	2.9	22.3	2.0	4.6	1006
1984	46.5	26.6	22.4	4.2	26.9	2.4	6.0	845
1985	45.0	27.4	23.3	4.1	27.6	2.4	6.2	927
1986	49.0	24.3	20.4	3.9	26.7	2.5	6.7	1127
1987	45.2	25.1	21.0	4.1	29.7	2.7	9.5	1297
1988	47.7	26.1	22.1	3.9	26.2	2.8	8.5	1559
1989	52.1	24.1	20.7	3.5	23.7	3.0	7.1	2056
1990	53.8	21.6	17.6	4.0	24.6	2.6	8.3	2589
1991	37.9	27.6	23.3	4.4	34.5	3.6	12.8	2055
1992	41.8	24.8	20.8	4.0	33.4	3.2	11.2	2325
1993	49.3	19.9	16.4	3.6	30.8	3.2	8.6	2977
1994	55.1	16.6	13.6	3.0	28.3	2.5	6.8	3639
1995	57.4	16.9	14.0	2.8	25.7	1.7	6.5	5093
1996	61.6	15.6	12.8	2.8	22.9	1.8	6.2	6979
1997	62.7	14.8	12.0	2.8	22.5	2.3	6.7	8617
1998	58.6	16.1	12.8	3.3	25.3	2.7	8.3	8959
1999	55.6	16.9	13.3	3.6	27.5	3.4	8.4	8646
2000	54.3	16.4	13.1	3.3	29.2	3.7	8.9	9237
2001	53.9	16.4	13.2	3.1	29.8	4.2	8.8	10186
2002	50.9	18.0	14.4	3.6	31.1	4.6	10.3	10868
2003	49.9	18.9	14.9	4.0	31.2	4.9	11.4	11906
2004	55.1	18.3	14.3	4.0	26.6	4.2	9.6	14973
2005	55.0	18.7	15.0	3.7	26.3	4.2	10.0	17049
2006	52.4	20.7	16.6	4.0	27.0	4.5	9.4	18956
2007	52.5	20.1	15.9	4.2	27.4	4.4	10.3	22214
2008	53.9	19.8	15.2	4.6	26.3	4.4	10.4	27467
2009	53.6	20.9	16.0	5.0	25.5	4.2	10.1	32777
2010	53.1	22.0	16.1	5.9	24.9	3.9	8.9	41186

2-9　垦区生产总值指数

（以1980年为100）　　单位:%

年份	生产总值	第一产业	第二产业	工业	建筑业	第三产业	#交通运输、仓储及通讯业	#贸易业及餐饮业
1949	0.09	0.12	0.03	0.01	0.10	0.11	0.06	0.20
1950	0.28	0.24	0.46	0.46	0.33	0.25	0.19	0.38
1951	0.24	0.24	0.26	0.18	0.52	0.26	0.13	0.49
1952	0.51	0.57	0.48	0.26	1.25	0.46	0.32	0.83
1953	0.85	0.87	1.04	0.50	2.94	0.76	0.60	1.44
1954	1.58	2.17	0.94	0.32	3.08	0.96	1.10	1.84
1955	2.36	2.73	1.84	0.42	6.81	2.63	1.30	4.83
1956	4.90	5.45	5.18	1.24	18.94	4.48	3.00	7.10
1957	6.53	6.78	8.27	4.09	23.31	5.88	5.00	9.03
1958	10.52	8.96	12.36	8.35	27.62	16.36	8.38	24.73
1959	18.54	15.49	21.05	18.11	32.25	30.60	17.03	43.81
1960	18.06	11.39	24.77	22.44	34.02	32.47	13.56	51.03
1961	17.10	12.66	19.12	20.02	15.44	32.17	11.97	51.27
1962	13.63	11.13	17.75	19.40	10.64	18.67	11.01	27.28
1963	16.27	14.63	20.01	19.60	22.01	19.50	13.50	27.71
1964	18.33	17.13	21.57	19.95	28.93	21.32	15.66	30.00
1965	20.63	20.89	22.31	20.81	29.13	22.15	18.19	32.87
1966	24.14	23.41	27.88	28.04	27.75	26.35	21.27	38.11
1967	28.66	30.74	27.33	28.04	25.10	31.24	25.89	47.64
1968	30.78	32.90	27.98	28.80	25.37	35.58	31.54	53.61
1969	29.78	26.00	32.39	30.62	39.70	42.87	27.23	65.14
1970	37.13	33.19	41.71	40.04	48.60	49.13	30.98	69.00
1971	37.23	33.14	41.46	39.29	50.10	50.11	34.22	68.54
1972	41.40	31.81	49.65	48.22	56.05	63.29	39.62	80.36
1973	41.17	26.41	54.88	50.83	71.29	70.63	38.93	85.30
1974	55.61	43.75	70.28	74.93	57.10	78.71	48.41	103.37
1975	68.68	57.34	84.90	91.13	66.97	90.48	55.45	109.18
1976	71.04	57.88	88.76	98.22	60.23	96.11	70.90	107.24
1977	73.51	54.68	98.87	111.72	58.66	105.74	72.06	109.78
1978	84.00	58.99	124.66	137.93	83.84	115.87	84.70	92.62
1979	89.41	65.61	131.39	143.35	93.57	119.19	83.44	100.19

2-9续表　（以1980年为100）　单位:%

年份	生产总值	第一产业	第二产业	工业	建筑业	第三产业	#交通运输、仓储及通讯业	#贸易业及餐饮业
1980	100.00	100.00	100.00	100.00	100.00	100.00	100.00	100.00
1981	53.90	9.50	87.69	94.64	70.63	97.49	87.03	107.99
1982	110.77	96.67	102.97	115.11	71.44	142.48	160.35	117.71
1983	140.70	127.15	108.84	126.65	62.60	194.63	193.28	114.18
1984	136.48	110.11	124.47	142.09	78.74	193.27	199.05	118.20
1985	138.55	110.80	131.81	151.84	79.83	192.64	195.05	116.43
1986	155.76	145.69	126.30	143.53	81.57	201.41	228.20	142.39
1987	161.66	146.06	138.14	156.16	91.38	211.08	265.64	204.76
1988	165.02	161.15	150.47	173.01	91.97	185.68	297.53	188.38
1989	191.71	215.03	162.83	190.39	91.29	179.52	354.06	177.67
1990	224.80	259.22	185.43	209.60	122.69	203.68	408.03	245.63
1991	173.17	140.89	185.12	217.30	101.60	217.03	429.46	311.61
1992	188.12	164.96	189.04	220.07	108.51	226.97	472.02	283.46
1993	223.81	228.33	194.84	222.95	121.87	243.98	555.66	281.51
1994	227.59	235.62	195.82	222.33	127.00	244.44	449.89	231.04
1995	276.50	296.50	238.31	271.22	152.92	279.00	397.03	278.03
1996	338.71	392.45	264.31	301.30	168.36	318.23	500.06	338.36
1997	409.64	495.47	300.36	335.95	208.14	367.68	747.34	399.84
1998	440.77	513.31	328.29	363.16	237.90	424.67	878.12	467.01
1999	463.25	531.28	344.70	381.32	250.03	460.34	1094.14	481.02
2000	496.60	552.00	363.00	406.87	249.53	529.85	1270.30	550.77
2001	553.21	616.03	401.48	455.69	260.01	590.25	1415.11	592.08
2002	605.76	641.90	480.97	538.63	327.87	669.96	1702.38	757.86
2003	672.39	711.23	546.86	607.04	385.90	734.24	1963.70	913.68
2004	792.75	888.32	632.72	699.31	451.51	786.37	2150.64	964.20
2005	896.60	1000.25	725.10	817.49	480.36	889.38	2380.76	1132.94
2006	1016.74	1107.28	879.55	991.62	582.32	1001.44	2805.96	1178.03
2007	1150.95	1236.83	1003.57	1121.52	687.72	1156.66	3146.60	1466.29
2008	1329.35	1431.01	1164.14	1263.95	883.72	1326.69	3723.06	1767.76
2009	1577.94	1655.68	1528.52	1655.77	1170.05	1533.65	4221.95	2036.46
2010	1880.90	1918.93	1944.27	2020.04	1683.70	1832.72	4880.60	2311.40

2-10 垦区生产总值指数

（以上年为100）　　单位:%

年份	生产总值	第一产业	第二产业	工业	建筑业	第三产业	#交通运输、仓储及通讯业	#贸易业及餐饮业
1949	100.00	100.00	100.00	100.00	100.00	100.00	100.00	100.00
1950	300.31	196.26	1451.60	3216.00	333.30	235.63	300.00	194.40
1951	85.60	102.56	56.38	38.73	160.00	104.15	66.70	128.60
1952	211.99	235.82	184.86	144.00	240.60	174.51	250.00	170.00
1953	167.69	151.54	217.06	194.94	234.41	165.75	185.12	172.86
1954	185.10	250.42	89.86	64.66	104.85	127.09	183.56	127.68
1955	149.35	125.51	196.80	128.93	220.95	272.77	118.97	263.11
1956	207.85	200.12	281.57	297.09	278.24	170.37	230.24	146.97
1957	133.30	124.37	159.48	330.11	123.06	131.30	166.74	127.07
1958	161.08	132.15	149.47	204.06	118.52	278.22	167.46	273.89
1959	176.27	172.76	170.34	216.87	116.75	187.08	203.19	177.16
1960	97.44	73.55	117.70	123.92	105.49	106.13	79.66	116.48
1961	94.64	111.10	77.17	89.21	45.40	99.07	88.27	100.47
1962	79.72	87.95	92.83	96.90	68.89	58.04	91.95	53.22
1963	119.36	131.45	112.76	101.01	206.86	104.42	122.62	101.57
1964	112.67	117.09	107.80	101.79	131.42	109.37	116.01	108.26
1965	112.55	121.97	103.40	104.31	100.70	103.89	116.12	109.57
1966	117.04	112.07	125.01	134.77	95.28	118.93	116.99	115.94
1967	118.70	131.29	98.01	99.98	90.44	118.58	121.70	125.01
1968	107.40	107.03	102.39	102.73	101.08	113.89	121.81	112.53
1969	96.77	79.03	115.74	106.31	156.47	120.48	86.33	121.49
1970	124.66	127.66	128.80	130.77	122.43	114.61	113.81	105.93
1971	100.28	99.85	99.39	98.13	103.07	101.98	110.43	99.33
1972	111.19	95.99	119.75	122.72	111.89	126.31	115.79	117.25
1973	99.46	83.02	110.54	105.42	127.18	111.60	98.26	106.14
1974	135.07	165.64	128.06	147.41	80.10	111.44	124.35	121.19
1975	123.49	131.06	120.81	121.63	117.30	114.95	114.54	105.62
1976	103.45	100.95	104.55	107.78	89.93	106.22	127.86	98.22
1977	103.47	94.46	111.38	113.74	97.40	110.02	101.64	102.37
1978	114.26	107.89	126.08	123.46	142.92	109.58	117.54	84.37
1979	106.44	111.22	105.40	103.93	115.39	102.86	98.51	108.06

2-10续表　　　　（以上年为100）　　　　单位:%

年份	生产总值	第一产业	第二产业			第三产业		
				工业	建筑业		#交通运输、仓储及通讯业	#贸易业及餐饮业
1980	108.97	152.42	80.43	72.80	110.49	95.00	119.86	99.81
1981	53.90	9.50	87.69	94.64	70.63	97.49	87.03	107.98
1982	205.53	1017.70	117.42	121.63	101.14	146.15	184.25	109.00
1983	127.01	131.53	105.70	110.02	87.63	136.60	120.54	97.00
1984	97.00	86.60	114.37	112.19	125.78	99.30	102.99	103.53
1985	101.52	100.63	105.89	106.86	101.38	99.67	98.00	98.50
1986	112.42	131.49	95.82	94.53	102.18	104.55	116.99	122.30
1987	103.79	100.26	109.38	108.80	112.02	104.80	116.41	143.80
1988	102.08	110.33	108.93	110.80	100.65	87.97	112.00	92.00
1989	116.17	133.44	108.21	110.04	99.27	96.68	119.00	94.32
1990	117.26	120.55	113.88	110.09	134.39	113.46	115.24	138.25
1991	77.04	54.35	99.84	103.67	82.81	106.56	105.25	126.86
1992	108.63	117.09	102.12	101.28	106.79	104.58	109.91	90.97
1993	118.97	138.41	103.07	101.31	112.31	107.49	117.72	99.31
1994	101.69	103.19	100.50	99.72	104.21	100.20	80.97	82.07
1995	121.49	125.83	121.70	121.99	120.41	114.14	88.25	120.34
1996	122.50	132.36	110.91	111.09	110.10	114.06	125.95	121.70
1997	120.94	126.25	113.64	111.50	123.63	115.54	149.45	118.17
1998	107.60	103.60	109.30	108.10	114.30	115.50	117.50	116.80
1999	105.10	103.50	105.00	105.00	105.10	108.40	124.50	103.00
2000	107.20	103.90	105.30	106.70	99.80	115.10	116.10	114.50
2001	111.40	111.60	111.60	112.00	104.20	111.40	111.40	107.50
2002	109.50	104.20	119.80	118.20	126.10	113.50	120.30	128.00
2003	111.00	110.80	113.70	112.70	117.70	109.60	115.35	120.56
2004	117.90	124.90	115.70	115.20	117.00	107.10	109.52	105.53
2005	113.10	112.60	114.60	116.90	106.50	113.10	110.70	117.50
2006	113.40	110.70	121.30	121.30	121.10	112.60	117.86	103.98
2007	113.20	111.70	114.10	113.10	118.10	115.50	112.14	124.47
2008	115.50	115.70	116.00	112.70	128.50	114.70	118.32	120.56
2009	118.70	115.70	131.30	131.00	132.40	115.60	113.40	115.20
2010	119.20	115.90	127.20	122.00	143.90	119.50	115.60	113.50

2-11　垦区生产总值

（2010年）　　单位:万元

指　标	合　计	劳动者报　酬	固定资产折旧	生产税净　额	#补　贴	营　业盈　余
生产总值	**6881123**	**2820215**	**806323**	**105018**	**243377**	**3149567**
第一产业	**3656133**	**1599239**	**302618**	**-231726**	**232082**	**1986002**
1. 农林牧渔业	3656133	1599239	302618	-231726	232082	1986002
(1) 农业	2682683	1192719	228286	-230899	230919	1492576
(2) 林业	30702	15201	1703	6	6	13791
(3) 畜牧业	870421	357583	64899	-959	1158	448897
(4) 渔业	17776	8059	1248	19		8450
(5) 农林牧渔服务业	54552	25678	6482	106		22287
第二产业	**1514422**	**517742**	**165183**	**243165**	**11200**	**588332**
2. 工　业	1106337	307036	140461	197867	11200	460973
3. 建筑业	408085	210706	24723	45299		127359
第三产业	**1710568**	**703234**	**338522**	**93579**	**95**	**575233**
4. 交通运输、仓储业和邮政业	243988	85830	31232	16720	76	110206
(1) 交通运输业	233801	83077	29937	16443	76	104343
(2) 仓储业	5583	1746	916	139		2782
(3) 邮政业	4605	1007	379	139		3081
5. 信息传输、计算机服务及软件业	22413	13990	5738	1039		1647
# 电信	22268	13849	5736	1039		1646
6. 批发和零售业	486932	151188	41328	39911	13	254505
7. 住宿和餐饮业	126245	43230	13720	12877		56418
# 餐饮业	108127	37445	10959	11139		48584
8. 金融业	97004	25414	4644	5318		61628
# 银行	57082	14945	2408	4315		35415
9. 房地产业	182524	3700	168355	3980		6489
# 职工自有住房	167954		167954			
10. 租赁和商务服务	31952	13054	4097	1052		13750
11. 科学研究、技术服务和地质勘察	21088	15252	2008	707		3121
12. 水利、环境和公共设施管理业	20014	11282	2884	384		5464
13. 居民服务和其它服务业	111792	53711	12913	9388		35779
14. 教　育	133814	114282	16311	67		3154
15. 卫生、社会保障和社会福利业	87090	62669	14339	1302		8779
16. 文化、体育和娱乐业	5768	4136	930	210		493
17. 公共管理和社会组织	139944	105495	20023	626		13800

2-12　各分局生产总值、构成和指数

（2010年）

单　位	生产总值	第一产业			第二产业			第三产业		人均生产总值(元)
		第一产业	#农业	#畜牧业	第二产业	工业	建筑业	第三产业	#贸易和餐饮业	
绝对数(万元)	**6881123**	**3656133**	**2944651**	**870421**	**1514422**	**1106337**	**408085**	**1710568**	**595059**	**41186**
宝泉岭局	982729	554880	402667	145495	201428	165114	36314	226422	78195	46943
红兴隆局	1287618	731605	530032	175973	268323	174601	93722	287690	99357	37512
建三江局	1341517	979716	899731	74536	146492	109570	36922	215309	68561	64282
牡丹江局	1161134	683209	533298	142152	220147	167366	52781	257778	89507	56987
北安局	478453	257038	170048	71424	58368	43045	15323	163047	52250	23513
九三局	516283	279953	182062	76604	64492	39818	24674	171838	61446	31931
齐齐哈尔局	341979	195996	97187	92308	32414	25324	7090	113569	41222	24330
绥化局	338498	178419	91413	77305	71389	53149	18239	88690	34970	46850
哈尔滨局	130667	55422	36846	14151	46688	42835	3853	28557	10992	28525
总局直属	579213	1865	1368	473	404681	285514	119167	172668	58559	70708
构成%(总值=100)	**100**	**53.1**	**42.8**	**12.6**	**22.0**	**16.1**	**5.9**	**24.9**	**8.6**	
宝泉岭局	100	56.5	41.0	14.8	20.5	16.8	3.7	23.0	8.0	
红兴隆局	100	56.8	41.2	13.7	20.8	13.6	7.3	22.3	7.7	
建三江局	100	73.0	67.1	5.6	10.9	8.2	2.8	16.0	5.1	
牡丹江局	100	58.8	45.9	12.2	19.0	14.4	4.5	22.2	7.7	
北安局	100	53.7	35.5	14.9	12.2	9.0	3.2	34.1	10.9	
九三局	100	54.2	35.3	14.8	12.5	7.7	4.8	33.3	11.9	
齐齐哈尔局	100	57.3	28.4	27.0	9.5	7.4	2.1	33.2	12.1	
绥化局	100	52.7	27.0	22.8	21.1	15.7	5.4	26.2	10.3	
哈尔滨局	100	42.4	28.2	10.8	35.7	32.8	2.9	21.9	8.4	
总局直属	100	0.3	0.2	0.1	69.9	49.3	20.6	29.8	10.1	
指数%(上年=100)	**119.2**	**115.9**	**115.6**	**115.6**	**127.2**	**122.0**	**143.9**	**119.5**	**120.6**	**118.7**
宝泉岭局	119.8	117.4	124.5	101.6	132.6	136.5	117.1	115.2	119.0	120.7
红兴隆局	117.4	111.6	110.0	116.3	135.2	129.7	146.4	118.4	116.5	118.0
建三江局	119.7	117.4	117.0	120.5	140.6	146.4	126.1	117.8	118.0	118.8
牡丹江局	119.8	115.9	114.8	119.2	129.6	130.3	127.4	122.6	139.0	117.8
北安局	118.9	112.8	107.5	117.0	121.9	121.1	124.2	132.3	129.0	118.9
九三局	122.1	115.6	112.7	120.4	156.4	146.0	176.5	123.1	124.9	120.8
齐齐哈尔局	123.4	116.8	113.6	121.4	158.6	162.7	145.3	127.5	128.0	125.3
绥化局	120.4	117.7	109.8	126.5	128.2	132.0	118.2	120.1	117.9	122.1
哈尔滨局	116.4	110.2	118.7	98.2	125.8	124.8	139.0	114.1	122.9	113.3
总局直属	119.9	96.9	93.0	113.6	119.0	107.0	162.1	121.9	123.8	114.2

2-13　各分局生产总值要素

单位：万元

年份 单位	生产 总值	劳动者 报酬	固定资 产折旧	生产税 净额	#补贴	营业盈余
2000	1457251	630025	210697	97431	401	528098
2004	2361168	998773	279839	39015	56481	1043541
2005	2698322	1119155	337362	42417	57730	1199388
2006	3014742	1279975	371311	33955	92848	1329501
2007	3603481	1517882	444800	24775	123183	1616024
2008	4544690	1856973	532018	-39217	216608	2194916
2009	5453578	2322767	613343	-2137	242713	2519625
2010	6881123	2927015	806323	105018	243377	3042767
宝泉岭局	982729	305755	83435	3448	33880	590092
红兴隆局	1287618	601754	154983	7143	40853	523737
建三江局	1341517	519245	143232	-21369	47181	700409
牡丹江局	1161134	372001	124247	-7716	42566	672601
北安局	478453	190276	72863	-16135	28354	231450
九三局	516283	221833	52076	-9632	21231	252007
齐齐哈尔局	341979	139252	47715	2099	9403	152914
绥化局	338498	150652	24505	5771	7497	157570
哈尔滨局	130667	52742	16872	6828	1950	54225
总局直属	579213	266706	86396	134581	10462	91530

2-14　各分局生产总值要素构成

（以生产总值为100）　　单位：%

年份 单位	生产 总值	劳动者 报酬	固定资 产折旧	生产税 净额	#补贴	营业盈余
2000	100	43.2	14.5	6.7	0.1	35.6
2004	100	42.3	11.9	1.7	2.4	44.1
2005	100	41.5	12.5	1.6	2.1	44.4
2006	100	42.5	12.3	1.1	3.1	44.1
2007	100	42.1	12.3	0.7	3.4	44.8
2008	100	40.9	11.7	-0.9	4.8	48.3
2009	100	42.6	11.2	…	4.5	46.2
2010	100	42.5	11.7	1.5	3.5	44.2
宝泉岭局	100	31.1	8.5	0.4	3.4	60.0
红兴隆局	100	46.7	12.0	0.6	3.2	40.7
建三江局	100	38.7	10.7	-1.6	3.5	52.2
牡丹江局	100	32.0	10.7	-0.7	3.7	57.9
北安局	100	39.8	15.2	-3.4	5.9	48.4
九三局	100	43.0	10.1	-1.9	4.1	48.8
齐齐哈尔局	100	40.7	14.0	0.6	2.7	44.7
绥化局	100	44.5	7.2	1.7	2.2	46.5
哈尔滨局	100	40.4	12.9	5.2	1.5	41.5
总局直属	100	46.0	14.9	23.2	1.8	15.8

2-15　各分局生产总值所有制构成及指数

单位:万元

年　份 单　位	生产总值			构成(%)		指数%(上年=100)	
	合计	公有经济	非公有经济	公有经济	非公有经济	公有经济	非公有经济
2000	1457251	872036	585215	59.8	40.2	102.0	119.6
2004	2361168	1408770	952398	59.7	40.3	122.3	111.0
2005	2698322	1610853	1087469	59.7	40.3	113.1	113.0
2006	3014742	1785274	1229468	59.2	40.8	110.3	117.5
2007	3603481	2126799	1476682	59.0	41.0	111.5	115.5
2008	4544690	2547458	1997232	56.1	43.9	111.4	121.4
2009	5453578	3032007	2421571	55.6	44.4	114.8	123.8
2010	6881123	3966411	2914712	57.6	42.4	122.4	115.2
宝泉岭局	982729	536722	446008	54.6	45.4	126.3	113.5
红兴隆局	1287618	649390	638227	50.4	49.6	112.2	122.7
建三江局	1341517	1001495	340023	74.7	25.3	118.4	123.5
牡丹江局	1161134	647757	513377	55.8	44.2	116.6	123.9
北安局	478453	275580	202874	57.6	42.4	119.9	119.5
九三局	516283	293454	222828	56.8	43.2	123.7	120.0
齐齐哈尔局	341979	130980	210828	38.3	61.6	120.9	128.0
绥化局	338498	123000	215498	36.3	63.7	116.0	120.6
哈尔滨局	130667	48850	81668	37.4	62.5	112.8	118.8
总局直属	579213	535848	43365	92.5	7.5	114.0	146.1

注:本表公有经济为全部国有、集体经济及国有集体控股经济,2005年以前称国有经济。

2-16　各分局总产出

单位:万元

年　份 单　位	总产出	第一产业	第二产业			第三产业		
				工业	建筑业		#交通运输、仓储及通讯业	#贸易业及餐饮业
2000	2989144	1445564	834381	686880	147501	709199	102795	22169
2004	5295840	2344534	1893431	1613925	279506	1057875	180985	416270
2005	6476202	2797343	2495947	2199109	296838	1182912	204145	471878
2006	7245997	2964399	2878622	2500072	378550	1402976	257541	515319
2007	8542381	3596771	3235100	2778363	456737	1710510	297128	702274
2008	10567719	4645351	3881360	3287011	594349	2041008	373262	846102
2009	13217368	5557240	5252451	4458968	793483	2407677	438574	980209
2010	16954748	6930385	7128979	5938129	1190850	2895384	507142	1071711
宝泉岭局	2234397	1024187	827502	731170	96333	382707	72032	141553
红兴隆局	2611083	1314497	828654	557451	271203	467931	107133	153855
建三江局	2667097	1728350	565738	463185	102553	373009	69999	124452
牡丹江局	2331869	1253292	706532	601346	105186	372045	80066	120252
北安局	1019669	549898	195883	151266	44617	273889	39009	95094
九三局	1052537	534121	201997	128252	73745	316419	41473	127806
齐齐哈尔局	761345	430737	129882	106635	23247	200726	35849	86908
绥化局	673484	362647	168722	132911	35811	142115	29514	62316
哈尔滨局	311618	106095	153415	140701	12714	52108	8520	23707
总局直属	3687361	7273	3350653	2925211	425442	329435	23547	135769

注:2006和2007年数据为第二次农业普查衔接后数据。

主要统计指标解释

国民经济核算体系　是联合国各国推荐的统计制度。它以国民经济作为一个整体，是用帐户形式，进行系统核算的体系，是宏观经济管理、计划、预测和决策的重要手段。

1947年联合国发表关于《国民收人的测算及社会帐户的建立》的报告，1953年联合国制定了《国民经济核算帐户体系辅助表》(简称旧SNA)，标志着规范化的国民经济核算体系的诞生，1968年，联合国在完善国民收入和生产核算的同时，引进投人产出核算、资金流量核算、国际收支核算和资产负债核算，从而形成了比较完整的国民经济核算体系，即新SNA，可以清晰地描述国民经济循环全过程。

1993年联合国统计委员会通过了新修订的SNA，我国目前正在实现向新国民经济核算体系的全面过渡。

国民生产总值　也叫国民总收入(GNI)。是指一个国家(或地区)所有常住单位在一定时期内收入初次分配的最终成果。国民生产总值是一个收入概念。我国常住单位从事生产活动所创造的增加值在初次分配过程中主要分配给我国的常住单位，但也有一部分以生产税及进口税(扣除生产和进口补贴)、劳动者报酬和财产收入等形式分配给非常住单位；同时，国外所创造的增加值也有一部分以劳动者报酬和财产收入等形式分配给我国常住单位，从而产生了国民生产总值概念。它等于国内生产总值加上来自国外的劳动者报酬和财产收入减去支付给国外的劳动者报酬和财产收入。

国内生产总值　是指一个国家(或地区)所有常住单位在一定时期内生产活动的最终成果。国内生产总值是一个生产概念。从价值形态看，它是所有常住单位在一定时期内所生产的全部货物和服务价值超过同期投入的全部非固定资产货物和服务价值的差额，即所有常住单位的增加值之和；从收入形态看，它是所有常住单位在一定时期内所创造并分配给我们常住单位和非常住单位的初次分配收入之和，由劳动者报酬、固定资产折旧、生产税净额、营业盈余四部分构成；从产品形态看，它是最终使用的货物和服务减去进口货物和服务。在核算中，国内生产总值的三种表现形态表现为三种计算方法，即生产法、收入法(分配法)和支出法。三种方法分别从不同的方面反映国内生产总值及其构成。多年来，我国习惯上将国家和某一地区(省、市、县)的GDP统称为“国内生产总值”，其英文全称为Gross Domestic Product，考虑到“Domestic”词有“国内、地区”等多种含义，将一个地区的GDP称为国内生产总值是不够恰当的。因此，为了准确的表达该指标，从2004年起各地区的GDP的中文译名不再叫“国内生产总值”统一改称为“××地区生产总值”，如“××市生产总值”，简称为“××市GDP”。

三次产业　按照我国现行计算国内生产总值的有关规定，将各物质生产部门和非物质生产部门在国民经济和社会发展中的地位和作用不同划分为三次产业。

第一产业　是指农林牧渔业。

第二产业　是指采矿业，制造业，电力、燃气及水的生产和供应业，建筑业。

第三产业　是指除第一、二产业以外的其他行业。包括：交通运输、仓储和邮政业，信息传输、计算机服务和软件业，批发和零售业，住宿和餐饮业，金融业，房地产业，租赁和商务服务业，科学研究、技术服务和地质勘查业，水利、环境和公共设施管理业，居民服务和其他服务业，教育，卫生、社会保障和社会福利业，文化、体育和娱乐业，公共管理和社会组织，国际组织。

总产出　指一定时期内一个国家(或地区)常住单位生产的所有货物和服务的价值，既包括新增价值，也包括被消耗的货物和服务价值及固定资产的转移价值。总产出按生产者价格计算，它反映常住单位生产活动的总规模。

中间投入　指常住单位在生产或提供货物与服务过程中，消耗和使用的所有非固定资产货物和服务的价值。中间投入也称中间消耗，一般按购买者价格计算。

增加值　指常住单位生产过程创造的新增价值和固定资产的转移价值。它可以按生产法计算，也可以按收入法计算，按生产法计算，它等于总产出减中间投入；按收入法计算，它等于劳动者报酬、生产税净额、固定资产折旧和营业盈余之和。

劳动者报酬　指劳动者因从事生产活动所获得的全部报酬。包括劳动者获得的各种形式的工资、奖金和津贴，既包括货币形式，也包括实物形式的，还包括劳动者所享受的公费医疗和医药卫生费、上下班交通补贴、单位支付的社会保险费、住房公积金等。

生产税净额　指生产税减生产补贴后的余额。生产税指政府对生产单位从事生产、销售和经营活动以及因从事生产活动使用某些生产要素(如固定资产、土地、劳动力)所征收的各种税、附加费和规费。生产补贴与生产税相反，指政府对生产单位的单方面转移支出，因此视为负生产税，包括政策亏损补贴、价格补贴等。

固定资产折旧　指一定时期内为弥补固定资产损耗按照规定的固定资产折旧率提取的固定资产折旧，或按国民经济核算统一规定的折旧率虚拟计算的固定资产折旧。它反映了固定资产在当期生产中的转移价值。各类企业和企业化管理的事业单位的固定资产折旧是指实际计提的折旧费；不计提折旧的政府机关、非企业化管理的事业单位和居民住房的固定资产折旧是按照统一规定的折旧率和固定资产原值计算的虚拟折旧。

营业盈余　指常住单位创造的增加值扣除劳动者报酬、生产税净额和固定资产折旧后的余额。它相当于企业的营业利润加上生产补贴，但要扣除从利润中开支的工资和福利等。

社会总产值　也称社会总产出。是反映一个国家(或地区)在一定时期内生产的全部物质产品的总和的重要指标。在实物形态上，它可分为生产资料和消费资料两大类；在价值形态上，它可分为：(1)生产过程中消耗掉的生产资料转移价值；(2)劳动者所创造的价值，其中包括相当于劳动报酬的那部分必要产品的价值和为社会创造的剩余产品的价值。在社会生活中，农业、工业、建筑业直接生产物质产品，运输业和商业担负着产品生产过程继续的职能，也创造和增加一部分价值。因此，农业、工业、建筑业、运输业、商业(包括饮食业和物质供应业)五个物质生产部门总产值(当年价格)之和，就是社会总产值。社会总产值的统计范围，是以地域为原则的。

当年价格　指报告期的实际价格，如工厂的出厂价格，农产品的收购价格，商业的零售价格等。按当年价格计算，是指一些以货币表现的物量指标，如社会总产值、工农业总产值、国民收入、国民生产总值等，按照当年的实际价格来计算总量，是为了使国民经济各项指标互相衔接，便于考察当年社会经济效益，便于对生产和流通、生产和分配、生产和消费进行经济核算和综合平衡。

按当年价格计算的价值指标，在不同年份之间进行对比时，因为包含有各年间价格变动的因素，不能确切地反映实物量的增减变动，必须消除价格变动因素后才能真实反映经济发展动态。因此，在计算增长速度时都使用可比价格计算的数字。

可比价格　指在不同时期的价格指标对比时，扣除了价格变动的因素，以确切表示物量的变动，按可比价格计算有两种方法：一种是直接按产品产量乘其不变价格计算；一种是用物价指数换算。

发展速度　发展速度是报告期发展水平与基期水平之比。它是从相对数方面来说明现象发展程度的重要指标。

增长速度　增长速度是表明现象增长程度的相对指标。是根据增长量与基期水平之比计算的，也可用发展速度减1来计算，说明现象报告期水平比基期水平增长了多少倍或百分之几。

平均每年增长速度　在我国计算平均增长速度有两种方法，一种是习惯上经常使用的“水平法”，又称几何平均法，是以间隔期最后一年的水平同基期水平对比来计算平均每年增长(或下降)速度的。另一种是“累计法”，又称代数平均法和方程法，是以间隔期内各年水平的总和同基期水平对比来计算平均每年增长(或下降)速度的。(具体计算方法，可参阅中国财政经济出版社出版的(平均增长速度查对表)。

在一般正常情况下，两种方法计算的平均年增长速度比较接近，但在经济不平衡出现大起大落时，两种方法计算的结果差别较大，本《年鉴》内所列的平均每年增长速度，都是用“水平法”计算的。

指数　指数是表明现象数量对比关系的相对数。广义上的指数，就是相对数。狭义上的指数，是一种特殊的相对数，是用来表明不能直接相加的各种要素所构成的复杂现象总体的数量对比关系的相对数。

国有经济　是指生产资料归国家所有的经济类型，它包括中央和地方各级国家机关、事业单位和社会团体使用国有资产投资举办的企业，也包括实行企业化经营，国家不再核拨经费或核拨部分经费的事业单位和从事经营活动的社会团体。

集体经济　是指生产资料归公民集体所有的一种经济类型，它包括城乡所有使用集体投资举办的企业，以及部分个人通过集体自愿放弃所有权并依法经工商管理机关认定为集体经济的企业。

个体经济　指生产资料归劳动者个人所有，以个体劳动为基础，劳动成果归劳动者个人占有和支配的一种经济类型，它包括所有登记注册的个体工商户和个人合伙。

STATISTICAL
YEARBOOK

3 人口、从业人员和职工工资

从业人员三次产业构成（%）

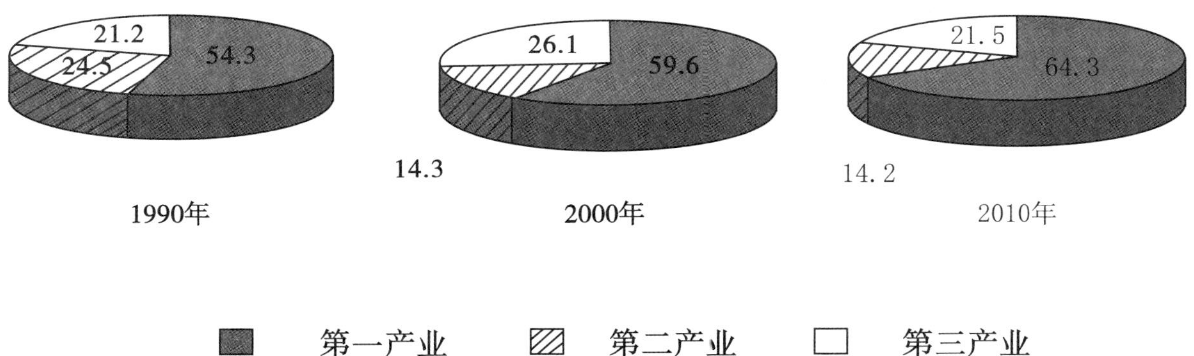

职工平均工资（元）

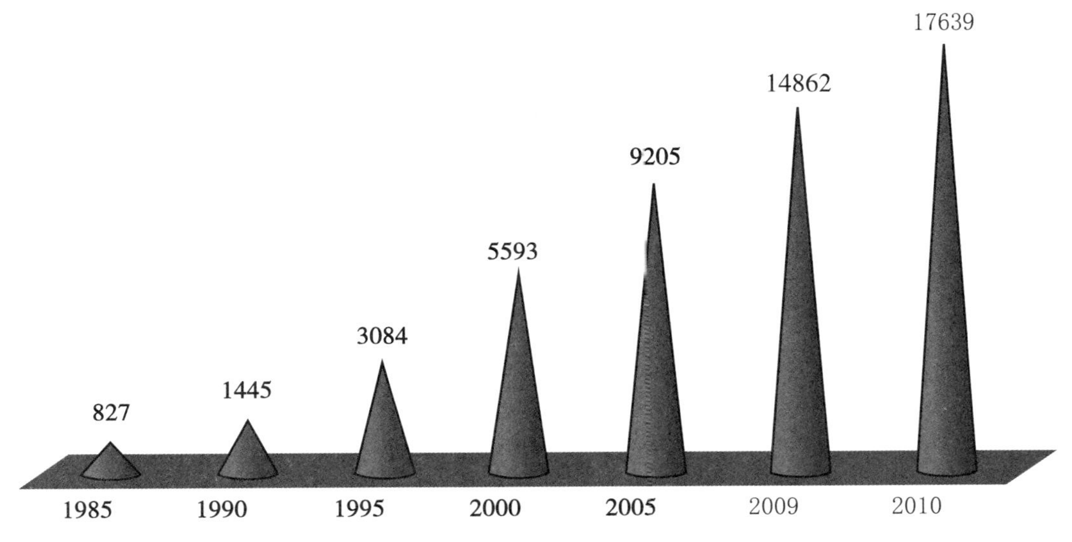

注：2000年及以后年份为在岗职工平均工资，以前年份为全部职工平均工资

3-1 历年年末户数和人口数

年份	总户数（户）	农场户	非农场户	总人口（人）	农场人口	非农场人口
1949	1008	1008		4836	4836	
1950	1744	1744		9557	9557	
1951	2182	2182		20006	19306	700
1952	3057	3057		26699	25303	1396
1953	4398	4253	145	35286	32137	3149
1954	5434	5126	308	43431	37088	6343
1955	9891	8789	1102	81368	73098	8270
1956	18929	18694	235	154664	146401	8263
1957	27136	26725	411	194157	184181	9976
1958	58558	57245	1313	423728	403463	20265
1959	92314	89872	2442	695754	647588	48166
1960	116074	114259	1815	845814	790964	54850
1961	126957	125053	1904	786068	732406	53680
1962	127627	125633	1994	735683	682999	52684
1963	143450	138409	5041	748974	711476	37498
1964	139721	138543	1178	782495	738221	44274
1965	148639	144963	3676	853410	808494	44916
1966	176408	164830	11578	960571	863576	96995
1967	182203	172720	9483	956213	908389	47824
1968	205272	193309	11963	1162770	1096069	66701
1969	195158	181837	13321	1364831	1284793	80038
1970	199688	186254	13434	1426115	1341899	84216
1971	210764	195732	15032	1490392	1391233	99159
1972	217068	201456	15612	1492790	1385534	107256
1973	226752	209249	17503	1526608	1406482	120126
1974	241190	222834	18356	1534111	1419799	114312
1975	252320	236604	15716	1560671	1466163	94508
1976	265322	247804	17518	1609681	1475938	133743
1977	287719	265219	22500	1649667	1532771	116896
1978	308553	274437	34116	1663485	1509127	154358
1979	308255	286403	21852	1544882	1419951	124931
1980	333997	290889	43108	1567498	1417376	150122
1981	341806	312675	29131	1578689	1442805	135884
1982	364111	331392	32719	1596901	1457331	139570
1983	376948	342469	34479	1608840	1463934	144906
1984	390008	350737	39271	1612954	1465712	147242
1985	396939	357237	39702	1582424	1428940	153484
1986	406125	366585	39540	1576941	1423474	153467
1987	417000	375087	41913	1569000	1404137	164863
1988	417005	371586	45419	1551050	1380516	170534
1989	425613	386040	39573	1551257	1395910	155347
1990	444939	396467	48472	1554242	1383853	170389
1991	458444	409170	49274	1562401	1387522	174879
1992	466431	412990	53441	1558581	1370455	188126
1993	469268	420014	49254	1566351	1313572	252779
1994	470143	407047	63096	1553486	1370395	183091
1995	480926	429076	51850	1553051	1354009	199042
1996	489908	434803	55105	1566168	1363310	202858
1997	494924	434041	60883	1569137	1303196	265941
1998	499906	437884	62022	1579481	1370286	209195
1999	502246	445101	57145	1580554	1377611	202943
2000	510477	450073	60404	1574655	1371087	203568
2001	518438	460517	57921	1579927	1363533	216394
2002	520350	458559	61791	1582752	1349727	233025
2003	523822	462631	61191	1574558	1356351	218207
2004	529588	468388	61200	1579389	1365675	213714
2005	545198	484845	60353	1585954	1379391	206563
2006	552652	494864	57788	1594897	1390611	204286
2007	586854	525004	61850	1649509	1452205	197304
2008	596355	534825	61530	1659685	1460384	199301
2009	609174	544834	64340	1668033	1456360	211673
2010	626056	560598	65458	1673491	1443366	230125

3-2 各分局年末人口数

单位:人

年份 单位	总户数 (户)	总人口	按性别分		按农场、非农场户口分	
			男	女	农场	非农场
2000	510477	1574655	829433	745222	1371087	203568
2004	529588	1579389	825065	754324	1365675	213714
2005	545198	1585954	821075	764879	1379391	206563
2006	552652	1594897	824151	770746	1390611	204286
2007	586854	1649509	857094	792415	1452205	197304
2008	596355	1659685	861105	798580	1460384	199301
2009	609174	1668033	877934	790099	1456360	211673
2010	626056	1673491	870314	803177	1443366	230125
宝泉岭局	81201	208870	105423	103447	196942	11928
红兴隆局	134915	340712	177621	163091	311793	28919
建三江局	75436	209692	107743	101949	193788	15904
牡丹江局	80993	207398	108726	98672	171371	36027
北安局	72442	203487	106787	96700	192490	10997
九三局	59511	163213	83428	79785	131352	31861
齐齐哈尔局	52801	140190	73227	66963	122269	17921
绥化局	29727	72092	35966	36126	71136	956
哈尔滨局	15970	45104	23178	21926	36012	9092
总局直属	23060	82733	48215	34518	16213	66520

3-3 各分局计划生育情况

年份 单位	计划生育率 (%)	女性晚婚率 (%)	综合节育率 (%)	一孩生育率 (%)	二孩生育率 (%)	多孩生育率 (%)
2000	99.72	67.91	94.04	95.83	4.12	0.05
2004	99.81	60.71	93.04	94.22	5.72	0.06
2005	99.54	60.51	93.11	92.79	7.16	0.05
2006	99.60	57.82	93.15	91.71	8.22	0.07
2007	99.72	58.07	93.28	91.13	8.80	0.07
2008	99.66	54.48	92.44	90.38	9.49	0.13
2009	99.71	47.23	91.28	90.54	9.36	0.10
2010	99.44	50.58	91.22	91.17	8.69	0.14
宝泉岭局	99.58	58.28	88.77	90.26	9.32	0.42
红兴隆局	98.63	62.10	92.86	91.67	8.15	0.18
建三江局	99.82	47.45	92.75	90.67	9.24	0.09
牡丹江局	100.00	48.92	89.42	87.24	12.53	0.23
北安局	99.85	39.01	91.53	93.16	6.84	
九三局	98.05	39.65	90.40	91.99	8.01	
齐齐哈尔局	99.52	57.20	90.70	93.74	6.26	
绥化局	100.00	37.22	91.14	92.31	7.69	
哈尔滨局	100.00	79.59	94.06	97.02	2.98	
总局直属	100.00	100.00	90.61	94.83	5.17	

注：本表资料由总局计划生育委员会提供。

3-4 各分局按年龄分组的人口数

单位:人

单位	总人口	0-6岁	7-14岁	15-50岁	#女性
总计	**1673491**	**64023**	**143689**	**1045678**	**505462**
宝泉岭局	208870	6706	16712	129681	63206
红兴隆局	340712	12226	27667	201565	97248
建三江局	209692	9038	17453	138297	67415
牡丹江局	207398	8176	19020	126736	60736
北安局	203487	8769	21017	124736	58161
九三局	163213	6331	14451	101560	52071
齐齐哈尔局	140190	4831	9890	87346	42068
绥化局	72092	3089	7526	47135	23856
哈尔滨局	45104	1409	3520	29541	14547
总局直属	82733	3448	6433	59081	26154

3-4续表

单位:人

单位	51-60岁	#女性	61-64岁	#女性	65岁以上
总计	**214688**	**97907**	**94241**	**45324**	**111172**
宝泉岭局	27897	12280	11597	5310	16277
红兴隆局	49114	22960	22094	11356	28046
建三江局	24167	11039	9862	4641	10875
牡丹江局	25459	11728	12085	6046	15922
北安局	27019	11807	11479	4918	10467
九三局	21135	10555	10430	5337	9306
齐齐哈尔局	18286	8677	8397	4047	11440
绥化局	7798	3413	3560	1564	2984
哈尔滨局	5068	2351	2249	968	3317
总局直属	8745	3097	2488	1137	2538

3-5 各分局民族人口数

(2000年11月30日第五次人口普查资料)

单位	总人口(人)	汉族	满族	朝鲜族	蒙古族	回族	其他民族
宝泉岭局	212896	208388	1847	1349	370	331	611
红兴隆局	345452	335036	5508	1790	469	252	1895
建三江局	190795	186774	2241	896	278	191	415
牡丹江局	207829	201349	3344	1560	532	277	764
北安局	194358	185199	6196	322	751	345	1545
九三局	158965	157223	1002	120	200	250	170
齐齐哈尔局	102248	98240	987	819	900	121	1181
绥化局	74113	71130	925	413	1410	121	114
哈尔滨局	30626	29958	189	335	51	71	22

3-6 各分局6岁以上按文化程度分的人口数

(2000年11月30日第五次人口普查资料)

单位	合计(人)	大学本科	大学专科	中专	高中	初中	小学
宝泉岭局	197565	3321	6656	10854	30060	78698	50827
红兴隆局	326817	10464	22029	17850	53164	113052	60115
建三江局	175149	2532	6982	7084	29673	72783	56095
牡丹江局	197819	1968	7532	7524	23662	78362	61860
北安局	184172	1306	5395	7439	24882	80344	51859
九三局	150823	412	3150	3981	43260	56510	43510
齐齐哈尔局	93538	534	2999	2606	13031	44726	22835
绥化局	69306	998	1951	5054	13544	29979	16412
哈尔滨局	29307	942	986	1254	8619	8756	8750

3-7 各分局人口增减变动情况

年份 单位	年初人口数（人）	年内增加数（人）	迁入	出生	年内减少数（人）	迁出
2000	1580554	75065	66231	8834	80964	74493
2004	1574558	64689	57101	7588	59858	52715
2005	1579389	56147	48994	7153	49582	42795
2006	1585954	66027	58854	7173	57084	49712
2007	1594897	110616	103676	6940	56004	48720
2008	1649509	56390	49716	6674	46214	38291
2009	1659685	66735	59826	6909	58387	49893
2010	1668033	79846	72339	7507	74388	64779
宝泉岭局	209824	4300	3477	823	5254	3710
红兴隆局	345806	11846	10141	1705	16940	15115
建三江局	207695	5919	4566	1353	3922	2792
牡丹江局	200112	21012	20055	957	13726	12335
北安局	203485	8861	8196	665	8859	7990
九三局	160162	7764	7217	547	4713	3887
齐齐哈尔局	140926	7696	7108	588	8432	7186
绥化局	72411	2622	2171	451	2941	2410
哈尔滨局	46513	1162	1042	120	2571	2429
总局直属	81099	8664	8366	298	7030	6925

3-7 续表

年份 单位	死亡	年末人口数（人）	年平均人口数（人）	出生率（‰）	死亡率（‰）	自然增长率（‰）
2000	6375	1574655	1577605	6.82	4.10	2.72
2004	7143	1579389	1576974	5.28	4.68	0.60
2005	6787	1585954	1582672	5.17	4.74	0.43
2006	7372	1594897	1590425	4.97	5.05	-0.08
2007	7284	1649509	1622203	4.55	4.91	-0.36
2008	7923	1659685	1654597	4.03	4.79	-0.75
2009	8494	1668033	1663859	4.15	5.10	-0.95
2010	9609	1673491	1670762	4.49	5.75	-1.26
宝泉岭局	1544	208870	209347	3.93	7.38	-3.44
红兴隆局	1825	340712	343259	4.97	5.32	-0.35
建三江局	1130	209692	208694	6.48	5.41	1.07
牡丹江局	1391	207398	203755	4.70	6.83	-2.13
北安局	869	203487	203486	3.27	4.27	-1.00
九三局	826	163213	161688	3.38	5.11	-1.73
齐齐哈尔局	1246	140190	140558	4.18	8.86	-4.68
绥化局	531	72092	72252	6.24	7.35	-1.11
哈尔滨局	142	45104	45809	2.62	3.10	-0.48
总局直属	105	82733	81916	3.64	1.28	2.36

3-8 各分局从业人员人数

单位：人

年份 单位	从业 人员	国有 单位	集体 单位	其他 单位
2000	707390	574335	3813	129242
2004	731203	527703	384	203116
2005	743997	544052	233	199712
2006	781497	552547	213	228737
2007	883865	654430	213	229222
2008	906730	671054	236	235440
2009	916658	663369	126	253163
2010	936591	673791	524	262276
宝泉岭局	130991	91651	42	39298
红兴隆局	190834	146607	133	44094
建三江局	130650	100107	150	30393
牡丹江局	98251	72556		25695
北安局	98467	78348	7	20112
九三局	87716	70602		17114
齐齐哈尔局	71902	57623		14279
绥化局	44558	28961	64	15533
哈尔滨局	23286	14834		8452
总局直属	59936	12502	128	47306

3-9 各分局按三次产业分的从业人员人数

年份 单位	绝对数（人）			构成%(以全部从业人员为100)		
	第一产业	第二产业	第三产业	第一产业	第二产业	第三产业
2000	421900	101245	184245	59.6	14.3	26.1
2004	465737	94588	170878	63.7	12.9	23.4
2005	465073	105950	172974	62.5	14.2	23.2
2006	497173	109934	174390	63.6	14.1	22.3
2007	594990	117256	171619	67.3	13.3	19.4
2008	611059	120317	175354	67.4	13.3	19.3
2009	603106	129208	184344	65.8	14.1	20.1
2010	602140	133298	201153	64.3	14.2	21.5
宝泉岭局	87068	18126	25797	66.5	13.8	19.7
红兴隆局	136868	19551	34415	71.7	10.2	18.1
建三江局	85092	10652	34906	65.1	8.2	26.7
牡丹江局	59861	12505	25885	60.9	12.7	26.4
北安局	71293	7725	19449	72.4	7.8	19.8
九三局	63186	7699	16831	72.0	8.8	19.2
齐齐哈尔局	55879	5169	10854	77.7	7.2	15.1
绥化局	28691	6116	9751	64.4	13.7	21.9
哈尔滨局	12864	4600	5822	55.2	19.8	25.0
总局直属	1338	41155	17443	2.2	68.7	29.1

3-10 各分局分行业从业人员人数

单位:人

年份 单位	合计	农林牧渔业	工业	建筑业	交通运输仓储和邮政业	批发、零售及住宿、餐饮业
2000	707390	421900	77768	23477	18446	49585
2004	731203	465737	73471	21117	21582	58950
2005	743997	465073	77850	28100	20383	58568
2006	781497	497173	83846	26088	20824	59145
2007	883865	594990	89508	27748	19836	58419
2008	906730	611059	91146	29171	19836	62377
2009	916658	603106	94695	34513	21105	64759
2010	936591	602140	97440	35858	22633	68673
宝泉岭局	130991	87068	15020	3106	3466	9483
红兴隆局	190834	136868	15272	4279	4305	11361
建三江局	130650	85092	7688	2964	4430	13277
牡丹江局	98251	59861	9671	2834	3773	7709
北安局	98467	71293	5062	2663	2147	6060
九三局	87716	63186	5039	2660	969	5236
齐齐哈尔局	71902	55879	3958	1211	1817	3962
绥化局	44558	28691	4456	1660	860	3566
哈尔滨局	23286	12864	4275	325	669	1695
总局直属	59936	1338	26999	14156	197	6324

3-10续表

单位:人

年份 单位	房地产业居民服务和其他服务业	卫生、社会保障和社会福利业	教育、文化、体育和娱乐业	科学研究、技术服务和地质勘察业	公共管理和社会组织	其他
2000	44599	14074	32120	1679	23742	
2004	19366	11886	28411	1911	13325	15447
2005	17791	13764	27315	2292	13143	19718
2006	19817	13771	26753	2101	13616	18363
2007	17505	12247	26831	1657	16532	18592
2008	17258	12614	26409	2082	16773	18005
2009	17416	13163	27081	2180	17431	21209
2010	22994	13844	26040	2379	19694	24896
宝泉岭局	3114	1899	3158	153	1717	2807
红兴隆局	6889	2674	3638	107	2067	3374
建三江局	3082	1596	3857	341	2851	5472
牡丹江局	2758	1895	3200	189	3020	3341
北安局	2867	1461	2817	143	3177	777
九三局	1134	1044	2179	83	1016	5170
齐齐哈尔局	941	932	1605	6	1164	427
绥化局	755	389	1796	1	1582	802
哈尔滨局	445	148	788		1999	78
总局直属	1009	1806	3002	1356	1101	2648

3-11 年末按登记注册类型分的各行业从业人员人数

单位:人

行业	从业人员人数	国有单位	#在岗职工人数	集体单位	其他单位
总计	**936591**	**673791**	**326823**	**524**	**262276**
一、按国民经济行业分组					
(一)农林牧渔业	602140	564509	241832	28	37603
1. 农业	477472	463310	206414		14162
2. 林业	5817	5376	3156		441
3. 畜牧业	106186	85207	25971	28	20951
4. 渔业	3267	2618	756		649
5. 农林牧渔服务业	9398	7998	5535		1400
(二)工业	97440	9780	8405	128	87532
(三)建筑业	35858	1915	784	14	33929
#房屋和土木工程建筑业	33538	1910	784		31628
(四)交通运输、仓储和邮政业	22633	3800	2648		18833
#道路运输业	20822	2804	2067		18018
(五)批发、零售和住宿、餐饮业	68673	5310	4074		63363
(六)房地产、居民服务和其他服务业	22994	5559	1860		17435
#居民服务业	14618	5244	1577		9374
(七)租赁和商务服务业	6453	6313	3431		140
(八)卫生、社会保障和社会福利业	13844	13126	12842		718
(九)教育、文化、体育和娱乐业	26040	25949	24287		91
1. 教育	25287	25275	23687		12
#高等教育	3964	3964	3679		
中等教育	18138	18138	16936		
初等教育	2525	2525	2518		
2. 文化艺术业	36	36	33		
3. 广播、电影、电视和音像业	538	538	475		
(十)科学研究、技术服务和地质勘查业	2379	1773	1670		606
(十一)公共管理和社会组织	19694	19694	16204		
#国家机构	18909	18909	15497		
(十二)其他行业	18443	16063	8786		2380
二、按三次产业分组					
第一产业	602140	564509	241832	38	37593
第二产业	133298	11695	9189	142	121461
第三产业	201153	97587	75802	344	103222

3-12　各分局分行业全部职工人数

单位:人

年份 单位	合计	农林牧渔业	工业	建筑业	交通运输仓储和邮政业	批发、零售及住宿、餐饮业
2000	433963	268196	46020	11203	3975	13159
2004	386510	268998	31746	6533	4895	7271
2005	345249	230132	31414	6287	4026	7313
2006	346037	227088	37729	5936	3543	7546
2007	360922	243959	34577	6342	3589	7135
2008	361783	243171	36019	6504	3236	7819
2009	367968	242017	37383	8115	3244	8661
2010	379023	244733	39234	7402	3469	11207
宝泉岭局	43752	28136	4775	553	178	766
红兴隆局	90555	73097	5276	1065	643	597
建三江局	18966	5153	2055	157	749	890
牡丹江局	31653	19228	3088	98	538	547
北安局	45735	35717	1425	339	426	469
九三局	48674	37793	1763	104	295	847
齐齐哈尔局	33436	28100	644	119	421	475
绥化局	18411	11564	1449	310	25	682
哈尔滨局	6753	4611	287	1	3	22
总局直属	41088	1334	18472	4656	191	5912

3-12续表

年份 单位	房地产业居民服务和其他服务业	卫生、社会保障和社会福利业	教育、文化、体育和娱乐业	科学研究、技术服务和地质勘察业	公共管理和社会组织	其他
2000	24525	13523	30328	1050	22184	
2004	4369	11318	27085	1590	12451	10254
2005	3108	12902	25783	1722	11905	10657
2006	3562	10957	25173	1631	12640	10232
2007	2393	11306	25424	1378	13996	10823
2008	2178	11708	25081	1809	14138	10120
2009	1895	12157	25402	2004	15257	11833
2010	3031	12926	24287	2160	16192	14382
宝泉岭局	264	1851	3090	129	1662	2348
红兴隆局	900	2298	3389	98	1932	1260
建三江局	85	1465	3437	341	2414	2220
牡丹江局	498	1775	2807	73	1877	1124
北安局	44	1506	2674	143	2677	315
九三局	112	1020	2004	83	1008	3645
齐齐哈尔局	97	790	1316	6	1109	359
绥化局	32	387	1792		1580	590
哈尔滨局	13	119	779		868	50
总局直属	986	1715	2999	1287	1065	2471

3-13 国有单位按性别和专业技术分的各行业从业人员数

(2010年) 单位:人

行业	从业人员人数	#女性	比重(%)	#专业技术人员	#女性	比重(%)
总计	673791	280857	41.7	52233	26451	50.6
一、按企业、事业、机关分组						
1.企业	612019	249650	40.8	19755	5887	29.8
2.事业	47573	27491	57.8	29792	19821	66.5
3.机关	14199	3716	26.2	2686	743	27.7
二、按国民经济行业分组						
(一)农林牧渔业	564509	232662	41.2	11841	2842	24.0
1.农业	463310	191890	41.4	9581	2220	23.2
2.林业	5376	1779	33.1	326	112	34.4
3.畜牧业	85207	36195	42.5	569	74	13.0
4.渔业	2618	450	17.2	41	15	36.6
5.农林牧渔服务业	7998	2348	29.4	1324	421	31.8
(二)工业	9780	2755	28.2	1975	492	24.9
(三)建筑业	2118	499	23.6	354	124	35.0
#房屋和土木工程建筑业	2113	498	23.6	351	124	35.3
(四)交通运输、仓储和邮政业	3800	1444	38.0	456	115	25.2
#道路运输业	2804	1127	40.2	235	75	31.9
(五)批发、零售和住宿、餐饮业	5310	2349	44.2	902	373	41.4
(六)房地产、居民服务和其他服务业	5559	2576	46.3	335	139	41.5
#居民服务业	5244	2490	47.5	285	127	44.6
(七)租赁和商务服务业	4378	1561	35.7	1051	529	50.3
(八)卫生、社会保障和社会福利业	13730	8977	65.4	10380	7210	69.5
(九)教育、文化、体育和娱乐业	25949	16482	63.5	17915	12175	68.0
1.教育	25275	16241	64.3	17499	12019	68.7
#高等教育	2525	1204	47.7	1992	1087	54.6
中等教育	18786	12092	64.4	12454	8537	68.5
初等教育	3964	2945	74.3	3053	2395	78.4
2.文化艺术业	36	12	33.3	25	9	36.0
3.广播、电影、电视和音像业	538	181	33.6	309	107	34.6
(十)科学研究、技术服务和地质勘查业	1773	656	37.0	1083	438	40.4
(十一)公共管理和社会组织	19694	4921	25.0	3647	1118	30.7
#国家机构	18909	4635	24.5	3532	1080	30.6
(十二)其他行业	17191	5975	34.8	2294	896	39.1

3-14 各分局国有单位分行业职工人数

单位:人

年份 单位	合计	农林牧渔业	工业	建筑业	交通运输仓储和邮政业	批发、零售及住宿、餐饮业
2000	414995	265875	34158	8902	3333	12162
2004	350794	263815	7794	3475	4394	4698
2005	313509	228243	10552	3505	3413	4415
2006	300074	220177	6259	1637	2872	6356
2007	320089	240048	5628	2879	2962	4234
2008	321361	240235	10366	1261	2733	4028
2009	317681	238685	6007	861	2650	3935
2010	326823	241832	8405	784	2648	4074
宝泉岭局	38388	27594	894	329	168	660
红兴隆局	85140	73097	1051	111	622	486
建三江局	17024	5153	1059	51	733	829
牡丹江局	29534	19166	1237	85	532	421
北安局	44134	35450	600	185	330	238
九三局	45832	36761	797		64	480
齐齐哈尔局	31331	27353	201	23	5	191
绥化局	16522	11477	500			196
哈尔滨局	6740	4611	283		3	14
总局直属	12178	1170	1783		191	559

3-14续表

单位:人

年份 单位	房地产业居民服务和其他服务业	卫生、社会保障和社会福利业	教育、文化、体育和娱乐业	科学研究、技术服务和地质勘察业	公共管理和社会组织	其他
2000	23519	13484	30328	1050	22184	
2004	4231	11236	27085	1566	12451	10049
2005	2946	10740	25783	1604	11905	10403
2006	2820	10957	25173	1540	12557	9726
2007	2215	11306	25424	1268	13996	10129
2008	1904	11691	24992	1315	13848	8988
2009	1619	12128	25402	1530	14994	9870
2010	1860	12842	24287	1670	16204	12217
宝泉岭局	244	1851	3090	129	1662	1767
红兴隆局	861	2298	3389	98	1932	1195
建三江局	85	1465	3437	307	2414	1491
牡丹江局	498	1775	2807	67	1877	1069
北安局	34	1426	2674	143	2677	377
九三局		1020	2004	53	1008	3645
齐齐哈尔局		786	1316	6	1121	329
绥化局		387	1792		1580	590
哈尔滨局	13	119	779		868	50
总局直属	125	1715	2999	867	1065	1704

3-15 各分局国有单位分行业女性从业人员数

单位:人

年份 单位	合计	农林牧渔业	工业	建筑业	交通运输仓储和邮政业	批发、零售及住宿、餐饮业
2000	231094	155368	16939	3707	1253	5762
2004	213172	167478	3136	1334	1964	2543
2005	217827	170414	4235	2438	1655	2507
2006	233207	190671	2534	564	1393	3379
2007	271406	227743	1895	741	1407	2527
2008	277511	233083	3445	442	1258	2479
2009	274966	230134	2165	246	1302	2074
2010	280857	232662	2755	499	1444	2349
宝泉岭局	38113	32648	252	99	78	346
红兴隆局	62689	54119	303	34	358	345
建三江局	41220	34068	320	18	372	436
牡丹江局	30762	23743	455	77	484	169
北安局	31131	26262	247	254	97	246
九三局	28760	24654	144		8	231
齐齐哈尔局	24857	22696	77	17	3	107
绥化局	12046	9842	210		22	134
哈尔滨局	5748	4173	200		1	4
总局直属	5531	457	547		21	331

3-15续表

单位:人

年份 单位	房地产业居民服务和其他服务业	卫生、社会保障和社会福利业	教育、文化、体育和娱乐业	科学研究、技术服务和地质勘察业	公共管理和社会组织	其他
2000	13818	8910	18577	790	5970	
2004	2626	7533	17309	676	2647	5926
2005	1656	6931	16746	657	3030	7558
2006	1279	7299	16298	707	3302	5781
2007	1104	7794	16432	475	4267	7021
2008	1122	8007	16391	501	4259	6524
2009	980	8500	17466	590	4276	7233
2010	2576	8977	16482	656	4921	7536
宝泉岭局	215	1135	2067	44	443	786
红兴隆局	1792	1732	2462	32	343	1169
建三江局	30	1054	2641	132	549	1600
牡丹江局	472	1226	2182	22	777	1155
北安局	13	978	1774	49	900	311
九三局		706	1423	17	171	1406
齐齐哈尔局		551	999	1	249	157
绥化局		232	959		402	245
哈尔滨局	3	100	453		793	21
总局直属	51	1263	1522	359	294	686

3-16 各分局分行业个体劳动者人数

单位:人

年份 单位	合计	农林牧渔业	工业	建筑业	交通运输仓储和邮政业	批发、零售及住宿、餐饮业	房地产业居民服务和其它服务业	其他
2000	69912	12521	9252	359	8101	32571	5888	1220
2004	63381	1370	8949	177	11569	32872	5129	3315
2005	63702	1624	8677	179	10350	32069	6036	4767
2006	59882	1584	8221	179	9553	31789	6538	2018
2007	64669	1589	8430	169	9132	36798	6221	2330
2008	54703	1069	6317	341	2889	25279	13	18795
2009	55688	1526	4597	234	908	39820	6156	2447
2010	59343	1543	4687	428	1012	43337	6282	2054
							933	260
宝泉岭局	6413	297	754		137	4032		348
红兴隆局	13866	257	897	65	111	11100	1088	383
建三江局	14630	5	1067	26	128	11754	1267	169
牡丹江局	4320	265	433	34	104	2666	649	406
北安局	5308	233	342	56	153	3530	588	288
九三局	4320	132	321	86	98	2831	564	34
齐齐哈尔局	7431	101	354	47	94	6445	356	26
绥化局	1593	144	234	17	89	551	532	140
哈尔滨局	1462	109	285	97	98	428	305	
总局直属								

3-17 各分局职工增减变动情况

年份 单位	年末职工人数	1.增加人数	#招收职工子女	#调入人数	2.减少人数	#离退休退职	#调出人数
2000	433963	37200	1075	20641	63555	5647	11469
2004	386510	31631	1005	12086	42549	5918	11402
2005	345249	17064	248	9375	58325	6775	6894
2006	346037	23201	251	9215	22413	6926	3442
2007	360922	33046	418	6573	18161	6798	3510
2008	361783	21113	544	7398	20252	8406	4418
2009	367968	27725	796	6513	21540	9685	2329
2010	379075	34101	1599	9564	25406	9551	5295
宝泉岭局	43752	3102	40	1513	3492	1503	456
红兴隆局	90555	10911	901	2188	4789	2555	1649
建三江局	18966	3167	120	561	944	367	335
牡丹江局	31653	2883	58	1458	2816	963	283
北安局	45735	2037	73	320	2439	852	293
九三局	48674	4151	5	826	2335	1282	741
齐齐哈尔局	33436	1895	212	724	1817	868	570
绥化局	18411	633	50	129	1314	394	90
哈尔滨局	6753	460	30	45	375	124	75
总局直属	41140	4862	110	1800	5085	643	803

注:3-16表资料由总局工商局提供。

3-18 各分局新就业和失业人数

单位:人

年份 单位	新就业人数	国有单位	集体单位	从事个体劳动	其他	失业人数
2000	3529	3467	62			18046
2004	27418	9432		10015	7971	24810
2005	53975	2816		7140	44019	24151
2006	85981	9488		7140	69353	20523
2007	52584	7282		38007	7295	23127
2008	48263	11409		27968	8886	22570
2009	52118	12065		17870	22183	20622
2010	42558	11834		28530	2194	19759
宝泉岭局	4785	740		3875	170	968
红兴隆局	13435	2590		10556	289	6459
建三江局	6709	1674		4494	541	4184
牡丹江局	3408	550		2833	25	738
北安局	3978	1302		2469	207	1228
九三局	3574	2796		576	202	2436
齐齐哈尔局	3515	1761		1531	223	2182
绥化局	1331	124		1207		1127
哈尔滨局	967	173		794		220
总局直属	856	124		195	537	217

3-19 各分局离退休、退职人员人数

单位:人

年份 单位	离退休人员总数	离休人员	退休人员	退职人员	五七工家属工人数
2000	176445	8218	160012	8215	
2004	209645	8020	192217	9408	
2005	215859	8010	199292	8557	
2006	222334	7998	207464	6872	
2007	230577	7908	214548	8121	
2008	245583	6079	231728	7776	
2009	263703	5736	246893	11074	68743
2010	341186	3326	250611	11444	75805
宝泉岭局	52376	540	38451	1343	12042
红兴隆局	79022	802	63237	3780	11203
建三江局	40486	237	31096	1882	7271
牡丹江局	50578	573	43761	1566	4678
北安局	35639	341	20908	925	13465
九三局	29992	280	18075	1039	10598
齐齐哈尔局	23272	146	14387	144	8595
绥化局	13961	130	7821	337	5673
哈尔滨局	5507	24	3861	78	1544
总局直属	10353	253	9014	350	736

注：3-18-19 由总局人力资源和社会保障局提供

注明：3-19 表2009 年离退休人员总数没包括“五七工”、“家属工”，2010 年包括。

3-20 年末按登记注册类型分的各行业从业人员劳动报酬

(2010年)

单位:千元

行业	全部从业人员劳动报酬	国有单位	集体单位	其他单位
总计	**1446263**	**983940**	**1345**	**460978**
一、按企业、事业、机关分组				
1. 企业	1283726	821647	1345	460734
2. 事业	129161	128917		244
3. 机关	33376	33376		
二、按国民经济行业分组				
(一)农林牧渔业	789944	747234	26	42684
1. 农业	622383	611808		10575
2. 林业	8688	8406		282
3. 畜牧业	140494	111533	26	28935
4. 渔业	3707	2746		961
5. 农林牧渔服务业	14672	12741		1931
(二)工业	178988	22954	173	155861
(三)建筑业	84080	3340	126	80614
# 房屋和土木工程建筑业	81310	3333	126	77851
(四)交通运输、仓储和邮政业	47943	5833		42110
# 道路运输业	39736	3193		36544
(五)批发、零售和住宿、餐饮业	108954	8541		100413
(六)房地产、居民服务和其他服务业	32222	5243		26979
# 居民服务业	19826	4592		15234
(七)租赁和商务服务业	8496	7981		515
(八)卫生、社会保障和社会福利业	32734	32467		267
(九)教育、文化、体育和娱乐业	68819	68819		
1. 教育	66424	66424		
# 高等教育	10298	10298		
中等教育	45093	45093		
初等教育	11033	11033		
2. 文化艺术业	215	194		
3. 广播、电影、电视和音像业	1432	1316		
(十)科学研究、技术服务和地质勘查业	10310	8285		2025
(十一)公共管理和社会组织	52434	52434		
# 国家机构	51339	51339		
(十二)其他行业	31339	20810	1020	9510

3-21 各分局分行业全部从业人员劳动报酬

单位：万元

年份 单位	合计	农林牧渔业	工业	建筑业	交通运输仓储和邮政业	批发、零售及住宿、餐饮业
2000	3961552	1924706	486251	184882	160029	375023
2004	556218	307543	65743	23530	19717	47984
2005	650106	346371	80201	28968	19256	57292
2006	779430	425395	98819	41396	23666	62731
2007	955967	542337	114619	42167	25667	71771
2008	1047553	587327	123424	50910	32350	84297
2009	1211368	659472	151740	62797	37871	102480
2010	1446263	789944	178988	84080	47943	108954
宝泉岭局	180099	90418	29291	9209	9410	14205
红兴隆局	324757	217135	23106	22076	10776	14829
建三江局	212670	130389	13713	8543	8347	19420
牡丹江局	125919	61528	14496	7175	5527	10402
北安局	97325	62834	5713	2439	2981	6101
九三局	156250	108139	11672	3682	2491	9757
齐齐哈尔局	108032	69138	6758	3353	4714	10463
绥化局	51705	31897	5296	1949	1439	4878
哈尔滨局	36735	16068	8330	805	1140	2963
总局直属	152771	2398	60613	24849	1118	15936

3-21 续表

单位：万元

年份 单位	房地产业居民服务和其他服务业	卫生、社会保障和社会福利业	教育、文化、体育和娱乐业	科学研究、技术服务和地质勘察业	公共管理和社会组织	其他
2000	235964	118930	265871	12088	197808	
2004	12782	12665	34510	2285	18015	11444
2005	20058	18841	37960	2864	22324	15971
2006	23683	17601	42183	3725	24681	15550
2007	28299	21032	54538	4719	32371	18447
2008	25716	24707	57164	6227	34192	21239
2009	24826	28421	71186	7864	38930	25781
2010	32222	32734	72819	10310	52434	35835
宝泉岭局	3737	5648	9323	301	4727	3830
红兴隆局	8796	6771	9729	268	4743	6528
建三江局	4802	3253	9850	927	6049	7377
牡丹江局	3181	3554	6306	519	9062	4169
北安局	2720	2322	5740	643	5044	788
九三局	1772	1858	6396	222	3625	6636
齐齐哈尔局	2719	1951	4550	28	3500	858
绥化局	879	437	2146	1	1941	842
哈尔滨局	722	264	2167		4128	148
总局直属	2894	6676	16612	7401	9615	4659

3-22 历年职工工资总额及指数

年份	绝对数（万元）			指数%（以上年为100）		
	全部工资总额	#国有单位	#集体单位	全部工资总额	#国有单位	#集体单位
1980	53083	53083		112.4	112.4	
1981	49232	49232		92.7	92.7	
1982	53829	51536	2293	109.3	104.7	
1983	59919	57340	2579	111.3	111.3	112.5
1984	56220	54301	1919	93.8	94.7	74.4
1985	59625	58357	1268	106.1	107.5	66.1
1986	71514	70085	1429	119.9	120.1	112.7
1987	75577	74081	1496	105.7	105.7	104.7
1988	83782	82320	1462	110.9	111.1	97.7
1989	98052	96550	1502	117.0	117.3	102.7
1990	105714	104587	1127	107.8	108.3	75.0
1991	122926	121398	1528	116.3	116.1	135.6
1992	128583	127369	1214	104.6	104.9	79.5
1993	134022	132909	891	104.2	104.3	73.4
1994	159523	158477	907	119.0	119.2	101.8
1995	206936	204441	445	129.7	129.0	49.1
1996	225754	223234	352	109.1	109.2	79.1
1997	293753	289674	562	130.1	129.8	159.7
1998	293082	281792	3889	99.8	97.3	692.0
1999	255899	247033	2371	87.3	87.7	60.9
2000	247612	237619	1642	96.8	96.2	69.3
2001	255055	242167	1361	103.0	101.9	82.9
2002	271122	247702	1667	106.3	102.3	122.5
2003	289497	262480	826	106.8	105.9	49.6
2004	321104	282633	229	110.9	107.7	27.7
2005	323252	287772	128	100.7	101.8	55.9
2006	367043	305834	145	113.5	106.3	113.3
2007	418058	360559	121	113.9	117.9	83.4
2008	462402	401942	181	126.0	131.4	124.8
2009	535581	441496	137	115.8	109.8	75.7
2010	667263	549249	169	124.6	124.4	123.4

3-23 历年职工平均工资及指数

年份	平均货币工资(元)			指数%(以上年为100)		
	全部职工	#国有职工	#集体职工	全部职工	#国有职工	#集体职工
1980	763	763		119.4	119.4	
1981	720	720		94.4	94.4	
1982	732	761	391	101.7	105.7	
1983	802	839	402	109.6	110.2	102.8
1984	763	783	442	95.1	93.3	110.0
1985	827	842	449	108.4	107.5	101.6
1986	971	986	556	117.4	117.1	123.8
1987	1004	1011	745	103.4	102.5	134.0
1988	1146	1151	887	114.1	113.8	119.1
1989	1363	1370	1041	118.9	119.0	117.4
1990	1445	1455	913	106.0	106.2	87.7
1991	1641	1646	1329	113.6	113.1	145.6
1992	1713	1718	1327	104.4	104.4	99.8
1993	1835	1843	1163	107.1	107.3	87.6
1994	2242	2248	1669	122.2	122.0	143.5
1995	3084	3077	2643	137.6	136.9	158.4
1996	3541	3544	2205	114.8	115.2	83.4
1997	4714	4730	3048	133.1	133.5	138.2
1998	4985	5024	3844	105.7	106.2	126.1
1999	5360	5366	4065	107.5	106.8	105.7
2000	5593	5621	4827	104.3	104.8	118.8
2001	6158	6138	5421	110.1	109.2	112.3
2002	6639	6544	7031	107.8	106.6	129.7
2003	7256	7060	5492	109.3	107.9	78.1
2004	8255	8026	7099	113.8	113.7	129.3
2005	9205	9012	6574	111.5	112.3	92.6
2006	10291	10094	7591	111.8	112.0	115.5
2007	11531	11291	7402	112.0	111.9	115.5
2008	13066	12806	8036	113.3	113.4	108.6
2009	14862	14305	10301	113.7	111.7	128.2
2010	17639	16947	14355	118.7	118.5	139.4

3-24 各分局分行业全部职工工资总额

单位:万元

年份 单位	合计	农林牧渔业	工业	建筑业	交通运输仓储和邮政业	批发、零售及住宿、餐饮业
2000	247612	126718	28832	8089	2536	9213
2004	321104	193608	33375	6647	3191	6626
2005	323252	175497	36032	6166	3343	8525
2006	367043	199091	45815	7269	3373	10221
2007	418058	224825	50338	8357	3127	7575
2008	462402	239064	58372	13051	3340	11395
2009	535581	268820	67960	16352	3745	16862
2010	667263	340418	88704	20325	5733	22269
宝泉岭局	68170	29578	12224	1858	201	1177
红兴隆局	162894	123382	8208	4877	717	913
建三江局	42810	9635	5026	395	1324	1929
牡丹江局	40228	14203	4585	53	426	1340
北安局	47230	30329	1838	424	436	616
九三局	95232	73100	3364	346	561	570
齐齐哈尔局	52358	39436	979	211	873	542
绥化局	18403	11878	1037	225	31	249
哈尔滨局	12352	7041	487	3	6	34
总局直属	127586	1836	50956	11933	1158	14899

3-24续表

单位:万元

年份 单位	房地产业居民服务和其他服务业	卫生、社会保障和社会福利业	教育、文化、体育和娱乐业	科学研究、技术服务和地质勘察业	公共管理和社会组织	其他
2000	14789	11434	25641	1061	19299	
2004	2125	12378	33679	2190	17580	9705
2005	2140	18310	36792	2527	21645	12275
2006	3006	17079	40428	3134	23710	13917
2007	2578	20362	52527	3989	30173	14207
2008	2540	23874	55758	5788	32338	16882
2009	2776	27193	68664	7474	36802	18934
2010	5650	31234	66210	9771	48339	28610
宝泉岭局	288	5548	9003	281	4657	3355
红兴隆局	1538	6393	9537	241	4639	2449
建三江局	152	3182	9044	927	5634	5562
牡丹江局	438	3212	5640	219	7996	2116
北安局	64	2230	5578	643	4660	412
九三局	118	1829	6158	165	3608	5413
齐齐哈尔局	83	1656	4343	28	3456	751
绥化局		434	2144		1938	467
哈尔滨局	50	225	2161		2256	89
总局直属	2919	6525	12602	7267	9495	7996

3-25　各分局国有单位分行业职工工资总额

单位:万元

年份 单位	合计	农林牧渔业	工业	建筑业	交通运输仓储和邮政业	批发、零售及住宿、餐饮业
2000	237619	126178	22648	6505	2100	8366
2004	282633	187920	7163	4026	2700	3747
2005	287772	173724	13189	3451	2833	4263
2006	305834	197941	7091	1270	2629	8359
2007	360559	223055	7029	1612	2322	5772
2008	401942	241724	15395	1693	2626	5788
2009	441496	265927	10712	1498	3016	5675
2010	549249	337076	21326	1756	4270	6970
宝泉岭局	55487	29160	2659	1098	191	1033
红兴隆局	151619	123382	2051	185	662	750
建三江局	37729	9635	3006	112	1298	1794
牡丹江局	37034	14095	2396	17	420	715
北安局	45473	30172	793	240	335	391
九三局	91617	71977	1795		195	514
齐齐哈尔局	49102	38154	417	104	6	246
绥化局	17143	11780	330			51
哈尔滨局	12275	7041	432		6	15
总局直属	51770	1680	7447		1157	1461

3-25续表

单位:万元

年份 单位	房地产业居民服务和其他服务业	卫生、社会保障和社会福利业	教育、文化、体育和娱乐业	科学研究、技术服务和地质勘察业	公共管理和社会组织	其他
2000	14402	11417	25641	1061	19299	
2004	1983	12333	33679	2176	17580	9326
2005	2063	15363	36792	2448	21645	12001
2006	2672	16442	35353	2903	22203	8971
2007	2371	20362	52527	3811	30173	11525
2008	2251	23874	55758	4684	32338	15811
2009	2258	27159	68664	6376	36636	13575
2010	2870	31232	69210	8028	48339	18172
宝泉岭局	259	5548	9003	281	4657	1598
红兴隆局	1467	6393	9537	241	4639	2312
建三江局	152	3182	9044	801	5634	3071
牡丹江局	438	3212	5640	211	7996	1894
北安局	51	2230	5578	643	4660	380
九三局		1829	6158	130	3608	5411
齐齐哈尔局		1655	4343	28	3456	693
绥化局		434	2144		1938	466
哈尔滨局	50	225	2161		2256	89
总局直属	453	6524	15602	5693	9495	2258

主要统计指标解释

总户数 是农垦辖区内农(牧)场和各级机构主办的各企事业单位中的常住户数。一般按户口所在单位进行统计。为全面反映和掌握农垦辖区内农垦系统总户数,凡在城镇居住的属本系统企事业单位正式职工(户主)的户数,均应统计在内。虽居住在辖区,但不是本系统职工(户主)则不能统计在农垦总户数内。

农场户数 指独立核算的农(牧)场总户数。包括农(牧)内所有各行各业的户数。

总人口 指一定时点,农垦辖区内农(牧)场和各级机构主办的各类企事业单位的有生命的个人总和,一般按户口上常住人口统计。为全面反映和掌握农垦辖区内农垦系统总人口数,对户口不在本系统,而本人是本系统正式职工的也要统计在内。如果本人是户主,则户口上的非职工家庭成员(即供养人员)也要统计在内,虽然居住在辖区,但不是本系统职工或供养人,不能统计在农垦总人口数内。

农场人口 指独立核算的农(牧)场的有生命的全部人口数。

年初人口 指一月一日零时的人口数,当年年初人口数实际上就是上年年末人口数。年初人口=上年初人口数+上年内出生人数+上年内迁入人数一上年内死亡人数一上年内迁出人数

年末人口 指十二月三十一日二十四时的人口数,实际上就是下一年的年初人口数。

年末人口=年初人口数+年内出生人数+年内迁入人数一年内死亡数一年内迁出人数

出生人数 是指一定时期(一般是一年)内出生的有生命标志的婴儿的总和。出生人数只包括有生命现象的活产数,不包括死产数。婴儿出生时只要有过一瞬间的生命现象,都算作活婴。如刚出生有生命而又很快死去的,则既作出生人数统计,又作死亡人数统计。统计出生人数时,无论婚生子女与非婚生子女,都要包括在内。

出生率 又称粗出生率或总出生率,是指一定时期(通常为一年)内出生人数与同期平均人口数之比,以千分数表示。若出生人数计算期不是一年(或大于一年)的,需折算为年出生人数。公式:

人口出生率=年内出生人数/年平均人数×1000‰。

死亡人数 指一定时期(一般是一年)内丧失生命的人口数。

凡丧失生命的人均包括在内。统计死亡人数时,不包括死产。但有生命现象的活婴出生后发生死亡,不论其生存时间长短,均应加入统计。

死亡率又称粗死亡率或总死亡率。死亡率是一个国家或地区在一定时期(通常为一年)内的死亡人数与同期平均人口数之比,以千分比表示。公式为:

人口死亡率=年内死亡人数/年平均人数×1000‰。

死亡率一般按年计算,如统计期满一年或超过一年,年内死亡人数与同年平均人口数之比应折算成一年计算。

人口自然增长率 指一定时期内(通常为一年)某一地区人口的净增(减)数与年平均人口数的比例,一般用千分率表示。计算公式:

$$人口自然增长率(‰)=\frac{本年出生人口数-本年死亡人口数}{年平均人口数}\times 100‰$$

或=人口出生率(‰)-人口死亡率(‰)

从业人员 指从事一定社会劳动并取得劳动报酬或经营收入的人员。包括:(1)全部职工;(2)城
镇私营企业从业人员;(3)城镇个体劳动者;(4)农村社会劳动者;(5)其他社会劳动者。这一指标反映了一定时期内全部劳动力资源的实际利用情况,是研究我国基本国情国力的重要指标。

单位从业人员 指在各级国家机关、政党机关、社会团体及企业、事业单位中工作,并取得劳动报酬的全部人员。包括:职工、再就业的离退休人员、民办教师以及在各单位中工作的外方人员和港、澳、台方人员。各单位的从业人员反映了各单位实际参加生产或工作的全部劳动力。

其他从业人员 指劳动统计制度规定不作职工统计但实际参加社会劳动并取得劳动报酬的人员。各单位的其他从业人员是指单位中除职工以外的全部参加单位生产或工作并取得劳动报酬的人员。包括再就业的离退休人员、民办教师以及在各单位中工作的外方人员和港、澳、台方人员、兼职人员、借用的外单位人员和从事第二职业的人员。

职工 指在国有经济、城镇集体经济、联营经济、股份制经济、外商和港、澳、台投资经济、其

他经济单位及其附属机构工作，并由其支付工资的各类人员。不包括私营企业。(1998年以后的数据均为在岗职工数据，其他相关指标如职工工资总额，职工平均工资等指标也从1998年按此口径进行了相应调整。)

在岗职工 指在本单位工作并由单位支付工资的人员，以及有工作岗位，但由于学习、病伤产假等原因暂未工作，仍由单位支付工资的人员。

合同制职工 指各单位根据国务院国发(1986)77号文件和国务院令第99号的规定，通过签订有固定期限劳动合同、无固定期限劳动合同的以完成一项工作为期限劳动合同所使用的职工。包括实行全员劳动合同制单位的全部职工。

长期职工 指用工期限在一年以上(含一年)的在岗职工。

临时职工 指用工期限不超过一年的在岗职工 。

离开本单位仍保留劳动关系的职工 指由于各种原因，已经离开本人的生产或工作岗位，并已不在本单位从事其他工作，但仍与用人单位保留劳动关系的职工。

内部退养职工 指接近正常退休年龄但因各种原因退出工作岗位，并办理了内退手续，在办理正式退休手续前由单位按月发给一定生活费的职工。

从业人员劳动报酬 指各单位在一定时期内直接支付给本单位全部从业人员的劳动报酬总额。包括在岗职工工资总额和其他从业人员劳动报酬两部分。

其他从业人员劳动报酬 指各单位在一定时期内直接支付给本单位其他从业人员的全部劳动报酬 。

工资总额 是指各单位在一定时期内直接支付给本单位全部职工的劳动报酬总额。

工资总额的计算原则应以直接支付给职工的全部劳动报酬为根据。各单位支付给职工的劳动报酬以及其他根据有关规定支付的工资，不论是计人成本的还是不计人成本的，不论是按国家规定列入计征奖金税项目的，还是未列入计征奖金税项目的，不论是以货币形式支付的还是以实物形式支付的，均应列人工资总额的计算范围。

在岗职工工资总额 指各单位在一定时期内直接支付给本单位全部在岗职工的劳动报酬总额。

工资总额包括：计时工资、计件工资、奖金、津贴、补贴、加班加点工资、其他工资。

离开本单位仍保留劳动关系职工的生活费 指离开本单位仍保留劳动关系的职工在离开本单位期间从本单位领取的生活费用。

职工平均工资 指企业、事业、机关单位的职工在一定时期内平均每人所得的货币工资额。它表明一定时期职工工资收入的高低程度，是反映职工工资水平的主要指标。计算公式为：

$$\text{职工平均工资}=\frac{\text{报告期实际支付的全部职工工资总额}}{\text{报告期全部职工平均人数}}$$

职工平均实际工资 指扣除物价变动因素后的职工平均工资。计算公式为：

$$\text{职工平均实际工资}=\frac{\text{报告期职工平均工资}}{\text{报告期城镇居民消费价格指数}}$$

STATISTICAL
YEARBOOK

4 固定资产投资

固定资产投资资金来源构成情况(%)

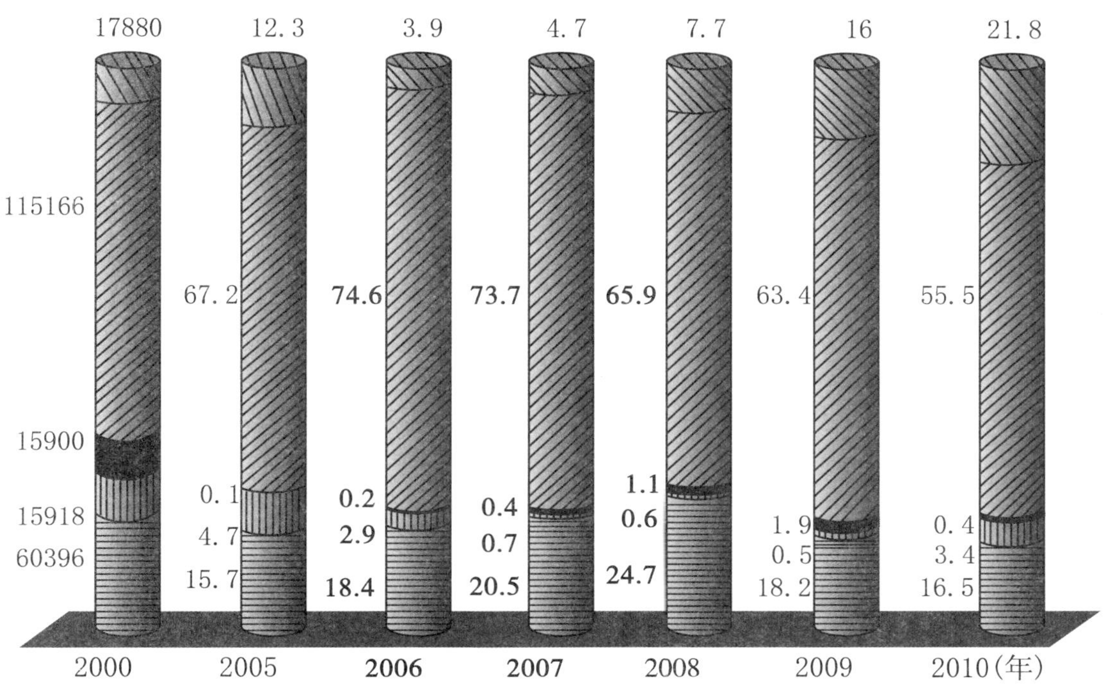

国家预算内资金 国内贷款 利用外资 自筹资金 其他资金

固定资产投资完成额（万元）

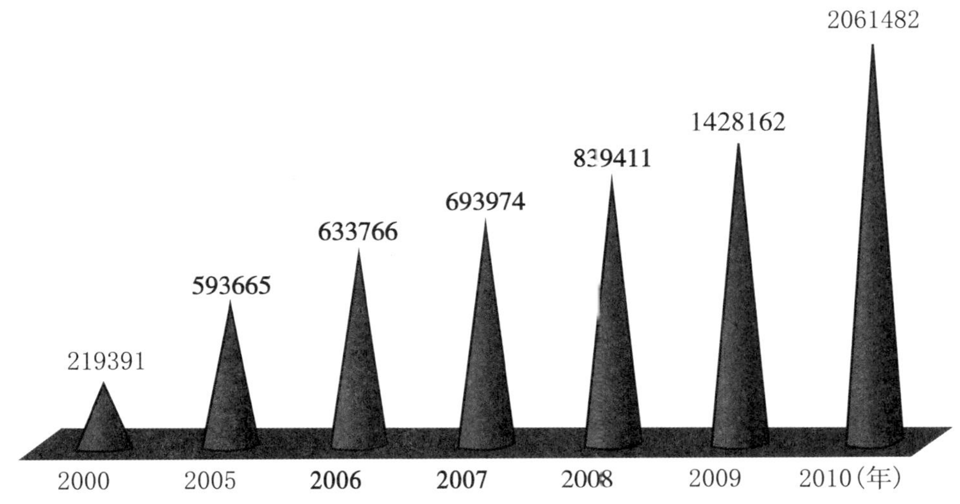

4-1 固定资产投资构成

指　　标	2000	2005	2006	2007	2008	2009	2010
一、投资总额(万元)	**219391**	**593665**	**633766**	**693974**	**839411**	**1428162**	**2061482**
按资金来源分							
国家预算内投资	60396	93632	117553	142785	207941	268228	340755
国内贷款	15918	27798	18233	5223	5147	28432	69943
利用外资	15900	187	1509	2778	9652	6636	7348
自筹资金	115166	399571	475769	513280	554824	933392	1144056
其他投资	17880	73468	24609	32603	64835	234868	448380
按用途分							
生产性建设	149840	396246	422826	448900	547608	594825	944962
非生产性建设	69551	197419	210940	245074	291803	833337	1116520
# 住宅	17777	56095	85943	93082	129725	603485	807164
按产业分							
第一产业	142051	171316	174809	199543	266469	295987	429583
第二产业	26545	247080	130295	109290	90639	151946	136005
第三产业	50797	175269	328662	385141	482303	980229	1496794
二、构成(%)							
按资金来源分							
国家预算内投资	26.8	15.7	18.4	20.5	24.7	18.2	16.9
国内贷款	7.1	4.7	2.9	0.7	0.6	1.9	3.5
利用外资	7.1	...	0.2	0.4	1.1	0.5	0.4
自筹资金	51.1	67.2	74.6	73.7	65.9	63.4	56.9
其他投资	7.9	12.4	3.9	4.7	7.7	16.0	22.3
按用途分							
生产性建设	68.3	66.7	66.7	64.7	65.2	41.6	45.8
非生产性建设	31.7	33.3	33.3	35.3	34.8	58.4	54.2
# 住宅	8.1	9.4	13.6	13.4	15.5	42.3	39.2
按产业分							
第一产业	64.7	28.9	27.6	28.8	31.7	20.7	20.8
第二产业	12.1	41.6	20.6	15.7	10.8	10.6	6.6
第三产业	23.2	29.5	51.8	55.5	57.5	68.7	72.6
三、新增固定资产	**183265**	**483168**	**487710**	**599310**	**663222**	**1069067**	**1663907**

4-2 各分局固定资产投资完成情况

(2010年) 单位:万元

单位名称	本年固定资产投资				比重%(以投资总额为100)		
	合计	公有控股经济	非公有控股经济	#个体	公有控股经济	非公有控股经济	#个体
总计	**2061482**	**1346676**	**714806**	**599793**	**65.3**	**34.7**	**29.1**
宝泉岭局	224675	110847	113828	70740	49.3	50.7	31.5
红兴隆局	288113	188730	99384	99384	65.5	34.5	34.5
建三江局	257671	162672	94999	93544	63.1	36.9	36.3
牡丹江局	260532	168705	91827	75990	64.8	35.2	29.2
北安局	183350	99700	83650	76781	54.4	45.6	41.9
九三局	180341	95687	84654	58548	53.1	46.9	32.5
齐齐哈尔局	136649	49620	87029	80867	36.3	63.7	59.2
绥化局	109938	72413	37525	28628	65.9	34.1	26.0
哈尔滨局	58014	38261	19754	13154	66.0	34.0	22.7
总局直属	362199	360041	2158	2158	99.4	0.6	0.6

4-3 各分局按用途分的固定资产投资

(2010年) 单位:万元

单位名称	生产性建设投资				非生产性建设投资			
	合计	公有控股经济	非公有控股经济	#个体	合计	公有控股经济	非公有控股经济	#个体
总计	**944962**	**801297**	**143664**	**115484**	**1116520**	**545378**	**571142**	**484308**
宝泉岭局	78676	52570	26106	20173	145999	58277	87722	50566
红兴隆局	90340	76046	14294	14294	197774	112683	85090	85090
建三江局	116103	89617	26486	25031	141568	73055	68513	68513
牡丹江局	99444	79577	19868	16448	161088	89128	71960	59543
北安局	53187	38094	15094	14578	130162	61606	68556	62204
九三局	79009	53561	25447	14574	101332	42126	59207	43974
齐齐哈尔局	41245	28532	12713	8573	95404	21088	74316	72294
绥化局	24871	22791	2079	236	85067	49622	35445	28391
哈尔滨局	23235	21657	1578	1578	34779	16603	18176	11576
总局直属	338851	338851			23348	21190	2158	2158

4-4 各分局按用途分的固定资产投资

年份 单位	绝对数（万元）			比重%（以投资总额为100）		
	生产性建设	非生产性建设	#住宅	生产性建设	非生产性建设	#住宅
2000	149840	69551	17777	68.3	31.7	8.1
2005	396246	197419	56095	66.7	33.3	9.4
2006	422826	210940	85943	66.7	33.3	13.6
2007	448900	245074	93082	64.7	35.3	13.4
2008	547608	291803	129725	65.2	34.8	15.5
2009	594825	833337	603485	41.6	58.4	42.3
2010	944962	1116520	807164	45.8	54.2	29.3
宝泉岭局	78676	145999	75271	35.0	65.0	33.5
红兴隆局	90340	197774	156205	31.4	68.6	54.2
建三江局	116103	141568	114892	45.1	54.9	44.6
牡丹江局	99444	161088	113926	38.2	61.8	43.7
北安局	53187	130162	92470	29.0	71.0	50.4
九三局	79009	101332	80591	43.8	56.2	44.7
齐齐哈尔局	41245	95404	72491	30.2	69.8	53.1
绥化局	24871	85067	68426	22.6	77.4	62.2
哈尔滨局	23235	34779	26694	40.0	60.0	46.0
总局直属	338851	23348	6198	93.6	6.4	1.7

4-5 各分局按产业分的固定资产投资

年份 单位	绝对数（万元）			比重%（以投资总额为100）		
	第一产业	第二产业	第三产业	第一产业	第二产业	第三产业
2000	142051	26454	50797	64.7	12.1	23.2
2005	171316	247080	175269	28.9	41.6	29.5
2006	174809	130295	328662	27.6	20.6	51.8
2007	199543	109290	385141	28.8	15.7	55.5
2008	266469	90639	482303	31.7	10.8	57.5
2009	295987	151946	980229	20.7	10.6	68.7
2010	429583	136005	1496794	20.8	6.6	72.6
宝泉岭局	43258	13986	167431	19.3	6.2	74.5
红兴隆局	59756	5320	223037	20.7	1.9	77.4
建三江局	80091	16136	161444	31.1	6.3	62.7
牡丹江局	82935	8613	168984	31.8	3.3	64.9
北安局	41601	1171	140578	22.7	0.6	76.7
九三局	56113	2050	122178	31.1	1.1	67.8
齐齐哈尔局	23071	9410	104168	16.9	6.9	76.2
绥化局	16077	5732	88129	14.6	5.2	80.2
哈尔滨局	13476	8693	35845	23.2	15.0	61.8
总局直属	13206	64894	284099	3.7	17.9	78.4

4-6 各分局按行业分的固定资产投资完成情况

（2010 年） 单位:万元

单位名称	(一) 农林牧渔业投资				1. 农　业			
	合　计	公有控股经济	非公有控股经济	# 个　体	合　计	公有控股经济	非公有控股经济	# 个　体
总　　计	**429583**	**330959**	**98625**	**95174**	**350313**	**256600**	**93713**	**91225**
宝泉岭局	43258	28616	14642	14572	38783	25258	13525	13455
红兴隆局	59756	46422	13334	13334	57436	44217	13219	13219
建三江局	80091	55310	24781	24781	76245	51882	24363	24363
牡丹江局	82935	69131	13804	13195	76197	62869	13328	12839
北 安 局	41601	28429	13172	12656	33080	20279	12802	12286
九 三 局	56113	42217	13895	13622	28729	16403	12326	12053
齐齐哈尔局	23071	21659	1413	1273	15985	14572	1413	1273
绥 化 局	16077	14070	2007	164	12135	10974	1161	161
哈尔滨局	13476	11898	1578	1578	11724	10146	1578	1578
总局直属	13206	13206						

4-6 续表 1 单位:万元

单位名称	其中：农机具购置				2. 林　业			
	合　计	公有控股经济	非公有控股经济	# 个　体	合　计	公有控股经济	非公有控股经济	# 个　体
总　　计	**127742**	**37516**	**90226**	**87738**	**14646**	**14496**	**150**	**150**
宝泉岭局	14357	2906	11451	11381	1660	1660		
红兴隆局	17999	4856	13143	13143	739	739		
建三江局	32160	7797	24363	24363	1949	1799	150	150
牡丹江局	19753	6573	13181	12692	2917	2917		
北 安 局	16336	3801	12535	12019	1115	1115		
九 三 局	16896	5083	11813	11540	1590	1590		
齐齐哈尔局	5237	4235	1002	862	133	133		
绥 化 局	2879	1717	1161	161	1334	1334		
哈尔滨局	2127	549	1578	1578	1161	1161		
总局直属					2048	2048		

4-6 续表2

单位:万元

单位名称	3. 畜牧业				4. 渔　业			
	合　计	公有控股经济	非公有控股经济	#个　体	合　计	公有控股经济	非公有控股经济	#个　体
总　　计	**58513**	**54680**	**3833**	**3688**				
宝泉岭局	2705	1698	1007	1007				
红兴隆局	1506	1391	115	115				
建三江局	1398	1130	268	268				
牡丹江局	3821	3345	476	356				
北　安　局	4805	4435	370	370				
九　三　局	23794	22225	1569	1569				
齐齐哈尔局	6945	6945						
绥　化　局	1790	1762	28	3				
哈尔滨局	591	591						
总局直属	11158	11158						

4-6 续表3

单位:万元

单位名称	5. 农林牧渔服务业				(二) 工　业			
	合　计	公有控股经济	非公有控股经济	#个　体	合　计	公有控股经济	非公有控股经济	#个　体
总　　计	**6111**	**5183**	**928**	**110**	**135106**	**109722**	**25384**	**14755**
宝泉岭局	110		110	110	13986	6162	7825	5462
红兴隆局	75	75			5120	4820	300	300
建三江局	500	500			15836	14131	1705	250
牡丹江局					8544	2903	5641	2830
北　安　局	2600	2600			1171	668	503	503
九　三　局	2000	2000			2050	1450	600	600
齐齐哈尔局	8	8			9410	600	8810	4810
绥　化　局	818		818		5732	5732		
哈尔滨局					8693	8693		
总局直属					64564	64564		

4-6 续表 4

单位:万元

单位名称	(三)建筑业				(四)交通运输、仓储业			
	合　计	公有控股经济	非公有控股经济	#个　体	合　计	公有控股经济	非公有控股经济	#个　体
总　　计	**899**	**699**	**200**	200	**349764**	**345912**	**3852**	**3852**
宝泉岭局					17376	17236	140	140
红兴隆局	200		200	200	25264	24804	460	460
建三江局	300	300			19777	19777		
牡丹江局	69	69			7797	7474	323	323
北　安　局					9062	8997	65	65
九　三　局					1596	1294	302	302
齐齐哈尔局					8764	6274	2490	2490
绥　化　局					3062	2990	72	72
哈尔滨局					1067	1067		
总局直属	330	330			256000	256000		

4-6 续表 5

单位:万元

单位名称	(五)信息传输、计算机服务				(六)批发和零售业			
	合　计	公有控股经济	非公有控股经济	#个　体	合　计	公有控股经济	非公有控股经济	#个　体
总　　计	**13579**	**13544**	**35**	**35**	**29609**	**14005**	**15604**	**1504**
宝泉岭局					4055	555	3500	
红兴隆局								
建三江局	134	134			99	99		
牡丹江局	3276	3276			100		100	100
北　安　局	194	169	25	25	1354		1354	1354
九　三　局	10		10	10	19250	8600	10650	50
齐齐哈尔局								
绥　化　局								
哈尔滨局								
总局直属	9965	9965			4751	4751		

4-6 续表6

单位:万元

单位名称	(七)住宿和餐饮业				(八)房地产业			
	合　计	公有控股经济	非公有控股经济	#个　体	合　计	公有控股经济	非公有控股经济	#个　体
总　　计	**2963**	**2390**	**573**	**573**	**844047**	**281283**	**562764**	**475950**
宝泉岭局	748	748			93414	10938	82477	45321
红兴隆局					159823	74733	85090	85090
建三江局	127	127			114892	46379	68513	68513
牡丹江局	178	178			118876	49021	69855	57438
北　安　局	500		500	500	92981	24950	68031	61679
九　三　局	1397	1337	60	60	81331	22394	58937	43704
齐齐哈尔局					80202	6086	74116	72094
绥　化　局	13		13	13	68426	33014	35412	28378
哈尔滨局					28053	9877	18176	11576
总局直属					6048	3890	2158	2158

4-6 续表7

单位:万元

单位名称	(九)科学、技术服务业				(十)水利、环境和公共设施业			
	合　计	公有控股经济	非公有控股经济	#个　体	合　计	公有控股经济	非公有控股经济	#个　体
总　　计	**4356**	**4356**			**96481**	**96461**	**20**	
宝泉岭局	130	130			9001	9001		
红兴隆局	93	93			23597	23597		
建三江局	2565	2565			15480	15480		
牡丹江局	24	24			10501	10501		
北　安　局	58	58			19394	19394		
九　三　局					1966	1966		
齐齐哈尔局					6021	6021		
绥　化　局					7533	7513	20	
哈尔滨局	273	273			2988	2988		
总局直属	1213	1213						

4-6续表8 单位:万元

单位名称	(十一)居民服务和其他服务				(十二)教育				(十三)卫生、社会保	
	合计	公有控股经济	非公有控股经济	#个体	合计	公有控股经济	非公有控股经济	#个体	合计	公有控股经济
总　　计	**53668**	**47977**	**5691**	**5691**	**32134**	**32134**			**19082**	**17123**
宝泉岭局	15818	10574	5245	5245	9841	9841			2739	2739
红兴隆局	3867	3867			5695	5695			2788	2788
建三江局	2098	2098			1001	1001			1217	1217
牡丹江局	12058	11812	246	246	2922	2922			7007	5248
北安局	10377	10377			1271	1271			182	182
九三局	2066	1866	200	200	2606	2606			1491	1491
齐齐哈尔局	1208	1208			648	648			2849	2649
绥化局	4070	4070			1278	1278			563	563
哈尔滨局	2105	2105			750	750			247	247
总局直属					6122	6122				

4-6续表9 单位:万元

单位名称	障和福利业		(十四)文化、体育和娱乐业				(十五)公共管理和社会组织			
	非公有控股经济	#个体	合计	公有控股经济	非公有控股经济	#个体	合计	公有控股经济	非公有控股经济	#个体
总　　计	**1959**	**1959**	**16715**	**16615**	**100**	**100**	**33495**	**33495**		
宝泉岭局			1647	1647			12660	12660		
红兴隆局			1007	1007			903	903		
建三江局			688	688			3366	3366		
牡丹江局	1759	1759	3238	3138	100	100	3007	3007		
北安局			2092	2092			3113	3113		
九三局			2525	2525			7941	7941		
齐齐哈尔局	200	200	4255	4255			222	222		
绥化局			900	900			2283	2283		
哈尔滨局			363	363						
总局直属										

4-7 各分局新增固定资产及资金来源

（2009 年）

单位：万元

单位名称	本年新增固定资产	公有控股经济	非公有控股经济	# 个体	本年资金来源	公有控股经济	非公有控股经济	# 个体
总计	**1663907**	**1169169**	**494739**	**392649**	**2010481**	**1297118**	**713364**	**591612**
宝泉岭局	165695	84368	81328	39589	224384	113656	110728	68989
红兴隆局	274285	168933	105352	105352	288114	187212	100902	100902
建三江局	251477	157971	93506	92051	257671	162672	94999	93544
牡丹江局	198666	142710	55956	45422	258320	176585	81735	64668
北安局	147929	84062	63867	63815	179005	104145	74860	68666
九三局	113211	62790	50421	23884	180060	95546	84514	58408
齐齐哈尔局	31754	15999	15755	9182	149829	51993	97836	91263
绥化局	55353	47081	8272	420	109978	72647	37331	28660
哈尔滨局	45343	34566	10777	10777	58215	37262	20954	14354
总局直属	380194	370688	9506	2158	304906	295400	9506	2158

4-8 各分局按资金来源分的固定资产投资

单位：万元

年份 单位	投资总额	国家预算内投资	国内贷款	利用外资	自筹资金	其他资金
2004	471647	82930	38740	3204	329385	17388
2005	594656	93632	27798	187	399571	73468
2006	637673	117553	18233	1509	475769	24609
2007	696670	142785	5223	2778	513281	32603
2008	842399	207941	5147	9652	554824	64835
2009	1471557	268228	28432	6636	933392	234868
2010	2010481	340755	69943	7348	1144055	448380
宝泉岭局	224384	37613			171183	15588
红兴隆局	288114	63672			132287	92155
建三江局	257671	57524	1619		105148	93380
牡丹江局	258320	51642			165150	41528
北安局	179005	36537			91420	51047
九三局	180060	22215	1156		70966	85724
齐齐哈尔局	149829	29934	750		81195	37951
绥化局	109978	22614			79467	7897
哈尔滨局	58215	9988			27273	20954
总局直属	304906	9015	66418	7348	219967	2158

4–9　全社会房屋年末实有面积及构成

单位：万平方米

指　　　标	2000	2005	2006	2007	2008	2009	2010
总　　计	**3808.0**	**4494.5**	**4798.6**	**5215.1**	**5590.1**	**5910.7**	**6534.2**
农业用房	230.7	247.5	252.8	263.4	270.0	275.0	289.3
畜牧用房	143.6	333.0	344.9	378.7	451.5	472.8	520.6
科学研究用房	6.7	6.5	7.0	6.2	7.3	8.1	7.1
文教卫生用房	245.6	287.5	310.4	335.9	349.5	348.7	349.0
住宅	2315.5	2700.5	2896.4	3206.0	3446.0	3715.4	4215.3
其他用房	865.9	919.5	987.1	1024.9	1065.8	1090.7	1152.9
构成（%）							
农业用房	6.1	5.5	5.3	5.1	4.8	4.7	4.4
畜牧用房	3.8	7.4	7.2	7.3	8.1	8.0	8.0
科学研究用房	0.2	0.1	0.1	0.1	0.1	0.1	0.1
文教卫生用房	6.4	6.4	6.5	6.4	6.3	5.9	5.3
住宅	60.8	60.1	60.4	61.5	61.6	62.9	64.6
其他用房	22.7	20.5	20.5	19.7	19.1	18.4	17.6

主要统计指标解释

全社会固定资产投资 包括国有经济单位投资、集体经济单位投资、其他各种经济类型的单位投资和城乡居民个人投资。按照我国现行计划管理体制，全社会固定资产投资总额又包括基本建设、更新改造、房地产开发投资和其它固定资产投资。

固定资产投资按用途分 固定资产投资按其不同的经济用途，分为生产性建设和非生产性建设两大类，其目的在于反映固定资产投资在各种不同用途的建设工程中的分配情况，以便研究固定资产投资的使用方向。

生产性建设 指用于物质生产和直接为物质生产服务的建设。包括工业建设；建筑业建设；农、林、牧、渔水利建设；交通、运输、邮电建设；批发零售贸易业建设。

非生产性建设 指用于满足人们的生活需要的建设和非物质生产部门的建设。包括：住宅建设、文化、教育、卫生建设、房地产和公用事业建设、生活服务事业建设、科学研究建设、综合技术服务事业建设等。如企业、事业单位的职工食堂、浴室以及医院、学校、招待所等建筑物和设备。

本年新增固定资产 指报告期内交付使用的固定资产价值。包括本年内建成投入生产或交付使用的工程投资和达到固定资产标准的设备、工具、器具的投资及有关应摊人的费用。

属于增加固定资产价值的其他建设费用，应随同交付使用的工程一并计人新增固定资产。

自开始建设至本年底累计新增固定资产 指建设项目开始建设以来至本年底已累计交付使用的固定资产价值，它是自开始建设累计完成投资中开始发挥效益的部分，是反映整个建设项目的建设进度和建设成果的指标。

本年资金来源小计 指固定资产投资单位在报告期收到的，用于固定资产投资的各种货币资金。包括国内预算的资金、国内贷款、债券、利用外资、自筹资金和其他资金。

国家预算内资金 分为财政拨款和财政安排贷款两部分。包括中央财政的基本建设基金、(分经营性基金和非经营性基金两部分)、农业开发基金、扶贫以工代赈、水利专项基金、小水资金。回收再贷等 。

国内贷款 指报告期固定资产投资单位向银行及非银行金融机构借入的用于固定资产投资的各种国内借款，包括银行利用自有资金及吸收的存款发放的贷款、上级主管部门拨入的国内贷款、地方财政专项资金安排的贷款、国家专项贷款、周转贷款等。

银行贷款 指向各商业银行、政策性银行借入的用于固定资产投资的各种贷款。

利用外资 指报告期收到的用于固定资产建造和购置投资的境外资金(包括设备、材料、技术在内)。包括外商直接投资、对外借款(外国政府贷款、国际金融组织贷款、出口信贷、外国银行商业贷款、对外发行债券和股票)，以及外商其他投资(包括补偿贸易和加工装配由外商提供的设备价款、国际租贷)。不包括我国自有外汇资金(即国家外汇、地方外汇、留成外汇、调剂外汇和中国银行自有资金发行的外汇贷款等)。

自筹资金 指固定资产投资单位报告期收到的，由各地区、各部门及企业、事业单位筹集用于固定资产投资的预算外资金，包括中央各部门、各级地方政府和企业、事业单位的自有资金。

其他资金来源 指在报告期收到的除以上各种资金之外其他用于固定资产投资的资金。包括社会集资、个人资金、无偿损赠的资金及其他单位拨入的资金等。

STATISTICAL
YEARBOOK

5 能源和原材料消费

5-1　主要年份主要能源、原材料消费量

指　　标	单　位	2000	2002	2003	2004	2005	2006	2007	2008	2009	2010
生　　铁	吨	2045	995	1342	1133	2582	3087	7149	4691	4264	12588
钢　　材	吨	31243	51392	45469	52132	70023	81894	75632	121596	157792	204133
硫　　酸	吨	392	400	539	398	369	302	104	143	131	211
烧　　碱	吨	2476	8001	6809	11534	7408	7215	7147	5372	6646	5121
纯　　碱	吨	1449	1050	534	543	1023	528	625	653	686	885
橡　　胶	吨	202	41	20	243	249	247	320	315	397	365
水　　泥	吨	230264	273439	348808	400271	456191	564188	692571	872198	1088727	1355313
平板玻璃	重量箱	14994	17296	10348	10598	34369	27164	18278	55277	68386	63497
原　　木	立方米	38817	31130	40693	54324	74156	94308	76225	110455	135023	88309
锯　　材	立方米	13092	18065	27444	33473	43525	55000	61764	78445	90710	170856
煤　　炭	吨	1922201	2033478	2342538	2435324	2650825	3070674	3384038	4209353	4290189	4320788
焦　　炭	吨	8946	3072	1409	2076	2245	1373	2056	833	2122	5834
燃 料 油	吨	47132	75960	53779	20601	2460	2215	1815	1920	2442	484
汽　　油	吨	54970	61281	56594	45099	56175	56462	71092	84701	108366	118031
柴　　油	吨	226558	237907	239612	248105	265944	283950	334204	359172	399997	429369
润 滑 油	吨	8440	6002	6062	5685	5880	5880	2572	3621	4759	6388
电　　力	万千瓦小时	73288	73069	84170	104305	128486	146665	165058	184855	230173	257125
化　　肥	吨	521503	541886	538960	620081	646843	716715	795617	829956	916213	1006176
#氮　　肥	吨	205518	214774	203466	233596	239490	270401	305369	318168	346987	384874
磷　　肥	吨	137579	149185	152372	179177	194291	207374	238890	252647	269928	289598
钾　　肥	吨	53072	65182	66832	81351	89259	108526	124134	139243	163729	184324
复 合 肥	吨	125334	112745	116290	125957	123803	130414	127224	119898	135569	147380
农　　药	吨	6721	6682	7030	8412	8363	9233	11022	11159	12103	13686
农　　膜	吨	5583	8081	7082	7444	8839	10890	13412	14008	12215	13912

5-2 各分局原材料、能源消费量

年份 单位	生铁 （吨）	钢材 （吨）	硫酸 （公斤）	烧碱 （吨）	纯碱 （吨）	橡胶 （吨）
2000	2045	31243	392400	2476	1449	202
2003	1342	45469	539369	6809	534	20
2004	1133	52132	397684	11534	543	243
2005	2582	70023	368586	7408	1023	249
2006	3087	87495	301542	7215	528	247
2007	7149	75632	104497	7147	625	320
2008	4691	121596	142791	5372	653	315
2009	4264	157792	130709	6646	686	397
2010	12558	204133	211254	5121	885	365
宝泉岭局	131	26573		12	32	
红兴隆局	309	28986	97212	21	12	
建三江局	127	20386	1279	20	2	
牡丹江局	7897	21747	2463	27	1	57
北安局	1988	6354	95		25	8
九三局	39	4483	916	5	2	
齐齐哈尔局	31	6108	25072			
绥化局	121	6887	81000			
哈尔滨局	1892	6422				300
总局直属	23	76187	3217	5036	811	

5-2 续表 1

年份 单位	水泥 （吨）	平板玻璃 （重量箱）	原木 （立方米）	锯材 （立方米）	煤炭 （吨）	焦炭 （吨）
2000	230264	14994	38817	13092	1922201	8946
2003	348808	10348	40693	27444	2342538	1409
2004	400271	10598	54324	33473	2435324	2076
2005	456191	34369	74156	43525	2650825	2245
2006	564188	27164	94308	55000	3070677	1373
2007	692571	18278	76225	61764	3384042	2056
2008	872198	55227	110455	78445	4209353	833
2009	1088727	68386	135023	90710	4290189	2122
2010	1355313	63497	88309	170856	4320788	5834
宝泉岭局	230660	21445	9826	14553	290547	
红兴隆局	175920	12688	25087	27506	970717	5828
建三江局	72431	5546	2692	5547	271480	
牡丹江局	88715	3247	11920	8484	1026021	
北安局	88636	4298	7082	7282	179477	6
九三局	35002	1428	1300	2169	119670	
齐齐哈尔局	35435	5364	20097	5490	69777	
绥化局	73912	971	6055	1673	120960	
哈尔滨局	10473	495	490	2270	63000	
总局直属	544129	8015	3760	95882	1209139	

5-2 续表2

年份 单位	润滑油 (吨)	汽油 (吨)	柴油 (公斤)	燃料油 (吨)	电力 (万千瓦时)	农膜 (吨)
2000	8440	54970	226558	47132	73288	5883
2003	6062	56594	239612	53779	84170	7082
2004	5685	45099	248105	20601	104305	7444
2005	5880	56175	265944	2460	128486	8839
2006	5880	56462	283950	2215	147014	10890
2007	2572	71092	334204	1815	165058	13412
2008	3621	84701	359172	1920	184855	14008
2009	4759	108366	399997	2442	230173	12215
2010	6388	118031	429369	484	257125	13912
宝泉岭局	408	34378	85618		27721	1546
红兴隆局	834	14506	66932	1	35896	2289
建三江局	537	19838	105506	34	36298	4974
牡丹江局	3273	11958	62249	277	20833	4295
北安局	447	13570	35993	161	14161	68
九三局	136	5551	21621	9	20089	52
齐齐哈尔局	118	3581	19268		6446	344
绥化局	536	6929	20877		5303	244
哈尔滨局	18	1330	5119		4545	96
总局直属	81	6390	6186	2	85833	4

5-2 续表3

年份 单位	化肥 (实物量) (吨)					农药 (吨)
		氮肥	磷肥	钾肥	复合肥	
2000	521503	205518	137579	53072	125334	6712
2003	538960	203466	152372	66832	116290	7030
2004	620081	233596	179177	81351	125957	8412
2005	646843	239490	194291	89259	123803	8363
2006	716715	270401	207374	108526	130414	9233
2007	795617	305369	238890	124134	127224	11022
2008	829956	318168	252647	139243	119898	11159
2009	916213	346987	269928	163729	135569	12103
2010	1006176	384874	289598	184324	147380	13686
宝泉岭局	147170	65005	34507	26038	21620	1196
红兴隆局	162024	67282	38605	22694	33443	2454
建三江局	264004	101147	79498	72312	11047	3851
牡丹江局	165295	61209	53103	30207	20776	2481
北安局	85680	25255	29573	11799	19053	1679
九三局	77810	25871	33689	8166	10084	987
齐齐哈尔局	61843	24671	17200	8014	11958	399
绥化局	31646	10480		3411	17755	510
哈尔滨局	9688	3434	3130	1597	1527	119
总局直属	1016	520	293	86	117	10

主要统计指标解释

单位GDP能耗 GDP，即国内（地区）生产总值。单位GDP能耗，即一个国家或地区生产（创造）一个计量单位（通常为万元）的GDP所消费的能源。能源消费的核算范围既包括全部三次产业的生产、经营及其他活动用能，也包括居民生活用能。

能源消费总量 指一定时期内全国（地区）物质生产部门、非物质生产部门和生活消费的各种能源的总和，是观察能源消费水平、构成和增长速度的总量指标，能源消费总量包括原煤和原油及其制品、天然气、电力。能源消费总量分为三部分，即终端能源消费量、能源加工转换损失量和损失量。

能源消费总量＝终端能源消费量折标准煤之和＋能源加工转换投入量折标准煤之和－能源加工转换产出量折标准煤之和＋能源损失量折标准煤之和

能源消费的两种形式 能源消费有两种形式。一种是一次性直接消费，又称终端消费；另一种是加工转换消费，又称中间消费。

终端消费是对中间消费而言，是指能源不用于中间加工转换，而是直接投入到各种加热、动力等设备，用于生产和非生产活动的消费。主要包括：

1．作为燃料、动力使用的能源。是指将能源投入到各种加热、动力等设备，产生光、热、功所消费的能源。

2．作为原料使用的能源。是指在工业生产活动中，把能源作为原料投入使用，经过一系列化学反应，逐步转化为另一种新的非能源产品，如化肥厂生产的合成氨、化工厂生产的合成橡胶等产品所消耗的天然气、煤炭、焦炭；生产染料、塑料、轻纺产品所消耗的原料油等。

3．作为材料使用的能源。是指一些能源的使用，不构成产品的实体，只起辅助作用的消费。如洗涤用的汽油、柴油、煤油；各种设备所使用的润滑油等。

4．工艺用能。是指在生产过程中既不作为原料使用，也不作为燃料、动力使用的工艺用能。如生产电石用电、电解用电等。

中间消费，是指能源加工、转换企业（或车间）生产二次能源产品所消费的能源数量。其特点是在能源加工转换过程中投入消费的是能源，产出的主要产品仍是能源，其生产的目的是为了提高能源的质量和使用价值，为社会提供更高级的能源产品。

某品种的能源中间消费量＝该种能源加工转换投入量

上式只代表单一能源品种在中间消费的物量消耗，不是能源的能量消耗，中间消费的能量消耗（能源加工转换损失）应按下式计算：

能源中间消费量（能源加工转换损失）＝能源加工转换投入量折标准煤之和－能源加工转换产出量折标准煤之和

终端能源消费量 能源消费分两个部分，即加工转换消费和终端消费。终端能源消费，是在能源核算时，为反映能源的实际消费情况而设置的一个综合指标，它是指没有经过加工转换的一次能源或经过加工转换后的二次能源直接用作原料、材料、燃料、动力以及工艺性消费的数量，不包括二次能源在加工转换过程中再投入的部分。

终端能源消费量＝终端消费的各种能源折标准煤之和

工业综合能源消费量 指报告期内工业企业在工业生产活动中实际消费的各种能源的总和。计算综合能源消费量时，需要先将使用的各种能源折算成标准燃料后再进行计算。根据生产活动的性质，综合能源消费量在不同的企业有不同的计算方法。

非能源加工转换企业综合能源消费量，就是企业工业生产消费的各种一次能源和二次能源的总和，即：综合能源消费量＝工业生产消费的能源合计。

能源加工转换企业综合能源消费量，是企业工业生产消费的各种一次能源和二次能源扣除加工转换产出的二次能源后的实际能源消费量。计算公式为：综合能源消费量＝工业生产消费的能源合计－能源加工转换产出合计。

STATISTICAL YEARBOOK

6 人民生活

农场职工家庭人均纯收入（元）

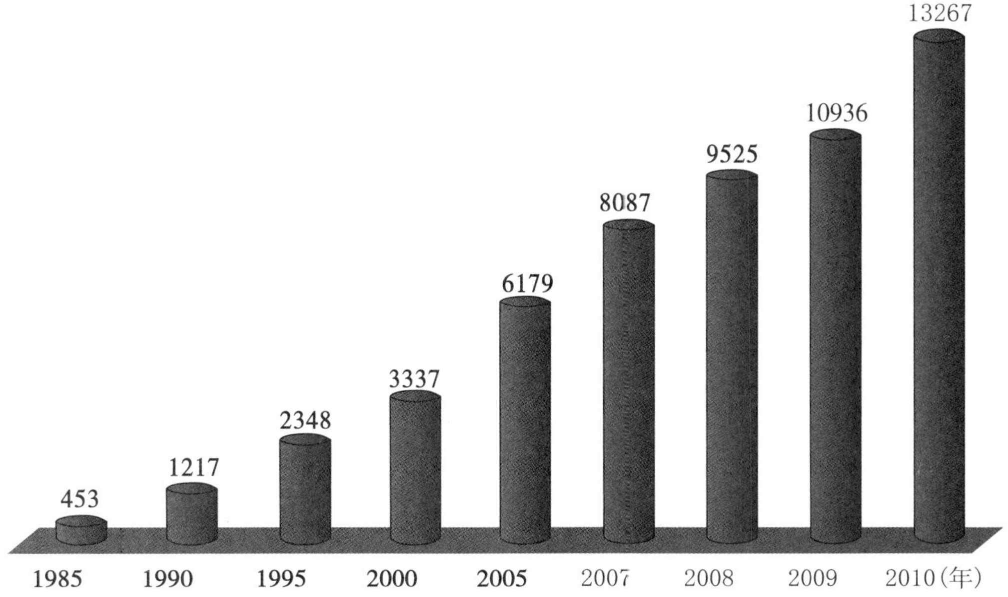

垦区居民人均存款余额（元）

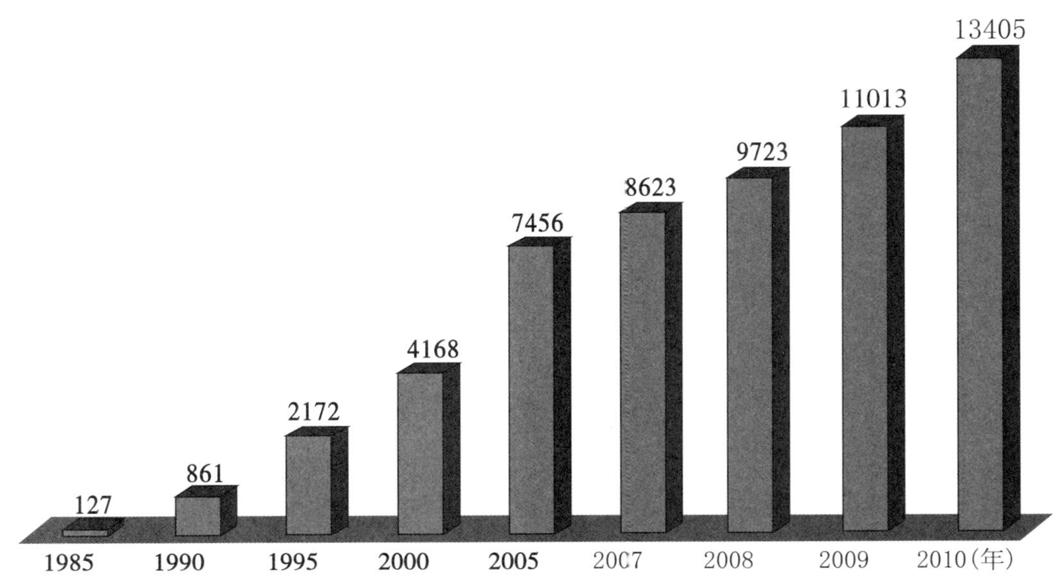

6-1 物质文化生活水平

指　　标	单位	1985	1990	1995	2000	2005	2009	2010
一、收　入								
农牧场职工家庭人均纯收入	元	453	1217	2348	3337	6179	10936	13267
职工年平均工资	元	827	1445	3084	5593	9205	14862	17639
二、消费水平								
人均生活消费	元	327.00	816.00	1674.00	2510.80	3372.80	7357.50	7760.69
消费品支出	元	307.00	701.00	1628.55	1815.10	2221.92	4671.03	4757.39
服务性支出	元	20.00	115.00	38.10	695.70	1150.88	2686.47	3003.30
三、储　蓄								
居民年末储蓄存款余额	亿元	2.01	13.35	33.73	65.63	118.25	183.69	224.33
人均储蓄存款余额	元	127	861	2172	4168	7456	11013	13405
四、住　房								
年末住宅总面积	万平方米	1449.20	1767.70	2040.30	2315.50	2700.50	3715.48	4215.28
平均每人居住面积	平方米	9.10	11.40	13.10	14.70	17.03	22.27	25.19
五、交　通								
每百人拥有自行车	辆	23.80	38.60	40.00	37.46	24.00	25.54	24.38
每百人拥有摩托车	辆	0.80	1.40	2.70	12.00	18.00	24.53	24.75
六、公用事业								
已安装自来水管理区	个		891	1410	1659	644	582	566
管理区自来水普及率	%		35.10	58.70	72.90	97.40	99.83	99.00
七、文　化								
每百人拥有彩色电视机	台	17.00	24.80	29.30	32.25	33.00	38.06	38.21
每百人拥有电脑	台						13.97	19.90
每百人每天有报纸	份	1.20	1.20	2.40	14.20	4.14	2.79	3.00
每百人每年有杂志	册	17.60	24.40	8.60	18.75	4.92	6.92	11.48
八、教　育								
学龄儿童入学率	%	98.80	99.70	100.00	100.00	100.00	100.00	100.00
每万人口有在校大学生数	人	14.70	19.50	27.50	47.30	131.84	168.91	173.61
九、卫　生								
每万人拥有医院病床数	张	50.70	57.90	60.00	49.78	46.36	51.90	57.31
每万人拥有医生人数	人	25.10	49.10	43.10	40.59	40.02	37.64	49.79
十、就　业								
每一劳动力负担人数	人	1.73	1.60	1.37	1.57	1.45	1.34	1.34

注：公用事业部分2004年前为生产队数，2005年后为管理区数，由总局建设局提供。

6-2 各分局物质文化生活水平主要指标

年份 单位	农场职工家庭人均纯收入（元）	职工年平均工资（元）	居民年末储蓄存款余额（万元）	人均储蓄存款余额（元）	人均居住面积（平方米）
2000	3337	5593	656293	4168	14.7
2002	3863	6639	863444	5455	15.5
2003	4267	7256	959461	6094	15.6
2004	5593	8255	1067537	6759	16.3
2005	6179	9205	1182537	7456	17.0
2006	7064	10291	1375160	8622	18.2
2007	8087	11531	1422358	8623	19.4
2008	9525	13066	1613778	9723	20.8
2009	10936	14862	1836927	11013	22.3
2010	13267	17639	2243266	13405	25.2
宝泉岭局	15353	14591	528173	25287	28.7
红兴隆局	15034	17864	391094	11479	23.9
建三江局	17386	22493	567751	27075	25.9
牡丹江局	14599	13469	244393	11784	27.5
北安局	11987	10281	138459	6804	23.1
九三局	14050	20052	145663	8925	20.0
齐齐哈尔局	11521	15732	84668	6040	25.5
绥化局	16998	9872	42543	5901	25.8
哈尔滨局	14979	18246	20385	4520	22.2
总局直属	7857	32404	80137	9686	29.9

注：人均纯收入、职工年平均工资指标总局合计数为抽样调查数，分局为分局上报数。

6-2 续表

年份 单位	自来水普及率（%）	学龄儿童入学率（%）	每万人拥有医院病床数（张）	每万人拥有医生数（人）	每一就业者负担人数（人）
2000	77.5	100	49.8	40.6	2.23
2002	77.6	100	45.6	39.2	2.23
2003	94.0	100	38.5	42.1	2.23
2004	94.6	100	42.1	39.3	2.23
2005	95.1	100	46.4	40.0	2.13
2006	95.8	100	46.9	48.7	2.04
2007	95.9	100	44.9	43.7	1.87
2008	96.0	100	48.0	39.5	1.83
2009	97.2	100	48.4	37.6	1.82
2010	99.0	100	56.3	49.8	1.79
宝泉岭局	93.1	100	53.2	40.5	1.59
红兴隆局	100.0	100	37.2	36.8	1.79
建三江局	96.9	100	49.3	31.7	1.60
牡丹江局	100.0	100	49.7	43.7	2.11
北安局	100.0	100	33.5	35.7	2.07
九三局	100.0	100	37.0	40.0	1.86
齐齐哈尔局	68.3	100	49.6	32.9	1.95
绥化局	98.8	100	42.1	30.4	1.62
哈尔滨局	98.2	100	46.3	15.0	1.94
总局直属	100.0	100	300.2	72.8	1.38

6-3 农场职工家庭基本情况

指　　标	单位	1985	1990	1995	2000	2005	2009	2010
调查户数	户	**560**	**252**	**336**	**500**	**500**	**500**	**500**
调查人口								
1.常住人口	人	2392	956	1157	1528	1383	1382	1382
2.平均每户常住人口	人	4.27	3.79	3.44	3.06	2.77	2.76	2.76
3.平均每户整、半劳动力	人	2.47	2.37	2.34	1.95	1.88	2.06	2.06
4.平均每个劳动力负担人口	人	1.73	1.60	1.37	1.57	1.47	1.34	1.34
平均每人全年收入								
1.总　收　入	元	1197.60	1456.04	6910.62	5545.60	15726.03	28695.80	34622.31
2.纯　收　入	元	453.29	1216.72	2348.00	3337.20	6179.40	10936.30	13267.07
3.现金收入	元	894.45	1436.27	6056.55	5203.60	14610.91	27146.15	33050.74
按人均纯收入分组的户数								
占调查户数比重								
1000元以下	%	60.4	40.9	20.8	18.3	14.4	4.8	4.0
1000-2000元	%	39.6	43.2	45.3	30.4	4.2	4.0	3.7
2000-4000元	%		15.9	33.9	51.3	14.8	12.4	9.1
4000-6000元	%					22.4	12.3	10.8
6000-8000元	%					17.4	13.8	12.0
8000-10000元	%					9.6	22.5	25.1
10000元以上	%					17.2	30.2	35.3
平均每人全年支出								
1.总　支　出	元	1163.81	1122.40	6143.19	4929.28	13868.78	27040.08	32151.35
家庭经营费用支出	元	792.22	209.92	4357.34	1410.55	6965.64	13299.88	15310.99
生活消费支出	元	327.23	816.36	1666.65	2510.80	3372.80	7357.50	7760.69
其他非生产性支出	元	44.36	96.12	118.70	1007.90	3530.34	6382.70	9079.67
2.现金支出	元	805.49	1296.69	5767.51	5402.13	13814.40	26594.29	31488.42
生产性费用和开发性生产投资	元	217.78	166.60	1847.60	1350.50	7437.57	14365.70	17660.23
缴纳税金和上交集体承包费	元	121.54	11.77	888.05	365.80	2283.16	3298.69	4583.69
生活消费支出	元	315.02	788.70	1522.88	1809.40	3332.74	7288.98	7644.68
储蓄借贷支出	元	113.42	239.35	1392.55	1297.10	1907.71	14951.96	18318.77
其他非生产性支出	元	20.51	37.73	116.43	579.30	760.93	1640.92	1599.82

注：①本表至6-16表为农场住户调查资料。②自2003年起现金支出不包括储蓄借贷支出。③按人均纯收入分组的户数占调查户数比重中，1985年以前2000元以上没有进行分组全部包括在1000-2000元组；1990-2000年4000元以上没有进行分组全部包括在2000-4000元组。

6-4 农场职工家庭人均全年纯收入

（2010 年）　　单位：元

指　　标	数　量	指　　标	数　量
纯收入	**13267.07**	3. 其他股息和红利	10.33
一、工资性收入	**2997.52**	4. 租金（包括农业机械）	24.84
二、家庭经营收入	**6530.87**	5. 储蓄性保险投资收入	8.68
1. 第一产业收入	5705.73	6. 转让承包土地经营权收入	58.13
(1) 农业收入	4811.71	7. 其他投资收益	
(2) 林业收入	5.20	8. 其他	179.38
(3) 牧业收入	881.14	**四、转移性收入**	**3392.45**
(4) 渔业收入	7.68	1. 家庭非常住人口寄回和带回	46.42
2. 非农产业收入	825.14	2. 城市亲友赠送	47.92
A. 第二产业收入		3. 城市亲友支付赡养费	1.01
(1) 工业收入		4. 农场亲友支付赡养费	32.85
(2) 建筑业收入		5. 救济金	0.96
B. 第三产业收入	825.14	6. 抚恤金	7.24
(1) 交通、运输、邮电业收入	340.05	7. 报销医疗费	20.84
(2) 批零贸易业、饮食业收入	441.89	8. 得到赔款	133.51
(3) 社会服务业收入	23.15	9. 无偿扶贫或扶持款	
(4) 文教卫生业收入	2.24	10. 退税	3.95
(5) 其他行业收入	17.81	11. 其他	3097.75
三、财产性收入	**346.23**	#粮食直补、良补收入	647.54
1. 利息	18.24	综合补贴收入	960.47
2. 集体分配股息和红利	39.10		

6-5 农场职工家庭平均每人总收入和纯收入

单位:元

指　　标	1985	1990	1995	2000	2005	2009	2010
一、总　收　入	**1197.60**	**1456.04**	**6910.62**	**5545.60**	**15726.03**	**28695.75**	**34622.31**
(一)基本收入	1157.24	1388.64	6686.65	5257.10	14594.87	25662.89	30724.32
1.劳动者的报酬收入	260.90	837.88	1272.76	2043.90	1648.15	2649.10	2997.52
(1)在国有经济单位得到的	250.75	812.16	1261.66	1188.80	1137.22	1520.58	1804.02
(2)在非国有经济单位得到的	10.15	25.72	11.10	855.10	510.93	1128.52	1193.50
2.家庭经营收入	896.34	550.76	5419.89	3211.90	12946.72	23013.79	27726.80
(1)种植业收入	714.40	264.93	4766.50	2434.30	10495.49	19375.63	23425.63
# 粮食收入	714.40	136.32	4244.59	2308.80	9479.63	17488.22	21601.45
(2)林业收入		4.15	0.03	0.40	24.73	13.89	11.37
(3)牧业收入	92.70	163.98	324.78	329.10	1464.17	1819.32	1952.01
(4)渔业收入	2.37	0.07	6.93	4.20	1.29	1.35	11.51
(5)工业收入			4.34	13.40	44.57		
(6)建筑业收入				59.50	14.54		
(7)交通、运输、邮电业收入	12.95	50.82	50.12	77.80	98.62	451.20	818.69
(8)批零贸易业、饮食业收入	1.60	1.16	6.39	103.60	578.37	1164.24	1389.72
(9)社会服务业收入	1.79	9.12	87.85	22.80	39.83	84.90	44.00
(10)其他家庭经营收入	17.18	38.82	166.95	166.76	185.11	103.26	69.09
(二)转移性收入	40.36	67.40	176.26	239.70	851.06	2771.70	3551.76
# 家庭非常住人口寄回和带回	1.67	1.05	9.97	12.80	22.11	34.04	46.42
城市亲友赠送收入	5.82	13.06	29.14	7.70	42.09	57.74	47.92
(三)财产性收入			47.71	49.40	280.1	261.16	346.23
# 利息收入			37.00	18.10	26.91	29.11	18.24
股息收入			0.27	3.66	27.87	19.68	49.43
二、纯　收　入	**453.29**	**1216.72**	**2348.00**	**3337.20**	**6179.40**	**10936.30**	**13267.07**

注：1994年以前的财产性收入含在转移性收入内。

6-6 农场职工家庭平均每人总收入、总支出和纯收入

(2010年) 单位:元

指　　标	数　量	指　　标	数　量
总　收　入	**34622.31**	**总　　支　　出**	**32151.35**
一、工资性收入	**2997.52**	**一、家庭经营费用支出**	**15310.99**
1. 在国有经济单位得到的收入	1804.02	(一)第一产业生产费用支出	14051.77
2. 在非国有经济单位得到的收入	1193.50	1. 农业生产支出	13120.26
二、家庭经营收入	**27726.80**	2. 林业生产支出	9.84
1. 第一产业收入	25400.52	3. 牧业生产支出	918.82
(1)农业收入	23425.63	4. 渔业生产支出	2.85
# 粮食收入	21601.45	(二)第二产业生产费用支出	
(2)林业收入	11.37	1. 工业生产支出	
(3)牧业收入	1952.01	2. 建筑业支出	
(4)渔业收入	11.51	(三)第三产业生产费用支出	1259.22
2. 第二产业收入		1. 交通运输邮电业生产费用支出	358.63
(1)工业收入		2. 批零贸易餐饮业生产费用支出	867.19
(2)建筑业收入		3. 社会服务业生产费用支出	2.20
3. 第三产业收入	2326.28	4. 其他行业生产费用支出	28.71
# 交通、运输、邮电业收入	818.69	**二、购置生产用固定资产支出**	**2624.73**
批零贸易业、饮食业收入	1389.72	**三、建造生产性固定资产雇工支出**	**0.58**
社会服务业收入	44.00	**四、税费支出**	**4850.91**
三、转移性收入	**3551.76**	1. 第一产业的税金	
# 家庭非常住人口寄回和带回	46.42	2. 第二产业的税金	
城市亲友赠送收入	47.92	3. 第三产业的税金	
农场亲友赠送收入	195.90	4. 其他各种收费	4850.91
四、财产性收入	**346.23**	**五、生活消费支出**	**7760.69**
1. 利息收入	18.24	**六、财产性支出**	**22.80**
2. 股息收入	49.43	1. 宅基地有偿使用费	0.06
3. 租金收入(包括农业机械)	24.84	2. 承包其他农户转让费	18.45
4. 储蓄性保险投资收入	8.68	3. 其他	4.29
5. 土地征用补偿收入	7.53	**七、转移性支出**	**1580.65**
6. 转让承包土地经营权收入	58.13	# 寄给带给家庭非常住人口	270.81
7. 其他投资收益		赠送农场亲友	175.65
8. 出让无形资产净收入		赠送城市亲友	50.57
9. 其他财产收入	179.37	**纯收入**	**13267.07**

6-7 农场职工家庭平均每人消费性支出与构成

指 标	1985	1990	1995	2000	2005	2009	2010
消费性支出(元)	**327.23**	**816.36**	**1666.70**	**2510.75**	**3372.80**	**7357.50**	**7760.69**
1. 食品	187.40	381.33	916.88	906.37	1214.28	2582.47	2677.44
# 主食	64.62	128.55	355.94	232.61	239.32	241.20	283.80
副食	79.50	151.76	366.10	367.81	783.12	1314.78	1325.89
其他食品	34.13	77.51	168.85	211.23	191.84	366.22	383.18
2. 衣着	46.03	115.26	201.07	287.79	332.12	684.87	735.80
# 服装			96.50	163.58	202.61	467.52	478.70
3. 家庭设备、用品及服务	41.81	93.20	84.61	206.00	195.10	349.60	480.38
4. 医疗保健	9.65	40.66	55.99	221.56	270.13	590.30	565.45
5. 交通通讯	5.97	19.88	34.04	210.80	369.59	947.17	957.00
6. 文化教育娱乐用品及服务	15.26	67.84	127.55	367.80	524.49	1079.82	1176.08
# 文化教育娱乐用品	7.49	26.16	31.72	80.35	101.59	229.83	278.03
7. 居住	19.75	81.45	193.55	185.74	394.20	974.07	1017.32
# 住房	10.92	51.90	63.89	57.70	270.05	453.80	485.48
8. 其他商品和服务	1.36	16.74	52.95	124.68	72.88	149.20	151.20
消费支出构成(%)							
1. 食品(恩格尔系数)	57.30	46.70	55.00	36.10	36.00	35.10	34.50
# 主食	34.50	33.70	38.80	25.66	19.70	9.34	11.84
副食	42.40	39.80	39.90	40.58	64.49	50.91	47.74
其他食品	18.20	20.30	18.40	23.31	15.80	14.18	14.66
2. 衣着	14.10	14.10	12.10	11.46	9.85	9.31	9.48
# 服装			48.00	56.84	61.01	68.26	65.06
3. 家庭设备、用品及服务	12.80	11.40	5.10	8.20	5.78	4.75	6.19
4. 医疗保健	2.90	5.00	3.40	8.82	8.01	8.02	7.29
5. 交通通讯	1.80	2.40	2.00	8.40	10.96	12.87	12.33
6. 文化教育娱乐用品及服务	4.70	8.30	7.60	14.65	15.55	14.68	15.15
# 文化教育娱乐用品	49.10	38.60	24.90	21.85	19.37	21.28	23.64
7. 居住	6.00	10.00	11.60	7.40	11.69	13.24	13.11
# 住房	55.30	63.70	33.00	31.60	68.50	46.59	47.72
8. 其他商品和服务	0.40	2.10	3.20	4.97	2.16	2.03	1.95

6-8 农场职工家庭平均每人全年消费性支出

（2010 年）　　单位：元

指　　标	数量	指　　标	数量
消费支出总计	**7760.69**	(4)家俱类	95.68
其中:服务性支出	2802.53	(5)机电设备	159.90
一、食品	**2677.44**	2.家庭设备用品服务性消费支出	14.23
1.食品消费品支出	1987.69	**四、医疗保健**	**565.45**
(1)谷物	282.59	1.医疗保健用品	191.55
(2)薯类	17.73	2.医疗保健服务消费支出	373.90
(3)豆类	16.61	**五、交通和通讯**	**957.00**
(4)食用油	120.77	1.交通和通讯用品支出	516.80
(5)蔬菜及制品	391.20	#交通工具	336.54
(6)肉、禽、蛋、奶及制品	446.88	通讯工具	78.58
(7)水产品及制品	76.27	2.交通和通讯服务消费支出	440.20
(8)烟、酒	202.47	(1)交通消费服务支出	228.71
(9)茶叶、饮料	40.65	(2)通讯消费服务支出	211.49
(10)其他类食品	392.51	**六、文化教育娱乐用品及服务**	**1176.08**
2.食品消费服务性支出	689.75	1.文化教育、娱乐用品	278.03
(1)在外饮食	678.09	2.教育服务	725.68
(2)食品加工费	2.12	3.文化、体育、娱乐服务	172.37
(3)其他服务性支出	9.54	**七、居住**	**1017.32**
二、衣着	**735.82**	1.居住消费品	721.82
1.衣着消费品支出	732.05	(1)建筑生活用房材料	41.55
(1)服装	497.55	(2)维修生活用房材料	24.59
(2)服装材料	7.56	(3)装修生活用房材料	150.47
(3)鞋类	199.85	(4)生活用房	268.87
(4)其他	27.09	(5)生活用燃料	236.34
2.衣着消费服务性支出	3.77	2.居住消费服务性	295.50
# 衣着加工费	2.54	# 生活用电	134.23
三、家庭设备、用品	**480.38**	生活用水	23.97
1.家庭设备用品消费品支出	466.15	**八、其他商品和服务**	**151.20**
(1)日用品	136.28	1.商品性支出	95.89
(2)床上用品	43.31	2.服务支出	56.58
(3)室内装饰品	30.98		

6-9 农场职工家庭平均每人全年现金收入与支出

（2010 年）　　单位:元

指　　标	数 量	指　　标	数 量
一、期内现金收入	**33050.74**	牧业生产支出	890.67
1. 工资性收入	2997.52	渔业生产支出	2.85
2. 家庭经营收入	26288.20	工业生产支出	
# 出售农产品的现金收入	21184.68	交通运输邮电业生产支出	358.63
出售林业产品的现金收入	8.87	批零贸易餐饮业生产支出	867.19
出售牧业产品的现金收入	1864.47	社会服务业生产支出	2.20
工业现金收入		(2)购置生产用固定资产支出	2624.73
交通、运输、邮电业的现金收入	818.69	# 购买役畜、产品畜	114.18
批零贸易业、饮食业的现金收入	1389.72	农林牧渔业机械	2149.53
3. 转移性收入	3495.87	(3)建、造生产性固定资产雇工支出	0.58
# 家庭非常住人口寄回和带回	46.27	2. 税费支出	4524.95
亲友赠送收入	151.49	3. 生活消费支出	7644.68
4. 财产性收入	269.15	4. 财产性支出	22.80
# 利息收入	18.24	5. 转移性支出	1577.02
二、非收入现金所得	**18619.06**	# 赠送亲友	222.89
1. 非借贷性现金所得	841.39	**四、非消费性支出**	**19310.68**
# 出售财物	397.98	1. 非借贷性支出	991.91
出售役畜、产品畜	38.86	2. 储蓄、借贷性支出	18318.77
2. 借贷性现金所得	17777.68	# 归还银行、信用社	3906.63
# 银行、信用社的贷款	4387.50	归还借款	1696.21
借入款	2687.40	存入银行信用社	12149.52
收回借出款	1100.97	**五、期末金融资产余额**	**23602.46**
三、期内现金支出	**31488.42**	# 手存现金	3752.34
1. 生产费用支出的现金	17660.23	银行存款	19850.12
(1)家庭经营费用支出的现金	15034.92	**六、期末债务余额**	**482.20**
# 农业生产支出	12931.08	# 银行、信用社贷款	349.20
林业生产支出	9.84	个人借款	133.00

6-10 农场职工家庭人均收入与支出情况

（1978-2010年）

单位:元

年 份	总收入	总支出	#生活消费支出	人均纯收入	人均纯收入指数(%)(上年=100)	人均纯收入指数(%)(1978=100)
1978				246	100.0	100.0
1979				289	104.1	104.1
1980				327	105.8	110.1
1981				321	98.5	108.5
1982	370	330	288	351	103.9	112.7
1983	429	373	309	405	107.1	120.7
1984	466	384	317	440	103.7	125.2
1985	1198	1164	327	453	96.2	120.4
1986	994	894	366	507	104.4	125.7
1987	920	764	465	655	120.2	151.1
1988	1469	1164	553	789	105.5	159.4
1989	1885	1584	675	938	103.6	165.2
1990	1456	1122	816	1217	120.7	199.4
1991	1246	1149	888	1058	86.8	173.1
1992	1274	1116	825	1049	97.2	168.2
1993	2679	2210	983	1491	127.3	214.1
1994	4361	3870	1254	1831	104.9	224.6
1995	6911	6143	1674	2348	111.5	250.4
1996	6541	5893	2394	2832	111.7	279.8
1997	8128	6785	2644	3321	114.7	320.9
1998	5610	5066	2703	3448	104.8	336.3
1999	5462	4814	2463	3216	100.0	336.3
2000	5546	4929	2511	3337	104.8	352.4
2001	6062	5387	2675	3650	109.3	385.2
2002	6789	6275	2761	3863	106.5	410.2
2003	11180	10638	2912	4267	109.1	447.5
2004	13994	12198	3119	5593	125.1	559.8
2005	15726	13869	3373	6179	109.2	611.3
2006	18203	16200	4078	7064	112.3	686.5
2007	20968	18493	5144	8087	111.1	762.7
2008	26674	24883	6772	9525	112.2	855.7
2009	28696	27040	7358	10936	113.7	972.9
2010	34622	32151	7761	13267	116.8	1136.3

6-11 农场职工家庭平均每人主要消费品消费量

品　名	单 位	1985	1990	1995	2000	2004	2005	2009	2010
粮　食	公斤	161.71	210.10	229.13	125.45	130.73	154.27	115.09	131.78
蔬　菜	公斤	142.23	140.33	150.75	187.99	63.99	70.31	74.52	63.36
食　油	公斤	7.11	8.12	12.31	8.71	9.92	9.62	11.86	10.86
肉　类	公斤	8.60	10.86	11.82	15.57	13.58	15.17	16.07	16.79
家　禽	公斤	1.06	2.32	1.86	2.03	2.05	2.52	3.33	2.64
蛋　类	公斤	4.80	6.69	5.89	6.43	5.92	6.23	7.16	6.11
鱼　虾	公斤	2.75	3.42	5.24	5.70	4.32	5.18	5.75	5.23
食　糖	公斤	2.32	2.10	2.51	1.75	1.53	1.21	1.18	1.13
水　果	公斤		11.84	9.87	36.76	24.53	26.97	23.86	24.31
卷　烟	盒	13.41	33.61	40.41	18.63	25.56	25.04	21.41	21.33
酒	公斤	4.60	7.58	9.75	12.98	13.82	13.64	13.41	15.09

6-12 农场职工家庭平均每人主要消费品消费量

(2010年)

品　名	单 位	数 量	指　标	单 位	数 量
谷物	公斤	126.86	蛋类及蛋制品	公斤	6.11
# 小麦	公斤	62.04	奶和奶制品	公斤	12.03
豆类	公斤	3.31	水产品	公斤	5.23
# 大豆	公斤	1.45	# 鱼类	公斤	4.68
豆制品	公斤	1.28	虾贝蟹类	公斤	0.31
蔬菜	公斤	63.36	食糖	公斤	1.13
油脂类	公斤	10.89	酒	公斤	15.09
# 植物油	公斤	10.80	# 白酒	公斤	4.00
# 动物油	公斤	0.09	啤酒	公斤	10.98
肉禽及其制品	公斤	19.43	瓜类和水果类	公斤	33.88
# 猪肉	公斤	12.08	坚果及果仁制品	公斤	1.68
牛肉	公斤	0.76	服装	件	4.43
羊肉	公斤	0.65	鞋类	双	2.17
家禽	公斤	2.64			

6-13 农场职工家庭平均每百户生产性固定资产拥有情况

指　　标	单 位	1985	1990	1995	2000	2005	2009	2010
一、年末生产性固定资产原值	元	**90382**	**66403**	**401127**	**608456**	**1804506**	**3303460**	**4287098**
# 役畜	元	6873	3274	12548	9281	14400	2600	2600
农牧渔业机械(具)	元	53444	10595	279360	552084	1078186	1667860	1667860
生产用房	元		952	9821	22989	274860	524180	771840
二、年末拥有固定资产数量								
1. 役畜	头		5.16	8.93	6.11	16.00	1.20	1.20
2. 胶轮大车	辆			1.79	3.06	3.00	2.20	1.20
3. 小型和手扶拖拉机	台		3.17	13.99	21.39	34.00	25.40	27.80
4. 大中型拖拉机	台		0.79	6.25	13.10	9.00	17.80	21.60
5. 联合收割机	台			1.19	8.91	3.00	4.00	3.60
6. 汽车	辆		0.40	0.30	2.12	1.00	2.80	4.80

6-14 农场职工家庭平均每百户年末耐用消费品拥有量

品　　名	单 位	1985	1990	1995	2000	2005	2009	2010
自 行 车	辆	101.79	146.43	137.80	116.13	77.00	70.60	67.40
固定电话	部					82.00	80.40	81.20
移动电话	部					88.00	165.80	185.40
汽车(生活用)	辆						5.80	7.40
洗 衣 机	台	50.89	46.83	52.08	75.20	74.00	89.20	92.60
家用电冰箱	台		1.98	7.74	24.80	28.00	66.40	75.60
摩 托 车	辆	3.22	5.16	9.23	37.20	49.00	67.80	68.40
微 波 炉	台					3.00	13.20	17.40
摄 像 机	台					1.00	4.00	7.40
热 水 器	台					9.00	25.40	34.80
彩色电视机	台	72.50	32.14	64.88	98.90	96.00	105.20	105.60
家用计算机	台						38.60	55.00
照 相 机	架		5.56	7.44	11.62	17.00	21.20	23.40
抽油烟机	台			5.06	17.24	16.00	29.00	44.00
吸 尘 器	台			1.49	3.22	3.00	5.00	7.60

6-15 农场职工家庭平均每人全年购买的主要商品数量

品名	单位	1985	1990	1995	2000	2005	2009	2010
粮食	公斤	137.45	230.79	207.95	125.32	153.58	114.40	137.22
蔬菜	公斤	45.81	49.12	76.75	40.84	33.70	31.61	33.73
食用植物油	公斤	5.54	6.41	9.70	8.58	9.62	11.72	10.86
猪肉	公斤	6.77	7.52	10.72	9.71	10.62	10.82	10.54
牛羊肉	公斤	0.29	0.82	1.39	0.86	1.30	1.33	1.36
家禽	公斤	0.82	0.49	1.27	2.38	1.65	1.26	1.42
鲜蛋	公斤	1.41	1.29	2.46	6.43	5.05	5.30	5.03
鱼虾	公斤	1.87	2.91	4.28	3.35	5.07	5.30	4.90
食糖	公斤	2.08	1.90	1.74	1.75	1.21	1.18	1.13
卷烟	盒	13.09	33.53	40.41	18.63	25.04	21.41	21.33
酒	公斤	3.94	7.21	9.66	12.98	13.52	13.38	15.03
服装	件		1.36	1.34	2.52	3.72	4.56	4.43
鞋类	双	0.23	0.31	0.39	1.43	2.25	2.23	2.17

6-16 农场职工家庭房屋建设与使用情况

指标	单位	1985	1990	1995	2000	2005	2009	2010
户均年末使用房屋	平方米	38.45	42.49	47.65	60.32	54.46	63.73	66.06
# 私有房屋面积	平方米	7.95	18.37	43.14	60.32	54.46	63.35	66.06
私有房屋价值	元	1351.19	2142.73	8262.67	18305.66	24042.56	54485.63	74192.41
人均年末使用房屋面积	平方米	9.00	11.20	13.84	19.21	24.91	27.95	33.92
1. 生产用房	平方米		0.03	0.45	2.28	5.22	4.89	10.02
2. 生活用房	平方米	9.00	11.17	13.39	16.93	19.69	23.06	23.90
# 砖木结构	平方米	7.28	9.02	12.72	14.31	16.37	15.27	14.73
户均本年新建(购)房屋								
1. 新建(购)房屋面积	平方米	1.11	0.76	0.51	0.68	0.21	4.10	2.23
2. 新建(购)房屋价值	元	82.32	138.10	148.81	185.00	112.00	6300.86	4185.12
3. 每平方米价值	元	74.47	181.25	294.71	272.06	533.33	1536.80	1880.11
人均本年新建(购)房屋面积	平方米	0.26	0.20	0.15	0.22	0.07	1.49	0.81

主要统计指标解释

常住人口 指全年经常在家或在家居住六个月以上，而且经济生活和本户连成一体的人口。在外劳动超过六个月的合同工、临时工和其他副业工，其收入主要带回家中或交钱给国有或集体单位的，仍要计算在内。在家居住，生活和本户连成一体的国家职工、退休人员也要计算在内。不包括参军人员，以及已成家，经济自理，不在一起用饭，但因住房问题仍住在一起的人口。

职工家庭整半劳动力 指常住职工家庭成员中有劳动能力并经常参加实际劳动的人员。它是生产的基本要素指标之一，是发展生产增加职工家庭收入的重要源泉。按规定，男18周岁至50周岁、女13周岁至45周岁为整劳动力；男16周岁到17周岁、51周岁到60周岁，女16周岁到17周岁、46周岁到55周岁为半劳动力。职工家庭整半劳动力既包括在上述规定劳动的年龄内和在劳动年龄以外有劳动能力并经常参加实际劳动的男女整半劳动力，也包括家庭常住人员中属于职工的劳动力。但不包括在劳动年龄内已丧失劳动能力的人员。

平均每个劳动力负担人口 指职工家庭中每个整半劳动力负担的人口数量，包括劳动者本人。

总收入 指调查期内农场住户和住户成员从各种来源渠道得到的收入总和。按收入的性质划分为工资性收入、家庭经营收入、财产性收入和转移性收入。

纯收入 指农场住户当年从各个来源得到的总收入相应地扣除所发生的费用后的收入总和。纯收入主要用于再生产投入和当年生活消费支出，也可用于储蓄和各种非义务性支出。“农场职工人均纯收入”按人口平均的纯收入水平，反映的是一个地区或一个农场住户居民的平均收入水平。计算方法：纯收人＝总收入一家庭经营费用支出一税费支出一生产性固定资产折旧一赠送农场外部亲友支出。

总支出 指农场住户用于生产、生活和再分配方面的全部支出。包括家庭经营费用支出、购置生产性固定资产支出、生产性固定资产折旧、税费支出、生活消费支出、财产性支出和转移性支出。

生活消费支出 指农场住户用于物质生活和精神生活方面的支出。包括食品、衣着、居住、家庭设备用品及服务、医疗保健、交通和通讯、文化教育娱乐用品及服务、其他商品和服务等消费支出。

现金收入 指农场住户和住户成员在调查期内得到以现金形态表现的收入。按来源分成工资性收入、家庭经营现金收入、财产性收入、转移性收入。

现金支出 指农场住户在调查期内用于生产、生活和再分配所支付的现金。包括家庭经营费用支出、缴纳的税费、购买生产性固定资产、生活消费、财产性和转移性支出。

居民年底储蓄存款余额 指农垦系统的居民存入银行及信用社储蓄的年底时点数(存入数扣除取出数的余额)，不包括居民的手存现金。

恩格尔系数 指食物支出金额在消费性总支出金额中所占的比例。计算公式为：

$$\text{恩格尔系数} = \frac{\text{食品支出金额}}{\text{消费性总支出金额}} \times 100\%。$$

STATISTICAL YEARBOOK

7 农林牧渔业

本年农作物面积结构(%)

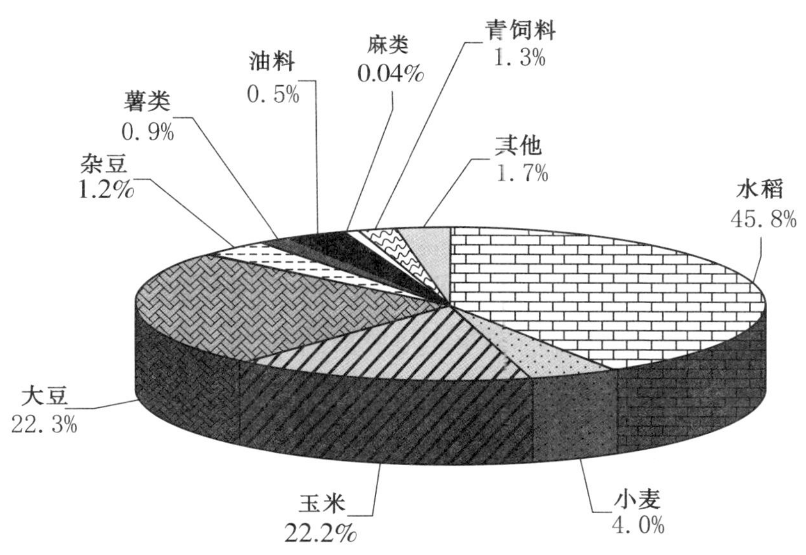

主要年度粮食产量（万吨）

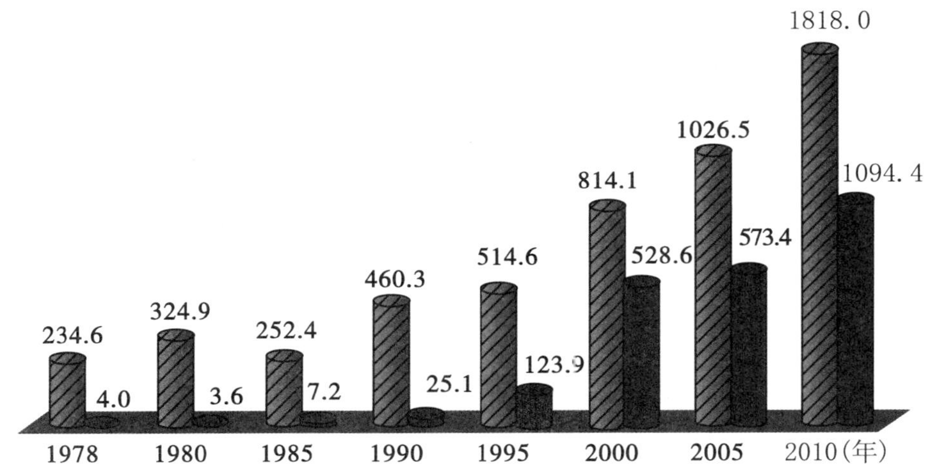

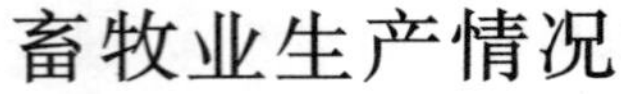
畜牧业生产情况

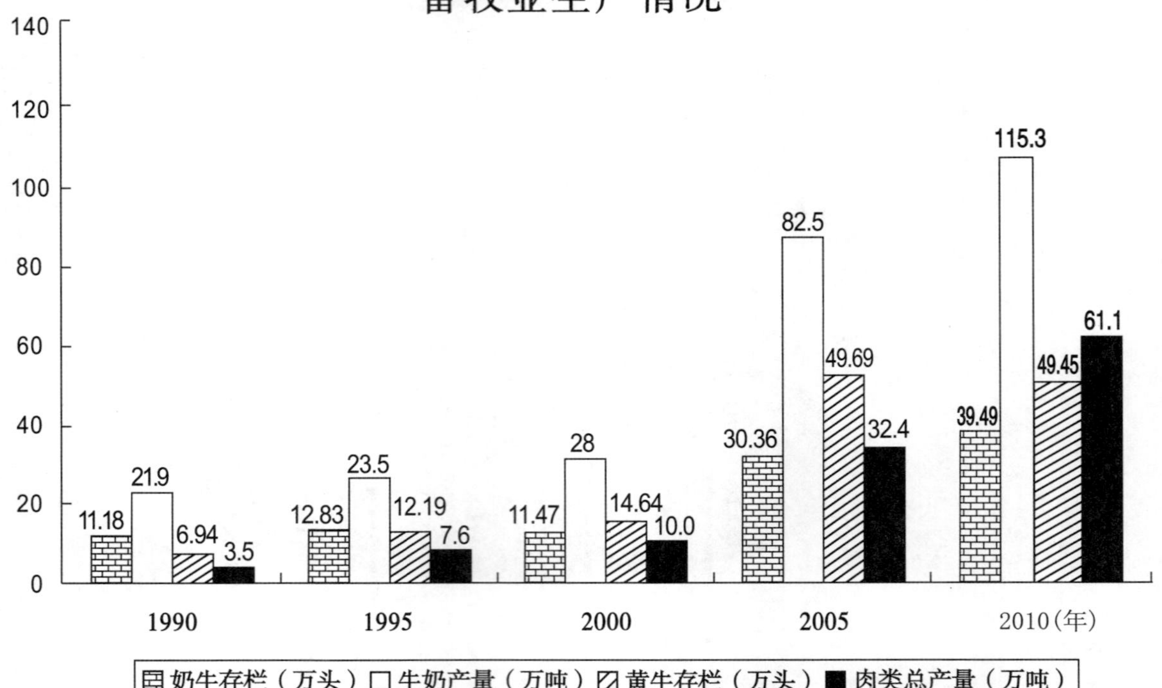
140
120
100
80
60
40
20
0
11.18
21.9
6.94
3.5
12.83
23.5
12.19
7.6
11.47
28
14.64
10.0
30.36
82.5
49.69
32.4
39.49
115.3
49.45
61.1
1990
1995
2000
2005
2010(年)
奶牛存栏（万头）
牛奶产量（万吨）
黄牛存栏（万头）
肉类总产量（万吨）

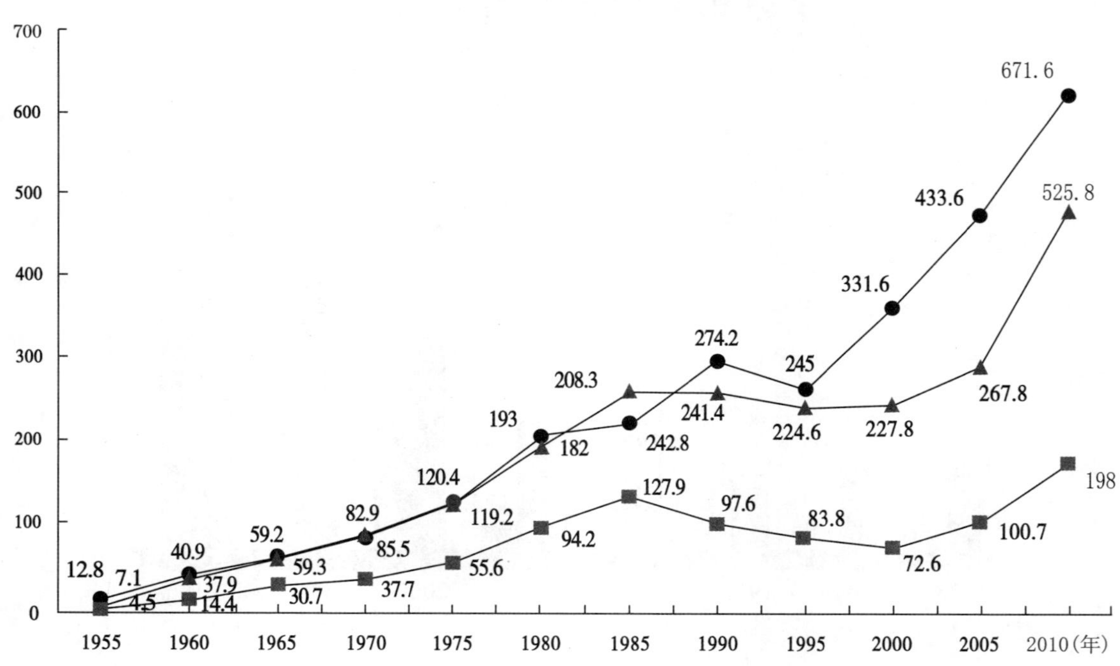
农业机械情况
700
600
500
400
300
200
100
0
12.8
7.1
4.5
40.9
37.9
14.4
59.2
59.3
30.7
82.9
85.5
37.7
120.4
119.2
55.6
193
182
94.2
208.3
242.8
127.9
274.2
241.4
97.6
245
224.6
83.8
331.6
227.8
72.6
433.6
267.8
100.7
671.6
525.8
198
1955
1960
1965
1970
1975
1980
1985
1990
1995
2000
2005
2010(年)
农业机械总动力（万千瓦）
农用大中型拖拉机（百台）
联合收获机（百台）

7-1　各分局农林牧渔业总产值

（当年价格）　　　　单位：万元

年份 单位	农林牧渔业总产值	农业	#粮食主产品	林业	畜牧业	渔业	农林牧渔服务业
2000	1440064	1223047	1037488	12177	194617	10223	
2005	2797343	2047212	1665820	18019	680610	19150	32352
2006	2964399	2228693	1819436	18662	670104	10890	36049
2007	3596771	2581066	2129675	20994	930663	15385	48663
2008	4645351	3191650	2707029	30124	1336385	25264	61928
2009	5557240	3856175	3363983	40430	1551053	29319	80263
2010	6930386	4842848	4299669	56838	1900899	34972	94829
宝泉岭局	1024187	698625	632607	4626	313578	1912	5447
红兴隆局	1314497	895629	778987	14264	373334	7650	23620
建三江局	1728350	1559564	1485215	2709	157821	3373	4883
牡丹江局	1253292	933451	834067	5805	304757	8747	532
北安局	549898	367365	324136	16336	152344	4782	9071
九三局	534121	329521	287566	5431	171624	1367	26176
齐齐哈尔局	430737	207109	176054	2228	211971	1343	8086
绥化局	362647	161866	116410	2436	180915	4440	12991
哈尔滨局	106095	65747	40712	3002	32051	1273	4022
总局直属	7273	4684	4629		2505	85	

7-2　各分局农林牧渔业总产值构成

（以农林牧渔总产值为100）　　　　单位：%

年份 单位	农林牧渔业总产值	农业	#粮食主产品	林业	畜牧业	渔业	农林牧渔服务业
2000	100	84.9	72.0	0.9	13.5	0.7	
2005	100	73.2	59.6	0.6	24.3	0.7	1.2
2006	100	75.2	61.4	0.6	22.6	0.4	1.2
2007	100	71.8	59.2	0.6	25.9	0.4	1.3
2008	100	68.7	58.3	0.6	28.8	0.5	1.3
2009	100	69.4	60.5	0.7	27.9	0.5	1.4
2010	100	69.9	62.0	0.8	27.4	0.5	1.4
宝泉岭局	100	68.2	61.8	0.5	30.6	0.2	0.5
红兴隆局	100	68.1	59.3	1.1	28.4	0.6	1.8
建三江局	100	90.2	85.9	0.2	9.1	0.2	0.3
牡丹江局	100	74.5	66.6	0.5	24.3	0.7	…
北安局	100	66.8	58.9	3.0	27.7	0.9	1.6
九三局	100	61.7	53.8	1.0	32.1	0.3	4.9
齐齐哈尔局	100	48.1	40.9	0.5	49.2	0.3	1.9
绥化局	100	44.6	32.1	0.7	49.9	1.2	3.6
哈尔滨局	100	62.0	38.4	2.8	30.2	1.2	3.8
总局直属	100	64.4	63.6		34.4	1.2	

注：2006年、2007年畜牧业和渔业产值是与第二次全国农业普查衔接后数据。

7-3 各分局农林牧渔业总产值

（可比价格） 单位：万元

年份 单位	农林牧渔业总产值	农业	#粮食主产品	林业	畜牧业	渔业	农林牧渔服务业
2005	2762561	2010338	1631347	18019	683495	18741	31968
2006	2952404	2198700	1794658	18662	688653	11047	35342
2007	3205535	2371062	1946744	20994	753138	14084	46257
2008	4141137	2951295	2473518	30124	1077896	22843	58979
2009	5412620	3642985	3166112	40430	1620746	28991	79468
2010	6265244	4298252	3769818	56838	1784719	34253	91181
宝泉岭局	926249	614043	548040	4626	300455	1889	5237
红兴隆局	1195084	797337	683712	14264	353305	7466	22712
建三江局	1504153	1345626	1271328	2709	147827	3296	4695
牡丹江局	1118940	820490	723183	5805	283539	8596	511
北安局	519102	348133	305920	16336	141212	4700	8722
九三局	505165	312471	271460	5431	160756	1337	25170
齐齐哈尔局	392180	183760	154812	2228	197100	1316	7775
绥化局	335194	146448	105067	2436	169494	4326	12491
哈尔滨局	96011	59120	35522	3002	28777	1244	3868
总局直属	6437	4097	4048		2255	85	

7-4 各分局农林牧渔业总产值指数

（以上年为100） 单位：%

年份 单位	农林牧渔业总产值	农业	#粮食主产品	林业	畜牧业	渔业	农林牧渔服务业
2000	99.9	99.2	96.3	103.3	104.3	101.1	
2005	117.8	111.3	107.1	106.0	140.3	116.6	181.6
2006	111.1	107.4	107.7	103.6	122.5	118.2	109.2
2007	109.3	106.4	107.0	112.5	116.2	118.3	128.3
2008	115.1	114.3	116.1	143.5	115.8	148.5	121.2
2009	116.5	114.1	117.0	134.2	121.3	114.8	128.3
2010	112.7	111.5	112.1	140.6	115.1	116.8	113.6
宝泉岭局	113.2	120.6	121.9	169.0	99.7	160.8	138.7
红兴隆局	110.6	108.1	111.7	117.6	116.6	111.0	108.9
建三江局	117.6	117.0	116.2	113.8	122.2	104.7	222.5
牡丹江局	115.0	114.2	115.4	205.0	116.6	110.8	82.6
北安局	112.4	107.5	105.0	195.6	116.5	150.4	161.4
九三局	114.4	112.3	113.8	142.7	121.4	111.1	97.5
齐齐哈尔局	117.0	115.5	115.4	65.6	120.0	130.3	104.3
绥化局	117.1	107.1	110.4	126.9	126.9	111.0	125.8
哈尔滨局	109.5	116.8	121.4	104.3	100.1	104.9	89.7
总局直属	112.9	120.6	120.6		102.2	87.6	

7-5 各分局国有经济农林牧渔业总产值

单位:万元

年份 单位	农林牧渔业总产值	农业	林业	畜牧业	渔业	农林牧渔服务业
2000	1108208	1090048	7890	8213	2057	
2005	2064474	2027107	13231	6144	2405	15587
2006	2231095	2198394	13214	2527	4178	12782
2007	2591438	2552862	17360	3255	4493	13468
2008	3203746	3139525	21756	6428	6909	29128
2009	3875858	3794915	26811	9080	9241	35811
2010	4879347	4777985	42272	5531	9744	43815
宝泉岭局	704710	698509	4034		1019	1149
红兴隆局	909110	891507	6425	498	5312	5367
建三江局	1565469	1559279	2621			3569
牡丹江局	895674	886730	4900	2256	1406	383
北安局	381306	363004	13706			4596
九三局	353157	326828	4202		695	21432
齐齐哈尔局	213893	205823	2228			5842
绥化局	159073	156219	1603		970	281
哈尔滨局	69598	62731	2552	2776	342	1197
总局直属	4320	4320				

7-6 各分局非国有经济农林牧渔业总产值

单位:万元

年份 单位	农林牧渔业总产值	农业	林业	畜牧业	渔业	农林牧渔服务业
2000	331856	132999	4287	186404	8166	
2005	732869	20105	4788	674466	16745	16765
2006	733304	30299	5448	667577	6712	23267
2007	1005333	28204	3634	927408	10892	35195
2008	1441605	52125	8368	1329957	18355	32800
2009	1681382	61260	13619	1541973	20078	44452
2010	2051039	64863	14566	1895368	25228	51014
宝泉岭局	319477	116	592	313578	893	4298
红兴隆局	405387	4122	7839	372836	2338	18253
建三江局	162881	285	88	157821	3373	
牡丹江局	357618	46721	905	302501	7341	149
北安局	168592	4361	2630	152344	4782	4475
九三局	180964	2693	1229	171624	672	4744
齐齐哈尔局	216844	1286		211971	1343	2244
绥化局	203574	5647	833	180915	3470	12710
哈尔滨局	36497	3016	450	29275	931	2825
总局直属	2953			2505	85	

注:8-5 表和8-6 表按当年价格计算。

7-7 农林牧渔业分项产值

（2010年） 单位:万元

指　　标	现价产值	可比价产值	构成(%)
农林牧渔总产值	**6930385**	**6265244**	**100.0**
一、农业产值	**4842848**	**4298252**	**69.9**
（一）主产品产值	4534144	3989548	93.6
1. 谷物	3639593	3124903	80.3
#水稻	2823099	2392457	77.6
小麦	101167	93673	2.8
玉米	714500	637946	19.6
大麦			
2. 大豆	590623	579042	13.0
3. 杂豆	39051	37191	0.9
4. 薯类	30402	28681	0.7
5. 油料	22487	20822	0.5
#白瓜籽	16805	15140	74.7
向日葵	1667	1667	7.4
花　生	3945	3945	17.5
6. 麻类	1060	1060	…
#亚麻	1060	1060	100.0
7. 糖类	21413	20993	0.5
8. 烟叶	783	783	…
9. 药材	12971	12010	0.3
10. 蔬菜	36436	32829	0.8
#叶菜类	12683	9909	34.8
瓜菜类	4995	4163	13.7
11. 食用菌	19467	17697	0.4
12. 瓜果类	53019	46697	1.2
#果用瓜	46565	40491	87.8
13. 花卉园艺	1554	1554	…
14. 饲料饲草	39503	39503	0.9
15. 其他种植业	25782	25782	0.6
（二）副产品产值	308704	308704	6.4
#粮食副产品	303277	303277	98.2

注：分项产值构成按当年价格计算。

7-7 续表

单位:万元

指　　标	现价产值	可比价产值	构成(%)
二、林业产值	**56838**	**56838**	**0.8**
(一)林木的培育和种植	31160	31160	54.8
1. 育种育苗	4679	4679	15.0
2. 造林	12982	12982	41.7
3. 抚育和管理	13499	13499	43.3
(二)林产品采集	19507	19507	34.3
(三)林木采运	6171	6171	10.9
三、牧业产值	**1900899**	**1784719**	**27.4**
(一)牲畜的饲养	806093	741931	42.4
1. 黄牛(含肉牛)	291137	272091	36.1
2. 奶　牛	25784	24097	3.2
3. 马、驴、骡	360	360	…
4. 羊	120859	110880	15.0
5. 奶产品	350369	318518	43.5
# 牛奶	350363	318512	99.9
6. 毛绒产品	17584	15986	2.2
(1)羊毛	5715	5196	32.5
(2)羊绒	11869	10790	67.5
(二)猪的饲养	776793	754168	40.9
(三)家禽的饲养	239261	209868	12.6
1. 肉禽	176131	157260	73.6
2. 禽蛋	63130	52608	26.4
(四)其他畜牧业	78752	78752	4.1
# 兔	4802	4802	6.1
鹿茸	7425	7425	9.4
狐	23766	23766	30.2
四、渔业产值	**34972**	**34253**	**0.5**
1. 鱼类	32338	31619	92.5
# 鲤鱼	15095	14376	46.7
鲢鳙鱼	4631	4631	14.3
鲫鱼	6779	6779	21.0
2. 虾蟹类	2634	2634	7.5
五、农林牧渔服务业产值	**94828**	**91181**	**1.4**

7-8 耕地面积增减变动情况

单位：公顷

指　　标	2000	2005	2006	2007	2008	2009	2010
一、年初耕地面积	**2046697**	**2123679**	**2268907**	**2336514**	**2390906**	**2535598**	**2649854**
二、年内增加面积	**2786**	**160149**	**71367**	**55814**	**145225**	**128739**	**158837**
三、年内减少面积	**4365**	**14921**	**3760**	**1422**	**533**	**14483**	**7753**
1. 国家基建占地	26	11	172		1	116	76
2. 场队基建占地	1360	28	4	10	2	6	329
3. 个人建房占地							
4. 农业结构调整	561	2633	100				
退耕改林	552	1370	100				
退耕改牧		1263					104
退耕改园地							
退耕改渔池	9						
5. 划归系统外		59	20			4852	
6. 其他减少	2418	12190	3464	1412	530	9509	7244
四、年末耕地面积	**2045118**	**2268907**	**2336514**	**2390906**	**2535598**	**2649854**	**2800938**
1. 水田	679971	726971	867962	994524	1021350	1093322	1285450
2. 旱田	1365147	1541936	1468552	1396382	1514248	1556532	1515488
# 水浇地	41800	54456	50377	81724	87154	122184	105433

7-9 各分局耕地面积增减变动情况

单位：公顷

年份 单位	年初耕地面积	年内增加面积	年内减少面积				
				国家基建占地	场队基建占地	农业结构调整占地	
							# 退耕改林
2000	2046697	2786	4365	26	1360	561	552
2005	2123679	160149	14921	11	28	2633	1370
2006	2268907	71367	3760	172	4	100	100
2007	2336514	55814	1422		10		
2008	2390906	145225	533	1	2		
2009	2535598	128739	1448	116	6		
2010	2649854	158837	7753	76	329		
宝泉岭局	325604	114					
红兴隆局	439937	7330	336	41	295		
建三江局	710244	18466					
牡丹江局	386222	82165	1629				
北安局	304578	12230	877	35	34		
九三局	235556	37256	4851				
齐齐哈尔局	137028						
绥化局	84239	551	60				
哈尔滨局	23214	725					
总局直属	3232						

7-9 续表

单位：公顷

年份 单位				年末耕地面积			
		划归系统外	其他减少		水田面积	旱田面积	
	# 退耕改牧						# 水浇地
2000			2418	2045118	679971	1365147	41800
2005	1263	59	12190	2268907	726971	1541936	54456
2006		20	3464	2336514	867962	1468552	50377
2007			1412	2390906	994524	1396382	81724
2008			530	2535598	1021350	1514248	87154
2009		4852	9509	2649854	1093322	1556532	122184
2010	104		7244	2800938	1285450	1515488	105433
宝泉岭局				325718	171304	154414	26539
红兴隆局				446931	180936	265995	11468
建三江局				728710	576293	152417	166
牡丹江局			1629	466757	271951	194806	761
北安局	104		704	315931	5743	310188	2573
九三局			4851	267961	6667	261295	3582
齐齐哈尔局				137028	44298	92730	50581
绥化局			60	84730	18800	65930	8170
哈尔滨局				23939	7806	16133	1593
总局直属				3232	1653	1579	

7-10 各分局主要农业机械年末拥有量

单位:台

年份 单位	农业机械总动力(万千瓦)	农用大中型拖拉机	#100马力以上	农用小型拖拉机	大中型拖拉机配套农具	小型拖拉机配套农具
2000	331.6	22782	2656	60270	56390	41175
2005	433.6	26775	4166	71920	57954	68406
2006	472.3	34345	4353	70186	67056	68875
2007	519.3	38834	4374	76771	74987	74477
2008	564.3	43757	4451	73315	87143	76220
2009	604.5	47898	4913	71764	93856	75815
2010	671.6	52577	5409	69808	100628	72513
宝泉岭局	99.2	11250	626	6215	16593	7150
红兴隆局	122.4	8787	1179	13914	16839	14953
建三江局	168.3	13924	710	9674	31297	11865
牡丹江局	120.1	9444	586	13969	13023	13242
北安局	54.1	3222	939	10132	10982	11419
九三局	41.1	1665	660	5743	5591	6634
齐齐哈尔局	33.3	2639	399	5228	3546	3335
绥化局	19.5	960	259	2152	2116	2461
哈尔滨局	10.4	635	43	2544	530	1367
总局直属	3.2	51	8	237	111	87

7-10续表1

单位:台

年份 单位	机动水稻插秧机	水稻工厂化育秧设备(套)	农用排灌动力机械	#柴油机	农用水泵	喷灌机(套)
2000	15045	298	39758	36188	40002	1875
2005	29546	167	54686	48435	52617	4898
2006	37170	158	59959	50431	55239	4655
2007	43895	140	66860	55328	60973	5434
2008	49408	145	73219	57279	68855	5676
2009	55066	153	76037	57335	74149	8062
2010	60989	176	80197	58168	78041	7771
宝泉岭局	8943		12813	10314	12322	1601
红兴隆局	9861	17	16626	11836	17937	2829
建三江局	24459	39	24225	16028	22203	433
牡丹江局	12647	4	18439	14690	17402	486
北安局		2	206	81	125	103
九三局	6		557	346	649	330
齐齐哈尔局	2927	2	4224	3519	4831	1496
绥化局	1125		1204	612	1196	277
哈尔滨局	977		1776	732	1262	143
总局直属	44	112	127	10	114	73

7-10续表2

单位:台

年份 单位	联合收获机	自走式	牵引式	水稻收获机	机动割晒机	其他收获机械
2000	7258	7222	36	817		
2005	11065	10442	623	3460	6153	819
2006	13107	12669	438	5329	5758	972
2007	14992	14157	835	7020	5659	1076
2008	16429	15649	780	8700	5334	1243
2009	17874	17167	707	9833	5657	1103
2010	19802	19054	748	11120	5748	1079
宝泉岭局	2976	2913	63	1612	243	105
红兴隆局	3797	3702	95	1763	1214	158
建三江局	5312	5120	192	3999	900	22
牡丹江局	3934	3830	104	2855	3200	211
北安局	1035	945	90		97	409
九三局	901	868	33	12	18	58
齐齐哈尔局	864	715	149	444	53	93
绥化局	711	703	8	235	14	7
哈尔滨局	250	240	10	189	9	14
总局直属	22	18	4	11		2

7-10续表3

单位:台

年份 单位	机动脱粒机	谷物烘干机	种子包衣机	种子清选机	机动喷雾(粉)机	牧草播种机
2000	13682	322		883	1407	
2005	11545	232	213	893	3726	37
2006	8459	239	216	886	4386	32
2007	7732	287	247	913	6763	33
2008	6657	345	261	917	10752	40
2009	5557	367	274	947	13047	44
2010	4383	371	267	1007	12814	37
宝泉岭局	662	92	20	154	1278	
红兴隆局	865	43	51	158	1910	10
建三江局	952	42	39	193	7913	3
牡丹江局	1644	41	14	119	1295	4
北安局	68	95	81	182	93	10
九三局	34	36	20	127	198	8
齐齐哈尔局	83	1	36	35	106	1
绥化局	47	5	3	4	3	1
哈尔滨局	15			5		
总局直属	13	16	3	30	18	

7-10续表4

单位：台

年份 单位	牧草收割机（台）	牧草打捆机（台）	铡草机（台）	电动挤奶机（部）	机动渔船（艘）	农用汽车（辆）	#农用载重汽车	农用运输车（辆）
2000	291		340	513	293	2800	1139	3778
2005	451	65	2051	2414	248	2204	937	4904
2006	374	97	2656	3540	259	2484	1049	4842
2007	374	104	2932	4021	350	2125	904	5361
2008	402	114	3096	4063	358	2244	965	5005
2009	418	140	3059	4698	289	2519	973	5201
2010	478	150	3425	5492	294	2820	775	5671
宝泉岭局	3	18	1460	1526	57	533	60	948
红兴隆局	25	52	844	260	15	1039	236	1870
建三江局	9	31	127	54	91			315
牡丹江局	103	1	593	1496	84	229	61	573
北安局	1	8	12	826	10	443	203	428
九三局	12	7		306	2	477	198	965
齐齐哈尔局	299	33	58	880		40	10	298
绥化局	7		43	28	34	22	3	55
哈尔滨局	19		288	116	1	32	4	192
总局直属						5		27

7-10续表5

单位：台

年份 单位	农产品加工机械				农用飞机（架）	飞机场（处）	推土机	挖掘机
		#碾米机	#磨面机	#榨油机				
2000	4472	1126	657	379	24	45	876	374
2005	3874	1443	438	306	31	57	739	396
2006	3848	1277	431	292	29	56	806	460
2007	3859	1178	422	374	30	58	851	512
2008	4639	1139	419	362	47	59	881	558
2009	5400	1221	498	353	47	60	900	635
2010	5528	1382	467	317	45	68	1214	756
宝泉岭局	684	124	34	101		8	122	80
红兴隆局	953	276	42	33		10	174	131
建三江局	546	399	17	13		15	128	177
牡丹江局	598	168	34	26		10	189	105
北安局	391	15	96	31		12	93	82
九三局	230	2	52	43		8	41	23
齐齐哈尔局	361	203	20	28		3	280	28
绥化局	474	92	17	34		1	46	39
哈尔滨局	531	35	87	8			52	6
总局直属	760	68	68		45	1	89	85

注：农用运输车、农产品加工机械、推土机和挖掘机数据为全社会口径。

7-11 各分局农业机械化情况

单位：公顷

年份 单位	机械耕整地面积	#水田机整地面积	机械播种面积	#水稻机播、机插面积	机械田间管理面积
2000	1943731		1642118	317494	
2005	2134745	726266	1917673	562235	1805795
2006	2343532	868896	2112513	697203	2050482
2007	2387852	994664	2175739	823841	2099025
2008	2491193	1022185	2327993	918933	2230271
2009	2636246	1089436	2510000	1013297	2397667
2010	2797725	1280987	2709132	1228426	2577674
宝泉岭局	327133	171062	322342	170544	317593
红兴隆局	446259	180936	428875	170399	422166
建三江局	727241	576293	691961	549086	710866
牡丹江局	468937	273990	458516	269800	370414
北安局	312904	3343	308520	2343	307566
九三局	267708	4062	264852	3660	245903
齐齐哈尔局	137740	43497	131692	41210	121757
绥化局	83128	18800	77699	13428	71740
哈尔滨局	23501	7604	21851	6828	8459
总局直属	3174	1400	2814	1128	1210

7-11 续表

单位：公顷

年份 单位	#飞机作业面积	#飞机施肥面积	#飞机防治病虫害面积	机械收获面积	#水稻机收面积
2000	350123			1352654	
2005	719148	450008	302841	1797027	555772
2006	879996	580338	502509	2032304	713622
2007	884759	644472	504625	2108505	858733
2008	948340	660514	585735	2278186	948323
2009	1194577	855458	805775	2503664	1041390
2010	1411412	1013899	1043785	2706084	1254540
宝泉岭局	201114	161361	153575	324505	170105
红兴隆局	238430	151766	183806	435516	178929
建三江局	537358	442713	413781	723637	560662
牡丹江局	201165	116467	155752	455588	268507
北安局	126097	76362	85818	308885	3410
九三局	55331	52195	9171	243772	4062
齐齐哈尔局	51917	13035	41882	118619	43497
绥化局				73525	17216
哈尔滨局				20236	7303
总局直属				1801	849

7-12　各分局农用肥料、农药、农膜、电力使用量

单位:吨

年份 单位	化肥施用总量		氮肥		磷肥		钾肥	
	实物量	折纯量	实物量	折纯量	实物量	折纯量	实物量	折纯量
2000	521503	259703	205518	100833	137579	61066	53072	24809
2005	646843	310988	239490	116246	194291	88618	89259	41815
2006	716715	339182	270401	128302	207374	93282	108526	50318
2007	795617	379139	305369	146460	238890	106431	124134	59128
2008	829956	394732	318168	152613	252647	111748	139243	67816
2009	916213	437102	346987	166705	269928	120937	163729	80055
2010	1006176	483542	384874	185013	289598	128202	184324	90894
宝泉岭局	147170	72297	65005	31983	34507	15341	26038	13111
红兴隆局	162024	77895	67282	32466	38605	18830	22694	10648
建三江局	264004	123888	101147	45442	79498	35341	72312	37531
牡丹江局	165295	77411	61209	27040	53103	22201	30207	14073
北安局	85680	44354	25255	14351	29573	14118	11799	4967
九三局	77810	40379	25871	15921	33689	15208	8166	4128
齐齐哈尔局	61843	25810	24671	11320	17200	5449	8014	3856
绥化局	31646	16289	10480	4694			3411	1695
哈尔滨局	9688	4686	3434	1554	3130	1532	1597	837
总局直属	1016	533	520	242	293	182	86	48

7-12续表

单位:吨

年份 单位	复合肥		生物肥施用量	有机肥施用量	农药施用量	#化学除草剂	农膜使用量	农业用电量(万度)
	实物量	折纯量						
2000	125334	72995		496017	6721	5479	5883	18481
2005	123803	64309	3822	565452	8364	7011	8839	17469
2006	130414	67280	6089	601993	9233	7428	10890	22405
2007	127224	67120	10743	760911	11022	8813	13412	25737
2008	119898	62555	24047	714184	11159	9156	14008	36014
2009	135569	69405	19921	835078	12103	9772	12215	41737
2010	147380	79433	16918	998044	13686	10706	13912	45656
宝泉岭局	21620	11862	237	9365	1196	1080	1546	10321
红兴隆局	33443	15951	2747	146117	2454	1917	2289	8654
建三江局	11047	5574	6070	21170	3851	2729	4974	13190
牡丹江局	20776	14097	5128	38910	2481	2114	4295	5452
北安局	19053	10918	841	48916	1679	1123	68	2221
九三局	10084	5122	150	16353	987	894	52	2665
齐齐哈尔局	11958	5185	315	495556	399	329	344	966
绥化局	17755	9900	349	210913	510	442	244	1476
哈尔滨局	1527	763	32	8080	119	70	96	656
总局直属	117	61	1050	2664	10	8	4	56

7-13 各分局农田水利化情况

年 份 单 位	机电井 (眼)	#已配套	排灌站 (座)	排灌能力 (立方米/秒)
1985	3156	1940		
1990	5027	3870	124	412
1991	5616	4287	135	319
1992	6475	4914	132	237
1993	7268	5632	119	258
1994	7413	5934	138	457
1995	10854	8610	129	548
1996	21775	19255	131	600
1997	28017	24034	144	682
1998	37213	31950	124	623
1999	40678	37534	127	682
2000	43320	39921	141	786
2001	45342	41489	146	807
2002	49462	43714	152	907
2003	45166	39464	165	943
2004	46987	41199	166	816
2005	48924	44007	168	887
2006	52747	47599	173	916
2007	61891	56757	202	991
2008	66571	60413	208	1349
2009	70539	64309	211	1488
2010	73936	67488	220	2027
宝泉岭局	14254	13271	23	173
红兴隆局	12875	11378	65	407
建三江局	24193	24179	14	100
牡丹江局	11144	8556	54	1085
北安局	504	100	4	27
九三局	541	503	7	87
齐齐哈尔局	7726	6918	40	119
绥化局	859	814	8	29
哈尔滨局	1692	1628	4	4
总局直属	148	141	1	1

7-14 灌溉、除涝、治水情况

指标	单位	2000	2005	2006	2007	2008	2009	2010
年底灌区数	处	242	234	241	249	254	260	282
设计0.067万公顷以上灌区	处	33	43	44	45	45	49	49
设计0.067万公顷以下灌区	处	209	191	197	204	209	211	233
设计灌溉面积	万公顷	93.95	124.32	134.98	148.87	153.01	165.77	189.29
有效灌溉面积	万公顷	77.41	94.54	105.97	121.48	125.39	134.31	155.74
江河引水灌溉	万公顷	7.66	8.3	8.21	8.49	8.41	8.73	9.04
水库塘坝蓄水灌溉	万公顷	3.79	4.78	4.82	4.84	4.93	5.39	5.44
江河提水灌溉	万公顷	5.90	9.23	10.85	12.94	13.34	13.38	15.65
机电井灌溉	万公顷	54.20	57.26	67.13	78.46	80.96	86.85	102.86
喷滴灌灌溉	万公顷	5.91	14.97	14.96	16.75	17.75	19.96	22.75
在有效灌溉面积中：								
机电灌溉面积	万公顷	65.97	81.46	92.94	108.15	112.06	120.19	141.26
涝区面积	万公顷	257.48	257.48	257.48	260.5	261.6	260.3	260.30
易涝耕地面积	万公顷	154.24	154.73	165.46	167.34	167.8	166.75	166.75
除涝面积	万公顷	131.17	137.01	138.41	139.25	140.28	141.24	142.10
三至五年	万公顷	119.40	120.29	121.49	121.99	122.89	123.76	124.24
五年以上	万公顷	11.77	16.72	16.92	17.26	17.39	17.46	17.86
除涝面积占易涝面积比重	%	85.04	88.55	83.65	83.21	83.6	84.7	85.21
堤防长度	公里	2634.30	2828.53	2828.53	2861.95	2853.22	2856.72	2856.72
保护耕地面积	万公顷	70.05	74.79	74.79	89.55	89.5	89.38	89.38
保护人口	万人	61.44	63.72	63.72	91.14	93.3	93.37	93.37
水库	座	146	153	159	161	165	178	190
# 大型水库	座	2	2	2	2	2	2	2
中型水库	座	13	14	14	14	14	16	16
水土流失面积	万公顷	66.95	66.95	66.99	67.85	67.85	67.85	68.42
治理水土流失面积	万公顷	29.43	34.05	34.59	35.7	36.76	37.21	37.05
占流失面积比重	%	43.96	50.86	51.63	52.62	54.18	54.84	54.17

注：8-14至8-15表资料由总局水务局提供。

7-15 各分局灌溉、除涝、治水情况

年份 单位	水库座数（座）	年底灌区数（处）	有效灌溉面积（万公顷）				当年实际灌溉面积（万公顷）	易涝耕地面积（万公顷）
				#水田灌溉面积	#喷滴灌面积	#机电灌面积		
2000	146	242	77.41	70.44	5.91	65.97	72.27	154.24
2005	153	234	94.54	78.47	14.97	81.46	76.83	154.73
2006	159	241	105.97	90.01	14.96	92.94	94.31	165.46
2007	161	249	121.48	103.80	16.75	108.15	108.84	167.34
2008	165	254	125.39	106.74	17.75	112.06	111.04	167.80
2009	178	260	134.31	113.51	19.96	120.19	121.60	166.75
2010	190	282	155.74	132.23	22.75	141.26	134.95	166.75
宝泉岭局	7	31	23.20	17.37	5.83	22.52	18.98	29.48
红兴隆局	42	55	23.01	19.55	3.31	20.10	19.78	37.60
建三江局	6	8	64.41	58.43	5.97	64.40	57.64	51.60
牡丹江局	42	80	29.07	28.37	0.59	24.05	27.47	29.01
北安局	30	31	1.72	0.52	0.90	0.98	0.43	9.51
九三局	32	24	2.53	0.47	2.07	2.53	1.80	0.95
齐齐哈尔局	12	15	7.57	4.57	2.92	3.80	5.17	2.76
绥化局	13	21	2.99	1.91	0.95	2.15	2.45	5.02
哈尔滨局	5	16	1.11	0.91	0.21	0.60	1.08	0.82
总局直属	1	1	0.13	0.13		0.13	0.15	

7-15续表

年份 单位	除涝面积（万公顷）			堤防长度（公里）	保护耕地面积（万公顷）	保护人口（万人）	水土流失面积（万公顷）	治理水土流失面积（万公顷）
		三至五年	五年及以上					
2000	131.17	119.40	11.77	2634.30	70.05	61.44	66.95	29.43
2005	137.01	120.29	16.72	2828.53	74.79	63.72	66.95	34.05
2006	138.41	121.49	16.92	2828.53	74.79	63.72	66.99	34.59
2007	139.25	121.99	17.26	2861.95	89.55	91.14	67.85	35.70
2008	140.28	122.89	17.39	2853.22	89.50	93.30	67.85	36.76
2009	141.24	123.76	17.46	2856.72	89.38	93.37	67.85	37.21
2010	142.10	124.24	17.86	2856.72	89.38	93.37	68.42	37.06
宝泉岭局	23.60	23.60		584.15	11.48	12.43	4.38	1.10
红兴隆局	34.60	22.60	12.00	1137.79	30.19	19.44	8.52	2.27
建三江局	41.79	41.52	0.27	266.45	8.76	4.53	4.69	1.23
牡丹江局	27.28	21.69	5.59	548.12	17.85	16.84	10.87	7.13
北安局	7.76	7.76		87.66	1.02	0.40	18.21	7.83
九三局	0.50	0.50		36.09	0.37	5.90	17.13	15.00
齐齐哈尔局	1.92	1.92		125.33	17.73	31.00	1.65	1.48
绥化局	4.26	4.26		71.13	1.98	2.83	2.81	0.98
哈尔滨局	0.39	0.39					0.16	0.04
总局直属								

7-16 各分局主要农作物播种面积

单位:公顷

年 份 单 位	总播种 面 积	粮食作物		在粮食作物播种面积中				
		播种面积	占总播种 面 积 %	谷 物	水 稻	小 麦	玉 米	高 粱
1978	1739733	1529800	87.9	961472	16066	710579	187146	5144
1979	1873067	1695267	90.5	1063575	13359	850036	158944	5666
1980	1979466	1792200	90.5	1176699	12600	994600	139800	5737
1981	2003823	1827914	91.2	1170057	12008	1042224	92919	3375
1982	1867053	1703727	91.3	895802	12015	795348	59702	1988
1983	1930423	1758921	91.1	1139398	14846	1003805	80069	2131
1984	1841471	1689064	91.7	931291	18198	807498	82038	663
1985	1776333	1649451	92.9	900872	25977	814418	45185	93
1986	1731472	1617913	93.4	988708	36559	859662	71534	216
1987	1789005	1649684	92.2	925571	43328	758713	75804	234
1988	1608482	1428899	88.8	670148	36560	550714	50766	138
1989	1772186	1604916	90.6	918121	44427	763635	74705	363
1990	1817801	1636135	90.0	1006983	58401	786456	122182	271
1991	1836356	1646932	89.7	998233	68478	779710	117302	171
1992	1675355	1463223	87.3	868330	80901	682557	87005	872
1993	1830058	1634846	89.3	815628	105500	612565	67172	648
1994	1819826	1621119	89.1	835928	126805	532896	93949	916
1995	1776749	1609675	90.5	846297	178407	460556	169622	2247
1996	1867409	1732325	92.8	1156427	342894	499287	269373	2405
1997	1923167	1811557	94.2	1196837	530844	401375	232471	745
1998	1994437	1861392	93.3	1283230	658253	397761	203639	775
1999	1978736	1846120	93.3	1373003	686358	476386	186162	1568
2000	1980732	1818622	91.8	1081524	676635	299502	83388	1501
2001	2011437	1831757	91.1	1045046	677710	207770	115990	1161
2002	2012107	1792702	89.1	1074587	698925	128580	149664	3958
2003	1967419	1693944	86.1	910432	553540	124719	154178	2193
2004	2152183	1875886	87.2	1105061	686162	152599	225490	924
2005	2155968	1904847	88.4	1197993	737454	140178	252205	837
2006	2349243	2083721	88.7	1410757	872768	133647	301992	
2007	2396780	2151491	89.8	1557184	1000355	110038	402616	670
2008	2501994	2296413	91.8	1623454	1030062	114038	401657	929
2009	2643866	2544187	96.2	1830295	1092140	144604	588071	574
2010	2801189	2702869	96.5	2017606	1282393	112860	621620	560
宝泉岭局	327133	323917	99.0	292281	171072		121209	
红兴隆局	446259	433996	97.3	342714	180936	62	161716	
建三江局	727241	726908	100.0	629347	576293	166	52888	
牡丹江局	469553	451643	96.2	370032	274074	563	95380	
北安局	312968	299410	95.7	134196	3410	71191	59595	
九三局	267961	243662	90.9	91942	4062	33945	53746	104
齐齐哈尔局	137829	122145	88.6	91660	43497	5333	42668	162
绥化局	84396	76392	90.5	44199	18800	1600	23591	208
哈尔滨局	24670	21629	87.7	18801	8751		9891	86
总局直属	3179	3167	99.6	2434	1498		936	

注:1985-2007年的粮食作物中不含薯类。

7-16 续表 1

单位：公顷

年份 单位	谷子	其他谷物	#大麦	豆类	#大豆	薯类	油料	#油菜籽	麻类
1978	33774	8763	4867	557133	557133		37200	34467	2133
1979	26991	8579		624867	624867		4533	2333	1867
1980	17829	6133		613600	613600		5933	2261	1314
1981	12562	6969		657175	657175		5669	1273	948
1982	9079	17670	13913	807564	807564		7750	3605	645
1983	8435	30112	26313	618993	618993		6603	2222	500
1984	3566	19328	12167	757696	757696		6067	2267	467
1985	486	14713	10867	748579	748579	5425	14609	8302	696
1986	250	20487	18687	629205	629205	5007	28299	25856	617
1987	164	47328	44333	724113	724113	4511	46764	44885	1038
1988	63	31907	29333	758751	758751	4408	67556	66167	1161
1989	84	34907	32224	686795	686795	4703	51322	49248	657
1990	14	39659	36610	629152	629152	3859	59328	57833	439
1991		32572	30403	648699	648699	6037	57400	55796	324
1992	3	16992	15342	594893	592025	5655	85228	83529	18
1993	6	29737	28258	819218	810407	5129	60596	56809	50
1994	40	81322	79449	785191	754305	3693	64055	48320	54
1995	40	35425	34225	763378	746029	3363	47838	41212	380
1996	30	42438	41123	575898	567290	2382	32041	26210	77
1997		31402	31248	614720	607972	2116	21740	18780	67
1998		22802	22802	578162	571893	2701	34328	27256	161
1999	367	22162	21266	473117	452723	2187	76687	56632	1311
2000	182	20316	19530	737098	668210	2914	80684	50196	7196
2001	204	42211	38753	786711	709823	5297	47650	2077	34388
2002	123	93337	92154	718115	664521	6619	64533	801	38974
2003	90	75712	74942	783512	661744	10015	90804	1474	60523
2004	67	39819	39007	770825	663949	8959	80960	2195	61496
2005	2	67317	67223	706854	595631	16399	79222	1267	46125
2006		102350	102350	672964	539975	17827	88537		32187
2007	439	43066	42959	594307	473146	23882	70006		29991
2008	371	76398	76398	628770	538538	44188	67587		22700
2009	33	4873	4873	696891	664137	17001	21189		3874
2010	128	45		658930	624125	26333	14543		1250
宝泉岭局				31636	30717		54		
红兴隆局				91272	91105	10	3214		
建三江局				97561	96094		333		
牡丹江局		15		81207	71093	404	5843		
北安局				156594	149673	8620	346		184
九三局	72	13		143047	133227	8673	990		1066
齐齐哈尔局				22285	17266	8200	1000		
绥化局				32027	31712	166	2043		
哈尔滨局	56	17		2568	2507	260	720		
总局直属				733	731				

7-16续表2

单位:公顷

年份 单位	甜菜	烟叶	药材	蔬菜瓜类合计	蔬菜	瓜类	其他作物	#青饲料	#饲草
1978	10533	133	100	58933	56266	2667	100901	67600	
1979	10333	27	500	55467	52400	3067	105073	66133	
1980	22982	5	800	59203	55643	3560	97029	54067	
1981	22344	23	607	56008	52226	3782	90310	39889	
1982	24324	52	653	52386	49207	3179	77516	37094	
1983	31968	7	813	50123	45917	4206	81488	35121	
1984	33851	33	833	37293	34026	3267	73863	33000	
1985	37045	45	727	24898	21698	3200	43437	22600	
1986	30706	76	600	23736	20028	3708	24518	16887	
1987	34473	28	600	24057	18044	6013	27850	18413	
1988	51046	10	47	21442	17632	3810	33913	19454	
1989	41538	226	87	25187	18699	6488	43550	22690	
1990	50956	403	21	24022	21068	2954	42638	28667	
1991	51982	546	36	19897	16911	2986	53202	34703	
1992	49130	264	174	18184	15519	2665	53479	31852	
1993	47257	106	566	20010	16516	3494	61498	37830	
1994	53427	2	415	21643	16424	5219	55418	36940	
1995	51683		182	15794	11809	3985	47834	30810	
1996	48086	5	3	12968	9944	3024	39522	23748	
1997	45398	88	100	13010	9059	3951	29091	18848	
1998	46674	6	2773	19077	15368	3709	27325	16758	
1999	18943	37	2940	8418	5480	2938	22093	11431	
2000	12335	210	1949	14717	8246	6471	42105	13815	3490
2001	25601	305	2810	17299	10853	6446	46330	19857	11464
2002	32994	47	3941	19576	11705	7871	52721	26003	9602
2003	14967	57	10424	25246	16021	9225	61439	43838	8926
2004	12173	138	15888	18056	10680	7376	78627	41718	7533
2005	14702	40	14929	22251	13318	8933	57453	42016	1358
2006	18762	44	13969	24651	12131	12520	69545	52163	1215
2007	22554	54	15893	23812	12041	11771	59097	48943	331
2008	21755	157	12133	23854	14025	9829	57395	47207	502
2009	12738	203	5987	13737	7122	6615	41951	37798	576
2010	12375	239	8470	13865	6808	7057	47578	35874	1633
宝泉岭局							3162	3162	
红兴隆局	4900		261	1988	613	1375	1900	1067	47
建三江局									
牡丹江局	447	105	127	2138	1604	534	9250	7036	15
北安局			3503	1922	1295	627	7603	7298	105
九三局	5999		1563	495	337	158	14186	8470	
齐齐哈尔局	387		1040	4089	1521	2568	9168	7502	1466
绥化局		134	1964	2208	652	1556	1655	1075	
哈尔滨局	640		12	1015	784	231	654	264	
总局直属	2			10	2	8			

7-17 各分局主要农作物产品产量

单位:吨

年份 单位	粮食	# 交售量	谷物	水稻	小麦	玉米
1978	2345727	1046229	1576444	39831	1018266	482387
1979	2686098	1330553	2068585	32401	1641213	362199
1980	3248751	1912481	2476467	35739	2052748	364534
1981	1768858	566732	1376864	17646	1253212	95887
1982	2348038	1226370	1342349	29748	1195097	92815
1983	3310967	1963993	2506506	32432	2244818	169216
1984	2740114	1409748	1783774	43596	1553092	153476
1985	2523653	1352367	1713948	72044	1520038	95392
1986	2990814	1708914	2030390	105584	1691502	192359
1987	3095582	1661438	2033181	122009	1595222	217155
1988	2571177	1263996	1481975	128103	1167808	116669
1989	3556477	2079103	2434079	167015	1973870	224654
1990	4602621	3007306	3482435	250726	2678139	444493
1991	3665609	2307705	2725918	274700	2041543	332033
1992	3748940	2268879	2934079	374382	2245505	279436
1993	4020256	2615917	2425519	508549	1597071	251228
1994	4144379	2745415	2483452	715899	1174573	424953
1995	5145803	3660850	3651251	1238760	1356677	969940
1996	7156390	5526525	5883478	2449896	1691549	1595375
1997	8519638	6833772	7010823	4049746	1475454	1376591
1998	8685468	7007850	7473844	4758487	1408724	1226452
1999	9052941	7437180	8070419	5175982	1607090	1197488
2000	8141318	6434761	6518426	5286365	645111	535983
2001	8607864	6981008	6820851	5274201	620391	791115
2002	8105875	6342259	6401178	4527726	485210	1005977
2003	7553359	6596891	5692853	4241574	268480	1004569
2004	9375115	8245476	7477942	5286192	558042	1484851
2005	10265095	9043548	8448308	5734267	610861	1839583
2006	11322488	10090187	9797336	6825046	585291	1939997
2007	12463848	11355394	11175179	7980678	507476	2512890
2008	14205932	12995003	12338535	8421787	560774	2990738
2009	16526330	15286855	14626455	9273179	777029	4550139
2010	18179839	16940364	16330285	10943942	565399	4816312
宝泉岭局	2775230	2666782	2696731	1586977		1109754
红兴隆局	3528378	3352811	3261264	1693173	217	1567874
建三江局	6041521	5797652	5827163	5376727	834	449602
牡丹江局	3540740	3311248	3323175	2434271	3712	885102
北安局	1408146	1228550	894544	26540	356039	511965
九三局	1154540	1015419	695889	37196	171168	486082
齐齐哈尔局	809571	710814	705656	384259	25599	294816
绥化局	491847	481068	396169	172988	7830	213987
哈尔滨局	176575	144789	168858	84138		83967
总局直属	21561	21561	19928	12529		7399
自1949年起累计	**243378846**	**183671671**	**194881440**	**95198972**	**55984056**	**38725297**

7-17续表1

单位:吨

年份 单位	高梁	谷子	其它	#大麦	豆类	大豆	杂豆
1978	7705	19399	8856	5925	750694	750694	
1979	7158	14047	11567		605377	605377	
1980	8559	5856	9031		770838	770838	
1981	2520	2287	5312		391508	391508	
1982	2259	3330	19100	17209	1005003	1005003	
1983	2463	2761	54816	50174	803931	803931	
1984	890	965	31755	26486	956175	956175	
1985	115	261	26098	22955	809705	809705	
1986	285	175	40485	38682	960424	960424	
1987	313	165	98317	95597	1062401	1062401	
1988	318	36	69041	65760	1089202	1089202	
1989	513	50	67977	64913	1122398	1122398	
1990	1029	11	108037	103747	1120186	1120186	
1991	253		77389	74679	939691	939691	
1992	2237	2	32517	30299	814861	811304	3557
1993	2574	8	66089	64192	1594737	1584474	10263
1994	3485	104	164438	162991	1660927	1621171	39756
1995	8549	26	77299	73182	1494552	1462054	32498
1996	11427		135231	131075	1272912	1257467	15445
1997	1598		107434	106818	1508815	1494345	14470
1998	4989		75192	75192	1211624	1199335	12289
1999	6979	1288	81592	79702	982522	949581	32941
2000	4607	372	45988	43800	1622892	1493855	129037
2001	5390	408	129346	126839	1787013	1636025	150988
2002	22608	560	359097	355641	1704697	1594186	110511
2003	12753	478	164999	161824	1860506	1659458	201048
2004	5678	229	142950	139864	1897173	1683111	214062
2005	5796	4	257797	257259	1816787	1546258	270529
2006			447002	447002	1525152	1300800	224352
2007	1841	988	171306	171000	1288669	1099642	189027
2008	6128	1072	358037	358037	1628727	1401814	226913
2009	4276	148	21684	21684	1798430	1718641	79789
2010	3656	726	250		1710548	1622101	88447
宝泉岭局					78499	76058	2441
红兴隆局					267060	266692	368
建三江局					214358	211409	2949
牡丹江局			90		214870	190802	24068
北安局					465235	444254	20981
九三局	858	495	90		428860	400057	28803
齐齐哈尔局	982				48595	40348	8247
绥化局	1364				94737	94265	472
哈尔滨局	452	231	70		5879	5766	113
总局直属					1633	1628	5
自1949年起累计	**314682**	**610326**	**4048108**	**3372528**	**47869203**	**45823281**	**2045922**

注：杂豆产量1991年以前含在其他谷物里,本表杂豆累计数是从1992年起累计,大麦累计数是从1978年起累计。

7-17 续表2

单位：吨

年份 单位	薯类	油料	#油菜籽	#向日葵	甜菜	麻类	烟叶	蔬菜	瓜类
1978		8534	7401		59310	298	54	513907	10340
1979		1164	535		67731	312	20	530157	20769
1980		3317	962		194884	220	2	469098	13966
1981		1890	141		147096	98	12	314145	4617
1982		2111	164		231193	46	34	606060	22960
1983		3512	738		443406	67	6	652593	13640
1984		2738	207	2090	415433	834	13	453591	34227
1985		8513	4184	4035	405133	847	50	327236	44328
1986		12844	10191	2626	379570	838	84	333750	65370
1987		35348	33992	1356	455427	1907	48	300719	56068
1988		31115	29888	1195	729370	3043	13	286882	72248
1989	67505	48357	44940	2467	592554	1751	350	253503	99933
1990	66919	63607	61804	1707	988590	1043	635	322784	61476
1991	63801	61213	59753	1423	728592	712	528	179160	39123
1992	57173	85658	83899	1711	866393	61	317	232268	36496
1993	43233	39300	36292	1567	524383	140	119	180879	64447
1994	38151	38654	33589	1305	645152	80	2	202785	75561
1995	42174	55554	49522	2896	1036056	2031		194770	86225
1996	42906	31810	26295	1663	1047763	293	8	168107	63039
1997	39093	29415	25847	1365	1115768	258	181	197064	70110
1998	39969	34608	25961	2251	759729	75	20	232690	89574
1999	38222	78974	58421	6091	382447	1788	75	114744	95741
2000	50731	76698	37831	20670	307432	20237	405	175048	188553
2001	107111	69131	2351	27305	612372	108789	902	282490	193803
2002	147050	76175	1053	36185	973844	165110	87	330153	233107
2003	196172	102957	2238	26579	268794	168293	139	502168	294507
2004	246028	95081	3246	12819	357607	237066	293	369724	267068
2005	450810	113547	2290	21400	516002	214731	86	432312	367972
2006	501402	119821		25320	758524	188043	81	355916	480376
2007	669698	90274		19555	850796	99028	89	452823	475203
2008	238669	103807		21346	790566	86174	496	492484	392681
2009	101445	32851		11351	461963	18266	809	301799	293320
2010	139006	22313		2428	533580	5258	817	312886	322631
宝泉岭局		108		108					
红兴隆局	54	4356		207	258047			23257	59282
建三江局		325							
牡丹江局	2695	6312		98	25485		214	78642	24630
北安局	48367	627				500		55154	18643
九三局	29791	1663		960	213998	4758		11890	5604
齐齐哈尔局	55320	1904			16800			61591	153807
绥化局	941	5845					603	42816	46981
哈尔滨局	1838	1173		1055	19200			39512	13579
总局直属					50			24	105

注：薯类按5：1折粮计算。

7-18 各分局主要农作物单位面积产量

单位:公斤/公顷

年份 单位	粮食	谷物	水稻	小麦	玉米	高粱	谷子	其他	# 大麦
1978	1533	1640	2479	1433	2578	1498	574	1011	1215
1979	1584	1945	2425	1931	2279	1263	520	1348	
1980	1813	2105	2836	2064	2608	1492	328	1473	
1981	968	1177	2470	1202	1032	747	182	762	
1982	1378	1498	2476	1503	1555	1136	367	1081	1230
1983	1882	2200	2185	2236	2113	1156	327	1820	1905
1984	1622	1915	2396	1923	1871	1342	271	1643	2175
1985	1530	1903	2773	1866	2111	1237	537	1774	2115
1986	1849	2054	2888	1968	2689	1319	700	1976	2070
1987	1876	2197	2816	2103	2865	1338	1006	2077	2160
1988	1799	2211	3504	2121	2298	2321	571	2164	2265
1989	2220	2651	3765	2580	3000	1410	600	1950	2010
1990	2820	3458	4290	3405	3645	3810	795	2730	2834
1991	2226	2731	4012	2618	2831	1480		2376	2456
1992	2562	3379	4628	3290	3212	2565	667	1816	1975
1993	2459	2974	4820	2607	3740	3972	1333	2222	2272
1994	2556	2971	5646	2204	4523	3805	2600	2022	2052
1995	3197	4314	6943	2946	5418	3805	650	2182	2138
1996	4131	5088	7145	3388	5923	4751		3187	3187
1997	4703	5858	7629	3676	5922	2145		3421	3418
1998	4666	5824	7229	3542	6023	6437		3298	3298
1999	4904	5878	7541	3373	6433	4451	3510	3682	3748
2000	4477	6027	7813	2154	6428	3069	2044	2264	2243
2001	4699	6527	7782	2986	6821	4643	2000	3064	3273
2002	4522	5957	6478	3774	6722	5712	4553	3847	3859
2003	4459	6253	7663	2153	6516	5815	5311	2179	2159
2004	4998	6767	7704	3657	6585	6145	3418	3590	3586
2005	5398	7052	7776	4358	7294	6925	2000	3830	3827
2006	5434	6945	7820	4379	6424			4367	4367
2007	5793	7177	7978	4612	6241	2747	2250	3977	3980
2008	6186	7600	8176	4917	7446	6596	2889	4686	4686
2009	6496	7991	8491	5373	7737	7449	4485	4450	4450
2010	6726	8094	8534	5010	7748	6529	5672	5556	
宝泉岭局	8568	9227	9277		9156				
红兴隆局	8130	9516	9358	3500	9695				
建三江局	8311	9259	9330	5024	8501				
牡丹江局	7840	8981	8882	6593	9280			6000	
北安局	4703	6666	7783	5001	8591				
九三局	4738	7569	9157	5043	9044	8250	6875	6923	
齐齐哈尔局	6628	7699	8834	4800	6910	6062			
绥化局	6438	8963	9201	4894	9071	6558			
哈尔滨局	8164	8981	9615		8489	5256	4125	4118	
总局直属	6808	8187	8364		7905				

7-18续表

单位:公斤/公顷

年份 单位	豆类	大豆	杂豆	薯类	油料	#油菜籽	甜菜	麻类	烟叶	蔬菜	瓜类
1978	1347	1347			229	215	5631	140	406	9134	3878
1979	969	969			257	229	6555	167	741	10118	6773
1980	1256	1256			559	425	8480	167	400	8430	3953
1981	596	596			333	111	6583	103	522	6015	1215
1982	1244	1244			272	45	9505	71	654	12317	7328
1983	1299	1299			532	332	13870	134	857	14212	3248
1984	1262	1262			451	91	12302	1786	394	13331	10478
1985	1082	1082			583	504	10936	1217	1111	12065	13853
1986	1526	1526			454	394	12361	1358	1105	13331	17631
1987	1467	1467			756	757	13211	1837	1714	13333	9330
1988	1436	1436			461	452	14288	2621	1300	13016	18961
1989	1635	1635		14354	942	913	14265	2665	1549	13557	15402
1990	1785	1785		17341	1072	1100	19401	1622	1576	15321	20811
1991	1449	1449		10568	1066	1071	14016	2198	967	10594	13102
1992	1370	1370	1240	10110	1005	1004	17635	3389	1201	14967	13695
1993	1947	1955	1165	8429	649	639	11096	2800	1123	10952	18445
1994	2115	2149	1287	10330	603	695	12075	1481	1000	12347	14478
1995	1958	1960	1873	12541	1161	1202	20046	5345		16493	21637
1996	2210	2217	1794	18013	993	1003	21789	3805	1600	16905	20846
1997	2454	2458	2144	18475	1353	1376	24577	3851	2057	21753	17745
1998	2096	2097	1960	14798	1008	952	16277	466	3333	15141	24150
1999	2077	2097	1615	17477	1030	1032	20189	1364	2027	20939	32587
2000	2202	2236	1873	17409	951	754	24924	2812	1929	21228	29138
2001	2271	2305	1964	20221	1451	1132	23920	3164	2957	26029	30066
2002	2374	2399	2062	22216	1180	1315	29516	4236	1851	28206	29616
2003	2375	2508	1651	19588	1134	1518	17959	2781	2439	31344	31925
2004	2461	2535	2003	27462	1174	1479	29377	3855	2123	34618	36208
2005	2570	2596	2432	27490	1433	1807	35097	4655	2150	32461	41192
2006	2266	2409	1687	28126	1353		40429	5842	1841	29339	38369
2007	2168	2324	1560	28042	1290		37723	3302	1648	37607	40371
2008	2590	2603	2515	5401	1536		36340	3796	3159	35115	39951
2009	2581	2588	2436	5967	1550		36267	4715	3985	42376	44342
2010	2596	2599	2541	5279	1534		43118	4206	3418	45959	45718
宝泉岭局	2481	2476	2656		2000						
红兴隆局	2926	2927	2204	5400	1355		52663			37940	43114
建三江局	2197	2200	2010		976						
牡丹江局	2646	2684	2380	6671	1080		57013		2038	49029	46124
北安局	2971	2968	3031	5611	1812			2717		42590	29734
九三局	2998	3003	2933	3435	1680		35672	4463		35282	35468
齐齐哈尔局	2181	2337	1643	6746	1904		43411			40494	59894
绥化局	2958	2973	1498	5669	2861				4500	65669	30193
哈尔滨局	2289	2300	1852	7069	1629		30000			50398	58784
总局直属	2228	2227	2500				25000			12000	13125

注:薯类自2008年起按5:1折粮计算。

7-19 各分局无公害农产品种植面积

单位：公顷

年份 单位	认证个数（个）	面积合计	水稻	小麦	玉米	谷子	大豆	绿豆	马铃薯	甜菜	其他
2009	426	2214622	936158	138740	345035		549046	267	20040	9863	215472
2010	463	2283777	1050635	129696	289506	666	556028	2263	24125	6437	224422
宝泉岭局	78	288243	102468	4727	98161		63348		231		19307
红兴隆局	107	378644	133423	14998	49560		80675		207	3667	96115
建三江局	29	659064	550263	167	33733		71901				3000
牡丹江局	41	332709	214881	1333	41531		64701		200		10063
北安局	78	256125	67	52480	14787		141576		5637		41579
九三局	53	207384	3400	44445	22501		93703		7617	2370	33347
齐齐哈尔局	27	82053	29400	6666	14530		14668	1597	6999		8193
绥化局	50	79555	16732	4880	14703	666	25456	666	3234	400	12818
哈尔滨局											
总局直属											

7-20 各分局绿色食品原料标准化生产基地面积

单位：公顷

年份 单位	认证个数（个）	面积合计	水稻	小麦	玉米	谷子	大豆	绿豆	马铃薯	甜菜	其他
2009	56	550934	247800	20000	40933		158867		10000		73334
2010	59	570935	254467	20000	47600		165534		10000		73334
宝泉岭局	15	126934	43800	6667	47600		28867				
红兴隆局	1	66667									66667
建三江局	21	194000	144000				50000				
牡丹江局	7	66667	66667								
北安局	14	106667		13333			86667				6667
九三局											
齐齐哈尔局	1	10000							10000		
绥化局											
哈尔滨局											
总局直属											

注：8-19 至 8-20 表资料由总局绿办提供。

7-21 各分局农作物受灾情况

单位:公顷

年 份 单 位	全部作物 受灾面积	#粮食作物	占粮食播种面积比重(%)	全部作物 成灾面积	占全部作物播种面积比重(%)	粮食作物 成灾面积	占粮食播种面积比重(%)
2000	1494194	1363675	75.0	1221167	61.7	1110866	61.1
2005	890774	825782	43.4	479536	22.2	452645	23.8
2006	1064680	987755	47.4	693039	29.5	642826	30.8
2007	1065192	969819	45.1	834858	34.8	758562	35.3
2008	853637	789153	34.4	513388	20.5	475159	20.7
2009	1245779	1210876	47.6	742761	28.1	719029	28.3
2010	791434	780744	28.9	432205	15.4	426601	15.8
宝泉岭局	76376	76376	23.6	63902	19.5	63902	19.7
红兴隆局	170601	167199	38.5	72051	16.1	70854	16.3
建三江局	355259	355259	48.9	174313	24	174313	24
牡丹江局	5439	5439	1.2	4245	0.9	4245	0.9
北安局	84652	84162	28.1	59190	18.9	58768	19.6
九三局	56877	52207	21.4	26159	9.8	23507	9.6
齐齐哈尔局	14314	12400	10.2	10276	7.5	8943	7.3
绥化局	27441	27227	35.6	21617	25.6	21617	28.3
哈尔滨局	417	417	1.9	397	1.6	397	1.8
总局直属	58	58	1.8	55	1.7	55	1.7

7-21续表

单位:公顷

年 份 单 位	在全部作物成灾面积中:						
	旱灾	水灾	涝灾	风灾	雹灾	霜冻灾	病虫灾
2000	1091248	4661	13571	21239	57042	1104	30116
2005	69806	12324	174239	25904	57451	5611	123388
2006	210268	2099	237129	34756	28208	31061	143411
2007	692293	362	38170	796	18077	68	72554
2008	267210	138	36444	72039	45128	20810	57505
2009	217905	14846	322810	58297	5394	24157	77841
2010	88396	11253	123531	33025	19799	1800	152904
宝泉岭局			31970	5305	5043		21584
红兴隆局	80	1530	37635	19339	4233	1800	7234
建三江局	2128	9625	35668	3806			122019
牡丹江局		85	929	3137			94
北安局	42530	13	8022	647	7978		
九三局	15386		6405	465	1700		1973
齐齐哈尔局	6655		2650	126	845		
绥化局	21617						
哈尔滨局			197	200			
总局直属			55				

7-22 各分局粮食销售留用情况

单位:吨

年份 单位 作物	垦区留粮	场内消费	种子	口粮	饲料	工业用粮	分局口粮
2000	1202342	1201617	315558	330035	345152	210872	725
2005	1441410	1441410	280460	279230	858480	23240	
2006	1232978	1232978	258507	165112	792439	16920	
2007	1261421	1261421	269249	140076	849896	2200	
2008	1143437	1143437	264353	114350	764734		
2009	1814636	1814636	241004	253439	1317773	2420	
2010	1976701	1976701	280475	333039	1357687	5500	
宝泉岭局	284945	284945	15535	28250	235660		
红兴隆局	439539	439539	40016	81755	317768		
建三江局	219780	219780	81808	51973	85999		
牡丹江局	267490	267490	29208	65972	172310		
北安局	244346	244346	45659	28670	170017		
九三局	185829	185829	53168	20020	112641		
齐齐哈尔局	232854	232854	6570	34440	191844		
绥化局	79905	79905	8158	13427	58320		
哈尔滨局	22013	22013	353	8532	13128		
按作物分	**1976701**	**1976701**	**280475**	**333039**	**1357687**	**5500**	
一、谷物小计	1676989	1676989	162941	333039	1175509	5500	
小麦	111387	111387	50094	52424	8869		
水稻	372356	372356	97455	274901			
玉米	1193240	1193240	15392	5708	1166640	5500	
大麦							
杂粮	6	6		6			
二、豆类小计	299712	299712	117534		182178		
大豆	295768	295768	113590		182178		
杂豆	3944	3944	3944				

注:7-22表资料由总局粮食局提供，按粮食年度统计。

7-22 续表

单位：吨

年份 单位 作物	商品粮	国家政策收购	国家临时储备	国家最低收购价粮收购	商品粮销售	加工销售	自营出口或出口供货
2000	6872403	2403691	182164	2221527	3429444	1014264	
2005	9361704				6849707	2462582	28150
2006	11190417				7503026	3619728	38500
2007	12499251				9687237	2780984	26030
2008	14107657				11307753	2779904	20000
2009	15760598				12083727	3631871	45000
2010	17810835	26500	26500		15078662	2699673	6000
宝泉岭局	2490285				2470285	20000	
红兴隆局	3088785				2761345	321440	6000
建三江局	5821741				5022730	799011	
牡丹江局	3270555				1763524	1507031	
北安局	1115433	26500	26500		1088933		
九三局	938920				938920		
齐齐哈尔局	521397				521397		
绥化局	410995				358804	52191	
哈尔滨局	152724				152724		
局直							
龙头企业					-1611083	1611083	
按作物分	**17810835**	**26500**	**26500**		**15078662**	**2699673**	**6000**
一、谷物小计	16292465				13731484	2560981	
小麦	454012				452321	1691	
水稻	11423913				8864623	2559290	
玉米	4409909				4409909		
大麦							
杂粮	4631				4631		
二、豆类小计	1518370	26500	26500		1347178	138692	6000
大豆	1433883	26500	26500		1262691	138692	6000
杂豆	84487				84487		

7-23 林业生产情况

指　　标	单位	2000	2005	2006	2007	2008	2009	2010
一、年末实有造林面积	公顷	456999	572419	569730	577159	578545	586786	596591
按用途分：								
1. 用材林	公顷	245314	302474	297065	302882	303871	306514	308586
2. 经济林	公顷							
3. 防护林	公顷	202751	254688	258059	260543	260904	264845	272001
# 农田防护林	公顷	175776	223999	228518	230896	231418	231488	229275
4. 薪炭林	公顷	6299	10245	9461	8660	8608	8465	8523
5. 其他林	公顷	2635	5012	5145	5074	5162	6962	7481
二、当年造林面积	公顷	27573	7616	3457	4208	6079	16264	11445
按用途分：								
1. 用材林	公顷	13922	3351	1291	971	2714	4674	3956
2. 经济林	公顷							
3. 防护林	公顷	13474	4263	2031	3140	3320	10779	6814
# 农田防护林	公顷	11070						
4. 薪炭林	公顷	109		35			60	
5. 其他林	公顷	68	2	100	97	45	751	675
三、当年迹地更新面积	公顷	2775	4007	1935	950	2253	1581	6192
四、年末封山育林面积	公顷	17114	32516	31893	34417	38030	32712	32134
五、当年零星植树	百株	14703	31378	28329	50817	41290	24870	30952
六、年末实有育苗面积	公顷	982	1395	1041	1103	1436	1652	1833
# 当年新育面积	公顷	419	647	322	601	658	1010	1149
七、当年幼林抚育作业面积	公顷次	26891	40892	41864	40791	42923	24898	22963
八、当年成林抚育面积	公顷	9526	18675	23819	29590	29861	27990	26007
九、当年低产林改造面积	公顷	617	1133	451	554	207	2095	1434
十、林木出材量	立方米	60259	39207	48394	72735	80956	73945	81033
# 抚育改造出材量	立方米	22831	19340	30893	17807	32084	25450	25218

7-24 各分局林业生产情况

单位:公顷

年份 单位	当年造林 面积	用材林	薪炭林	防护林	当年迹地 更新面积	年末封山 育林面积	当年零星 植树 (百株)
2000	27573	13922	109	13474	2775	17114	14703
2005	7616	3351		4263	4007	32516	31378
2006	3457	1291	35	2031	1935	31893	28329
2007	4208	971		3140	950	34417	50817
2008	6079	2714		3320	2253	38030	41290
2009	16264	4674	60	10779	1581	32712	24870
2010	11445	3956		6814	6192	32134	30952
宝泉岭局	1718	261		1019	15	6500	2518
红兴隆局	1577	119		1458		666	4631
建三江局	2184	484		1463	14		327
牡丹江局	1344	1036		308	501	7910	903
北安局	856	497		359	1919	5261	14038
九三局	1904	920		984	3249	10937	7890
齐齐哈尔局	1489	373		1116	226		300
绥化局	266	266			226	860	303
哈尔滨局	107			107	42		42
总局直属							

7-24续表

单位:公顷

年份 单位	年末实有 育苗面积	# 当年新育 面积	幼林抚育 作业面积 (公顷次)	成林抚育 面积	低产林 改造面积	林木 出材量 (立方米)	# 抚育改造 出材量
2000	982	419	26891	9526	617	60259	2831
2005	1395	647	40892	18675	1133	39207	19340
2006	1041	322	41864	23819	451	48394	30893
2007	1103	601	40791	29590	554	72735	17807
2008	1436	658	43923	29861	207	80956	32084
2009	1652	1010	24898	27990	2095	73945	25450
2010	1833	1149	22963	26007	1434	81033	25218
宝泉岭局	264	83	3300	7264		2046	783
红兴隆局	260	140	2127	2041		8957	4758
建三江局	104	47	1329	4932		763	247
牡丹江局	155	55	403	769		18626	3097
北安局	330	268	2654	533		29144	8703
九三局	392	297	4857	6966		10100	303
齐齐哈尔局	82	50	1402	1450	1434	10058	6037
绥化局	206	169	1691	470		1290	1290
哈尔滨局	40	40	5200	1582		49	
总局直属							

7-25 各分局水果、食用菌生产情况

面积：公顷，产量：吨

年份 单位	年末果园面积	#小苹果园	#梨园	#葡萄园	#李子园	水果产量(不含果用瓜)	#小苹果	#梨
2000	2453	1952	54	16		3953	3505	59
2005	2012	1546	172	12	9	6252	5892	237
2006	1951	1463	104	18	13	10138	9586	273
2007	2283	1458	43	41	406	15309	8267	266
2008	2152	1287	64	52	413	18360	10238	687
2009	2525	2102	55	59	287	24858	18194	612
2010	2529	2099	43	84	287	26267	16643	548
宝泉岭局	18	7	1	9	1	134	30	8
红兴隆局	2111	2012	19	47	17	16500	15930	148
建三江局								
牡丹江局	80	75	3	2		525	463	12
北安局								
九三局	1			1		20		
齐齐哈尔局	261				261	7820		
绥化局	22			22		260		
哈尔滨局	36	5	20	3	8	1008	220	380
总局直属								

7-25续表

单位：吨

年份 单位			食用菌产量(干鲜混合)	黑木耳(干品)	香菇(干品)	蘑菇类(鲜品)		
	#葡萄	#李子					猴头	其它
2000	69							
2005	64	51	5286	1051	114	4121	13	4108
2006	128	151	4831	1348	115	3368	18	3350
2007	173	6603	6562	1966	112	4484	13	4471
2008	369	7066	7188	1950	126	5112	22	5090
2009	529	5345	9369	2132	202	7035	187	6848
2010	775	8300	13688	2188	298	11201	239	10962
宝泉岭局	90	6	26	10	1	15		15
红兴隆局	287	134	1056	628	121	307	155	152
建三江局								
牡丹江局	50		967	110	170	687	53	634
北安局								
九三局	20		338	326	6	6	3	3
齐齐哈尔局		7820						
绥化局	260		2655	1082		1573	28	1545
哈尔滨局	68	340	8645	32		8613		8613
总局直属								

7-26 各分局畜牧业生产情况

单位:头

年份 单位	大牲畜年末存栏	#从事农事劳役的	黄牛	#能繁母牛	#当年生存牛	奶牛	#能繁母牛	#当年生仔牛
2000	268593	9725	146388	53080	31622	114723	68165	21490
2005	804800	2523	496866	237575	109994	303551	168195	63017
2006	790925	1694	492515	237145	102721	294314	167050	57936
2007	830044	1385	530274	253596	113677	295167	171813	58744
2008	861932	1175	528317	241875	115263	329585	193710	70144
2009	891549	717	514304	226992	114970	374303	211809	75265
2010	892342	402	494529	230098	105559	394938	226754	72017
宝泉岭局	49118		9733	3686	2284	39385	22098	7757
红兴隆局	169888		158047	76692	30340	11841	7837	1550
建三江局	50224		45294	23747	11133	4930	2817	808
牡丹江局	147908		65715	18977	13337	82193	51301	15936
北安局	139695	187	76029	39398	16059	63020	39881	11774
九三局	128158	195	46373	23152	8170	80598	38566	11874
齐齐哈尔局	92156	20	16154	8796	2925	75537	39997	16294
绥化局	104647		75454	34659	21048	28642	20314	4697
哈尔滨局	7546		1689	984	258	5831	3672	1239
总局直属	3002		41	7	5	2961	271	88

7-26 续表 1

单位:头

年份 单位	马(匹)	#能繁母马	#当年生仔马	驴	骡	鹿年末存栏	#能繁母鹿	#梅花鹿
2000	5122	2165	851	2296	64	6593	2320	
2005	2735	1244	442	1482	166	17262	5120	13933
2006	2608	1103	429	1415	73	19102	5532	15736
2007	2995	1391	518	1556	52	21803	5381	17526
2008	2546	1268	405	1439	45	26138	6382	20709
2009	1714	780	309	1174	54	27519	6432	20865
2010	1886	770	253	958	31	25632	6185	18967
宝泉岭局						2360	648	2080
红兴隆局						2630	679	926
建三江局						390	193	385
牡丹江局						16666	3285	12936
北安局	646	341	135			126	13	83
九三局	763	268	74	411	13	1540	454	747
齐齐哈尔局	198	81	20	267		1718	870	1698
绥化局	267	76	22	266	18	90	21	
哈尔滨局	12	4	2	14		112	22	112
总局直属								

注:2006 年、2007 年畜牧业数据是与第二次全国农业普查衔接后数据。

7-26续表2

单位:头

年份 单位	猪年末存栏	能繁母猪	种公猪	仔猪	65公斤以上肥猪及架子猪	家禽年末存栏(百只)	#鹅(百只)	#肉鸡(百只)
2000	610831	36863	4799	198055	371114	73929		
2005	1741395	176084	13671	735297	816343	110326	13085	36995
2006	1891771	177067	11213	670321	1033170	112120	13063	34309
2007	1948524	210538	14664	713580	1009742	131840	13991	46679
2008	2182394	264514	14328	696666	1206886	139185	13255	48092
2009	2325807	283949	13990	770772	1257096	148537	14041	50085
2010	2313802	277870	16301	711376	1308255	152275	13537	57175
宝泉岭局	615697	88047	1979	150423	375248	7501	341	1339
红兴隆局	633024	84706	5922	181154	361242	46902	3349	22211
建三江局	120248	13532	983	46954	58779	22992	2215	6664
牡丹江局	367485	34843	2886	124990	204766	27642	2462	6858
北安局	127011	7284	1121	39608	78998	9033	1447	2625
九三局	38946	7826	533	9937	20650	4249	580	1401
齐齐哈尔局	133337	16009	1157	32992	83179	11389	1851	4216
绥化局	236539	20266	1497	108328	106448	11978	1251	5827
哈尔滨局	32350	4186	182	13445	14537	10287	40	5905
总局直属	9165	1171	41	3545	4408	303	…	129

7-26续表3

单位:只

年份 单位	羊年末存栏	山羊	#绒山羊	#能繁母羊	#当年生仔山羊	绵羊	#能繁母羊	#当年生仔绵羊
2000	299003	99024		38060	33126	199979	93436	55183
2005	1686972	1075887	923690	537710	271954	611085	306878	154745
2006	1492411	968131	806411	450640	223163	524280	267090	135410
2007	1681046	1103464	951183	492988	282234	577582	290153	155814
2008	1734098	1052464	905735	480424	276724	681634	357793	178081
2009	1713567	1010863	856195	480859	271093	702704	336536	188102
2010	1674043	954058	820148	507618	282669	719985	330190	194496
宝泉岭局	33946	18676	13587	7719	5075	15270	7460	3378
红兴隆局	456454	275208	238874	144719	100275	181246	75527	60371
建三江局	411302	387245	387245	219696	91228	24057	12423	7520
牡丹江局	66239	40313	14248	17351	12924	25926	10072	7653
北安局	297960	100574	72629	51299	31263	197386	95279	41928
九三局	204469	45559	36076	20218	11847	158910	80695	33740
齐齐哈尔局	65085	7119	242	3417	2072	57966	24365	18652
绥化局	130461	76363	54640	41819	27405	54098	20399	20984
哈尔滨局	8069	3001	2607	1380	580	5068	3941	270
总局直属	58					58	29	

7-26续表4

单位:只

年份 单位	兔年末存栏	貂年末存栏	貉年末存栏	狐年末存栏	熊年末存栏	鸵鸟年末存栏	山鸡年末存栏	养蜂箱数（箱）
2000	72680	20	5513					8528
2005	337341	42	39482	101742	451	3	1010	29492
2006	178042	1308	42135	92110	458		2200	34682
2007	208349	2543	73701	99477	467			28809
2008	199449	2479	100802	117955	620		90	28677
2009	208714	7722	94824	101709	634			29989
2010	161441	9149	84473	83456	645	23		33465
宝泉岭局	3836	5442	3300	2438				143
红兴隆局	70215	2787	5734	11003				25887
建三江局			45					700
牡丹江局	32663		20282	646	645			3539
北安局	31102	200	2057	1945				313
九三局	18859	720	3135	7146		23		592
齐齐哈尔局	3566		420	3238				
绥化局			49000	57040				1525
哈尔滨局	1200		500					766
总局直属								

7-26续表5

年份 单位	肉类总产量（吨）	出栏肥猪（头）	猪肉产量（吨）	出栏肉牛（头）	牛肉产量（吨）	出栏肉羊（只）	羊肉产量（吨）	出栏家禽（百只）
2000	99947	738178	61381	100633	16772	198060	3560	108063
2005	323945	2685558	198105	343833	55272	1357078	20265	232304
2006	315799	2610644	204936	330468	49868	1198555	18578	197330
2007	353299	3009424	223695	375801	62820	1252293	19820	218167
2008	467994	4001011	295478	504095	83732	1522722	24010	314297
2009	571461	4910251	368145	582633	98858	1786676	28627	369934
2010	610532	5293523	394312	608650	104414	1920189	30814	385074
宝泉岭局	133782	1743737	123456	38936	7251	50119	940	8947
红兴隆局	161856	1440061	110558	120806	23091	353339	5867	108792
建三江局	57771	471528	35036	49626	8580	465425	6979	40455
牡丹江局	75356	566328	42317	88484	14313	130431	2082	82325
北安局	31198	158523	11970	69480	11421	241995	3915	17775
九三局	34399	132562	10180	107303	16646	316257	5254	8616
齐齐哈尔局	57633	439829	34683	52104	8984	159186	2771	53269
绥化局	47266	283937	21610	78681	13584	194724	2869	37881
哈尔滨局	10227	46818	3721	3171	531	8403	134	26409
总局直属	1045	10200	780	59	13	310	3	605

7-26续表6　　单位:吨

年份 单位	禽肉产量	其他肉产量	牛奶产量	羊奶产量	羊毛产量（公斤）	#绵羊毛	禽蛋产量
2000	17947	287	280414	211	581664	575667	28200
2005	48975	1328	825290	229	1452419	1393714	46702
2006	39465	2952	854105	42	1568028	1560966	42011
2007	42976	3988	876343	35	1668675	1641799	40667
2008	61822	2952	1018264	40	2093545	2042542	58812
2009	72884	2947	1152921	55	2254435	2148159	70841
2010	77665	3327	1192151	60	2317730	2284164	74770
宝泉岭局	2020	115	124405		81741	81741	6895
红兴隆局	21468	872	29457		444879	444565	11372
建三江局	7175	1	17334		26340	26340	9010
牡丹江局	16247	397	312086		75790	73226	15702
北安局	3411	481	196050		433546	429858	4386
九三局	1696	623	145606		772863	762863	3759
齐齐哈尔局	11137	58	238772		246354	229354	9202
绥化局	8427	776	106254	60	213117	213117	6199
哈尔滨局	5835	6	21362		23100	23100	6860
总局直属	249		825				1386

7-26续表7　　单位:公斤

年份 单位	鹿茸产量	羊绒产量	蜂蜜产量	产奶牛年平均头数（头）	产奶牛年平均产奶	成母奶牛年平均头数（头）	成母奶牛平均产奶
2000	3189	901	337708	60632	4625	67351	4163
2005	9323	338327	1045387	144859	5697	156113	5286
2006	11459	295690	1465045	147999	5771	168297	5075
2007	14871	311910	868848	157880	5551	170016	5154
2008	15633	275250	942570	171216	5947	192542	5289
2009	20305	324374	1068603	189523	6083	210823	5469
2010	20955	315838	1445089	197219	6045	215078	5543
宝泉岭局	2692	5573	3750	23388	5319	24870	5002
红兴隆局	8244	113840	986798	5341	5515	5605	5255
建三江局	65	120436	43500	2631	6588	3021	5738
牡丹江局	6770	8908	323810	45004	6935	49747	6273
北安局	185	31756	9380	34582	5669	37543	5222
九三局	1359	14214	6605	30010	4852	34417	4231
齐齐哈尔局	890	60		35422	6741	38895	6139
绥化局	710	19991	54890	16993	6253	16986	6255
哈尔滨局	40	1060	16356	3667	5825	3807	5611
总局直属				181	4558	187	4412

7-27　各分局水产品产量

单位:吨

年份 单位	水产品产量	虾蟹类	鱼类	产量		比重%(以鱼类为100)	
				天然生产	人工养殖	天然生产	人工养殖
2000	12079	14	12065	2765	9300	22.9	77.1
2005	18984	461	18523	4630	13893	25.0	75.0
2006	11452	254	11198	2720	8478	24.3	75.7
2007	14752	277	14476	2956	11519	20.4	79.6
2008	22609	752	21857	3808	18049	17.4	82.6
2009	23555	763	22792	4306	18486	18.9	81.1
2010	25805	737	25068	4960	20108	19.8	80.2
宝泉岭局	915	18	897	368	529	41.0	59.0
红兴隆局	5574	45	5529	820	4710	14.8	85.2
建三江局	2652	2	2650	1216	1434	45.9	54.1
牡丹江局	5248	657	4591	998	3593	21.7	78.3
北安局	3911		3911	570	3342	14.6	85.5
九三局	1211		1211	28	1183	2.3	97.7
齐齐哈尔局	1023	15	1008	75	933	7.4	92.6
绥化局	4102		4102	525	3577	12.8	87.2
哈尔滨局	1007		1007	360	647	35.7	64.3
总局直属	162		162		162		100.0

7-28　各分局淡水养鱼生产情况

面积:公顷,产量:吨

年份 单位	淡水养鱼面积	池塘面积	水库面积	其他面积	池塘养鱼产量	水库养鱼产量	其他养殖产量
2000	19032	3311	15382	339	5086	3939	275
2005	17810	3755	13833	222	7650	5728	515
2006	19910	4174	15474	262	4784	3576	51
2007	30738	4546	26102	90	5561	5934	24
2008	28738	4526	24105	107	8270	9649	130
2009	23222	4934	17986	302	9535	8771	181
2010	23363	4853	18158	352	10038	9800	270
宝泉岭局	1010	470	441	99	263	242	25
红兴隆局	5368	1073	4228	67	2435	2260	15
建三江局	1481	333	1134	14	1155	232	47
牡丹江局	6179	1083	5095		2096	1497	
北安局	3033	237	2786	10	410	2922	10
九三局	2675	139	2522	13	189	977	17
齐齐哈尔局	1493	471	872	150	341	436	156
绥化局	1680	745	936		2524	1053	
哈尔滨局	409	270	139		477	170	
总局直属	36	32	4		150	12	

注:2006年、2007年渔业数据是与第二次全国农业普查衔接后数据。

7-29 家庭农（林牧渔）场基本情况

年份 单位	一、经营组织数量（个）									
	合计	家庭农场	独户	# 有机独户	联户	开发性	家庭林场	家庭牧场	家庭渔场	外引户家庭农林牧渔场
2004	219019	162804	159470	63149	2650	684	3513	22412	627	29663
2005	209060	171850	166685	53755	4073	1092	2569	13727	255	20659
2006	230663	194475	184698	65737	8506	1271	4714	11299	232	19942
2007	239434	206241	199684	84345	5388	1169	4951	10597	298	17345
2008	252873	223093	209995	83839	7867	5231	5292	7666	215	16606
2009	298045	268562	251297	105411	11556	5710	4884	8823	214	15561
2010	323443	296750	280515	131010	9670	7231	3679	8453	199	14362
宝泉岭局	35184	34090	34089	22780	1		337	689	21	47
红兴隆局	59483	51228	49220	23045	1779	193	2108	3648	36	2463
建三江局	49982	45455	38563	30945	904	5988	140	152	4	4231
牡丹江局	47067	39477	38666	28418	26	785	2	793	5	6790
北安局	45258	43583	40259	6657	3850	173	200	1377	37	61
九三局	35174	34156	34016	3317	140		194	622	11	191
齐齐哈尔局	25950	24502	21448	9209	2962	92	501	487	26	434
绥化局	18763	17914	17914	4171			182	596	59	12
哈尔滨局	5843	5626	5624	2262	5		15	89		113
总局直属	739	719	716	206	3					20

7-29 续表1

年份 单位	二、承租耕地面积（公顷）									
	合计	家庭农场	独户	# 有机独户	联户	开发性	家庭林场	家庭牧场	家庭渔场	外引户家庭农林牧渔场
2004	1980729	1609824	1477722	802286	116802	15300	16273	21530	1735	331367
2005	2152059	1860848	1697654	761974	136932	26262	22061	10788	125	258237
2006	2341127	2023282	1777654	883563	214358	31270	20780	13323	126	280789
2007	2427807	2151524	1916608	1043090	201563	33443	4474	12298	139	256466
2008	2334983	2110939	1779592	964823	184841	160066	3082	7796	99	212996
2009	2620832	2392536	2027486	1184815	233124	145304	2644	9525	72	216012
2010	2779703	2573580	2258791	1450553	161904	161159	4207	13440	817	187614
宝泉岭局	327055	319669	319624	263585	45		180	5984	795	426
红兴隆局	445899	417397	357303	233964	65711	1044	1276	1523	11	25691
建三江局	731317	664375	512285	446327	12743	139347	746			66196
牡丹江局	448035	361781	345920	293389	4077	11784	5	1128		85121
北安局	313798	309390	254868	61455	49207	6241	857	1131		2420
九三局	263846	257704	255176	49538	2529		799	1635	11	3697
齐齐哈尔局	137737	133326	104334	54006	26916	2743	343	1241		2827
绥化局	84730	83852	83852	34589				798		81
哈尔滨局	24691	23644	23126	12746	538					1047
总局直属	2594	2442	2304	956	137					109

7-29续表2

年份 单位	三、劳动力情况（人）									
	合计	家庭农场	独户	#有机独户	联户	开发性	家庭林场	家庭牧场	家庭渔场	外引户家庭农林牧渔场
2004	481502	370473	348557	136451	18304	3612	6683	42306	1935	60105
2005	430413	352421	337054	112399	12767	2600	4540	29797	602	43053
2006	489813	419271	376692	142386	39126	3453	4985	22268	528	42497
2007	560767	491506	446801	197311	42193	2512	6036	19365	584	42976
2008	573801	517807	452056	195175	53573	11439	6005	15396	689	33894
2009	625798	566386	503363	234701	50596	12355	6043	17229	706	35424
2010	645043	594280	530340	271989	45079	17095	5627	16780	567	27779
宝泉岭局	85718	83465	83457	59495	8		224	1856	68	105
红兴隆局	146340	131369	106108	55715	24970	290	3539	5746	68	5618
建三江局	114176	105039	89140	76136	1770	14129	246	224	9	8658
牡丹江局	69477	55791	53042	39424	361	2069	4	1508	12	12162
北安局	82121	77870	67465	10439	9967	522	209	3744	184	114
九三局	63611	61914	59670	4665	2244		375	968	31	323
齐齐哈尔局	46325	44358	37049	15936	5694	85	725	796	55	391
绥化局	24624	22635	22635	5410			275	1552	140	22
哈尔滨局	11668	10913	10856	4521	57		30	386		339
总局直属	983	926	918	248	8					47

7-29续表3

年份 单位	四、应交利费（万元）									
	合计	家庭农场	独户	#有机独户	联户	开发性	家庭林场	家庭牧场	家庭渔场	外引户家庭农林牧渔场
2004	286725	235947	219253	119789	14982	1712	1222	2769	246	46541
2005	373185	322537	296917	135168	23307	2313	905	2727	133	46883
2006	415699	359610	317410	158293	38555	3645	538	2904	49	52143
2007	450314	397609	359470	205515	35693	2415	748	2287	186	48914
2008	425860	379232	339584	188958	34356	3568	705	2034	94	43775
2009	506827	446953	396847	241642	39732	8483	509	2616	266	56471
2010	608479	551542	508072	344199	31785	8921	741	3654	111	52419
宝泉岭局	71082	69729	69717	57113	12		1	1204	1	147
红兴隆局	107702	96972	86550	55287	10207		289	632	9	9800
建三江局	185193	165994	154616	137394	3905	7309				19199
牡丹江局	88865	66951	64757	54310	835	1359		225		21689
北安局	58186	57075	47411	11413	9537	123	142	497	22	450
九三局	49805	49082	47849	10921	1233		141	315	4	263
齐齐哈尔局	25087	24136	15729	8326	5895	130	104	261	16	570
绥化局	15703	15426	15426	6512			4	190	59	24
哈尔滨局	6125	5504	5391	2653	114		60	330		231
总局直属	731	673	626	270	47					46

7-30 家庭农场土地规模经营情况

单位：户、公顷

年份 单位	总计		一、水田									
	户数	耕地面积	户数	面积	0.6 公顷以下		0.6-10 公顷		10-20 公顷		20 公顷以上	
					户数	面积	户数	面积	户数	面积	户数	面积
2008	239630	2309745	93837	1016370	46807	61840	41906	240481	29706	428541	8543	285587
2009	281867	2594071	100362	1081666	46682	56399	44534	291674	32503	461973	7898	271620
2010	301041	2730979	109293	1246230	22044	29347	52647	367480	34211	485142	10356	364260
宝泉岭局	34137	320095	16289	162038	10001	10224	10203	63853	5394	71263	656	16698
红兴隆局	49217	443088	15795	180936	1585	2697	8245	72022	4715	66456	1250	39760
建三江局	49686	730571	36346	572348	25	8	12228	82028	16830	246566	7263	243747
牡丹江局	46161	446902	23779	256146	3203	3174	13044	111175	6574	89779	958	52017
北安局	43637	311730	554	2462	11	18	527	2129	5	82	11	233
九三局	28876	230641										
齐齐哈尔局	24923	136819	9607	43498	5937	12374	3285	18098	227	3177	158	9848
绥化局	17926	83933	3565	18799	1177	557	1976	10484	378	6510	34	1247
哈尔滨局	5739	24691	3072	8751	105	294	2870	6766	75	1109	22	583
总局直属	739	2508	286	1252			269	925	13	200	4	127

7-30续表

单位：户、公顷

年份 单位	二、旱田													
	户数	面积	基本田		0.6-10 公顷		10-30 公顷		30-60 公顷		60-100 公顷		100 公顷以上	
			户数	面积	户数	面积	户数	面积	户数	面积	户数	面积	户数	面积
2008	163356	1293375	111759	250225	81865	351009	19750	287737	4902	169712	1677	118686	968	131981
2009	194560	1512405	133920	271170	101434	480276	23814	348153	4909	177126	1241	89823	1194	145857
2010	199571	1484749	74430	142079	98316	571510	27921	430966	5649	168786	1387	79904	814	91505
宝泉岭局	19154	158057	10308	14814	13916	68982	3298	49641	499	17223	55	3931	24	3465
红兴隆局	34990	262153	12442	39626	15697	81940	5455	75834	1070	35403	182	12772	144	16577
建三江局	13340	158222	284	305	8716	49750	3584	55687	426	18009	170	12864	160	21607
牡丹江局	27331	190756	6679	5956	16288	97630	3820	61409	448	16416	62	4444	34	4901
北安局	43083	309268	18753	38262	16693	106160	6069	69474	1075	44520	363	28576	130	22277
九三局	28876	230641	14681	28168	9901	90531	3456	84283	697	13676	101	7855	40	6128
齐齐哈尔局	15316	93322	3591	7476	8551	36970	1255	16055	1288	17028	396	5858	235	9934
绥化局	14361	65134	6859	4373	6495	33169	817	15715	114	5329	55	3383	21	3166
哈尔滨局	2667	15940	827	3093	1630	5466	152	2650	29	1060	3	220	26	3450
总局直属	453	1256	6	6	429	912	15	218	3	121				

主要统计指标解释

农林牧渔业总产值 是以货币表现的农林牧渔业的全部产品产量和对农林牧渔业生产活动进行的各种支持性服务活动的价值。它用价值形态反映一定时期农林牧渔业生产的总规模和总成果。农林牧渔业总产值统计范围是辖区内各种经济类型的全部农林牧渔业生产单位和非农行业单位附属的农林牧渔业生产活动单位，但不包括农业科学实验机构进行的农业生产。核算范围是本辖区内在一定时期内生产的农业、林业、牧业、渔业产品的价值量和对农林牧渔业生产活动进行的各种支持性服务活动的价值的总和。执行日历年度，对于收获期延长到次年年初的个别农产品（如甘蔗），依然把延期收获的部分算在本年度内。根据农业生产的特点，农林牧渔业总产值的核算采用"产品法"进行计算，即用产品产量乘以价格求出各种产品的产值，然后把他们加总求得各业的产值，最后各业相加求出农林牧渔业总产值。

农产品现行价格 指农林牧渔业产品生产地当年实际价格。采用农产品生产价格，即生产者第一手出售农产品的价格，来源于农产品生产价格调查。生产价格调查资料中没有涵盖到的少数农产品，可以用集贸市场价格资料代替；没有市场价格的农作物用生产成本代替。按现价计算的产值主要反映生产的总规模和水平。

农林牧渔业商品产值 指本生产年度内全部农业生产单位和农户生产出来的农产品总产量中可供社会需要的商品产值，即农产品商品量作价计算的货币总额。包括出售给国家、城镇居民的或职工之间相互交换的商品产值，自产自用农产品价值不包括在内。

耕地 指专门用于种植农作物，并经常耕锄的田地。包括熟地、当年新开荒地、连续撂荒未满三年的耕地和当年的休闲地（轮歇地）。以种植农作物为主并附带种植桑树、茶树、果树和其它林木的土地及沿海、沿湖地区已围垦利用的"海涂"、"湖田"等也包括在内。但不包括专业性的桑园、果园、茶园、果木苗圃、林地、芦苇地、天然草原以及利用枯水季节的河滩、水库空闲地种植农作物的不固定土地。南方小于一米、北方小于两米宽的渠、路、田埂包括在耕地中。

林地 指用来成片种植林木的土地面积。包括天然生长和人工植造的用材林、经济林、防护林、薪炭林和特种用途林等用地，以及未成林的造林地、疏林地、灌木林地、采伐迹地火烧迹地、苗圃地和国家规定的预备造林地。但不包括茶园、果园、桑园面积。

播种面积和产量的统计年度 凡是在本日历年度内（自1月1日至12月31日）收获的农作物（包括上年秋冬播和本年春播、夏播以及南方地区的晚秋播而在本年收获的全部作物），都要统计。有些收割期较长的作物，虽在当年冬季就开始收割，但需"跨年"延至来年春季才能收割完（如甘蔗），仍应计算为本年的农作物播种面积和产量。本年内不能收获的多年生作物，以本年新植和过去存留的面积计算为本年的播种面积。

播种面积 指播种季节结束时实际播种或移植有农作物的面积。凡是实际种植有农作物的面积，不论种植在耕地上还是非耕地上，也不论面积大小，均应如实统计播种面积。科研单位除在小块地上（一般不超过一亩）所进行的专门用于小样试验研究部分外，其所进行的大田试验部分（包括制种田）以及农业大专院校附属教学实习农场中作为教学实习用的大田生产部分，也要统计在内。

农作物总产量 指调查年度内全社会生产的各种农产品的数量，不论是耕地上与非耕地上的农作物产量都应统计在内。不仅要把国有农场、机关、学校、科研单位附属的国有经济和集体经济的农作物产量统计在内，还要把职工自留地、园田地、饲料地以及其他经营生产的农作物产量统计在内。各种主要农作物产量按国家统一规定计算：①谷物一律按脱粒后的原料计算（玉米按脱粒后的粒子计算）。②豆类按去豆荚后的干豆计算。③棉花按去籽后的皮棉计算。④花生按带壳的干花生计算。⑤麻类除亚麻以麻杆计算，苎麻以刮皮后的干麻计算，苘麻和线麻以熟麻皮计算外，其余一律以生麻皮计算。如果原来就习惯按熟麻皮计算的，亦要按比例折成生麻皮上报，一般情况是1斤熟麻皮可折成2斤生麻皮。⑥甜菜以根块计算。⑦甘蔗以蔗杆计算，包括糖蔗和果蔗。⑧烤烟与晒烟均以干烟叶计算。⑨薯类，实际统计工作中有两种方式，一种是作蔬菜类按鲜品计算，另一种是作折粮薯类按5公斤鲜薯折1公斤粮食计算，黑龙江垦区1985年以前和2008年以后薯类按后一种即折粮进行统计计算。

农产品交售量 指一定时期内（一年）农业生产单位和农户生产的农产品总量中扣除作种籽、饲料、生活用粮和储备以后，作为商品可向全社会出售的农产品数量。包括本年生产本年内已销售商品量和本年生产本年待售（要结转下年销售）部分。

绿色食品 指遵循可持续发展原则，按照特定生产方式生产，经专门机构认定，许可使用绿色食品标志商标的无污染的安全、优质、营养类食品。由于与环境保护有关的事物通常都冠之以"绿色"，为了更加突出这类食品出自良好的生态环境，因此定名为“绿色食品”。

绿色食品分为A级绿色食品和AA级绿色食品二种。A级绿色食品，系指在生态环境质量符合规定标准的产地，生产过程中允许限量使用限定的化学合成物质，按特定的生产操作规程生产、加工，产品质量及包装经检测、检查符合特定标准，并经专门机构认定，许可使用A级绿色食品标志的产品。AA级绿色食品，系指在生态环境质量符合规定标准的产地，生产过程中不使用任何有害化学合成物质，按特定的生产操作规程生产、加工，产品质量及包装经检测、检查符合特定标准，并经专门机构认定，许可使用AA级绿色食品标志的产品。

有机食品 是指来自于有机农业生产体系，根据国际有机农业生产要求和相应的标准生产加工的，并通过独立的有机食品认证机构认证的一切农副产品，包括粮食、蔬菜、水果、奶制品、禽畜产品、蜂蜜、水产品、调料等。它是真正的源自自然、富营养、高品质的安全环保生态食品。

无公害农产品 指产地环境、生产过程、最终产品质量符合无公害农产品标准和规范，经中国无公害农产品管理机构审定，许可使用无公害农产品标志的安全、优质、面向大众消费的农产品及其加工产品。

本年造林面积 指调查年度内（1月1日至12月31日）在荒地、荒山、沙丘等一切可以造林的土地上，采用人工播种、植苗、飞机播种等方法新植的成片禾木林和灌木林，经验收符合“造林技术规程”要求株数，成活率达85%以上的面积。四旁植树如一侧在四行以上，连续面积0.066公顷（1亩）以上，应统计在造林面积内。不包括补植面积、治沙种草面积、经济林垦复面积、迹地更新面积和低产林改造面积。零星植树不折算造林面积。

年末实有造林面积 指在调查年度年末时实际存活的人工造林面积，不包括天然林面积。它等于年初造林实有面积加上本年内增加的面积（当年新植面积或划入面积等）减去本年内减少面积（当年采伐面积或划出面积）。

畜禽存栏数 指报告期初、期末各种经济类型生产单位和住户饲养的全部禽畜存栏数量。除科学研究单位专门用于试验研究的牲畜和军马外，不分大小、公母、品种、用途一律包括在内。专业运输组织的运输用牲畜也应包括在内，但批发零售贸易部门库存的和运输途中的活牲畜不进行统计。

禽畜出栏数 指报告期内各种经济类型的生产单位和住户饲养的可供食用并已屠宰或出售的全部畜禽数量。包括交售给国家、集市上出售以及农牧民自食的部分。但不包括出售的仔畜和幼畜，也不包括个别地区习惯吃的“烤小猪”或“乳猪”。出栏肉牛中也包括淘汰的低产老化奶牛和耕牛的出栏数。

牛奶产量 指报告期内各种经济类型生产单位和住户饲养的奶牛所生产的全部奶产量。包括出售给国家和乳制品加工企业、农贸市场交易及农牧民自食部分。不论是纯种牛、杂种牛、黄牛和兼用牛所产的奶均要计算为产量。牛犊直接吮食部分不计入产量。

肉类总产量 指报告期内可供食用并已出售或屠宰的全部畜禽肉产量，即屠宰后除去头蹄下水后带骨肉的重量，也叫胴体重。包括屠宰后出售的胴体肉数量和出售的活育肥畜（禽）所折合的胴体肉总数量（折合胴体肉系数为：猪0.7，牛0.5，羊0.4，禽0.5，兔0.4）。不论是农牧民自食的，还是交售给国家或加工企业，以及在农贸集市上的肉产量都应统计在内。

水产品总产量 指本年度内捕捞的水产品（包括人工养殖并捕获的水产品和捕捞天然生长的水产品）数量。可分为海水产品和淡水产品两大类。海水产品包括海水的鱼类、虾蟹类、贝类和藻类。淡水产品包括淡水的鱼类、虾蟹类和贝类，不包括淡水水生植物。

淡水养殖面积 指已放养鱼苗、鱼种等水产品苗种并进行人工饲养和管理的池塘、湖泊、水库、河沟及其他淡水水域的养殖面积。不包括稻田养殖面积。有些池塘、湖泊、水库、河沟，虽然指定专人管理，也放养了一些鱼苗，但起捕的鱼类中，人工养殖的淡水鱼不足30%的不计为养殖面积。对一些大江、大河、大湖投放鱼种或灌江纳苗，只进行一般的繁殖保护，增殖水产资源的，不计为淡水养殖面积。

淡水养殖产量 指在淡水湖泊、水库、河沟、池塘及其他淡水养殖水域中捕获的人工养殖的水产品数量，包括稻田养殖产量。养殖与捕捞的划分原则是：人工投放鱼、虾、蟹、贝、藻等苗种并经常饲养管理的水产品生产划为养殖（养殖产量一律以捕获的产量计算，虽养成而未捕获仍继续放养的不应包括在内）；捕捞天然生长的水产品生产划为捕捞。

STATISTICAL
YEARBOOK

8 工 业

工业经济类型结构

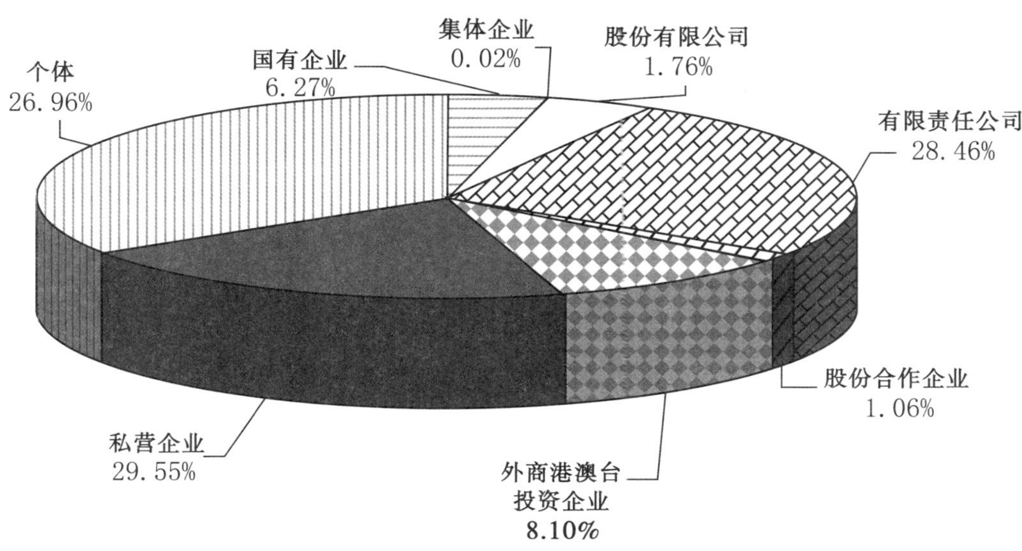

工业增加值（亿元）

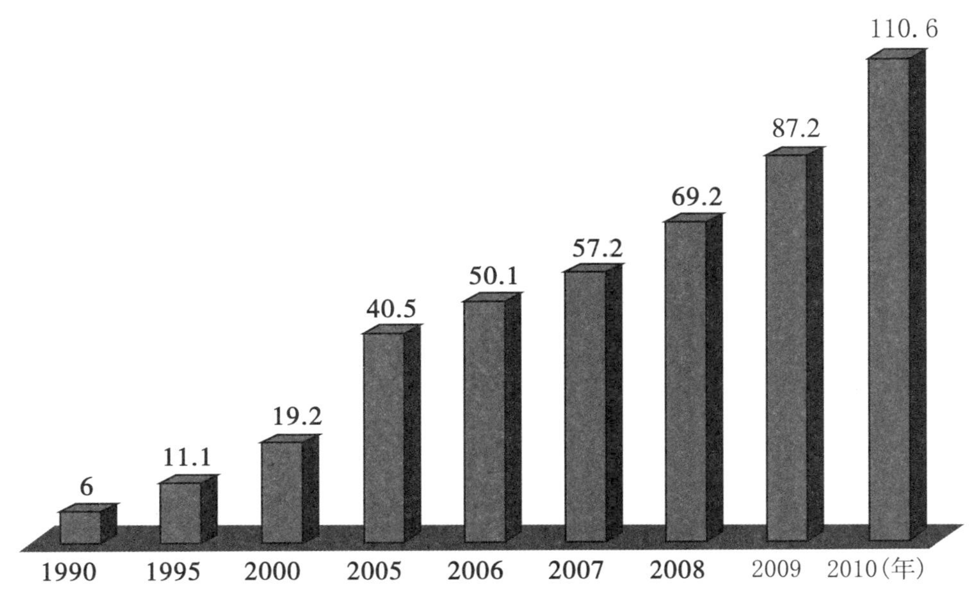

轻重工业比重（%）

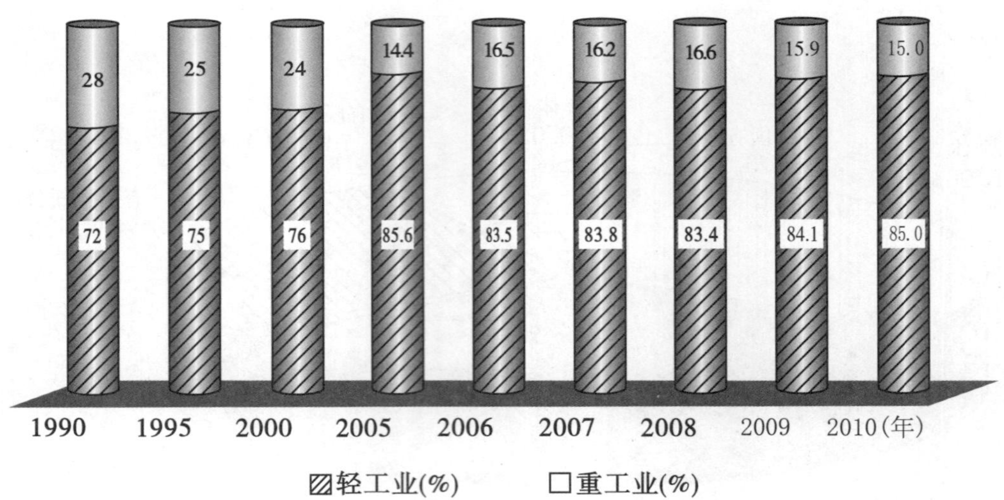

工业行业构成（%）

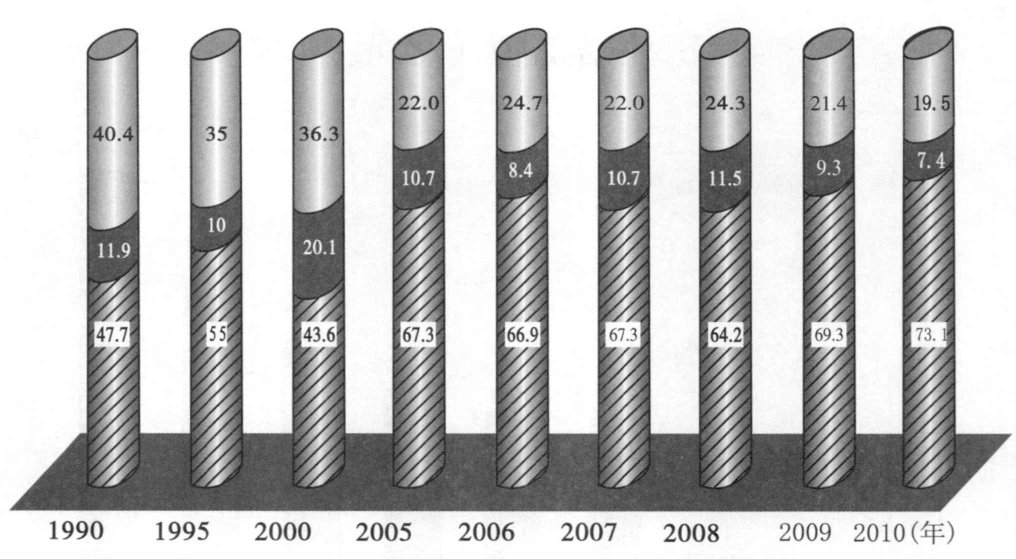

8-1 工业总产值和指数

年　份	绝对数（万元）				指数(%)(以上年为100)			
	工　业总产值	国　有经　济	集　体经　济	其　他经　济	工　业总产值	国　有经　济	集　体经　济	其　他经　济
1985	86192	84153	1861	178	112.1	110.6	164.6	
1990	266873	261825	3202	1846	104.6	104.8	83.5	85.9
1991	305586	301301	3113	1172	112.0	112.7	94.7	55.1
1992	310324	306860	2191	1273	96.9	97.1	67.2	120.3
1993	317740	314994	546	2200	93.6	93.8	25.6	179.6
1994	388706	374741	752	13213	100.1	95.8	148.2	15.6
1995	529307	490357	500	38450	125.6	119.5	56.4	219.0
1996	580877	522274	432	58171	110.2	106.7	93.8	146.1
1997	652668	539411	326	112931	113.5	106.2	73.8	169.1
1998	671547	413144	25563	232840	107.3	79.0	5801.5	217.6
1999	679918	379162	24476	276280	103.6	91.1	100.2	125.1
2000	674349	362556	10088	301705	101.0	94.9	45.7	113.3
2001	740401	291434	8093	440874	110.5	82.1	76.4	141.4
2002	940686	266764	8270	665652	129.5	88.7	91.7	154.8
2003	1230311	515353	8384	706574	123.6	182.7	95.9	100.4
2004	1574572	91414	669	1482489	113.3	171.7	7.7	71.9
2005	2159869	75550	635	2083684	133.9	80.7	92.7	137.2
2006	2470653	138111	1132	2331410	112.3	179.4	174.9	109.8
2007	2743733	151802	821	2591110	108.9	107.8	71.1	109.0
2008	3240989	128981	930	3111078	110.1	79.1	105.5	111.8
2009	4403858	164772	1049	4238037	141.2	132.8	117.2	141.6
2010	5748679	235831	1114	5511734	120.3	131.9	97.9	119.9

注：工业总产值绝对数按当年现行价格计算，指数按可比价格计算。

8-2　工业企业单位数和从业人数

年　份	工业企业及生产单位数（个）	国有经济	集体经济	其他经济	从业人数（人）	国有经济	集体经济	其他经济
1985	901	770	115	16	132341	127130	4869	342
1990	1189	957	61	171	156115	149175	4811	2129
1991	1146	950	54	142	158009	152172	4620	1217
1992	1104	920	37	147	155088	150970	2757	1361
1993	1025	998	24	3	150038	146447	2449	1142
1994	922	907	13	2	149178	142670	1542	4966
1995	941	908	15	18	133092	126683	1203	5206
1996	829	802	10	17	131731	121652	651	9428
1997	757	734	7	16	131516	115531	292	15693
1998	651	480	56	115	111667	76837	7667	27163
1999	581	401	55	125	83953	43519	6839	33595
2000	477	314	17	146	54693	42802	2659	9232
2001	448	273	22	153	51009	37213	3121	10675
2002	448	191	16	241	48092	20728	1883	25481
2003	415	146	16	253	47644	20021	801	26822
2004	391	92	4	295	49366	7474	224	41668
2005	401	81	1	319	52621	6815	150	45656
2006	416	66	2	348	57794	6940	176	50678
2007	427	82	1	344	57051	6301	150	50600
2008	482	96	1	385	58481	5696	143	52642
2009	532	113	1	418	67413	7148	134	60131
2010	678	128	1	549	73782	8432	120	65230

8-3 各分局工业企业单位情况

单位:个

年份 单位	工业企业及生产单位数	按经济类型分				按轻重工业分	
		国有经济	集体经济	外商及港澳台投资经济	其他经济	轻工业	重工业
2000	477	314	17	5	141	225	252
2002	448	191	16	5	236	220	228
2003	415	146	16	3	250	210	205
2004	391	92	4	3	292	202	189
2005	401	81	1	3	316	222	179
2006	416	66	2	6	342	228	188
2007	427	82	1	8	336	232	195
2008	482	96	1	8	377	274	206
2009	532	113	1	9	409	302	230
2010	678	128	1	10	539	396	282
宝泉岭局	62	8		1	53	33	29
红兴隆局	105	16		1	88	53	52
建三江局	77	13		2	62	56	21
牡丹江局	123	9		3	111	74	49
北安局	93	35		1	57	49	44
九三局	33	11		1	21	14	20
齐齐哈尔局	50	7			43	34	16
绥化局	66	16			50	40	26
哈尔滨局	58	12			46	35	23
总局直属	10	1	1	1	8	8	2

8-4 各分局工业企业总产值

单位:万元

年份 单位	工业总产值	按经济类型分				按轻重工业分	
		国有经济	集体经济	外商及港澳台投资经济	其他经济	轻工业	重工业
2000	481110	362556	10088	41017	67449	374360	106750
2001	493681	291434	8093	35603	158551	360387	133294
2002	676644	266764	8270	28222	373388	553035	123609
2003	941947	515353	8384	25549	392661	818992	122955
2004	1232230	91414	669	21957	1118190	1069215	163015
2005	1711067	75550	635	29557	1605326	1501742	209325
2006	1864398	138111	1132	144511	1580644	1611638	252760
2007	2049698	151802	821	164822	1732253	1765303	284396
2008	2486478	128981	930	281683	2074884	2143750	342728
2009	3451084	164772	1049	305856	2979408	3037455	413629
2010	4785632	235831	1114	320396	4228291	4180681	604951
宝泉岭局	545053	27061		1539	516453	471192	73861
红兴隆局	258236	24918		570	232748	133350	124886
建三江局	289624	29130		22292	238202	242368	47256
牡丹江局	456023	33061		11081	411881	296904	159119
北安局	115472	27381		9391	78700	82639	32833
九三局	62939	23357			39582	15117	47822
齐齐哈尔局	68382	8456			59926	52877	15505
绥化局	94835	12546			82289	71640	23195
哈尔滨局	89728	6576			83152	55287	34441
总局直属	2805340	43345	1114	275523	2485358	2759307	46033

8-5　各分局工业企业增加值

单位:万元

年份 单位	工业企业 增加值	按经济类型分				按轻重工业分	
		国有经济	集体经济	外商及港澳台投资经济	其他经济	轻工业	重工业
2001	125285	80164	3233	8455	33433	91469	33816
2002	164379	70547	2915	11457	79460	125143	39236
2003	184653	89666	2930	11811	80246	144758	39895
2004	223947	25418	244	7772	190513	169787	54160
2005	272997	22281	149	8848	241719	198806	74192
2006	319306	33167	323	40598	245218	234651	84655
2007	366765	32258	126	45065	289316	269293	97472
2008	455520	26850	166	70108	358396	341740	113780
2009	578369	40564	264	77929	459612	453752	124616
2010	825299	69330	251	65419	690300	631846	193453
宝泉岭局	113209	9206		705	103297	85021	28188
红兴隆局	86358	6071		223	80064	43998	42360
建三江局	67485	11895		5039	50551	50922	16563
牡丹江局	136179	11613		2876	121691	81797	54382
北安局	32794	7781		3136	21877	22825	9969
九三局	22315	8667		850	12798	7130	15185
齐齐哈尔局	16063	2404			13659	11758	4305
绥化局	38632	5741			32890	28403	10229
哈尔滨局	26750	1867			24883	16821	9929
总局直属	285514	4085	251	52590	228588	283171	2343

8-6　各分局个体工业总产值及增加值

（2010 年）

单位:万元

单位	工业总产值	轻工业	重工业	工业增加值	轻工业	重工业
总计	**1152496**	**873307**	**279189**	**281035**	**198836**	**82199**
宝泉岭局	186117	134045	52072	51905	34154	17751
红兴隆局	299216	232944	66272	88242	67095	21147
建三江局	173562	135207	38355	42086	32787	9299
牡丹江局	145323	114246	31077	31186	24873	6313
北安局	35792	13254	22538	10250	3880	6370
九三局	65312	38670	26642	17503	11245	6258
齐齐哈尔局	38253	32023	6230	9261	7453	1808
绥化局	38076	19717	18359	14517	6608	7909
哈尔滨局	50973	33634	17339	16085	10741	5344
总局直属	119872	119567	305			

8-7　工业企业主要经济指标

（2010年）　　单位：个、万元

类　别	工业企业单位数	#亏损企业	工业增加值	工业总产值	工业销售产值	资产总计	流动资产年平均余额
总　计	**678**	**164**	**825299**	**4785632**	**4716253**	**4277041**	**2208548**
#公有控股经济	173	71	410782	3389555	3370889	3523759	1870625
#大中型工业企业	25	4	408102	3379550	3359841	3505732	1903615
#大型	4		250688	2648984	2631414	1542350	901304
#产业化龙头工业企业	16		344889	3159744	3149819	3048499	1761260
一、按口径分							
规模以上工业	312	25	724695	4460752	4409417	4035237	2135685
规模以下工业	366	139	100604	324880	306836	241804	72863
二、按轻重工业分							
轻工业	396	98	631846	4180681	4133761	3714531	2034107
重工业	282	66	193453	604951	582492	562510	174441
三、按企业登记注册类型分							
国有	128	57	69330	235831	244878	356057	117982
集体	1		251	1114	1114	475	
股份合作	8	1	11714	36471	36011	19510	11774
有限责任公司	78	21	314877	2791045	2764005	1861051	1036635
股份制	16	4	19523	113752	103687	283101	84252
私营	437	79	326930	1122480	1088496	488932	228589
港澳台投资	4	1	4011	13041	11019	6748	1929
外商投资	6	1	61408	307355	322112	352077	150038
四、按工业行业分							
采矿业	14	1	36183	100162	100347	27557	9745
煤炭采选业	4		10703	34141	33036	8244	2809
有色金属矿采选业	2		14042	36990	38279	9808	5837
非金属矿采选业	8	1	11438	29031	29032	9505	1099
制造业	519	109	722908	4489334	4427098	3987678	2155902
食品加工业	243	57	485040	3567059	3493236	2936378	1696371
谷物磨制	164	35	237150	1004022	985224	1480192	850611
饲料加工	17	3	9279	28945	26899	6043	2493
植物油加工	19	4	173091	2106420	2059141	1119663	717265
制糖	3	1	4652	15185	9936	51052	33202
屠宰及肉类加工	14	7	37808	329801	332078	109846	38678
其他农副食品加工	26	7	23060	82686	79958	169582	54122
食品制造业	42	9	89997	394946	404847	396416	174149
方便食品制造业	13	2	9533	26815	25282	14320	4231
液体乳及乳制品制造业	14	1	71950	339180	354189	356419	156684

8-7 续表1

单位：个、万元

类　别	工业企业单位数	#亏损企业	工业增加值	工业总产值	工业销售产值	资产总计	流动资产年平均余额
其他食品制造	15	6	8514	28951	25376	25676	13234
饮料制造业	28	7	19052	86544	98011	167382	81349
酒精及酒的制造业	24	4	18275	84612	96555	161011	80592
软饮料制造	4	3	777	1933	1457	6371	757
纺织业	23	3	12502	35075	35950	16301	2994
服装鞋帽制造业							
皮革毛皮羽绒制品业							
木材加工及制品业	13	4	8293	22124	22061	6223	2631
家具制造业	6	1	1908	6111	6111	8181	723
造纸及纸制品业	3	2		15657	18408	37353	16089
造　纸	3	2		15657	18408	37353	16089
印刷和记录媒介复制	4	2	556	1553	1212	207	88
文教体育用品制造	1		170	420	420	50	30
炼焦业	2	1	15112	40891	41437	29464	23365
化学原料及化学制品	27	6	13658	83006	74180	168720	49878
肥料制造	14	1	8147	64299	57203	151353	45498
农药制造	5	2	3695	13756	12026	8262	2916
医药制造业	8	2	16461	54857	57131	134459	60641
中药饮品加工	1		471	1026	1248	3309	1865
中成药制造业	6	2	15175	50907	53428	124978	58776
橡胶制造业	1		188	464	430	340	205
塑料制品业	6		879	2836	2836	1025	208
非金属矿物制品业	65	8	38508	111568	107428	55817	29540
水泥制造业	12	1	21520	61565	62197	44439	24942
砖瓦石材等建材业	44	4	12690	37364	32592	8447	2908
有色金属冶炼及加工	1		165	494	494	447	218
金属制品业	6		1758	4509	4509	1504	330
通用机械制造业	5		7871	27437	26460	13494	8284
专用设备制造业	30	6	10644	32329	30484	12774	8478
农林牧渔机械制造	29	6	10444	31859	30014	12647	8385
交通运输设备制造业	5	1	564	1454	1454	1145	332
其他制造业							
电力燃气水生产供应业	145	54	66209	196136	188808	261805	42901
电力热力生产与供应	115	41	61556	184508	177204	252829	42490
电力生产	6	2	7011	21887	18627	74902	10021
水的生产和供应业	30	13	4653	11628	11604	8976	411

8-7 续表2

单位:万元

类别	流动资产合计	#存货	#产成品	固定资产合计	固定资产原价	累计折旧
总计	**2735173**	**1422894**	**633290**	**1269750**	**1698568**	**456386**
#公有控股经济	2328517	1265608	590324	976818	1340184	365403
#大中型工业企业	2337295	1285696	590050	929622	1288348	352512
#大型	1049439	496030	201581	428679	552170	154635
#产业化龙头工业企业	2198564	1223265	569507	735013	881372	206592
一、按口径分						
规模以上工业	2628802	1397549	627713	1147105	1552873	420692
规模以下工业	106371	25345	5577	122645	145695	35694
二、按轻重工业分						
轻工业	2535651	1359774	606866	1012211	1204811	279545
重工业	199522	63120	26424	257539	493757	176841
三、按企业登记注册类型分						
国有	116781	41455	25566	231390	290108	72365
集体	437	213		38	259	221
股份合作	12481	3082	314	5988	8408	3682
有限责任公司	1203414	589013	253519	584671	714814	169133
股份制	100508	49678	23514	67160	236315	84913
私营	279361	111371	36517	191496	237231	65560
港澳台投资	2130	1379	1175	4423	3939	703
外商投资	155135	57695	38788	180167	210948	52406
四、按工业行业分						
采矿业	11509	4335	1298	14280	17276	4022
煤炭采选业	5048	3427	667	3197	4967	1770
有色金属矿采选业	5314	768	611	2725	3764	2065
非金属矿采选业	1147	140	20	8359	8546	187
制造业	2656917	1408879	631966	1063035	1438643	382760
食品加工业	2195527	1200755	515347	625555	754795	170458
谷物磨制	1184274	711840	317563	239883	265094	57796
饲料加工	2927	985	211	2760	3482	817
植物油加工	867971	422442	155978	216456	302171	86937
制糖	26836	10244	607	15163	19633	4470
屠宰及肉类加工	50414	15825	8675	46443	51304	5940
其他农副食品加工	63105	39419	32313	104851	113112	14498
食品制造业	181128	82329	54173	194787	231510	60209
方便食品制造业	6183	3372	2018	8137	8790	1826
液体乳及乳制品制造业	161241	73481	49281	174739	206726	54534

8-7 续表3　　　　单位:万元

类　　别	流动资产合计	#存货	#产成品	固定资产合计	固定资产原价	累计折旧
其他食品制造	13704	5476	2874	11910	15994	3850
饮料制造业	74488	39336	28443	90460	101104	14627
酒精及酒的制造业	73339	38668	27869	85899	96789	14269
软饮料制造	1149	667	574	4561	4315	357
纺织业	7917	2595	444	5589	9023	2716
服装鞋帽制造业						
皮革毛皮羽绒制品业						
木材加工及制品业	3528	152	100	2259	2367	224
家具制造业	984	85		6170	4653	1734
造纸及纸制品业	13911	8236	4223	23162	28073	6803
造　纸	13911	8236	4223	23162	28073	6803
印刷和记录媒介复制	97	14	1	87	138	51
文教体育用品制造	30			20	22	2
炼焦业	23365	9891	2877	5799	14005	8206
化学原料及化学制品	49548	28404	19378	23643	187004	80564
肥料制造	43917	26517	18204	13073	177663	78148
农药制造	2827	1752	1174	4789	2454	540
医药制造业	56135	25380	4126	54622	59903	18015
中药饮品加工	2228	883	160	1081	2011	996
中成药制造业	51476	22565	3798	50333	57892	17019
橡胶制造业	210	21	18	130	40	28
塑料制品业	761	264	16	264	533	269
非金属矿物制品业	29728	6014	770	21472	30697	11927
水泥制造业	24310	5032	277	15872	24239	10094
砖瓦石材等建材业	3510	782	333	4613	5618	1779
有色金属冶炼及加工	235			175	265	91
金属制品业	743	249	113	731	937	234
通用机械制造业	9314	1256	219	3606	4832	1921
专用设备制造业	8934	3649	1703	3695	7879	4438
农林牧渔机械制造	8839	3624	1691	3663	7802	4393
交通运输设备制造业	335	251	15	810	864	243
其他制造业						
电力燃气水生产供应业	66747	9680	26	192435	242648	69604
电力热力生产与供应	64003	8914	24	186227	233553	66389
电力生产	24656	3809		50245	44562	8785
水的生产和供应业	2745	766	2	6208	9095	3215

8-7 续表 4

单位:万元

类　别	固定资产净值	固定资产净值年平均余额	负债总计	#流动负债	#长期负债	所有者权益总计
总　计	**1242182**	**1123765**	**3279407**	**3043874**	**151547**	**997634**
# 公有控股经济	974781	913737	2853572	2713896	91773	670187
# 大中型工业企业	935836	884127	2828270	2697011	120402	677463
# 大型	397536	377683	1166910	1145813	21097	375440
# 产业化龙头工业企业	674780	641813	2431974	2408303	23670	616525
一、按口径分						
规模以上工业	1132180	1056998	3137564	2962506	137828	897673
规模以下工业	110002	66767	141843	81368	13719	99961
二、按轻重工业分						
轻工业	925266	829236	2837169	2712944	81112	877361
重工业	316916	294529	442238	330930	70435	120273
三、按企业登记注册类型分						
国有	217743	208349	266024	185386	58976	90033
集体	38		307	307		169
股份合作	4726	3799	9377	7911	84	10133
有限责任公司	545681	524170	1353555	1267119	64665	507496
股份制	151402	124565	262048	247724	14324	21053
私营	171671	150007	252253	225065	12405	236679
港澳台投资	3236	4098	4155	1268		2593
外商投资	158542	129510	264087	242320	267	87990
四、按工业行业分						
采矿业	13255	13586	20138	10952	9086	7419
煤炭采选业	3197	3281	4434	4434		3810
有色金属矿采选业	1699	2046	6948	5975	973	2860
非金属矿采选业	8359	8259	8756	543	8113	750
制造业	1055884	966629	3061511	2930439	84092	926167
食品加工业	584337	535384	2293073	2199207	59200	643305
谷物磨制	207298	164863	1251043	1221387	4596	229149
饲料加工	2665	2622	2020	1719	301	4023
植物油加工	215234	208518	923626	896337	20620	196037
制糖	15163	15163	34410	2764	31646	16643
屠宰及肉类加工	45363	53678	18784	18556	228	91062
其他农副食品加工	98614	90540	63190	58444	1809	106392
食品制造业	171301	150877	293191	289266	1217	103225
方便食品制造业	6964	6770	9875	8039	900	4445
液体乳及乳制品制造业	152192	132005	264141	262073	297	92278

8-7 续表5

单位:万元

类　别	固定资产净值	固定资产净值年平均余额	负债总计	#流动负债	#长期负债	所有者权益总计
其他食品制造	12144	12101	19175	19155	20	6502
饮料制造业	86477	87673	124903	122890	1213	42479
酒精及酒的制造业	82520	83739	121665	120167	1148	39346
软饮料制造	3958	3934	3238	2723	65	3133
纺织业	6307	2660	8949	6572	2085	7352
服装鞋帽制造业						
皮革毛皮羽绒制品业						
木材加工及制品业	2143	2026	2758	2177		3466
家具制造业	2919	2620	3436	3107		4745
造纸及纸制品业	21269	21171	34767	34167	600	2587
造　纸	21269	21171	34767	34167	600	2587
印刷和记录媒介复制	87	71	94	94		113
文教体育用品制造	20					50
炼焦业	5799	5799	15489	15489		13975
化学原料及化学制品	106439	110182	169779	163650	5679	-1059
肥料制造	99515	100599	161884	160400	1484	-10531
农药制造	1914	4774	2263	1063	1200	5999
医药制造业	41888	20727	70333	53600	13674	64126
中药饮品加工	1015	1081	2729	2729		580
中成药制造业	40873	19646	62142	47947	13674	62837
橡胶制造业	12	120	60	60		280
塑料制品业	264	196	382	382		643
非金属矿物制品业	18769	19494	25827	21574	159	29990
水泥制造业	14145	14176	20638	16865	59	23800
砖瓦石材等建材业	3839	3436	2886	2406	100	5561
有色金属冶炼及加工	175	178	332	330		115
金属制品业	703	676	473	473		1031
通用机械制造业	2911	3113	6770	6762	8	6724
专用设备制造业	3442	2887	10077	9821	256	2697
农林牧渔机械制造	3410	2856	10055	9799	256	2592
交通运输设备制造业	621	778	820	820		325
其他制造业						
电力燃气水生产供应业	173044	143550	197758	102483	58369	64047
电力热力生产与供应	167164	140076	194529	100642	58242	58258
电力生产	35777	22405	62374	39650	2857	12528
水的生产和供应业	5880	3474	3229	1842	127	5747

8-7 续表6

单位:万元

类别	# 实收资本	国家资本	集体资本	法人资本	个人资本	港澳台资本	外商资本
总　计	**716463**	**173017**	**7877**	**358561**	**158296**	**295**	**18417**
# 公有控股经济	493789	166172	558	298008	15394		13657
# 大中型工业企业	462578	144525	100	283570	19335		15048
# 大型	215112			201984			13128
# 产业化龙头工业企业	432264	130960		259984	28192		13128
一、按口径分							
规模以上工业	639688	153506	3261	335675	128534	295	18417
规模以下工业	76775	19511	4616	22886	29762		
二、按轻重工业分							
轻工业	628181	152792	2841	325382	131589		15577
重工业	88282	20225	5036	33180	26706	295	2840
三、按企业登记注册类型分							
国有	93353	30983	278	57158	4935		
集体	154		154				
股份合作	1521	545	100	308	568		
有限责任公司	372715	86486	219	259449	26561		
股份制	24508	30		6600	15958		1920
私营	161860	3106	7125	41261	110274	95	
港澳台投资	2501	868		904		200	529
外商投资	47350			31382			15968
四、按工业行业分							
采矿业	2947	243		1161	1543		
煤炭采选业	530				530		
有色金属矿采选业	1712	165		600	947		
非金属矿采选业	705	78		561	66		
制造业	662421	149342	7573	341324	145470	295	18417
食品加工业	484709	143082	2601	233147	105350		529
谷物磨制	184149	51588	2556	54597	75409		
饲料加工	4072	401	45	1942	1684		
植物油加工	104700	3200		97843	3657		
制糖	13741			1420	12321		
屠宰及肉类加工	78777			67619	11158		
其他农副食品加工	99270	87893		9726	1122		529
食品制造业	52904	70	14	27931	11761		13128
方便食品制造业	2546	50	14	135	2347		
液体乳及乳制品制造业	45882			26122	6632		13128

8-7 续表 7　　　　单位：万元

类　　别	# 实收资本	国家资本	集体资本	法人资本	个人资本	港澳台资本	外商资本
其他食品制造	4476	20		1674	2782		
饮料制造业	49029	2930		41215	4884		
酒精及酒的制造业	45574			40927	4647		
软饮料制造	3455	2930		288	237		
纺织业	3467		200	1732	1536		
服装鞋帽制造业							
皮革毛皮羽绒制品业							
木材加工及制品业	2503			960	1543		
家具制造业	1355			607	748		
造纸及纸制品业	6461			6461			
造　纸	6461			6461			
印刷和记录媒介复制	100			50	50		
文教体育用品制造							
炼焦业	1416				1416		
化学原料及化学制品	12292	2237		4997	2218		2840
肥料制造	3000	14		1262	1724		
农药制造	6354			3300	214		2840
医药制造业	21623	283		13413	6007		1920
中药饮品加工	580	283			297		
中成药制造业	21043			13413	5710		1920
橡胶制造业	72			14	58		
塑料制品业	479		154	63	262		
非金属矿物制品业	15904	99	330	8822	6358	295	
水泥制造业	11642		250	7415	3977		
砖瓦石材等建材业	4018	99		1407	2218	295	
有色金属冶炼及加工	80				80		
金属制品业	1021			990	31		
通用机械制造业	4976	213	4230	188	345		
专用设备制造业	3809	428	43	584	2753		
农林牧渔机械制造	3734	428	43	584	2678		
交通运输设备制造业	220			150	70		
其他制造业							
电力燃气水生产供应业	51096	23432	304	16076	11283		
电力热力生产与供应	45779	19229	278	15751	10521		
电力生产	10397			7338	3059		
水的生产和供应业	5317	4204	26	325	762		

8-7 续表8　　单位:万元

类别	主营业务收入	#主营业务成本	#主营业务税金及附加	营业费用	管理费用	#税金
总计	**5575931**	**5151618**	**20530**	**146912**	**117450**	**10189**
#公有控股经济	4344299	4105749	5741	114211	82679	7789
#大中型工业企业	4336319	4099411	4802	110830	80505	7292
#大型	2660056	2517803	1348	82525	39226	5381
#产业化龙头工业企业	4127735	3901642	1495	106756	67452	6916
一、按口径分						
规模以上工业	5385824	5003929	15838	141179	106944	9209
规模以下工业	190107	147689	4692	5733	10506	980
二、按轻重工业分						
轻工业	5040461	4698096	12438	133807	91346	8826
重工业	535470	453522	8092	13104	26104	1362
三、按企业登记注册类型分						
国有	242773	214326	2337	8751	8509	1098
集体	1114	1005	28		75	1
股份合作	28739	22427	250	694	1073	28
有限责任公司	2776345	2647872	1890	41672	48033	4770
股份制	101365	96525	2095	5250	13549	478
私营	1007114	849959	11813	25324	26629	2038
港澳台投资	10878	10025	27	212	237	17
外商投资	338325	278070	2063	54221	10477	1281
四、按工业行业分						
采矿业	75801	59902	1207	2219	3615	8
煤炭采选业	33036	30025	138	394	651	8
有色金属矿采选业	14463	11414	45	386	1532	
非金属矿采选业	28302	18462	1024	1439	1431	
制造业	5311155	4926379	16895	140650	109155	9773
食品加工业	4417284	4190079	5863	56668	59641	6184
谷物磨制	1864803	1741318	4022	24905	27733	1650
饲料加工	26028	20009	517	1172	771	159
植物油加工	2094317	2048407	424	16348	17005	2574
制糖	14208	12732	31	276	836	102
屠宰及肉类加工	322602	286243	607	9066	8684	1439
其他农副食品加工	95326	81371	262	4901	4611	260
食品制造业	408928	330571	2860	63004	15377	1608
方便食品制造业	14952	11985	165	434	409	8
液体乳及乳制品制造业	364359	291793	1018	61603	14023	1282

8-7 续表 9　　单位:万元

类　　别	主营业务收　入	# 主营业务成　本	# 主营业务税金及附加	营业费用	管理费用	# 税　金
其他食品制造	29617	26793	1576	966	946	318
饮料制造业	101015	86241	2396	5448	5539	481
酒精及酒的制造业	98488	84562	2366	4605	5353	481
软饮料制造	2527	1679	30	843	186	
纺织业	23992	20867	160	417	508	
服装鞋帽制造业						
皮革毛皮羽绒制品业						
木材加工及制品业	18490	15354	567	355	299	54
家具制造业	5677	3978	86	257	463	196
造纸及纸制品业	18832	19838	52	1329	1364	5
造　纸	18832	19838	52	1329	1364	5
印刷和记录媒介复制	714	500	25	39	48	30
文教体育用品制造	420	250			40	40
炼焦业	45548	35487	1173	1512	510	
化学原料及化学制品	69513	68093	335	1975	10546	335
肥料制造	56686	57788	163	1814	9784	314
农药制造	8826	7662	41	106	167	21
医药制造业	48114	36139	745	6147	6521	227
中药饮品加工	1248	1175	2	25	42	
中成药制造业	44411	32754	743	5872	6257	227
橡胶制造业	464	408	12		4	
塑料制品业	2589	2015	64	89	134	13
非金属矿物制品业	100196	78399	934	2506	5439	476
水泥制造业	61575	49144	578	1326	2465	69
砖瓦石材等建材业	29097	22626	300	1084	1231	367
有色金属冶炼及加工	494	223		22	48	
金属制品业	4537	4003	101	46	111	
通用机械制造业	25807	19990	1242	217	1575	
专用设备制造业	17293	12972	266	522	926	122
农林牧渔机械制造	16823	12558	250	522	921	122
交通运输设备制造业	1250	973	15	98	63	2
其他制造业						
电力燃气水生产供应业	188975	165337	2428	4042	4680	408
电力热力生产与供应	178820	159520	2316	3719	3472	352
电力生产	21366	19322	70	54	428	
水的生产和供应业	10155	5817	113	324	1208	56

8-7续表10

单位:万元

类别	财务费用	#利息支出	本年应交增值税	利润总额	亏损企业亏损总额	利税总额	从业人员平均人数(人)
总　计	**59488**	**76773**	**157482**	**145124**	**22324**	**323136**	**73782**
#公有控股经济	52091	71035	134233	59412	19994	199386	41680
#大中型工业企业	53238	71553	140728	65601	19133	211132	38843
#大型	26676	51446	125531	53685		180563	23322
#产业化龙头工业企业	47538	67867	127077	77114		205686	28780
一、按口径分							
规模以上工业	58320	75746	155596	127781	21327	299216	61988
规模以下工业	1168	1027	1886	17343	997	23920	11794
二、按轻重工业分							
轻工业	53438	71917	140020	117824	7372	270281	53393
重工业	6050	4856	17462	27300	14952	52855	20389
三、按企业登记注册类型分							
国有	5961	5481	5587	7324	949	15247	8432
集体			25	6		59	120
股份合作	48	27	1556	4877		6683	738
有限责任公司	29345	53770	119937	69322	1033	191148	17689
股份制	2526	1843	1145	-16551	19038	-13311	4525
私营	5473	4237	18399	74453	1305	104665	26343
港澳台投资	1		119	489		636	333
外商投资	4354	4518	10713	2781		15558	14867
四、按工业行业分							
采矿业	151	150	2757	9594		13558	2431
煤炭采选业	110	110	1307	2628		4073	589
有色金属矿采选业	20	20	489	1069		1603	1161
非金属矿采选业	21	20	961	5898		7882	681
制造业	56007	74027	148615	127767	21916	293277	63512
食品加工业	42669	62042	121214	107024	1219	234100	21978
谷物磨制	18662	13530	6041	43432	4	53495	10614
饲料加工	69	67	144	3360	275	4021	519
植物油加工	21881	46424	106222	19225	228	125871	3985
制糖	2	2	1550	1788		3369	650
屠宰及肉类加工	1065	1065	6852	35293		42751	4074
其他农副食品加工	991	955	405	3926	712	4593	2136
食品制造业	5079	5153	14206	6470	572	23535	17242
方便食品制造业	174	174	505	1689		2359	654
液体乳及乳制品制造业	4734	4820	13270	3964		18252	15680

8-7 续表 11

单位:万元

类 别	财务费用	#利息支出	本年应交增值税	利润总额	亏损企业亏损总额	利税总额	从业人员平均人数（人）
其他食品制造	171	159	431	817	572	2924	908
饮料制造业	3787	3489	1166	2425	562	5987	6597
酒精及酒的制造业	3668	3370	1158	2972		6497	6487
软饮料制造	119	119	8	-547	562	-509	110
纺织业	115	75	173	2475		2807	1670
服装鞋帽制造业							
皮革毛皮羽绒制品业							
木材加工及制品业	13		43	1129		1739	409
家具制造业	345	345	1	466		553	129
造纸及纸制品业	603		689	-4148	4193	-3407	1100
造 纸	603		689	-4148	4193	-3407	1100
印刷和记录媒介复制	1	1	15	102		142	36
文教体育用品制造				100		100	10
炼焦业	510	510	3617	6021		10811	792
化学原料及化学制品	1290	1210	279	-11350	14477	-10737	2747
肥料制造	1243	1163	220	-12474	14047	-12091	2409
农药制造	47	47	43	545	430	629	177
医药制造业	734	732	2415	1199	797	4359	3708
中药饮品加工			18	4		24	75
中成药制造业	719	732	2397	1192	797	4332	3538
橡胶制造业	4			56		68	32
塑料制品业	6	4	25	260		349	183
非金属矿物制品业	517	168	4281	10763		15979	4916
水泥制造业	412	73	3728	6837		11142	2046
砖瓦石材等建材业	101	94	536	3501		4337	2627
有色金属冶炼及加工			38	30		68	58
金属制品业	1	1	31	276		408	140
通用机械制造业	64	64	103	2819		4164	489
专用设备制造业	268	232	301	1393	96	1960	1243
农林牧渔机械制造	265	232	301	1337	96	1888	1219
交通运输设备制造业	1	1	19	258		292	33
其他制造业							
电力燃气水生产供应业	3330	2595	6110	7763	408	16301	7839
电力热力生产与供应	3242	2516	5980	6626	379	14921	7088
电力生产	428	408	576	954		1601	831
水的生产和供应业	88	79	130	1138	29	1380	751

8-8 主要工业产品产量

年份 单位	原煤 （万吨）	黄金 （千克）	大米 （万吨）	小麦粉 （万吨）	食用植物油 （万吨）	豆粕 （万吨）	机制糖 （吨）	罐头 （吨）
1985	157.2	88.4	1.2	25.5	1.9		53242	2109
1990	178.5	139.0	3.0	29.5	5.4		87674	8054
1991	175.0	205.0	2.2	26.9	4.5		128972	11378
1992	168.1	333.0	2.6	27.2	3.8		118722	6829
1993	125.7	389.0	2.1	22.9	4.2		109133	6611
1994	119.9	428.0	4.9	32.1	6.1		58158	1471
1995	136.3	751.0	9.0	27.2	7.3		95325	3578
1996	142.3	944.0	21.1	25.4	4.6		122438	3402
1997	188.0	891.0	33.9	21.7	5.1		102364	1336
1998	195.4	745.0	28.1	24.0	5.5		94231	2847
1999	103.6	877.0	39.3	23.6	7.7		83533	5031
2000	82.7	570.1	58.1	22.4	9.2	39.7	15091	2306
2001	31.7	507.7	65.7	31.9	8.5	34.1	38768	1960
2002	3.2	478.0	123.6	32.9	10.6	43.4	48841	3077
2003	7.3	470.0	126.8	32.5	16.9	103.0	10047	5904
2004	10.6	250.4	146.2	29.8	21.7	121.9	20389	5649
2005	33.0	173.3	160.2	31.0	49.3	240.5	16915	4536
2006	49.5	248.0	195.7	25.7	54.9	269.7	32438	1852
2007	36.8	234.0	230.9	22.1	43.6	203.7	41145	1829
2008	31.4	193.0	238.7	17.7	42.1	179.6	31011	1441
2009	46.5	207.0	289.6	20.2	79.5	354.3	32127	860
2010	53.5	166.0	359.5	23.5	104.3	474.2	33172	891
宝泉岭局			36.2	0.7	1.5	4.5		
红兴隆局	15.0	166.0	53.9	0.8	2.2	15.1	18192	
建三江局			91.9	1.1	2.2	6.7		
牡丹江局	38.5		86.3	1.7	1.0			
北安局				3.1	0.2	0.1		
九三局			0.4	2.3	0.3	0.1	14980	
齐齐哈尔局			16.2	0.5	0.1	0.2		
绥化局			4.0	1.3	0.1			
哈尔滨局			6.0					
总局局直			64.6	12.0	96.7	447.5		891

8-8续表1

年份 单位	乳制品 （吨）	#液体乳 （吨）	白酒 （吨）	啤酒 （吨）	大麦芽 （吨）	饲料 （万吨）	豆制品 （吨）	锯材 （万立方米）	机制纸及纸板 （吨）
1985	5262		9540	11900		1.3		12.1	25347
1990	28321		13893	39740		8.7		7.7	35104
1991	34581		11651	29764		9.2		6.4	29825
1992	39306		11588	34655		10.5		4.8	25235
1993	33982		6697	29563		9.8		2.8	25983
1994	29282		4211	25987		10.6		2.9	17480
1995	27662		9785	27573		12.5	4534	2.2	23268
1996	28828		14336	37690		11.6	2673	2.1	33180
1997	32359		11739	43504		13.1	16243	3.5	25512
1998	30203		13101	40252		13.3	14965	3.7	18854
1999	27914		15384	24488		10.5	5820	3.7	16872
2000	44045	7152	15882	20281	23059	7.2	4313	0.8	14658
2001	65618	19293	17723	11531	38824	12.4	8543	4.6	20887
2002	128877	76790	16100	7610	54037	10.4	10206	4.1	21627
2003	225129	179438	24826	15823	108403	12.0	17301	5.6	20389
2004	170623	122801	20539	11000	113571	13.4	18043	7.3	23213
2005	177921	123791	29143	7250	159031	17.4	29714	11.7	25612
2006	162549	110992	30087	9880	161175	18.5	21921	14.5	29855
2007	193179	124380	29852	1850	261280	18.4	24345	17.8	43981
2008	261092	179850	33986	18	200595	24.2	28753	20.1	52575
2009	357241	276266	38844		251132	30.5	40622	29.1	47924
2010	577259	462571	44306		213722	34.3	52071	25.7	37197
宝泉岭局	10650		5505			5.4	20838	6.1	
红兴隆局			11654			4.7	1950	10.4	2227
建三江局	99		3837		4040	0.7	920	0.4	
牡丹江局	31		1442		41900	6.1	520		
北安局	7520	277	4237			4.0	1983	7.0	
九三局	1064		4749			2.8	8265	0.3	
齐齐哈尔局	1600		2637			4.0	1970	0.9	
绥化局	9087		4698			1.6	7291	0.2	
哈尔滨局	1070	1070	5547			5.0		0.4	1900
总局局直	546138	461224			172782		8334		33070

8-8续表2

年　份 单　位	发电量 （万千瓦小时）	焦炭 （万吨）	尿素实物量 （万吨）	复合肥料实物量 （吨）	酒精 （吨）	化学原料药 （吨）	中成药 （吨）
1985	26136	4.3	8.8		3938		87
1990	47219	14.2	10.9		6791	111	384
1991	59391	13.1	16.7		10806	116	564
1992	61876	12	20.6		11592	98	447
1993	60884	14.4	17.4		9923	126	170
1994	57130	14.6	19.6		6479	386	5
1995	59192	14.8	20.9	230	8548	82	193
1996	58132	18.6	19.8	4381	11289	166	211
1997	56020	18.4	19.8	1381	6754	175	1103
1998	58395	14.3	20.3	4653	8701	192	750
1999	53258	4.0	21.4	4542	7744	318	976
2000	43971	3.3	9.9	4784	1294	2391	2046
2001	48575	3.8	8.7	5168	2637	513	3235
2002	48775	2.8	16.1	7413	1238	2765	6756
2003	53439	12.5	11.3	4515	506	3530	8587
2004	57341	20.8	11.8	4877	948	3584	7376
2005	51646	21.4	19.8	4630	122	3268	11706
2006	61674	19.7	17.3	3950	4569	1587	12275
2007	58034	20.6	18.5	7134	15485	2055	13622
2008	54018	18.7	20.5	7660	16616	2536	11914
2009	47622	17.2	23.4	13637	9584.8	537	3567
2010	46779	19.8	28.2	15166	16096	759	2498
宝泉岭局	1712			4166			
红兴隆局					16096		
建三江局	14089						
牡丹江局	12899	19.8				30	586
北安局							
九三局							
齐齐哈尔局				11000			
绥化局	1385						
哈尔滨局						725	1194
总局局直	16694		28.2			4	718

8-8 续表 3

年　份 单　位	水　泥 （万吨）	砖 （万块）	瓦 （万片）	小　型 拖拉机 （台）	机引耕 作机械 （台）	种　植 机　械 （台）	联　合 收获机 （台）	场上作 业机械 （台）
1985	24.4	81909	1911	5879	231		900	
1990	38.8	83135	1525	356	461		220	
1991	47.4	80533	1284	57	827		260	
1992	57.3	89042	1234	189	303	1160	200	
1993	59.6	85644	1892	33	190	2		
1994	55.7	43749	1375	126	569	1230	2	
1995	45.6	51254	337	56	2192	1681		1222
1996	47.2	51452	1542	1568	2173	2688	718	435
1997	51.2	50966	154	673	2955	1988	615	657
1998	56.9	60692	220	505	2470	4302	718	1376
1999	63.2	56622	95	1233	1669	266	567	1962
2000	77.0	23876	87	294	1585	1026	1163	1951
2001	76.0	51691	173	120	893	1876	65	1801
2002	79.0	49929	934	452	689	414	31	2394
2003	108.1	54538	319		1745	2138	39	1332
2004	139.3	53202	1614		857	1623		330
2005	134.8	59314	348	15	13269	1334	69	307
2006	149.9	63768	878	53	12815	31059		9386
2007	112.1	79518	46		13980	21251		9540
2008	128.3	89984	46		10300	33850		9863
2009	163.8	105133	646		11654	20763		10253
2010	189.6	138615	53		4597	38222		1061
宝泉岭局	10.5	22524	21			110		
红兴隆局	86.1	30606	12		1053	581		
建三江局		12304			1000			
牡丹江局	93.0	16514			1313			891
北安局		20344			214			134
九三局		12320	20		67	39		
齐齐哈尔局		10332						
绥化局		10771						
哈尔滨局		2900			950	37492		36
总局局直								

8-9　主要工业产品生产、销售与库存

(2010年)

产品名称	计量单位	年初库存量	本年累计生产量	本年累计销售量	累计自用及其他	盘盈(+)盘亏(-)	年末库存量
原煤	吨	64905	534604	516674			82835
发电量	万千瓦时		46779	26782	19997		
#火电	万千瓦时		45394	25397	19997		
自来水产量	万吨		2403	2388		-15	
大米	吨	83177	3595206	3569015	3430		105938
小麦粉	吨	16434	234777	220888	16715		13608
小麦粉制品	吨	70	10286	10284			72
米制品	吨		968	968			
食用植物油	吨	55308	1042907	1030222	22		67971
豆粕	吨	140879	4742223	4590135			292967
鲜冷藏冻肉	吨	9118	182269	184290	20	-7	7070
机制糖	吨	16264	33172	33520			15916
配混合饲料	吨	4101	342965	342151			4915
糖果	吨						
糕点	吨	3	6675	6676			2
饼干	吨	1	197	197			1
方便主食品	吨	328	1895	2039			184
乳制品	吨	24665	577259	582584	23	-8	19309
#液体乳	吨	5017	462571	462794	19	-8	4767
罐头	吨	177	891	873			195
大麦芽	吨	158329	218722	281013			96036
酱油	吨	16	5543	5549			10
豆制品	吨	1543	52071	52464		20	1170
淀粉	吨	32918	44564	56509	1040	-92	19841
发酵酒精	千升	10	20120	20130			
精甲醇	吨	6459	9853	1234			15078

8-9 续表　　　　　　　　　　　　(2010年)

产品名称	计量单位	年初库存量	本年累计生产量	本年累计销售量	累计自用及其他	盘盈(+)盘亏(-)	年末库存量
饮料酒	千升	1977	49358	49492			1843
白酒	千升	1977	49358	49492			1843
啤酒	千升						
葡萄酒	千升						
服装	万件		5.2	5.2			
锯材	立方米	574	256737	256234	500		577
家具	件	85	34088	34143			30
纸浆	吨		16827		16827		
机制纸及纸板	吨	16698	37197	43228			10667
焦炭	吨	25045	197731	206864			15912
合成氨	吨	351	164766		164802		315
化肥(折纯量)	吨	39779	132396	133081			39094
# 尿素	吨	39665	130938	131833			38770
化肥(实物量)	吨	85817	297017	298333			84501
# 尿素	吨	85392	281851	283767			83476
化学原料药	吨	762	759	577	3		941
中成药	吨	1834	2498	2261	5		2066
水泥	吨	10308	1895973	1901911			4370
水泥熟料	吨	55182	806247		814070		47359
砖	万块	1493	138615	136542	2110		1456
建筑用石灰	吨		223759	223759			
黄金	千克	69	166	216			19
小型拖拉机	台	14		2			12
拖拉机附件	千元		6090	6090			
中小农具	台		23527	23527			
机引耕作机械	台	1216	4597	4450			1363
种植机械	台	6566	38222	34407			10381
收获机械	台	57	801	803			55
场上作业机械	台	96	1061	1126			31

8-10　主要工业产品生产能力利用率（全口径）

（2010年）

产品名称	平均生产能力			年产量			生产能力利用率(%)		
	计量单位	2010年	2009年	计量单位	2010年	2009年	2010年	2009年	增减点
小麦粉(处理小麦)	吨/年	834700	913700	吨	230457	211210	36.8	30.8	6.0
挂　面	吨/年	51340	49500	吨	9180	16324	17.9	33.0	-15.1
大　米(处理水稻)	吨/年	11976410	10271237	吨	3511872	2750007	44.4	39.6	4.8
大豆食用油(处理大豆)	吨/日	26309	23963	吨	1162996	895675	83.7	72.4	11.3
糕　点	吨/年	4581	6521	吨	7711	7169	168.3	109.9	58.4
大豆酱(处理大豆)	吨/年	4830	9875	吨	19520	14654	115.6	42.4	73.1
机制糖(处理甜菜)	吨/日	4900	4900	吨	18192	32127	9.8	17.3	-7.5
屠宰禽量	万只/年	1860	1960	吨	18536	15952	56.9	46.5	10.4
乳制品	吨/年	132052	137259	吨	73269	85006	55.5	61.9	-6.4
其中:奶粉(处理鲜奶)	吨/日	2075	1912	吨	73649	84626	49.7	59.0	-9.3
液体乳	吨/日	1841	1661	吨	232462	276756	35.1	46.3	-11.2
罐　头	吨/年	5000	10000	吨	891	860	17.8	8.6	9.2
淀　粉	吨/年	128030	136030	吨	46394	49794	36.2	36.6	-0.4
大麦芽	吨/年	409000	407000	吨	218980	251132	53.5	61.7	-8.2
白　酒	吨/年	52694	52214	吨	51507	42087	97.7	80.6	17.1
酒　精	吨/年	64040	64040	吨	20000	10000	31.2	15.6	15.6
配混合饲料	吨/年	514900	423079	吨	305563	275603	59.3	65.1	-5.8
甜菜干粕	吨/年	28080	28080	吨	6220	13313	22.2	47.4	-25.3
豆　粕	吨/年	5815200	385050	吨	4709769	3534600	81.0	918.0	16.3
黄　金	千克/年	528	528	千克	166	207	31.4	39.2	-7.8
锯　材	立方米/年	306366	260236	立方米	286083	273932	93.4	105.3	-11.9
机制纸	吨/年	56000	56000	吨	34995	46438	62.5	82.9	-20.4
发电量（装机容量）	千瓦	283500	75000	万千瓦时	26341	31059	9.3	41.4	-32.1
尿　素	吨/年	300000	300100	吨	281351	233015	93.8	77.6	-16.1
复合肥	吨/年	112720	39520	吨	26876	20517	23.8	51.9	-28.1
种衣剂	吨/年	2700	2200	吨	510	518	18.9	23.5	-4.7
水　泥	吨/年	2751240	2321000	吨	1775032	1665783	64.5	71.8	-7.3
红　砖	万块/年	108350	99720	万块	143685	123101	132.6	123.4	9.2
焦　炭	万吨/年	20.4	36.2	万吨	19.8	17.2	97.1	47.5	12.7
亚　麻	吨/年	214642	204392	吨	21929	24400	10.2	11.9	-1.7
甲　醇	吨/年	100000	100000	吨	9853	2387	9.9	2.4	7.5

注:8-10资料由总局工信委提供。

主要统计指标解释

工业　指从事自然资源的开采，对采掘品和农产品进行加工和再加工的物质生产部门。具体包括：（1）对自然资源的开采，如采矿、晒盐、森林采伐等（但不包括禽兽捕猎和水产捕捞）；（2）对农副产品的加工、再加工，如粮油加工、食品加工、轧花、缫丝、纺织、制革等；（3）对采掘品的加工、再加工，如炼铁、轧钢、化工生产、石油加工、机器制造、木材加工等，以及电力、自来水、煤气的生产和供应等；（4）对工业品的修理、翻新，如机器设备的修理、交通运输工具（包括小卧车）的修理等。1984年以前农村的村及村以下办工业归属农业，1984年以后划归工业。

轻工业　指主要提供生活消费品和制作手工工具的工业。按其所使用的原料不同，可分为两大类：（1）以农产品为原料轻工业，是指直接或间接以农产品为基本原料的轻工业。主要包括食品制造、饮料制造、烟草加工、纺织、缝纫、皮革和毛皮制作、造纸以及印刷等工业；(2)以非农产品为原料的轻工业，是指以工业品为原料的轻工业。主要包括体育用品、化学药品制造、合成纤维制造、日用化学制品、日用玻璃制品、日用金属制品、手工工具制造、医疗器械制造、文化和办公用机械制造等工业。

重工业　是指为国民经济各部门提供物质技术基础的主要生产资料工业。按其生产性质和产品用途，可以分为下列三类：(1)采掘（伐）工业，是指对自然资源的开采，包括石油开采、煤炭开采、金属矿开采、非金属矿开采和木材采伐等工业；（2）原材料工业，指向国民经济各部门提供基本材料、动力和燃料的工业。包括金属冶炼及加工、炼焦及焦炭化学、化工原料、水泥、人造板以及电力、石油和煤炭加工等工业；(3)加工工业，是指对工业原材料进行再加工制造的工业。包括装备国民经济各部门的机械制造工业、金属结构、水泥制品等工业，以及为农业提供的生产资料如化肥、农药等工业。

根据上述划分原则，修理业中以重工业产品为修理作业对象的划为重工业，反这划为轻工业。

工业总产值　是以货币表现的工业企业在一定时期内生产的已出售或可供出售工业产品的总量，它反映一定时间内工业生产的总规模和总水平。它包括：在本企业内不再进行加工，经检验、包装入库（规定不需包装的产品除外）的成品价值，工业性作业价值，自制半成品、在产品期末期初差额价值。工业总产值采用“工厂法”计算，即以工业企业作为一个整体，按企业工业生产活动的最终成果来计算，企业内部不允许重复，不能把企业内部各个车间（分厂）生产的成果相加。但在企业之间、行业之间、地区之间存在着重复计算。

轻重工业总产值的划分也是按“工厂法”计算的，即一个工业企业在正常情况下生产的主要产品的性质属于轻工业，则该企业的全部总产值作为轻工业总产值；一个工业企业生产的主要产品的性质属于重工业，则该企业的全部总产值作为重工业总产值。

工业增加值　是指工业行业在报告期内以货币表现的工业生产活动的最终成果。

固定资产原价　固定资产原价指企业在建造、购置、安装、改建、扩建、技术改造某项固定资产时所支出的全部货币总额。它一般包括买价、包装费、运杂费和安装费等。

固定资产净值　是指固定资产原价减去历年已提折旧后的净额。

资产　指由过去的交易、事项形成并由企业拥有或控制的资源，该资源预期会给企业带来经济利益。按资产的流动性分为流动资产、长期投资、固定资产、无形资产和其他资产。

负债　指过去的交易、事项形成的现时义务，履行该义务预期会导致经济利益出企业。包括流动负债、长期负债、递延税项等。

产品销售收入　指企业在报告期内销售产品、提供劳务及让渡资产使用权等日常活动取得的业务收入总额。

按规定产品销售收入应扣除销售退货，销售折扣和销售折让。

产品销售成本　指企业报告期内销售产品、提供劳务或让渡资产使用权等日常活动而发生的实际成本。

产品销售费用　指企业在报告期内，销售产品和提供工业性劳务等过程中发生的各项费用，包括运输费、装卸费、包装费、保险费、展览费和广告费，以及为销售本企业商品而专设的销售机构（含销售网点、售后服务网点等）的职工工资及福利费、类似工资性质的费用、业务费等经营费用。

产品销售税金及附加 指企业销售产品和提供工业性劳务等主要经营业务应负担的城市维护建设税、消费税、资源税和教育费附加。

产品销售利润 指企业销售产品和提供工业性劳务等主要经营业务收入扣除其成本、费用、税金后的利润。

利润总额 指企业在一定时期的经营成果，它是企业在一定会计期间内实现的收入减去费用后的净额。亏损用“-”表示。

应交增值税 指企业在报告期内因发生产品销售或提供劳务而应缴纳的增值税额。

所有者权益（或股东权益） 指企业所有者对企业净资产的所有权。企业净资产等于企业全部资产减去全部负债后的余额，其中包括投资者对企业的最初投入（实收资本），以及资本公积金、盈余公积金和未分配利润，对股份制企业讲即为股东权益。

总资产贡献率 该指标反映企业全部资产的获利能力，是企业经营业绩和管理水平的集中体现，是评价和考核企业盈利能力的核心指标。计算公式为：

$$总资产贡献率=\frac{(利润总额+税金总额+利息支出)}{平均资产总额}\times 100\%$$

资本保值增值率 该指标反映企业净资产的变动状况，是企业发展能力的集中体现。计算公式为：

$$资本保值增值率=\frac{报告期期末所有者权益}{上年同期期末所有者权益}\times 100\%$$

资产负债率 该指标既反映企业经营风险的大小，也反映企业利用债权人提供的资金从事经营活动的能力。计算公式为

$$资产负债率=\frac{负债总额}{资产总额}\times 100\%$$

流动资产周转率 指一定时期内流动资产完成的周转次数，反映投入工业企业流动资金的周转速度。计算公式为：

$$流动资产周转率=\frac{产品销售收入}{流动资产平均余额}\times\frac{12}{累计月份}$$

成本费用利润率 反映工业投入的生产成本及费用的经济效益，同时也反映企业降低成本所取得的经济效益。计算公式为：

$$成本费用利润率=\frac{利润总额}{成本费用总额}\times 100\%$$

其中：成本费用总额为产品销售成本、销售费用、管理费用、财务费用之和。

全员劳动生产率 该指标反映企业的生产效率和劳动投入的经济效益。计算公式为：

$$全员劳动生产率=\frac{工业增加值}{全部职工平均人数}$$

产品销售率 反映工业产品已实现销售的程度，是分析工业产销衔接情况、研究工业产品满足社会需求的指标计算公式为：

$$产品销售率=\frac{工业销售产值}{工业总产值}\times 100\%$$

STATISTICAL
YEARBOOK

9 建筑业

建筑企业总产值（万元）

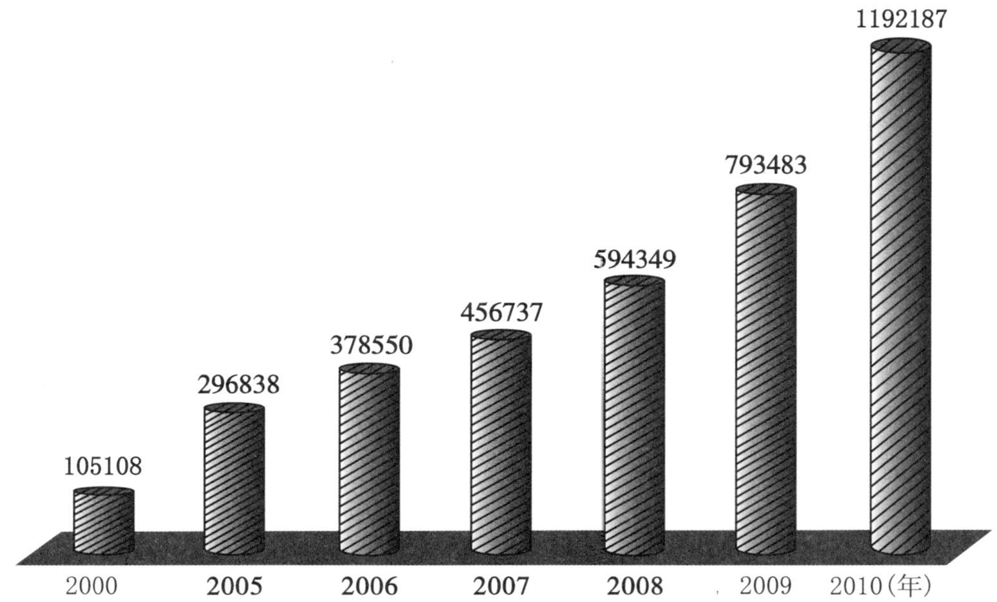

劳动生产率（元/人）

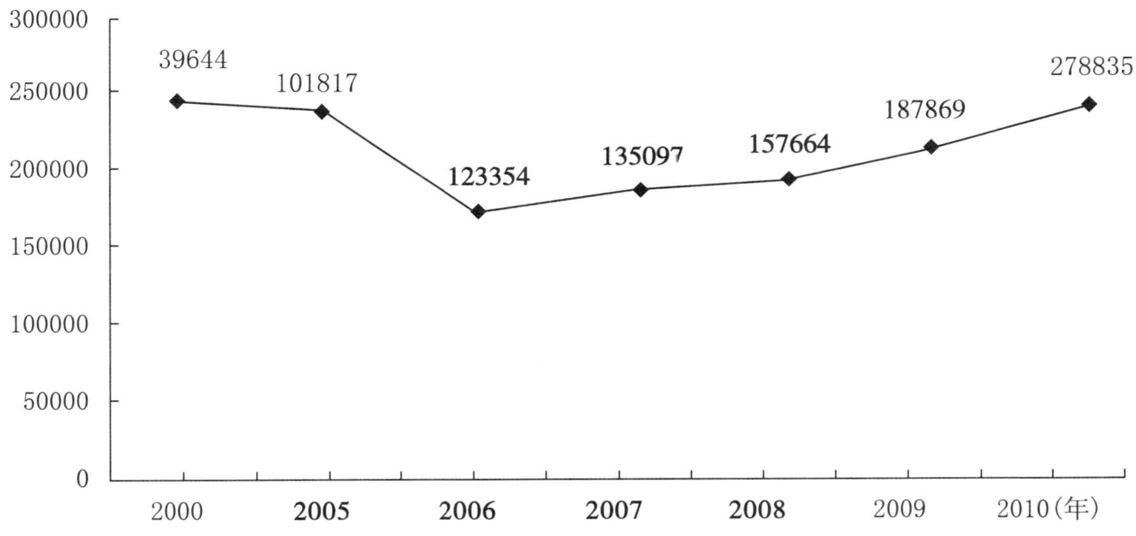

9-1 建筑企业基本情况

指　　标	单 位	2000	2005	2006	2007	2008	2009	2010
施工企业单位数	个	152	226	196	195	202	210	232
年末从业人数	个	23477	27728	28965	31500	35652	37556	50121
年平均人数	个	26513	29154	30688	33808	37697	42236	42756
固定资产原值	万元	30548	71656	67034	89424	114312	139654	170768
建筑业总产值	万元	105108	296838	378550	456737	594349	793483	1192187
年内施工的单位工程数	个	902	2882	3093	2581	2731	3021	3317
验收交工的单位工程数	个	790	2753	1982	2183	2481	2712	2833
# 优良工程个数	个	301	395	437	570	475	600	911
验收鉴定的单位工程优良品率	%	38.1	14.3	22.0	26.1	19.1	22.1	
房屋建筑施工面积	万平方米	123.0	200.5	170.3	208.4	282.9	416.3	645.6
房屋建筑竣工面积	万平方米	78.5	149.7	122.6	165.7	212.1	353.0	524.6
# 优良工程竣工面积	万平方米	48.8	67.2	49.2	63.6	96.9	246.0	
房屋面积竣工率	%	63.8	74.7	72.0	79.5	75.0	84.8	81.3
房屋建筑面积优良品率	%	62.2	44.9	40.1	38.4	45.7	69.7	
利润总额	万元	2675	20518	19870	30954	49301	75738	98229
全员劳动生产率								
按总产值计算	元/人	39644	101817	123354	135097	157664	187869	278835
按增加值计算	元/人	18556	34158	39723	44687	54613	63941	95445
产值利润率	%	2.5	6.7	5.2	6.8	8.3	9.5	8.2

9-2 各分局建筑业总产值

（2010 年）　　　　单位：万元

单位名称	建筑业总产值	公有控股经济	非公有控股经济	#个体	#在系统外完成产值	公有控股经济	非公有控股经济	#个体
总　　计	**1192187**	**471812**	**720374**	**357560**	**262468**	**246232**	**16236**	**220**
宝泉岭局	96339	27255	69084	54581	2400		2400	
红兴隆局	271203	60773	210430	119354	6170	100	6070	
建三江局	102553	8006	94548	53549				
牡丹江局	105186	1030	104156	56137				
北 安 局	44617	8363	36254	17470	1108		1108	
九 三 局	73745		73745	27605				
齐齐哈尔局	24853	690	24163	21061				
绥 化 局	35811		35811	6737				
哈尔滨局	12714		12714	1068	1720		1720	220
总局直属	425167	365696	59471		251070	246132	4938	

9-3 各分局工程施工及竣工个数

（2010 年）　　　　单位:个

单位名称	单位工程施工个数	#公有控股经济	#新开工	#公有控股经济	单位工程竣工个数	#公有控股经济	#优良单位工程	#公有控股经济
总　　计	**3317**	**659**	**3041**	**434**	**2833**	**317**	**911**	**101**
宝泉岭局	715	102	715	102	715	102	47	14
红兴隆局	642	94	584	40	618	82	460	56
建三江局	268	21	268	21	266	21	56	20
牡丹江局	240	12	239	12	188	12	115	6
北 安 局	241	19	231	19	208	19	127	
九 三 局	310		310		310		17	
齐齐哈尔局	66	6	62	6	41	6	7	
绥 化 局	279		273		279		19	
哈尔滨局	40		37		40		24	
总局直属	516	405	322	234	168	75	39	5

9-4 各分局房屋施工及竣工面积

（2010年） 单位:平方米

单位名称	本年房屋建筑施工面积	公有控股经济	非公有控股经济	#个体	本年房屋建筑竣工面积	公有控股经济	非公有控股经济	#个体
总计	**6455981**	**1360685**	**5095296**	**2493321**	**5246445**	**570426**	**4676019**	**2231950**
宝泉岭局	758610	184100	574510	400289	758610	184100	574510	400289
红兴隆局	1248019	221577	1026442	581645	1146176	137235	1008941	581644
建三江局	483724		483724	253704	483724		483724	253704
牡丹江局	838893		838893	498186	748341		748341	466186
北安局	222855	52792	170063	112300	192527	52792	139735	112300
九三局	432346		432346	189086	432346		432346	189086
齐齐哈尔局	422257		422257	398895	192887		192887	169525
绥化局	276196		276196	53586	276196		276196	53586
哈尔滨局	129890		129890	5630	129890		129890	5630
总局直属	1643191	902216	740975		885748	196299	689449	

9-5 各分局建筑业从业人员数

（2010年） 单位:人

单位名称	期末从业人员	公有控股经济	非公有控股经济	#个体	#工程技人员	公有控股经济	非公有控股经济	#个体
总计	**50121**	**13624**	**36497**	**24914**	**6234**	**1798**	**4436**	**1857**
宝泉岭局	3361	371	2990	2235	415	37	378	160
红兴隆局	10010	1290	8720	5748	983	182	801	495
建三江局	3612	190	3422	2428	463	35	428	250
牡丹江局	6851	145	6706	5864	451	38	413	177
北安局	1631	185	1446	916	451	153	298	162
九三局	2682		2682	2248	281		281	194
齐齐哈尔局	5214	120	5094	4712	393	5	388	322
绥化局	2065		2065	582	225		225	53
哈尔滨局	339		339	181	165		165	44
总局直属	14356	11323	3033		2407	1348	1059	

9-6 建筑企业主要机械设备年末拥有量

指　　标	单位	2000	2004	2005	2006	2007	2008	2009	2010
年末自有机械设备原值	万元	32094	67232	61656	67034	88425	114312	138565	169436
年末自有机械设备总台数	台	2941	3280	2751	2745	3067	3483	4042	4518
#起重机	台	156	229	252	223	230	311	383	570
载重汽车	辆	166	217	253	323	329	360	431	548
推土机	台	345	252	296	292	335	385	444	470
挖掘机	台	264	214	253	334	382	464	557	571
铲运机	台	40	38	39	38	40	41	47	51
自有机械设备总功率	万千瓦	9.9	15	14	15	15	15.4	16.8	21.7
技术装备率	元/人	8526	39040	22236	23143	28071	32060	36151	39629

9-7 各分局固定资产原值及机械情况

（2010年）　　单位：台

单位名称	固定资产原值(万元)	#公有控股经济	自有机械设备总台数	#公有控股经济	#起重机	#公有控股经济
总　　计	**170768.4**	**40709.5**	**4518**	**973**	**570**	**59**
宝泉岭局	7951.5	2101	317	95	33	6
红兴隆局	30289	6730	980	369	136	35
建三江局	23806.8	1224	364	31	33	2
牡丹江局	12340.7	287.5	780	17	76	
北安局	13842	3794	214	21	32	14
九三局	19895.5		137		25	
齐齐哈尔局	4050	370	320	9	126	
绥化局	5236.2		105		20	
哈尔滨局	2658		185		16	
总局直属	50698.7	26203	1116	431	73	2

9-7 续表

单位:台

单位名称	#推土机	#公有控股经济	#挖掘机	#公有控股经济	#载重汽车	#公有控股经济
总计	**470**	**123**	**571**	**117**	**548**	**123**
宝泉岭局	40	8	54	7	48	15
红兴隆局	114	63	111	46	101	36
建三江局	54	9	147	17	44	3
牡丹江局	54	3	61	2	78	12
北安局	43		60	3	61	
九三局	12		14		20	
齐齐哈尔局	46	5	26	1	26	
绥化局	28		23		25	
哈尔滨局	4		4		9	
总局直属	75	35	71	41	136	57

9-8 各分局资产、利润及拖欠工程款情况

（2010年）

单位:万元

单位名称	资产总额	#公有控股经济	利润总额	#公有控股经济	期末拖欠工程款	#公有控股经济
总计	**535752**	**319883**	**98229**	**8744**	**80400**	**59537**
宝泉岭局	30258	16519	10934	712	13024	12854
红兴隆局	84843	38915	31071	1339	7171	401
建三江局	33922	1486	9706	408	1500	
牡丹江局	16938	786	13143	8	600	
北安局	13637	1096	3346	50	5245	5245
九三局	25798		7923			
齐齐哈尔局	26934	811	4040	35		
绥化局	9175		8379			
哈尔滨局	5090		1244		380	
总局直属	289156	260270	8444	6192	52480	41037

主要统计指标解释

建筑业总产值 （自行完成施工产值）：指以货币表现的建筑安装企业和附营施工单位在一定时期内生产的建筑业产品的总和。它包括建筑工程产值、设备安装工程产值、房屋、构筑物修理产值、非标准设备制造产值。

竣工产值 指在报告期内，按照设计所规定的工程内容全部完成，达到了设计规定的交工条件，经有关部门检查验收签定合格的单位工程价值之和。

单位工程施工个数 指在报告期内施过工的全部单位工程数量，包括本期新开工、上期施工跨入本期继续施工、上期停工缓建本期复工、本期开工又停缓建和本期竣工的单位工程数量。

新开工单位工程个数 指报告期内新开工的单位工程个数。它不包括在上期施工跨入报告期继续施工的单位工程，也不包括上期停缓建报告期复工的单位工程个数。

单位工程竣工个数 是指报告期内按设计所规定的工程内容全部完成，达到了使用条件，经有关部门检查验收鉴定合格的全部单位工程个数。

优良工程个数 指按现行国家质量等级标准，经政府质量监督部门验收鉴定，评为优良工程的单位工程个数。

房屋建筑施工面积 指在报告期内施工的全部房屋建筑面积；包括本期内新开工的、上期施工跨入本期继续施工、上期停建奉期复工的房屋建筑面积；不包括上期开工后又停工，本期未施工的房屋建筑面积。

房屋建筑竣工面积 指在报告期内，按照设计所规定的面积内容全部完成，达到了设计规定的交工条件，经有关部门检查验收签定合格的房屋建筑面积。

房屋建筑优良工程面积 指按现行国家质量等级标准，经政府质量监督部门验收鉴定，评为优良工程的房屋建筑面积。

自有机械设备年末总台数 指归本企业(或单位)所有，属于本企业(或单位)固定资产的生产性机械设备年末总台数。包括施工机械、生产设备、运输设备以及其他设备。

期末拖欠工程款 是指建筑企业是在报告期末应向发包单位收取的工程款，取自会计科目“应收账款”中的明细科目“应收工程款”。

$$\textbf{技术装备率}=\frac{\text{自有机械设备净值}}{\text{年末从业人数}}\times 100\%$$

$$\textbf{动力装备率}=\frac{\text{自有机械设备总动力}}{\text{年末从业人数}}\times 100\%$$

$$\textbf{劳动生产率}=\frac{\text{总产值(或增加值)}}{\text{年从业人员平均人数}}\times 100\%$$

STATISTICAL YEARBOOK

10 交通运输和通讯业

客运量（千人）

7190
6430
6325
8820
9250
9480
9418
9700
9540
1990
1995
2000
2005
2006
2007
2008
2009
2010(年)

货运量（千吨）

7680
8960
11179
18770
18380
18548
18078
18980
19470
1990
1995
2000
2005
2006
2007
2008
2009
2010(年)

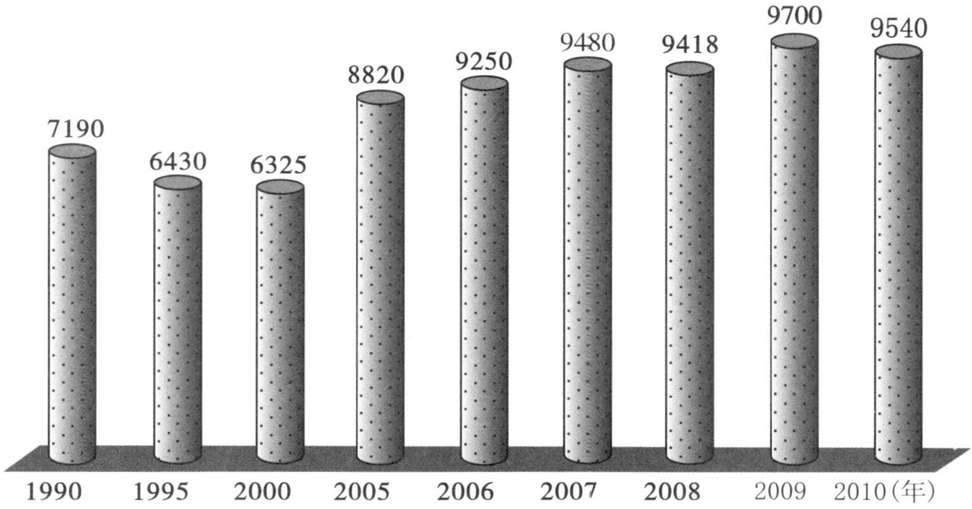

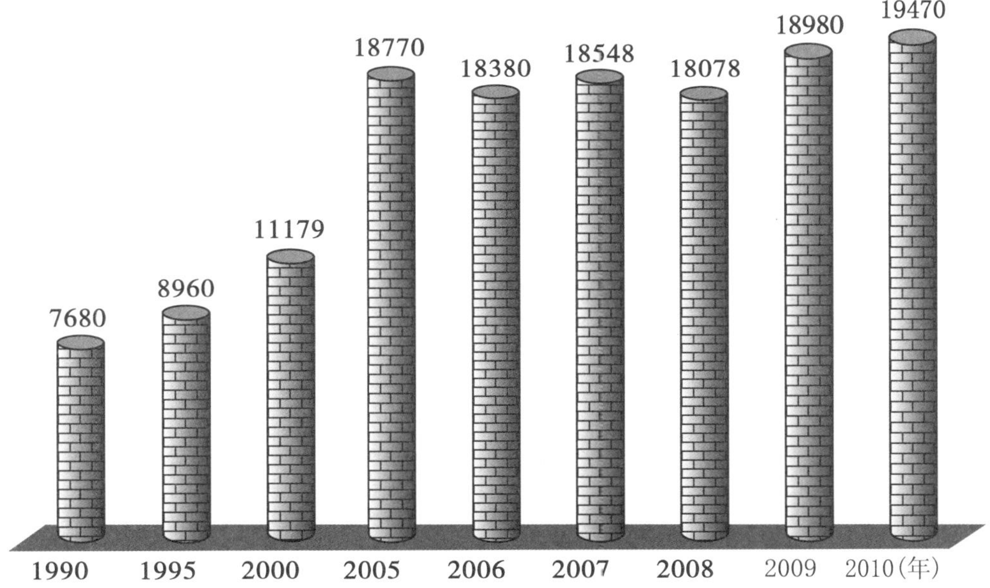

10-1 运输企业客(货)运量和旅客(货物)周转量

年　　份	客　运　量（万人）	旅客周转量（万人公里）	货　运　量（万吨）	货运周转量（万吨公里）
1985			998	43685
1990	719	29178	768	30933
1995	643	29220	896	58242
1996	650	29675	926	45339
1997	634	24778	1108	54444
1998	636	28706	1318	64742
1999	642	30178	1103	63690
2000	633	29378	1118	50882
2001	671	30918	1025	59625
2002	781	36429	1161	64781
2003	679	30650	1294	67067
2004	864	59474	1803	147844
2005	882	52308	1877	126138
2006	925	57146	1838	97250
2007	948	58157	1855	111809
2008	942	57536	1808	111016
2009	970	59261	1898	116819
2010	954	54476	1947	127250

注：10-1至10-17资料由总局交通局提供。

10-2 各分局客运市场基本情况

单位:条

年　份 单　位	营运线路 合　计	跨地(市)	地(市)内	#县　内
2000	454	72	382	218
2002	513	86	427	241
2003	522	77	445	274
2004	519	76	443	255
2005	510	74	436	244
2006	581	101	480	243
2007	570	133	437	299
2008	567	113	453	294
2009	596	120	476	285
2010	589	97	447	271
宝泉岭局	111	23	28	59
红兴隆局	127	34	93	32
建三江局	130	18	112	79
牡丹江局	61	2	59	36
北安局	55	3	52	39
九三局	31	4	27	15
齐齐哈尔局	27	3	24	11
绥化局	19	1	18	13
哈尔滨局	35	32	3	1
总局直属				

10-3 各分局运输企业客（货）运量和旅客（货物）周转量

年份 单位	客运量 （千人）	旅客周转量 （千人公里）	货运量 （千吨）	#汽车 货运量	货物周转量 （千吨公里）	#汽车 货物周转量
2000	6325	293780	11179	11179	508820	508820
2001	6710	309180	10250	10250	596250	596250
2002	7810	364290	11610	11610	647810	647810
2003	6790	306500	12940	12740	670670	670670
2004	8640	594740	18030	18030	1478440	1478440
2005	8820	523080	18770	18770	1261380	1261380
2006	9250	571460	18380	18380	972500	972500
2007	9480	581571	18548	18548	1118093	1118093
2008	9418	575357	18078	18078	1110156	1110156
2009	9700	592610	18980	18980	1168190	1168190
2010	9540	544758	19470	19470	1272500	1272500
宝泉岭局	1450	97630	1334	1334	102470	102470
红兴隆局	860	56907	2287	2287	142240	142240
建三江局	1750	110940	3436	3436	234633	234633
牡丹江局	1900	77020	3611	3611	149156	149156
北安局	1638	64000	1662	1662	149996	149996
九三局	1190	80730	1457	1457	123744	123744
齐齐哈尔局	296	28714	3047	3047	194439	194439
绥化局	453	28714	1108	1108	68625	68625
哈尔滨局	30	130	1528	1528	107187	107187

10-4 各分局公路里程及公路硬化情况

（2010年） 单位：公里

单位	合计	硬化路面里程	水泥	沥青	渣油	硬化率（%）
合计	**24587.750**	**10878.128**	**8034.887**	**337.581**	**5.128**	**44**
宝泉岭局	3436.518	1129.643	1127.407	2.236		33
红兴隆局	4431.569	1405.310	1350.252	55.058		32
建三江局	5419.046	1683.504	1683.504			31
牡丹江局	3327.014	1512.286	1512.286			45
北安局	2651.068	867.935	834.010	33.925		33
九三局	1797.745	675.080	675.080			38
齐齐哈尔局	1853.300	490.649	358.418	132.231	5.128	26
绥化局	1404.851	469.560	410.316	59.244		33
哈尔滨局	249.320	133.575	78.688	54.887		54
总局直属	17.319	4.926	4.926			28

10-5 各分局营运载客汽车

(2010年)

单　　位	客运车辆总计		客运班车合计		出租客车	
	辆	客位	辆	客位	辆	客位
合　　计	**5437**	**40089**	**732**	**20900**	**3406**	**18249**
宝泉岭局	491	4804	127	3348	364	1456
红兴隆局	800	7209	149	4605	651	2604
建三江局	1268	9336	156	4888	1112	4448
牡丹江局	756	5497	119	2949	637	2548
北　安　局	459	3593	65	2017	394	1576
九　三　局	996	4804	27	928	969	3876
齐齐哈尔局	441	3246	51	1686	390	1560
绥　化　局	152	1208	24	696	128	512
哈尔滨局	74	392	4	112	70	280

10-6 各分局营运载货汽车

(2010年)

单　　位	货运车辆总计		普通载货汽车		专用载货汽车	
	(辆)	(吨位)	(辆)	(吨位)	(辆)	(吨位)
合　　计	**9147**	**85148**	**8643**	**77031**	**249**	**3952**
宝泉岭局	1125	11083	997	10887	6	57
红兴隆局	1465	16310	1465	16310		
建三江局	1166	14070	1055	11504	32	512
牡丹江局	1190	6872	1190	6872		
北　安　局	494	2202	482	1962	39	443
九　三　局	375	2128	375	2128		
齐齐哈尔局	1488	18994	1412	16969		
绥　化　局	562	2846	544	2592	13	104
哈尔滨局	1282	10643	1123	7807	159	2836

10-7 营运载客汽车按标记客位分组

(2010年)

单位	客运班车合计		大型		中型		小型	
	辆	客位	辆	客位	辆	客位	辆	客位
合计	**722**	**21229**	**174**	**7577**	**484**	**12923**	**64**	**729**
宝泉岭局	127	3348	38	1530	77	1655	12	163
红兴隆局	149	4605	28	1312	105	3069	16	224
建三江局	156	4888	33	1347	123	3541		
牡丹江局	119	2949	31	1383	63	1345	25	221
北安局	65	2017	16	756	39	1149	10	112
九三局	27	928	14	598	12	321	1	9
齐齐哈尔局	51	1686	10	482	41	1204		
绥化局	24	696	3	136	21	560		
哈尔滨局	4	112	1	33	3	79		

10-8 各分局汽车修理业务基本情况

单位	汽车修理业(户)	一类	二类	三类	摩托车	从业人员(人)	#管理人员	#技术人员
2000	380	12	36	309	23	1684	332	610
2001	373	3	17	317	36	1301	277	417
2002	391	4	21	325	41	1267	261	468
2003	401	3	37	323	38	1401	277	636
2004	441	2	32	368	39	1445	314	686
2005	389	2	24	280	83	1364	313	591
2006	387	2	35	309	41	1194	313	222
2007	373	2	32	309	30	1167	190	139
2008	386	2	29	301	54	1193	226	129
2009	433	3	24	367	38	892	228	664
2010	443	4	23	372	44	502	221	77
宝泉岭局	40	1	4	30	5	69	34	21
红兴隆局	147	1	9	125	12	39	20	6
建三江局	120		1	110	9	120	97	23
牡丹江局	48		6	29	13	146	23	10
北安局	18		1	17		13	4	6
九三局	26	1	1	24		33	3	6
齐齐哈尔局	36			35	1	66	36	1
绥化局								
哈尔滨局	8	1	1	2	4	16	4	4

10-9 垦区按技术等级分的公路里程到达情况

(2010年) 单位:公里

单位	总计	等级公路	高速公路	一级	二级	三级	四级	等外公路
上年年底到达数	**24539.264**	**10210.343**		**1.5**	**478.901**	**7067.657**	**2662.285**	**14328.921**
本年年底到达数	**24587.750**	**10878.128**		**1.5**	**524.003**	**7654.826**	**2697.799**	**13709.622**
1. 国道								
2. 省道	514.547	514.547		1.5	427.572	85.475		
3. 县道	410.487	410.487			27.693	354.340	28.454	
4. 乡道	7245.748	6852.054			58.395	5217.319	1576.340	393.694
5. 专用公路	9365.120	95.162				71.691	23.471	9269.958
6. 村道	7051.848	3005.878			10.343	1926.001	1069.534	4045.970

10-10 各分局按技术等级分的公路里程到达情况

(2010年) 单位:公里

单位	总计	等级公路	高速公路	一级	二级	三级	四级	等外公路
合计	**24587.750**	**10878.128**		**1.500**	**524.003**	**7654.826**	**2697.799**	**13709.622**
宝泉岭局	3436.518	1484.189			16.497	1306.885	160.807	1952.329
红兴隆局	4431.569	1696.972		1.500	173.608	1178.661	343.203	2734.597
建三江局	5419.046	2015.922			287.583	1593.081	135.258	3403.124
牡丹江局	3327.014	1771.410			4.444	1398.397	368.569	1555.604
北安局	2651.068	1521.173			14.441	1017.043	489.689	1129.895
九三局	1797.745	956.790			3.919	442.525	510.346	840.955
齐齐哈尔局	1853.300	719.612			19.305	426.727	273.580	1133.688
绥化局	1404.851	564.378			4.206	189.003	371.169	840.473
哈尔滨局	249.320	142.756				102.504	40.252	106.564
总局直属	17.319	4.926					4.926	12.393

10-11 垦区按路面类型分的公路里程到达情况

（2010年）

单位：公里

项目	公路里程	有铺装路面（高级）			未铺装路面（中级、低级、无路面）				
		合计	沥青混凝土	水泥混凝土	合计	砂石	石质	砖铺	无路面
上年年底到达数	**24533.802**	**7164.850**	**337.636**	**6827.214**	**17363.823**	**3038.136**	**0.305**	**3.978**	**14321.404**
本年年底到达数	**24587.750**	**8372.468**	**337.581**	**8034.887**	**16210.154**	**2496.556**		**3.976**	**13709.662**
1. 国道									
2. 省道	515.354	385.642		385.642	129.712	129.712			
3. 县道	410.657	269.371	26.800	242.571	141.286	141.286			
4. 乡道	7231.041	4773.995	259.755	4514.240	2457.046	1954.106		3.978	498.962
5. 专用公路	9367.676	17.239		17.239	9350.437	26.624			9323.813
6. 村道	7009.074	1718.603	51.081	1667.522	5285.342	786.408	0.305		4498.629

10-12 各分局按路面类型分的公路里程到达情况

（2010年）

单位：公里

单位	公路里程	有铺装路面（高级）			未铺装路面（中级、低级、无路面）				
		硬化小计	沥青混凝土	水泥混凝土	渣油	石质	砂石	砖铺	无路面
合计	**24587.750**	**8372.468**	**337.581**	**8034.887**	**5.128**	**2496.556**		**3.976**	**13709.622**
宝泉岭局	3436.518	1129.643	2.236	1127.407		354.546			1952.329
红兴隆局	4431.569	1405.310	55.058	1350.252		291.662			2734.597
建三江局	5419.046	1683.504		1683.504		332.418			3403.124
牡丹江局	3327.014	1512.286		1512.286		259.124			1555.604
北安局	2651.068	867.935	33.925	834.01		653.238			1129.895
九三局	1797.745	675.080		675.08		281.71			840.955
齐齐哈尔局	1853.300	490.649	132.231	358.418	5.128	223.835			1133.688
绥化局	1404.851	469.560	410.316	59.244		90.842		3.976	840.473
哈尔滨局	249.320	133.575	54.887	78.688		9.181			106.564
总局直属	17.319	4.926		4.926					12.393

10-13 各分局道路客运站及站务情况

(2010年)

单位	客运站						站务情况		
	客运站数量(个)	一级站	二级站	三级站	五级站	简易站及招呼站	站务人员(人)	平均日发班次(班次)	平均日旅客发送量(人次)
合计	**740**	**4**	**6**	**74**	**23**	**101**	**532**	**3614**	**13539**
宝泉岭局	112	1		11	2	10	90	146	11000
红兴隆局	137	2	3	9		30	94	2374	35017
建三江局	117	1	1	14		16	84	172	15180
牡丹江局	100			14		14	69	365	4487
北安局	88			8	5	4	71	59	1395
九三局	97		1	12		7	76	58	5000
齐齐哈尔局	35		1	1	5	13	15	65	5480
绥化局	37			2	7	5	24	24	347
哈尔滨局	17			3	4	2	9	4	

10-14 垦区分路线公路桥梁到达情况

(2010年)

路线名称	桥梁合计		临时性		半永久性		永久性	
	米	座	米	座	米	座	米	座
合计	**24765**	**1268**	**78**	**7**	**7**	**1**	**24680**	**1260**
干线	2897	98					2897	98
省道	2897	98					2897	98
县道	1564	57					1564	57
乡道	13900	706	22	2			13878	704
专用公路	175	1					175	1
村道	6229	406	56	5	7	1	6166	400

路线名称	桥梁中:危险桥梁		桥梁按跨径分					
			大桥		中桥		小桥	
	米	座	米	座	米	座	米	座
合计	**4960**	**299**	**2443**	**18**	**5905**	**133**	**15991**	**1106**
干线	66	2	414	3	750	15	1569	75
省道	66	2	414	3	750	15	1569	75
县道	319	16	388	2	415	7	757	48
乡道	3929	236	1318	10	3592	79	8730	611
专用公路			175	1				
村道	645	45	148	2	1149	32	4935	372

10-15 垦区公路通达情况

(2010年) 单位:个

单 位	乡（镇）通达情况					
	乡镇总数	通公路数	通有铺装路面数	通简易路面数	通未铺装路面数	无路面数
总 计	**154**	**154**	**152**		**2**	
宝泉岭局	13	13	13			
红兴隆局	35	35	35			
建三江局	20	20	20			
牡丹江局	14	14	14			
北 安 局	15	15	15			
九 三 局	12	12	11		1	
齐齐哈尔局	22	22	21		1	
绥 化 局	11	11	11			
哈尔滨局	11	11	11			
总局直属	1	1	1			

10-15续表 (2010年) 单位:个

单 位	行政村通达情况					
	行政村总数	通公路数	通有铺装路面数	通简易路面数	通未铺装路面数	无路面数
总 计	**2313**	**1970**	**1730**		**240**	**607**
宝泉岭局	366	301	265		36	107
红兴隆局	432	342	306		36	122
建三江局	329	293	273		20	61
牡丹江局	337	302	282		20	83
北 安 局	308	260	197		63	89
九 三 局	201	175	142		33	29
齐齐哈尔局	179	153	128		25	73
绥 化 局	114	100	93		7	32
哈尔滨局	42	39	39			9
总局直属	5	5	5			2

10-16 垦区公路桥梁到达情况(省道)

(2010年)

路线编号	路线名称起讫地点	桥梁合计		其中				桥梁按跨径分					
				永久性		危险桥梁		大桥		中桥		小桥	
		米	座	米	座	米	座	米	座	米	座	米	座
	省道合计	**2897.05**	**98**	**2897.05**	**98**	**334.43**	**5**	**414.21**	**3**	**863.92**	**16**	**1618.92**	**79**
S210	饶河—抚远	425.80	12	425.80	12			124.00	1	111.60	2	190.20	9
	饶农界—农饶界												
	饶农界—胜锋界	168.50	3	168.50	3			124.00	1			44.50	2
	胜锋界—锋哨界	88.00	2	88.00	2					56.00	1	32.00	1
	锋哨界—农抚界	169.30	7	169.30	7					55.60	1	113.70	6
S303	鹤岗—嫩江	260.80	9	260.80	9					177.60	3	83.20	6
	五农界—尾格界												
	尾格界—格七界	11.00	1	11.00	1							11.00	1
	格七界—七江界	70.00	1	70.00	1					70.00	1		
	七江界—嫩江	179.80	7	179.80	7					107.60	2	72.20	5
S306	佳木斯—抚远	403.22	17	403.22	17					42.72	1	360.50	16
	富农界—直锋界	356.22	15	356.22	15					42.72	1	313.50	14
	直锋界—锋哨界	47.00	2	47.00	2							47.00	2
	锋哨界—农抚界												
S307	依兰—饶河	1225.71	40	1225.71	40	164.21	1	290.21	2	193.00	4	742.50	34
	宝农界—二三界	473.50	14	473.50	14			126.00	1	102.00	2	245.50	11
	二三界—三红界	472.00	20	472.00	20					91.00	2	381.00	18
	三红界—农饶界	280.21	6	280.21	6	164.21	1	164.21	1			116.00	5
S308	依兰—宝清	300.72	7	300.72	7	170.22	4			237.00	4	63.72	3
	七农界—农七界	300.72	7	300.72	7	170.22	4			237.00	4	63.72	3
S313	同江—抚远	280.80	13	280.80	13					102.00	2	178.80	11
	同农界—农同界	280.80	13	280.80	13					102.00	2	178.80	11

10-17 垦区公路桥梁到达情况(县道)

(2010年)

路线编号	路线名称起讫地点	桥梁合计		其中				桥梁按跨径分					
				永久性		危险桥梁		大桥		中桥		小桥	
		米	座	米	座	米	座	米	座	米	座	米	座
	县道合计	**1564.30**	**57**	**1564.30**	**57**	**279.40**	**12**	**388.00**	**2**	**415.00**	**7**	**761.30**	**48**
X025	拉哈—甘南	656.00	13	656.00	13	67.00	3	388.00	2	88.00	2	180.00	9
X116	向阳—前卫	23.50	2	23.50	2							23.50	2
X122	虎林—八五二	156.20	5	156.20	5	84.00	1			84.00	1	72.20	4
X126	庆丰—同化	121.80	4	121.80	4					103.80	1	18.00	3
X136	友谊—宝清	77.40	5	77.40	5							77.40	5
X190	沾河—81125部队												
X205	勤得利支线	12.50	1	12.50	1	12.50	1					12.50	1
X206	饶河农场—西通	29.90	2	29.90	2							29.90	2
X207	前进—寒葱沟	260.90	14	260.90	14	115.90	7			42.70	1	218.20	13
X208	前锋农场—瓦其卡	29.00	2	29.00	2							29.00	2
X242	佳抚公路建三江支线	47.00	4	47.00	4							47.00	4
X243	佳抚公路创业农场支线												
X244	依饶公路五九七支线	33.00	2	33.00	2					26.00	1	7.00	1
X247	绥北公路赵光农场支线												
X248	依饶公路朝阳支线	23.40	1	23.40	1							23.40	1
X249	依饶公路八五二支线	93.70	2	93.70	2					70.50	1	23.20	1

10-18 垦区通信人员数量及电话装机量

(2010年)

单　位	通信分公司(个)	通信中心(个)	通信人员数量(个)	电话装机总数(部)	年电话装机量(部)	电话装机比率户均(%)
总　计	**10**	**103**	**1715**	**252623**	**21742**	**52.7**
农垦通信有限公司			45			
宝泉岭通信分公司	1	13	237	36823	1856	47.6
红兴隆通信分公司	1	13	285	48188	4447	52.41
建三江通信有限责任公司	1	16	136	33695	3262	46.23
牡丹江通信分公司	1	13	211	43548	3310	70.45
北安通信分公司	1	15	233	26326	2839	47.94
九三通信分公司	1	12	130	27527	2668	68.52
齐齐哈尔通信分公司	1	6	103	17443	1426	52.16
绥化通信分公司	1	9	66	9576	1039	51.24
佳木斯通信分公司	1	4	84	5126	441	73.73
哈尔滨通信站	1	2	85	4371	454	20.96

注:10-18至10-19资料由总局通信公司提供。

10-19 垦区通信设备拥有量

(2010年)

单　位	光缆线路(皮长公里)	微波线路(波道公里)	长途线路(路)	程控交换机实占容线(线)	会议电视系统(套)	宽带用户(户)
总　计	**14801.888**	**343**	**13828**	**479205**	**132**	**110357**
农垦通信有限公司	2630.217					
宝泉岭通信分公司	2193.175		720	66761	13	18479
红兴隆通信分公司	2322.940		1930	85950	14	21904
建三江通信有限责任公司	2162.820		2370	54269	23	14023
牡丹江通信分公司	2117.670		1223	92609	14	19444
北安通信分公司	1540.730		270	49354	17	9667
九三通信分公司	1091.529		1260	51678	13	12334
齐齐哈尔通信分公司	334.721	233	930	35753	13	6668
绥化通信分公司	311.160	111	1080	19519	8	4281
佳木斯通信分公司	62.319		1175	11792	5	2288
哈尔滨通信站	34.610		2820	11520	12	1269

主要统计指标解释

客运线路 指持有道路运政管理机构核发的有效道路客运线路证件，已开通班车、旅游客运线路的条数、班次数。道路客运线路班次的统计范围是经各级道路运政管理机构批准的客运线路，不包括通过本辖区的过境线路。

营运载客汽车 指持有道路运政管理机构核发的道路运输证的客运汽车。计算单位：辆、客位。客位：以道路运政管理机构核发的道路运输证中的核定数为准。大型客车：车身长度>9m；中型客车：6m<车身长度≤9m；小型客车：车身长度≤6m。

营运载货汽车 指持有道路运政管理机构核发的道路运输证的载货汽车，包括普通载货汽车和专用载货汽车，不包括牵引车和挂车。计算单位：辆、吨位。大型货车：是指标记吨位4吨以上的货车；重型货车：是指标记吨位8吨及以上的货车；中型货车：是指标记吨位2吨以上，4吨及以下的货车；小型货车：是指标记吨位2吨及以下的货车。

普通载货汽车 指具有一般构造栏板式、平板式及厢式货运汽车，包括自卸车、半挂车、厢式车等。

专用载货汽车 指具有特殊构造及附属设备从事专门用途的货运汽车，如罐车、集装箱车、大型物件运输车、冷藏车等。

运输管理机构个数 机构个数的统计以组织人事管理关系为依据。在同级机构中运输管理与维修管理机构分设的，应按实际个数分别统计。对于组织人事关系同一管理，而多名称的，即“一套人马，多块牌子”应统计为一个机构。地(市)级：指地、市、州、盟的道路运政管理机构。县(区)级：指县、县级市、县级区、旗的道路运政管理机构。派驻机构或分站：指各级交通主管部门或道路运政管理机构派驻在乡(镇)、口岸、车站等地，从事道路运政管理工作的分支机构。

运政部门人员 指各级道路运政管理机构实际在册人员数，包括运政管理人员和生活后勤服务人员，不包括离退休人员。

管理人员 指从事道路运政管理工作的人员，包括各类运政业务管理、计统、财务以及政治工作人员等。管理人员按其所在机构分，应与机构设置相一致。道路运政管理与其他管理(如水运管理、养路费征收管理)合署设置的机构，其“运政部门人员”和“管理人员”只统计实际从事道路运政管理工作的有关人员。

养护里程 是指用汽车养路费及部分通行费(非经营性收费公路的通行费)养护的公路里程。

宽带IP业务 是为用户提供的一种高速、稳定接入因特网及企业局域网间高速互联的新业务。用户可通过宽带网络享受到高速上网浏览、高速软件下载、播放视频点播节目、远程教育、视频会议、多媒体信息通信等时尚信息服务。

会议电视系统 是一种以传送视频图象信息为主的通信业务。其基本特征是：可以在两个或两个以上地点实时传递点对点的活动图像和声音；还可以传递文件、图表、照片和实物的固定图象。它能将彼此相隔很远的多个会议室连接起来，使各方与会人员不仅可以听到声音，还可以看到图像，可以“面对面”交谈，适合于召开各种会议和现场交流。

程控交换机 是利用电子计算机控制的交换机，它以预先编好的程序控制交换机的接续动作。

STATISTICAL
YEARBOOK

11 批发零售业和餐饮业

社会消费品零售总额（亿元）

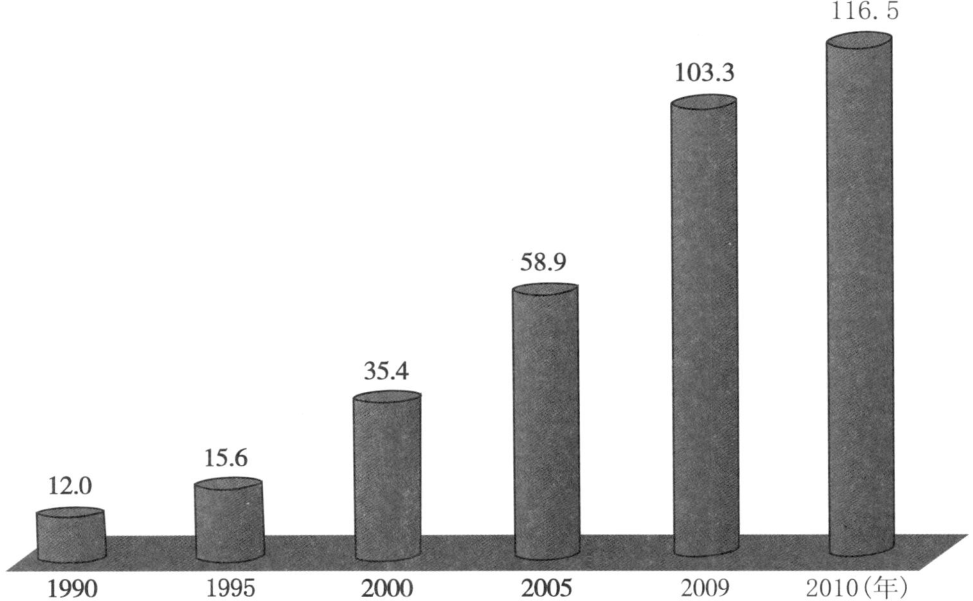

批发零售业商业销售总额（亿元）

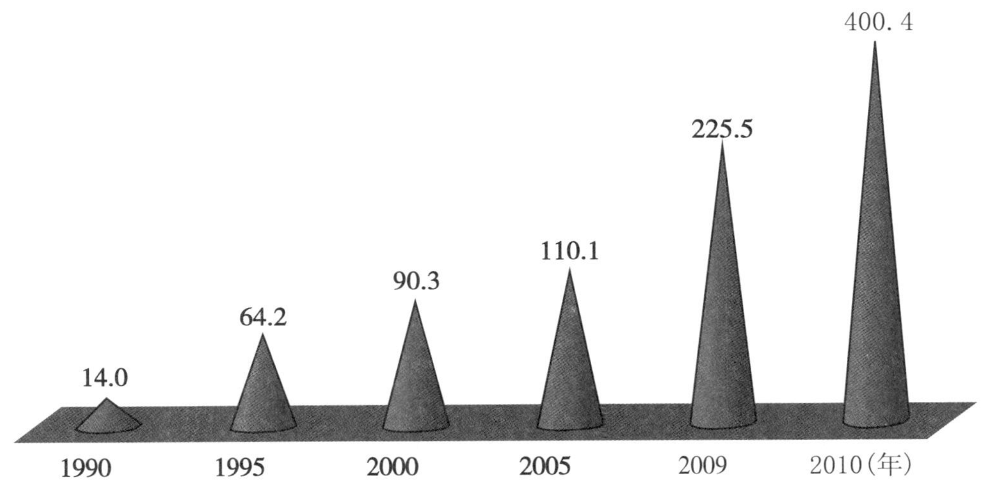

11-1 批发零售业商品购进、销售总额

（2010年） 单位：万元

项目	商品购进总额	商品销售总额	批发销售额	零售销售额	年末库存额
总额	**3615414**	**4003617**	**2517486**	**1486131**	**784838**
一、按国民经济行业分组					
农畜产品批发	993679	959507	947895	11612	162091
其中：谷物、豆及薯类批发	234549	213283	209359	3925	127052
种子、饲料批发	116735	161565	153877	7688	29874
食品、饮料及烟草制品批发	678906	630006	629331	675	263632
其中：米、面制品食用油批发	674597	624546	623871	675	262988
纺织、服装及日用品批发	555	1320	1320		4
文化、体育用品及器材批发	814	1123	600	523	11
医药及医疗器械批发	7992	9777	8977	800	2504
矿产品、建材及化工产品批发	864458	949775	446530	503245	156164
石油及制品批发	468210	515998	21432	494566	25322
化肥批发	390902	418727	416301	2426	130621
农药批发	1982	6697	6697		3
机械设备、五金交电电子产品批发	225045	248215	247815	400	27259
农业机械批发	214396	233598	233198	400	25619
汽车、摩托车及零配件批发	2064	2807	2807		380
其他批发	57705	38614	38274	340	26899
再生物资回收与批发	1489	2052	1712	340	598
综合零售	744020	1095366	180902	914464	142782
百货零售	455295	758541	129070	629471	73618
食品、饮料及烟草制品专门零售	8026	12094	354	11740	24
粮油零售	7996	11316		11316	
纺织、服装及日用品专业零售	8879	13702		13702	973
服装零售	6317	10325		10325	560
文化、体育用品及器材专门零售	1461	1933	774	1159	154
医药及医疗器械专门零售	407	712		712	40
家用电器及电子产品专门零售	284	474		474	164
计算机、软件及辅助设备零售					
五金、家具及装修材料零售	12569	20274	10290	9984	1690
其他零售	10616	20726	4425	16301	447
二、按企业规模分					
限额以上企业	2452977	2336187	1834460	501727	541624
限额以下企业	1162437	1667429	683026	984404	243214

11-2 各分局批发零售业商品购、销、存总额

单位:万元

年份 单位	商品购进 总额	商品销售 总额	批发	零售	年末 库存额
2000	868760	903114	602545	300569	159734
2004	732910	953548	491287	462261	137844
2005	687933	1101469	427904	673565	199696
2006	1024153	1240820	421550	819270	176915
2007	1137121	1548883	625865	923018	255927
2008	1217276	1599757	634458	965299	282618
2009	1797352	2254551	1051031	1203520	419922
2010	3615414	4003617	2517486	1486131	784838
宝泉岭局	209133	300931	103716	197215	33009
红兴隆局	132242	253284	109514	143771	36689
建三江局	221479	300684	179568	121116	26513
牡丹江局	174865	252818	91142	161676	19902
北安局	91495	169578	76129	93449	17490
九三局	200114	179317	70053	109264	89051
齐齐哈尔局	93656	116394	53162	63232	4122
绥化局	72031	133425	59980	73445	4112
哈尔滨局	13284	27829	2887	24942	1051
总局直属	2407115	2269356	1771335	498021	552899

11-3 各分局批发零售业商品购、销、存总额

(国有经济)

单位:万元

年份 单位	商品购进 总额	商品销售 总额	批发	零售	年末 库存额
2000	541216	580982	514167	66815	81736
2004	295479	386353	378457	7896	69326
2005	202019	444464	276757	167707	130650
2006	383490	478796	224855	253941	68654
2007	169129	316733	298753	17980	28076
2008	121921	160276	149936	10339	50292
2009	326575	307351	294039	13312	134132
2010	323854	415620	398792	16828	89754
宝泉岭局	25967	34501	34337	165	9152
红兴隆局	19375	23625	22706	919	2129
建三江局	62509	74130	73357	773	16583
牡丹江局	31676	45968	37775	8193	7858
北安局	20137	35452	30660	4792	1751
九三局	19246	22553	20567	1986	3180
齐齐哈尔局	1851	8261	8261		
绥化局	1832	2420	2420		1597
哈尔滨局	242	518	518		14
总局直属	141019	168192	168192		47489

11-4 各分局批发零售业商品购、销、存总额

（私营经济）　　单位:万元

年份 单位	商品购进 总额	商品销售 总额	批发	零售	年末 库存额
2000	60060	56670	36317	20353	13445
2004	51431	40470	31261	9209	3540
2005	35836	45731	37563	8168	7124
2006	35612	46857	37798	9059	6626
2007	41255	50800	44173	6627	7952
2008	55055	70301	66362	3939	8241
2009	72635	117036	113726	3310	12209
2010	126844	202277	184756	17520	14184
宝泉岭局	11892	17143	13354	3789	1485
红兴隆局	11935	21717	21717		378
建三江局	17810	21893	20101	1792	1010
牡丹江局	15748	23182	20826	2356	1893
北安局	6272	24574	24453	121	1908
九三局					
齐齐哈尔局	112	247	120	127	
绥化局	21404	40589	35326	5263	1015
哈尔滨局	3947	6201	2369	3832	450
总局直属	37723	46731	46491	240	6045

11-5 各分局批发零售业商品购、销、存总额

（个体经济）　　单位:万元

年份 单位	商品购进 总额	商品销售 总额	批发	零售	年末 库存额
2000	267484	265462	52061	213401	64554
2004	377825	513464	70348	443116	64027
2005	440129	598125	100621	497504	60880
2006	573663	675847	122891	552956	97334
2007	649248	879261	255927	663580	148836
2008	725426	981249	264751	716498	136525
2009	759118	1136748	320516	816233	130913
2010	911343	1290956	338516	952439	174598
宝泉岭局	167052	243277	52625	190652	21591
红兴隆局	98992	205268	62416	142852	34047
建三江局	141159	204661	86110	118551	8920
牡丹江局	109937	160026	9239	150787	6454
北安局	61425	101673	13974	87698	11831
九三局	180868	154764	47486	107278	85671
齐齐哈尔局	91248	106689	44476	62213	3999
绥化局	48718	90339	22190	68149	1499
哈尔滨局	9095	21110		21110	587
总局直属	2850	3150		3150	

11-6 各分局社会消费品零售额

单位:万元

年份 单位	社会消费品零售额	按销售地区分		
		市(分局)	县(农场)	县(农场)以下
2000	354250	54007	194136	106107
2004	468553	79201	289684	99668
2005	588552	93476	370140	124936
2006	671973	108747	417460	145766
2007	780483	116908	491466	172110
2008	887776	118118	587122	182536
2009	1033350	139654	696225	197471
2010	1167485	174278	771957	221249
宝泉岭局	254243	75259	149165	29819
红兴隆局	168624	10652	105504	52467
建三江局	120253	24859	85554	9840
牡丹江局	143597	1279	99530	42786
北安局	120713	6670	84668	29374
九三局	115553	54980	44961	15612
齐齐哈尔局	120206	482	86855	32869
绥化局	86594	97	84840	1657
哈尔滨局	33934		30880	3054
总局直属	3768			3768

11-6续表

单位:万元

年份 单位	按行业分			
	批零贸易业	零售业	住宿餐饮业	其他
2000	280071		30737	43442
2004	462228		60969	8286
2005	517062		62467	9023
2006	586018		76309	9646
2007	63211	602287	103763	11222
2008	66240	691255	116903	13378
2009	92991	784594	140286	15478
2010	54958	948506	164020	
宝泉岭局		202315	51927	
红兴隆局		143771	24853	
建三江局		118318	1936	
牡丹江局	10074	123750	9773	
北安局	488	92258	27968	
九三局	12336	87940	17376	
齐齐哈尔局	30392	81699	8115	
绥化局		73445	13149	
哈尔滨局		25010	8924	
总局直属	1668			

注：2006年以前零售业的零售额含在批发业中。

11-7 各分局批发零售业基本情况

单位：人、平方米、万元

年份 单位	经营单位 个数	年末固定 资产原值	营业用房 面积	年末从业 人员人数	全年劳动 报酬	销售总额 营业收入
2000	446	118947	399255	40703	44811	903114
2004	257	173447	1373728	37608	32091	953547
2005	254	202317	1394706	40342	41563	1101469
2006	245	285062	1317433	40118	45790	1238938
2007	242	276987	1362152	41475	48060	1549148
2008	270	306949	1713857	44046	58374	1599782
2009	288	413072	1947533	45586	73580	2243045
2010	358	417423	2439332	47275	77123	3455830
宝泉岭局	39	54512	219066	6094	9092	300931
红兴隆局	32	63470	400818	7781	10158	253284
建三江局	29	66971	454001	9259	13553	300684
牡丹江局	60	32878	201346	5178	7170	249637
北安局	43	18184	123505	3970	3752	169578
九三局	21	21036	164463	3390	6034	179317
齐齐哈尔局	9	17939	123802	2544	7645	116394
绥化局	68	23646	79759	2748	3291	133425
哈尔滨局	16	3244	39738	1079	1716	27829
总局直属	41	115543	632834	5232	14213	1724751

11-8 各分局餐饮业基本情况

单位：人、平方米、万元

年份 单位	经营单位 个数	年末固定 资产原值	营业用房 面积	年末从业 人员人数	全年劳动 报酬	销售总额 营业收入
2000	108	1399	168720	8182	7892	33870
2004	47	57788	681741	16637	12708	91160
2005	51	61680	691769	18717	16817	102748
2006	41	70519	596062	17332	17986	126314
2007	43	79376	608323	16944	23712	148113
2008	48	111807	720987	18323	25915	186880
2009	46	112986	765109	19173	30993	230848
2010	62	148606	846156	20449	30489	249503
宝泉岭局	10	20565	99247	3389	4873	50722
红兴隆局	17	20183	172032	3580	4671	34791
建三江局	12	37240	190921	4018	5868	39953
牡丹江局	4	10124	85143	2531	3233	27271
北安局	11	12690	85024	2090	2348	24021
九三局	3	5717	56727	1846	3730	29205
齐齐哈尔局	1	6711	48816	1418	2818	11447
绥化局	2	7632	45131	818	1087	17385
哈尔滨局	1	6864	38255	4216	1247	9162
总局直属	1	20881	24860	465	614	5547

11-9 各分局服务业基本情况

单位:人、平方米、万元

年份 单位	经营单位 个数	年末固定 资产原值	营业用房 面积	年末从业 人员人数	全年劳动 报酬	销售总额 营业收入
2000	615	17380	2562441	37256	58285	77242
2004	68	30108	365906	18225	13235	87171
2005	61	452145	402249	17047	19610	117421
2006	48	61059	405138	16332	21691	150908
2007	48	65524	398936	16771	27553	186115
2008	49	223899	474971	16247	24799	184025
2009	43	67165	469312	16775	23898	253380
2010	45	75124	460204	21530	28695	182480
宝泉岭局	11	18037	89030	3094	3668	29002
红兴隆局	16	20033	114661	6712	8572	53748
建三江局	1	11584	81684	3002	4690	23040
牡丹江局	14	7325	75445	2713	3111	18009
北安局	1	5575	30498	2836	2676	7433
九三局		3814	26386	1134	1772	19128
齐齐哈尔局		2293	16271	941	2719	19110
绥化局		5063	15429	578	677	10166
哈尔滨局		1399	9500	432	672	2845
总局直属	2		1300	88	140	

11-10 各分局个体工商业基本情况

年份 单位	户数 (户)	从业人员 (人)	注册资金 (万元)	总产值 (万元)	销售总额 营业收入 (万元)	消费品 零售额 (万元)
2000	40343	69912	74948	77376	160561	103857
2004	33934	63381	100868	72645	211492	145391
2005	34018	63702	105483	76931	200667	161001
2006	30935	59882	110220	74315	215764	124909
2007	31275	64669	10202	84636	299812	204385
2008	29046	54703	139780	105416	324466	187693
2009	32463	53373	190316	130497	396958	255067
2010	35458	59343	228078	138321	415946	272092
宝泉岭局	4378	6413	35724	15550	47432	49968
红兴隆局	5937	13866	58177	18960	57498	46432
建三江局	7981	14630	50267	13285	111577	51723
牡丹江局	4632	4320	18976	19663	52764	32975
北安局	3666	5308	27964	15632	40396	8614
九三局	3527	4320	18976	17446	46338	39675
齐齐哈尔局	2887	7431	10016	16865	29785	18737
绥化局	1170	1593	4261	15742	16950	12935
哈尔滨局	1280	1462	3717	5178	13206	11033
总局直属						

注:12-10至12-12表资料由工商局提供。

11-11 个体工商业基本情况

年份 行业分类	户数（户）	#城镇	从业人员（人）	#城镇	注册资金（万元）	#城镇
2000	40343	12652	69912	23852	74948	29176
2004	33934	14981	63381	31882	100868	50518
2005	34018	15356	63702	31908	105483	52139
2006	30935	14148	59882	30199	110220	50936
2007	31275	11168	64669	26276	120202	44993
2008	29049	10752	54703	22510	142483	46444
2009	28920	19846	48889	36802	167191	123065
2010	35458	21388	59343	40051	220878	145076
一、农林牧渔业	1116	124	1798	298	23360	1174
二、工业	2134	1137	5447	2778	29029	10017
其中：采矿业	64	1	221	4	3996	10
制造业	2070	1136	5226	2774	34033	10007
三、建筑业	54	38	217	149	2247	506
四、交通运输业	492	192	760	293	5473	1981
五、批发零售业	18148	12205	27451	22061	69788	37233
六、居民服务与其他服务业	4414	2672	5710	3048	16473	7098
其中：理发及美容保健服务						
洗浴服务						
七、电力、燃气及水的生产和供应业	21	10	89	53	884	262
八、信息传输、计算机服务和软件业	287	149	474	272	2678	1390
九、住宿和餐饮业	5156	2822	9374	6597	24428	14215
十、租赁和商务服务业	222	77	341	111	1003	486
十一、卫生、社会保障和其他服务业	20	15	48	31	232	115
十二、文化、体育和娱乐业	221	121	443	201	1700	1318
十三、其它行业	1039	689	1744	1381	5554	3677

11-11续表

年 份 行业分类	总产值 （万元）	#城 镇	销售总额 营业收入 （人）	#城 镇	消 费 品 零售总额 （万元）	#城 镇
2000	77376	58212	160561	101700	103857	72192
2004	72645	38560	211492	132267	136115	103011
2005	76931	48157	200667	140964	161001	133924
2006	74315	28339	215764	115530	124909	84808
2007	84636	32408	299812	171272	204385	128780
2008	42391	15844	307696	189527	176274	125786
2009	108649	79039	332919	224497	219159	147935
2010	128321	98795	351151	217347	224638	164148
一、农林牧渔业	44898	36144	10742	4865	7493	6091
二、工业						
其中：采矿业	9819	7773	3007	2100	3036	2220
制造业	57814	41769	13126	12660	10226	8847
三、建筑业	5609	5609	2017	2017	1690	1690
四、交通运输业			12545	6923	1944	1559
五、批发零售业			195826	108803	135893	89027
六、居民服务与其他服务业			27385	15217	10168	8980
其中：理发及美容保健服务						
洗浴服务						
七、电力、燃气及水的生产和供应业	10181	7500	1690	1690	3254	3254
八、信息传输、计算机服务和软件业			4213	3465	1151	859
九、住宿和餐饮业			74457	55150	33944	26054
十、房地产业			254	254	114	114
十一、租赁和商务服务业			1004	947	1138	1118
十二、卫生、社会保障和其他服务业			272	244	97	90
十三、文化、体育和娱乐业			2156	1145	925	709
十四、其它行业			2456	1868	13566	13536

11-12 私营企业基本情况

单位:户、人、万元

年份 单位	合计				城镇			
	户数	雇工人数	投资人数	注册资本金	小计	雇工人数	投资人数	注册资本金
2000	501	11787	1668	26373	264	5399	1085	15595
2004	924	8732	31984	102350	437	1828	17070	54059
2005	1248	10172	35262	148474	540	2132	18457	77612
2006	1564	29047	10459	194162	368	10948	1286	48927
2007	1921	27777	10453	219554	351	8543	1401	64033
2008	2182	47738	5410	245541	402	6418	1391	70509
2009	2827	30630	8319	397657	2509	26539	6800	358415
2010	3259	27035	8021	590238	3059	22367	7820	561454
宝泉岭局	279	1496	947	55711	279	1496	947	55711
红兴隆局	613	6803	1829	85003	613	6803	1829	85003
建三江局	697	1389	1471	119885	697	1389	1471	119885
牡丹江局	328	4837	989	73647	320	3793	955	38886
北安局	267	111	106	28097	267	106	111	28097
九三局	100	3665	302	23130	47	1944	138	11148
齐齐哈尔局	196	5794	416	25269	196	5794	416	25269
绥化局	163	460	588	34041	159	460	580	33761
哈尔滨局	286	325	599	100182	286	325	599	100182
总局局直								

12-12续表 (2010年) 单位:户、人、万元

行业分类	合计				城镇			
	户数	雇工人数	投资人数	注册资本金	户数	雇工人数	投资人数	注册资本金
总计	**3259**	**27035**	**8021**	**590238**	**3059**	**22367**	**7820**	**561454**
农林牧渔业	132	757	766	30000	104	198	740	27980
采矿业	32	166	103	24099	24	162	96	23444
制造业	787	11337	2679	177148	762	10698	2663	172563
建筑业	250	6047	1234	112901	241	4404	1199	109956
交通运输业	102	799	231	11878	97	661	219	11432
批发零售业	1356	4180	893	88029	1344	3449	880	83734
居民服务和其他服务业	32	324	118	3498	25	264	107	3416
电力、燃气及水的生产和供应业	91	839	323	34463	77	488	299	33947
信息传输、计算机服务和软件业	106	259	121	1771	72	37	115	1621
住宿和餐饮业	34	95	106	2450	23	43	101	2225
房地产业	115	1550	328	78212	111	1490	321	73501
租赁和商务服务业	69	262	156	4979	60	143	149	3281
卫生、社会保障和其他服务业	56	41	174	6054	54	38	166	5949
文化、体育和娱乐业	4	10	8	285	2	7	4	180
其它行业	93	369	781	14472	63	285	761	8225

主要统计指标解释

批发业 指从工农业生产者或商品流通企业购进商品，转卖给工业、农业、建筑业、运输邮电业、餐饮业、服务业等生产经营单位作为生产经营用，以及将商品转卖给其他批发贸易企业或零售企业的商品流通企业（单位)。农副产品采购、供应企业、进口、出口国（境）外商品的对外贸易企业、物资供销企业等，一般都属于批发贸易业。

零售业 指从工农业生产者、批发贸易业或居民购进商品，转卖给城乡居民作为生活消费和售给社会集团作为公共消费的商品流通企业（单位）。

有些商品流通企业兼营批发零售业务，应以其主营业务划分批发业或零售业，即以批发业务为主的作为批发贸易业,以零售业务为主的作为零售贸易业。

餐饮业 指从事食品的烹饪、调制并直接售给居民和社会集团的机构。包括中西餐馆、饭馆、各种小吃店、冷饮店、酒店、茶馆等。

商品购进 指从本企业以外的单位和个人购进作为转卖或加工后转卖的商品，包括从生产者购进、从批发零售贸易业购进、进口等，反映批发零售贸易业从国内、国外市场上购进商品的总量。

商品购进包括:

(1）从工农业生产者购进的商品;

(2)从出版社、报社的出版发行部门购进的图书、杂志和报纸;

(3）从批发零售贸易业购进的商品;

(4)从其他单位购进的商品,如从机关、团体、企业、单位购进的剩余物资,从餐饮业、服务业购进的商品,从海关、市场管理部门购进的辑私和没收的商品，从居民收购的废旧商品等。

(5）从国(境)外直接进口的商品。

商品购进不包括:

(1)企业为了本单位自身经营用,不是作为转卖而购进的商品，如材料物资、包装物、低值易耗品，办公用品等。

(2)未通过买卖行为而收入的商品,如接收其他部门移交的商品、借入的商品、代其他单位保管的商品、其他单位赠送的样品、加工收回的成品等;

(3）销货退回的买方拒付货款的商品;

(4）商品溢余。

商品销售 指对本企业以外的单位和个人出售的商品，包括对生产经营单位批发、对批发和零售贸易业批发、出口及对居民和社会集团商品零售额,反映批发零售贸易业在国内市场上销售商品以及出口商品的总量。

商品销售包括:

(1）售给城乡居民和社会集团消费的商品;

(2）售给工业、农业、建筑业、运输邮电业、批发零售贸易业、餐饮业、服务业、公用事业等作为生产、经营使用的商品;

(3)售给批发零售贸易业作为转卖或加工后转卖的商品;

(4）对国(境)外直接出口的商品。

商品销售不包括:

(1)出售本单位自用废旧包装用品和其他废旧物资;

(2)未通过买卖行为付出的商品，如随机构移交而交给其他单位的商品、借出的商品、交付代其他单位保管的商品、加工原料付出和赠送给其他单位的样本等;

(3）经本单位介绍，由买卖双方直接结算，本单位只收取手续费的业务;

(4）购货退出的商品;

(5）商品损耗和损失;

零售额 指国民经济各行各业售给城乡居民直接用于生活消费的商品和社会集团直接用于公共消的商品的总量。

零售额包括;

(1）售给城乡居民生活用的消费品;

(2）售给机关、团体、学校、企业、事业单位附设的专供本单位人员食用,不对外营业的食堂的各种食品、燃料;

(3)售给部队干部、战士生活用的粮食、副食品、衣着品、日用品、燃料;

(4)售给来华外国人、华侨、港澳台同胞的消费品;

(5）售给行政事业单位、社会团体的办公纸张、帐册、文印用品、计算工具、书报杂志奖品；公共用品的针、纺织品，学校用的教学用品，文体用品，工作服、套袖、围裙、手套、毛巾、肥皂等非专用的劳动保护用品，职工食堂用的餐具、饮具、设备和清洁卫生工具等日用百货和杂品，家具、设备、日用电器、电讯设备、电影器材和照相器材，取暖用的设备和燃料，防暑降温饮料，供职工乘用的交通工具和油料，零星修理各种公用消费品、生活用房屋和各种零配件、材料、工具、建筑材料等，中西药品、中药材和医疗器材等。

零售额不包括：

（1）售给工业、农业、建筑业、运输邮电业、地质勘察、水利业、批发零售贸易业、餐饮业、社会服务业、公用事业等单位用于生产和业务经营使用的商品；

（2）售给批发零售贸易业、餐饮业等单位用于转卖的商品；

（3）售给对外营业影剧院的设备和器材；

（4）售给自然科学研究单位直接用于科学研究的各种仪器仪表、化学试剂、元器件、工具等；

（5）售给消防队、清洁队、出租汽车公司等单位用于业务活动的设备、车辆和燃料；

（6）售给企业单位生产上专用的劳动保护用品；

（7）售给民政部门救灾用的商品；

（8）售给国营农场、国营拖拉机站、排灌站的各种农业生产资料和燃料。

商品库存　指批发零售贸易业已取得所有权的全部商品，反映批发零售贸易业的商品库存对市场商品供应的保证程度。

商品库存包括：

（1）存放在本单位(如门市部、批发站、采购站、经营处)的仓库、货物、货柜和货架中的商品；

（2）挑选、整理、包装中的商品；

（3）已记入购进而尚未运到本单位的商品，即发货单或银行承兑凭证已到而货未到的商品；

（4）寄放他处的商品，如因购货方拒绝付款而暂时存放在购货方的商品；

（5）委托其他单位代销(未作销售或调出)尚未售出的商品；

（6）代其他单位购进尚未交付的商品。

STATISTICAL YEARBOOK

12 对外经济贸易

出口商品总值（万美元）

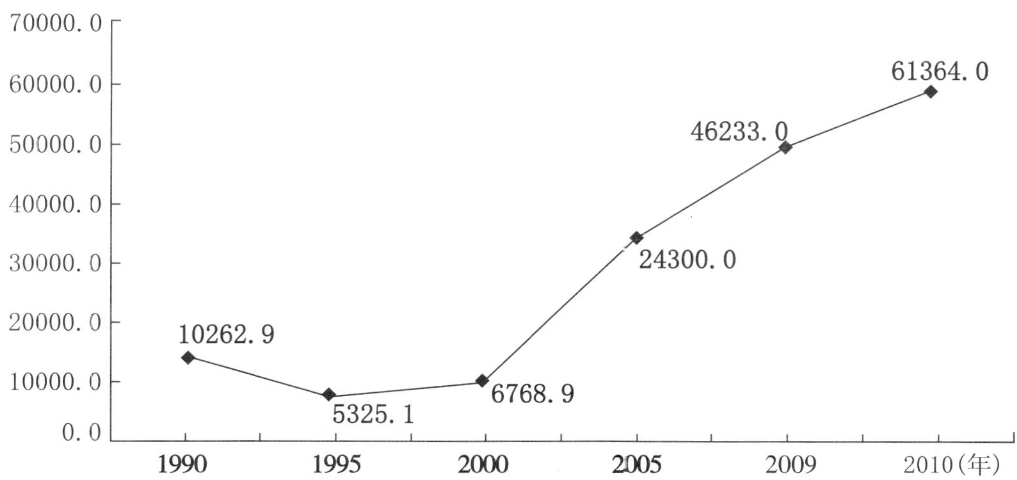

利用外资情况（万美元）

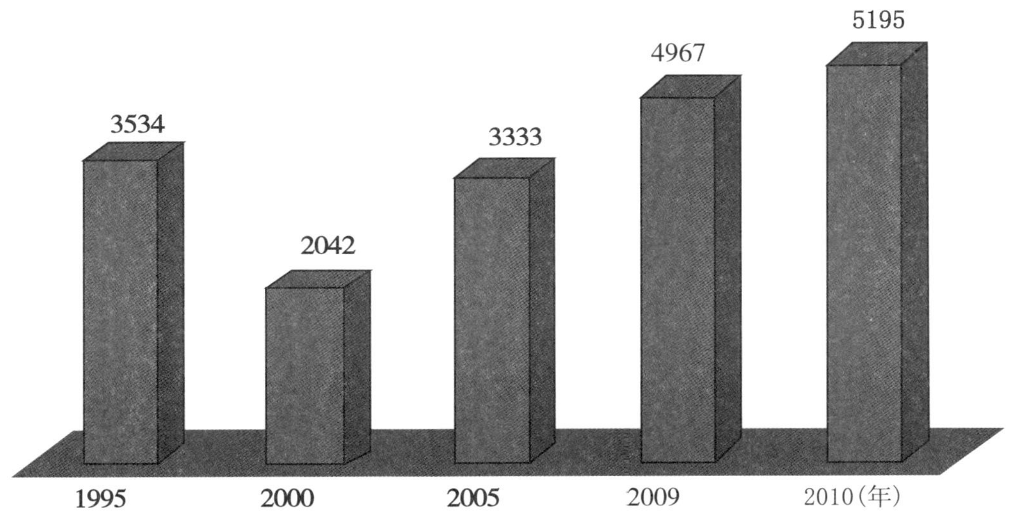

12-1 进出口贸易总额

年份 单位	按人民币计算（万元）			按美元计算（万美元）		
	进出口总额	出口总额	进口总额	进出口总额	出口总额	进口总额
1990	48379.1	44073.2	4305.9	11174.9	10262.9	912.0
1995	93877.5	44301.8	49575.7	11284.1	5325.1	5959.0
2000	57874.3	55978.8	1895.5	6998.1	6768.9	229.2
2004	176018.0	157130.0	18888.0	21284.0	19000.0	2284.0
2005	369722.0	194886.1	174835.9	46100.0	24300.0	21800.0
2006	429000.0	226200.0	202800.0	55000.0	29000.0	26000.0
2007	491371.1	258647.7	232723.4	66401.5	34952.4	31449.1
2008	503200	285600	217600	74394	42120	32274
2009	1335840.2	314381.5	1021458.6	196447.1	46232.6	150214.5
2010	1389951.2	415334.1	974617.1	205358.9	61363.7	143995.2
宝泉岭局	54888.3	54888.3		8109.5	8109.5	
红兴隆局	65988.5	65988.5		9749.5	9749.5	
建三江局	77773.6	77773.6		11490.7	11490.7	
牡丹江局	65385.4	65385.4		9660.4	9660.4	
北安局	20883.9	20883.9		3085.5	3085.5	
九三局	14730.1	14730.1		2176.3	2176.3	
齐齐哈尔局	22903.6	22903.6		3383.9	3383.9	
绥化局	17645.9	17645.9		2607.1	2607.1	
哈尔滨局	14615.0	14615.0	974617.1	2159.3	2159.3	143995.2
总局直属	1035136.9	60519.8		152936.7	8941.5	

12-2 主要年份按贸易方式分的进出口贸易总额

项目	1990	1995	2000	2004	2006	2008	2009	2010
按人民币计算(万元)								
进出口总额	48379.1	93877.5	57874.3	176018.0	429000.0	508111	1335840.2	1389951.2
出口总额	44073.2	44301.8	55978.8	157130.0	226200.0	287679.6	314381.7	415334.1
出口供货	35693.7	35392.3	37419.2	98222.8	131269.3	167645.1	193859.8	271715.4
自营出口	1623.1	8625.6	5746.0	30598.2	35323.1	47600	55439.1	60732.2
边贸易货	1090.7	277.9	9433.6	28309.0	59607.6	71907.3	65082.8	82886.5
补偿贸易	5665.7		3380.0					
进口总额	4305.9	49575.7	1895.5	18888.0	202800.0	220431.4	1021458.6	974617.1
自营进口	2474.0	49405.2	1357.9	66161.0	176056.9	220431.4	1021458.6	974617.1
边贸易货	1831.9	170.5	537.6	12271.9	26743.1			
按美元计算(万美元)								
进出口总额	11174.9	11284.1	6998.1	21284.0	55000.0	74274	196447.1	205358.9
出口总额	10262.9	5325.1	6768.9	19000.0	29000.0	42120	46232.6	61363.7
出口供货	8526.1	4254.9	4524.7	11877.0	16829.4	24545.4	28508.8	40144.7
自营出口	305.8	1036.8	694.8	3699.9	4528.6	7000	8152.8	8972.9
边贸易货	231.0	33.4	1140.7	3423.1	7642.0	10574.6	9571	12246.1
补偿贸易	1200.0		408.7					
进口总额	912.0	5959.0	229.2	2284.0	26000.0	32274	150214.5	143995.2
自营进口	524.0	5938.5	164.2	800.1	22571.4	32274	150214.5	143995.2
边贸易货	388.0	20.5	65.0	1483.9	3428.6			

12-3 主要年份按类别分的出口商品总额

单位:万美元

类　别	1990	1995	2000	2006	2007	2008	2009	2010
出口金额	10262.9	5325.1	6768.9	29000.0	34952.4	42120	46232.6	61363.7
粮油食品类	9567.7	5000.5	6148.0	19408.5	22949.2	27204.1	28864.7	29645.9
土畜产品类	400.1		323.7	7036.7	8151.5	9010.9	11268.3	22308
轻工产品类	121.2	293.0	139.8	1095.4	2035.6	3133	3362.5	4691.3
工艺品类	35.9		40.0	165.0	204		673	650
医药保健类	50.0		7.0	272.9	681.8	755.1	1377.1	3150.5
化工产品类	37.4		35.4	7.0	170			
非金属矿产品类	17.1			167.0	223	200		781.4
机械设备类	0.2			101.1	184.7	1218	687	136.6
其　　它	33.3		75.0	746.4	352.9	598.9		

12-4 主要年份按类别分的进口商品总额

类　别	2008			2009			2010		
	合计	自营	易货	合计	自营	易货	合计	自营	易货
进口总额	32274	32274		150214.5	150214.5		143995.2	143995.2	
成套设备及技术引进									
航空设备									
汽车及摩托车									
农、林、牧业机械	537.1	537.1		1031	1031		5267	5267	
起重挖掘机械									
轻　工									
钢　材									
石油及产品									
化工原料									
其　它	31736.9	31736.9		149183.5	149183.5		138728.2	138728.2	

12-5 主要年份商品出口数量和金额

单位：吨、人民币万元

品名	1995		2000		2009		2010	
	数量	金额	数量	金额	数量	金额	数量	金额
黄大豆	188977.0	35634.0	122793.0	27318.3	79259.7	30758.4	114455	41052.3
其他杂豆	4421.0	1457.1	41533.0	10367.3	122992	53225.6	104637.7	5366.1
豆粉				389.5	5200	3100.1	4428.9	4304.7
大米			57135.0	10473.0	183112.9	62572.2	47160	18183.9
面粉	60.0	13.4	4160.0	631.0			600	338.4
奶粉	390.0	619.4					925	2199.7
蕃茄酱			1750.0	880.8				
白瓜籽	648.0	730.8			12856	8547.6	8910	9922.4
蔬菜	2061.0	1207.6	2000.0	62.9	14136.2	4145.2	45379	14156.7
大麻籽	20.0	3.4						
黑木耳				79.4				
猪肉罐头			200.0	280.4				
水果	64.0	12.7						
饼干	23.0	52.1						
精盐	50.0	6.9						
快餐面	7.0	22.3						
甜菜粕	11138.0	1160.4	16000.0	1284.3	2973	5149.6	5854.6	6260.7
山野菜			45.0	14.1	1007	2921.9	820	2903.6
玉米胚芽饼	1316.0	94.3						
羊草	684.0	75.3					5650	541.5
其他合成香料		113.9						
糖甙			120.0	206.8	321.1	6687.1	550.5	9801.9
糠醛			200.0	87.7			4000	6971.4
卫生筷子		2072.4		806.3				
纸制品		47.6						

12-6 主要商品出口数量和金额

(2010年)

品名	单位	数量	金额(万元)	品名	单位	数量	金额(万元)
黄豆	吨	114455	41052.4	糖甙	吨	550.5	9801.9
大米	吨	47160	18183.9	园葱	吨	21989	2930
小粒豆	吨	25320	13571.3	中草药	吨	680	3824.1
杂豆	吨	104637.7	60266.5	肠衣	万把		10159.4
冻牛肉	吨	60	159	铅笔板	万打	78	264.6
大豆粉	吨	4428.9	4304.7	石墨	吨	12000	5288.8
马铃薯淀粉	吨	9580	5971.7	角瓜子	吨	2960	2822.4
白瓜子	吨	8910	9922.5	豆奶粉	吨	1300	879.9
山野菜	吨	820	2903.6	亚麻纱	万米	130	2544.9
芽豆	吨	28016	11807.5	兔皮	万张	36.6	1597.3
冻干三莓	吨	115.9	2021.7	火柴梗	吨	252	349.9
豆粕	吨	18039	5761.2	水泥	吨	193554	8900.4
保鲜蔬菜	吨	1200	1015.3	羊绒	吨	52	6494.9
亚麻布	万米	76	2436.6	服装鞋帽	万件	9408	5001.8
柳编	万套	32.5	4399.5	甘素钠	吨		6023.9
鹿茸	公斤	2130	379	叶黄素树脂	吨	175	5338.9
彩椒	吨	3210	1597.3	聚苯板	立方米	94900	4494.2
速冻蔬菜	吨	4713.3	2856.9	米糠蛋白	吨	4	14.2
毛葱	吨	6500	1681.9	分割肉	吨	500	1522.9
糠醛	吨	4000	6971.4	彩椒	吨	3210	1597.3
狐狸皮	万张	36.6	1597.3	甜葫芦条	吨	800	1432.9
米糠油	吨	6750.5	5544.6	麦绿素	吨	80	5053.9
水稻	吨	58052	15702.7	奶粉	吨	925	2199.7
羊草	吨	5650	541.5	浆果	吨	120	1082.9

12-7 主要年份按国别和地区分的出口商品总额

（自营出口部分）　　单位:万美元

国别（地区）	1990	1995	2000	2006	2007	2008	2009	2010
总　计	**257.2**	**1070.2**	**694.8**	**4528.6**	**6259.5**	**7000**	**8152.8**	**8972.9**
亚洲国家和地区	257.2	757.9	527.9	3011.0	3748.6	3998.5	4786.5	5715.5
香　港	163.7	39.0		32.3	458.2	135.9	1029.4	
韩　国	3.7	39.9	31.6	524.1	684.8	1185.4	1717.5	2151.3
日　本	69.4	456.7	429.7	1474.3	1035.7	1513.2	1571	1710.4
泰　国		1.9						
新加坡	24.1		6.6	76.4	113.5	60		
阿联酋		50.2		45.0				
欧洲国家		235.5	53.0	1005.0	1760.7	1874.1	1833.3	2368.6
意大利				321.0	176.0			
瑞　士		75.6			16.2		31	

12-8 利用外资情况

单位:万美元

年　份	签订合同数（个）	实际利用外资额	对外借款	政府贷款	外商直接投资	合资经营	外商其他投资	补偿贸易
1978-2007	**277**	**54736.7**	**21612**	**10493**	**21104.7**	**21104.7**	**9931**	**6783**
1980	1	1350					1350	1350
1985	4	3631	3519		112	112		
1990								
1991	1	51			51	51		
1992	1	662			662	662		
1993	32	1399			1399	1399		
1994	6	3900	500	500	400	400	2700	2700
1995	6	3534			1489	1489	2045	2045
1996	9	708			708	708		
1997	4	37			37	37		
1998	5	594			594	594		
1999	4	7597	7040	7040	557	557		
2000	10	2042	1259	1259	291	291	492	492
2001	25	3166	1456	1456	1377	1377		
2002	9	1211			130	130	1081	
2003	12	3411			1344	1344	2067	
2004	30	1389			1389	1389		
2005	36	3333	494	494	2839	2839		
2006	33	3267			3267	3267		
2007	39	4292.7			4292.7	4292.7		
2008	37	4604			4604	1935		
2010	12	5194.7			5194.7	4249		

主要统计指标解释

出口总值 指各进出口贸易公司和赋有经营进出口权的企业的出口(包括代理出口)、补偿贸易出口、来料加工产品的出口总额(实际统计按工缴费的收入统计)。

进口总值 指各进出口贸易公司及有经营进出口权的企业进口总额(其中包括代理进口)。

海关进出口总额 海关进出口总额指实际进出我国国境的货物总金额。包括对外贸易实际进出口货物，来料加工装配进出口货物，国家间、联合国及国际组织无偿援助物资和赠送品，华侨、港澳台同胞和外籍华人捐赠品，租赁期满归承租人所有的租赁货物，进料加工进出口货物，边境地方贸易及边境地区小额贸易进出口货物(边民互市贸易除外)，中外合资经营企业、中外合作经营企业、外商独资经营企业进出口货物和公用物品，到、离岸价格在规定限额以上的进出口货样和广告品(无商业价值、无使用价值和免费提供出口的除外)，从保税仓库提取在中国境内销售的进出口货物，以及其他进出口货物。进出口总额用以观察一个国家在对外贸易方面的总规模。我国规定出口货物按离岸价格统计，进口货物按到岸价格统计。

利用外资 指我国各级政府、部门、企业、中国银行和其他单位通过对外借款、吸收客商直接投资和商品信贷及其他方式，从国外和港澳地区筹措的资金。

对外借款 是我国利用外资的主要部分，包括我国通过外国政府贷款、国际金融组织贷款，外国银行的买方信贷和现汇货款以及对外发行债券和股票等方式，从国外和港澳地区借用的资金。

外商直接投资 是指外国企业和经济组织或个人(包括华侨、港澳同胞以及我国在境外注册的企业)按我国有关政策、法规、在我国境内开办独资企业、与我国境内的企业或经济组织共同举办合资企业、合作经营企业或合作开发资源的投资以及客商从企业得到收益的再投资。

现汇贸易 又称自由外汇贸易。是指两个国家或地区间在贸易结算时，使用可以自由兑换货币的现汇国家所进行的或是采用记帐贸易现汇结算的对外贸易，都属于现汇贸易。

易货贸易 亦称换货贸易。是指不以货币直接结算的贸易。它是在双方等值的基础上，把出口货物和进出口货物直接结合起来，以不使用货币直接结算的贸易方式。它分狭义和广义的易货贸易两种。

代理 是许多国家商人在从事进出口业务中习惯采用的一种贸易做法。是指代理人按照本人的授权，代表本人与第三人订立合同或作其他法律行为，而由本人直接享有由此而产生的权利与承担相应的义务。

补偿贸易 是指在信贷基础上进行的、进口与出口相结合的贸易方式，即进口设备，然后以回销产品和劳务所得价款，分期偿还进口设备的价款及利息。

STATISTICAL YEARBOOK

13 教育科技和文化事业

初中和小学升学率(%)

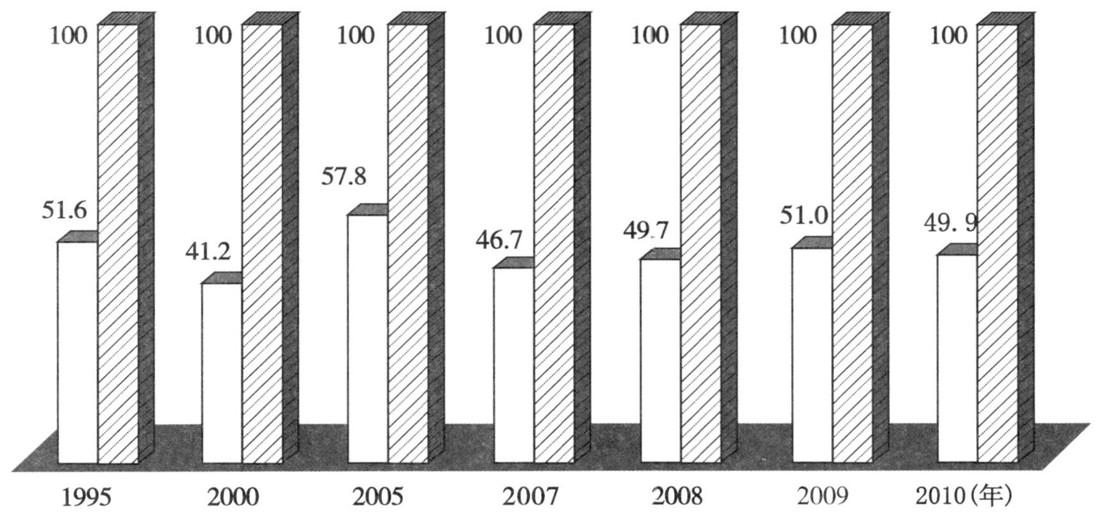

□初中升学率　▨小学升学率

在校学生数（万人）

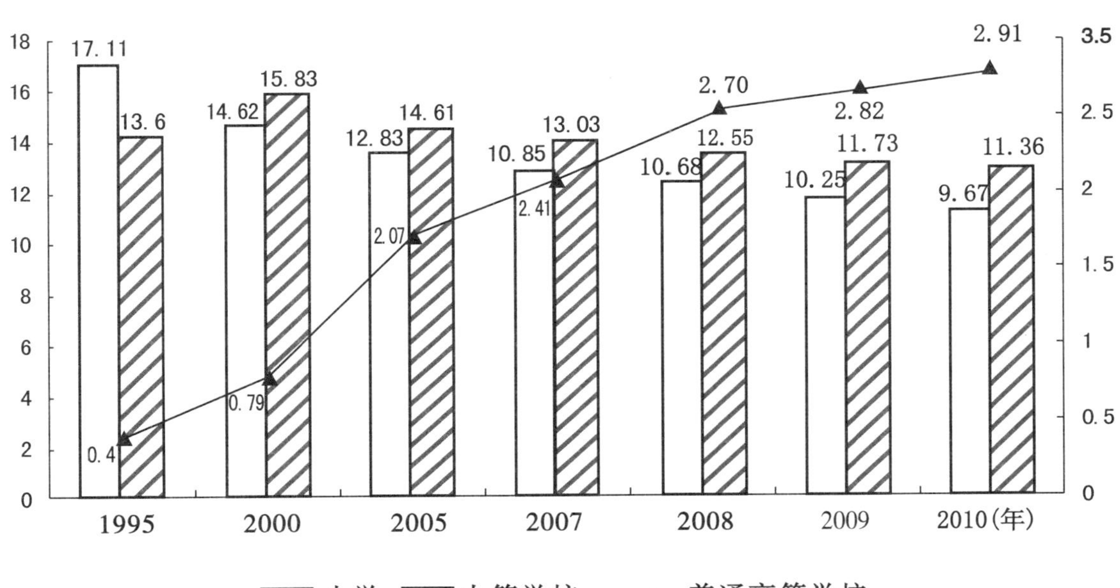

□小学　▨中等学校　—▲—普通高等学校

13-1 各级各类学校数

单位:所

年 份	普通高等学校	中等学校	中等专业学校	中等技术学校	中等师范学校	普通中学
1991	2	252	6	5	1	190
1992	2	249	7	6	1	186
1993	2	245	6	5	1	183
1994	2	227	6	5	1	170
1995	2	215	6	5	1	164
1996	2	208	7	6	1	163
1997	2	197	7	6	1	158
1998	2	195	7	6	1	159
2000	2	169	7	6	1	145
2001	2	153	5	5		145
2002	2	152	5	5		144
2003	4	148	2	2		142
2004	4	144	2	2		138
2005	4	140	2	2		134
2006	4	135	2	2		131
2007	4	135	2	2		131
2008	4	130	2	2		126
2009	4	130	2	2		126
2010	4	131	2	2		124

13-1续表

单位:所

年 份	完全中学	高 中	初 中	九年一贯制学校	职业中学	小 学	幼儿园
1991		57	133		56	364	204
1992		51	135		56	348	200
1993		52	131		56	320	193
1994		50	120		51	299	199
1995		49	115		45	291	198
1996		45	118		38	243	215
1997		44	114		32	236	208
1998		42	117		29	230	212
2000		38	107		17	187	217
2001		31	114		3	159	85
2002	11	22	83	28	3	156	87
2003	8	22	82	30	4	146	86
2004	6	20	88	24	4	140	85
2005	3	20	84	27	4	134	88
2006	5	20	57	49	2	101	78
2007	4	20	47	60	2	69	109
2008	2	17	57	50	2	78	117
2009	2	17	40	67	2	59	116
2010	2	17	34	71	5	47	116

13-2 各级各类学校教职工数

单位:人

年 份	普通高等学校	中等学校	中等专业学校	中等技术学校	中等师范学校	普通中学
1991	3001	17429	1033	851	182	13008
1992	2998	17722	1136	972	164	13039
1993	2524	17182	1323	1171	152	12482
1994	2626	15773	1304	1202	102	11782
1995	2516	16369	1318	1182	136	12416
1996	2513	17233	1532	1398	134	13448
1997	2501	16934	1504	1362	142	13308
1998	2497	18287	1550	1408	142	14817
2000	2341	17320	1531	1399	132	14499
2001	2174	15107	1215	1215		13548
2002	1960	15344	1211	1211		13795
2003	2705	14829	895	895		13632
2004	2969	14402	390	390		13710
2005	3129	14067	398	398		13366
2006	2389	13194	351	351		12776
2007	2441	13072	370	370		12635
2008	2202	13190	370	370		12665
2009	2603	12987	384	384		12495
2010	2558	12948	291	291		12570

13-2续表

单位:人

年 份	高 中	初 中	职业中学	小 学	幼儿园
1991	4460	8548	3388	13459	2891
1992	3972	9067	3547	13143	3204
1993	3780	8702	3377	12890	2723
1994	3574	8208	2687	12727	2571
1995	3948	8468	2635	13397	2934
1996	4276	9172	2253	14844	3044
1997	4231	9077	2122	14514	2891
1998	4129	10688	1920	14491	2685
2000	3968	10531	1290	13488	2905
2001	3706	9842	344	11770	1469
2002	3774	10021	338	11541	1451
2003	3729	9903	302	11251	1470
2004	3706	10004	302	11286	1430
2005	3613	9753	303	10821	1385
2006	3453	9323	67	10014	1195
2007	3415	9220	67	9855	1513
2008	3343	9322	155	10112	1485
2009	3298	9197	108	10051	1571
2010	3318	9252	87	9894	1834

13-3 各级各类学校教师数

单位：人

年 份	普 通 高等学校	中等学校	中等专业 学 校	中 等 技术学校	中 等 师范学校	普通中学
1991	533	9118	429	373	56	7071
1992	531	9285	416	359	57	7149
1993	554	8863	389	343	46	6868
1994	613	8390	424	376	48	6680
1995	603	9159	436	384	52	7421
1996	639	10111	566	498	68	8330
1997	633	10136	557	498	59	8468
1998	619	11113	577	518	59	9502
2000	627	10862	540	478	62	9654
2001	586	9551	415	415		8901
2002	567	9875	416	416		9227
2003	1593	9748	297	297		9253
2004	1084	9639	157	157		9284
2005	1264	9471	175	175		9098
2006	1331	9179	179	179		8966
2007	1444	9100	198	198		8868
2008	1482	9169	198	198		8864
2009	1546	9075	214	214		8765
2010	1502	9057	147	147		8853

13-3 续表

单位：人

年 份	高 中	初 中	职 业 中 学	小 学	幼儿园
1991	1833	5238	1618	9636	1905
1992	1827	5322	1720	7489	2075
1993	1719	5149	1606	9283	1953
1994	1650	5030	1286	8953	1863
1995	1897	5524	1302	9321	2035
1996	2110	6220	1215	10123	2253
1997	2093	6375	1111	10004	2142
1998	2199	7303	1034	9680	2064
2000	2128	7526	668	9220	2138
2001	2105	6796	235	8100	920
2002	2202	7025	232	7900	921
2003	2306	6947	198	7815	953
2004	2394	6890	198	7824	952
2005	2278	6820	198	7609	899
2006	2347	6619	34	7321	741
2007	2287	6581	34	7219	973
2008	2347	6517	107	7415	952
2009	2308	6457	96	7381	980
2010	2393	6460	57	7316	1130

13-4 各级各类学校在校学生数

单位:人

年份	普通高等学校	中等学校	中等专业学校			普通中学
				中等技术学校	中等师范学校	
1991	3058	141248	3978	3328	650	110086
1992	3331	137115	4251	3639	612	106019
1993	3839	136984	4553	3912	641	106222
1994	4209	132572	5595	4778	817	104013
1995	3998	136035	5707	4990	717	108803
1996	3924	140798	7066	6010	1056	113849
1997	4122	140703	8407	7641	766	114037
1998	4666	153981	9251	8459	792	128853
2000	7933	158302	8080	7196	884	137667
2001	6505	146009	9088	9088		134413
2002	8895	150469	10311	10311		138028
2003	12121	152010	10196	10196		139907
2004	17090	152903	9302	9302		141506
2005	20659	148277	7221	7221		138911
2006	21432	136818	4935	4935		131625
2007	24115	130259	4108	4108		125834
2008	27032	125510	3353	3353		120903
2009	28174	117563	2680	2680		114119
2010	29054	113587	3189	3189		109696

13-4 续表

单位:人

年份	高中	初中	职业中学	小学	幼儿园
1991	25640	84446	27184	167942	37718
1992	22407	83612	26845	170664	39780
1993	21178	85044	26209	174313	39087
1994	20636	83377	22964	170991	33250
1995	21354	87449	21525	171081	32350
1996	21686	92163	19883	170435	34411
1997	22793	91244	18259	170850	36996
1998	23331	105522	15877	153174	35351
2000	25473	112194	12555	146177	33413
2001	26695	107718	2508	135853	22894
2002	29302	108726	2130	131388	22999
2003	36157	103750	1907	134198	24265
2004	36693	104813	2095	131703	26806
2005	36640	102271	2145	128320	24803
2006	36120	95505	258	119267	21554
2007	35619	90215	317	108471	30405
2008	34991	85912	1254	106808	27920
2009	34515	79604	764	102484	27180
2010	34227	75469	702	96746	28346

13-5 各级各类学校招生数

单位:人

年份	普通高等学校	中等学校	中等专业学校	中等技术学校	中等师范学校	普通中学
1991	1021	49363	2241	2084	157	35027
1992	1168	47852	1749	1529	220	34558
1993	1427	49051	1906	1630	276	35753
1994	1263	49564	2005	1727	278	36824
1995	1301	52331	2144	1898	246	39848
1996	1323	48446	2680	2410	270	36062
1997	1464	46169	3095	2825	270	34585
1998	1615	62953	3234	2962	272	55336
2000	3400	46516	2131	1843	288	37812
2001	2218	44467	2864	2864		40931
2002	3149	46527	3425	3425		42464
2003	3315	40833	2904	2904		37571
2004	6542	42554	2791	2791		39245
2005	5903	39268	1706	1706		37024
2006	7280	39180	1121	1121		37979
2007	8370	37280	1466	1466		35661
2008	9571	32444	948	948		31121
2009	8688	32619	894	894		31047
2010	7881	33498	1383	1383		31870

13-5续表

单位:人

年份	高中	初中	职业中学	小学	幼儿园
1991	8017	27010	12095	25573	14368
1992	6799	27759	11545	28656	16637
1993	7130	28623	11392	29055	18033
1994	7599	29225	10735	27338	
1995	7196	32652	10339	29255	21228
1996	7976	28086	9704	27439	24116
1997	7503	27082	8489	27138	23459
1998	8262	47074	4383	28918	20969
2000	7872	29940	6573	27075	20266
2001	10117	30814	672	24722	16870
2002	11983	30481	638	23735	16434
2003	13628	23943	358	26800	17648
2004	12943	26302	518	24153	18518
2005	12326	24698	538	21900	16688
2006	12554	25425	80	18114	13716
2007	11331	24330	153	16669	20831
2008	11403	19718	375	16243	19167
2009	11764	19283	678	15345	17993
2010	11079	20791	245	15535	18061

13-6 各级各类学校毕业生数

单位:人

年份	普通高等学校	中等学校	中等专业学校	中等技术学校	中等师范学校	普通中学
1991	993	47081	1333	1198	135	39321
1992	895	45315	1476	1198	278	36597
1993	881	44718	1223	1047	176	35244
1994	927	46653	1243	1198	45	37693
1995	1482	43211	1612	1297	315	35230
1996	1376	46253	1773	1487	286	37659
1997	1188	43376	1768	1520	248	35746
1998	1021	49335	1976	1730	246	40938
2000	1204	43818	2934	2664	270	36856
2001	912	43348	1894	1894		34872
2002	859	35203	2664	2664		31505
2003	3438	35785	3690	3690		31239
2004	2364	42977	3010	3010		39001
2005	2814	40915	3708	3708		36211
2006	5974	43212	2631	2631		40433
2007	6144	38322	1434	1434		36803
2008	7386	37354	1157	1157		35871
2009	7931	37041	1066	1066		35822
2010	8301	35436	1037	1037		34317

13-6续表

单位:人

年份	高中	初中	职业中学	小学
1991	8033	31288	6427	27081
1992	8872	27725	7242	27812
1993	8351	26893	8251	28626
1994	7449	30244	7717	29225
1995	6402	28828	6369	32652
1996	7348	30311	6821	28086
1997	6530	29216	5862	27082
1998	7339	33599	6421	47074
2000	7091	29765	4028	29940
2001	7572	27300	6582	11065
2002	7959	23546	1034	30481
2003	6877	24362	856	23983
2004	10565	28436	966	26439
2005	11176	25035	996	25128
2006	11867	28566	148	12239
2007	11526	25277	85	24375
2008	12018	23853	326	19734
2009	11914	23908	153	19314
2010	11215	23102	82	20836

13–7　各级各类成人学校基本情况

(2010年)

各类学校	学校数（所）	毕业生数（人）	招生数（人）	在校学生数（人）	教职工数（人）	#专任教师	兼任教师（人）
总　　计	**78**	**144099**	**15765**	**157110**	**1642**	**871**	**718**
一、成人高等学校	3	1003	1341	3700	455	262	46
广播电视大学	1	70	462	682	260	149	12
职工高等学院							
管理干部学院	1	517	232	1013	184	102	44
教师进修学院	1				11	11	
普通高校办函授部		416	647	2005			
二、成人中等学校	83	143096	14424	153410	1187	609	672
中等专业学校	4	34429	14424	49387	99	54	
教师进修学校	5				50	42	
职业技术培训学校	74	108667		104023	1038	513	672

13–8　各级各类成人学校在校学生数

单位：人

各类学校	1995	2000	2003	2004	2005	2006	2007	2008	2009	2010
成人高等学校	5633	4020	2012	518	1508	1822	2323	3445	3153	3700
广播电视大学	2184	1071	1171	52	643	528		263	80	682
职工高等学院	400									
管理干部学院	374	613	710	335	655	1000	1667	1798	1298	1013
教师进修学院	2199	2108								
普通高校办函授部	476	228	131	131	210	294	656	1384	1775	2005
成人中等学校	10286	2251	868	868	1071	912	13636	15334	178779	153410

13-9 中等专业学校分科在校生人数

单位:人

年份	合计	中等技术学校	农科	林科	医药	财经	其他	中等师范学校
1991	3978	3328	1536	620	520	652		650
1992	4251	3639	1784	612	540	640	63	612
1993	4553	3912	1759	666	767	720		641
1994	5595	4778	1897	1085	1008	788		817
1995	5707	4990	1255	812	756	706	1461	717
1996	7066	6010	2721	1531	844	914		1056
1997	8407	7641	3083	1908	1036	1100	514	766
1998	9251	8459	3602	1691	1296	1090	780	792
2000	8080	7196	2455	1330	1281	1350	780	884
2001	9088	9088	3816	1800	1064	1245	1163	
2002	10311	10311	3956	2507	900	1145	1803	
2003	10196	10196	3599	2513	934	1045	2105	
2004	9302	9302	3340	2438	1034	1170	1320	
2005	7221	7221	3920	665	1172	310	1154	
2006	4935	4935	2679	352	670	211	1023	
2007	4108	4108	1877	215	534	245	1237	
2008	3353	3353	1530	175	435	200	1013	
2009	2680	2680	1222	140	348	159	811	
2010	3189	3189	1454	166	414	189	966	

13-10 中等专业学校分科招生数

单位:人

年份	合计	中等技术学校	农科	林科	医药	财经	其他	中等师范学校
1991	2241	2084	1294	280	150	360		157
1992	1749	1529	911	160	138	308	12	220
1993	1906	1630	600	150	480	400		276
1994	2005	1727	458	520	330	419		278
1995	2144	1898	248	267	238	706	439	246
1996	2680	2410	1170	520	320	400		270
1997	3095	2825	891	520	400	500	514	270
1998	3234	2962	1354	380	460	502	266	272
2000	2131	1843	593	230	172	650	198	288
2001	2864	2864	1081	948	213	421	201	
2002	3425	3425	1980	700	155	410	180	
2003	2904	2904	1551	145	434	405	369	
2004	2791	2791	1142	712	268	295	374	
2005	1706	1706	855	104	228	101	418	
2006	1121	1121	491	107	0	101	422	
2007	1466	1466	763	47	128	98	430	
2008	948	948	516	30	83	63	256	
2009	894	894	486	28	78	60	242	
2010	1383	1383	751	43	120	92	377	

13-11 中等专业学校分科毕业生数

单位:人

年份	合计	中等技术学校						中等师范学校
			农科	林科	医药	财经	其他	
1991	1333	1198	499	289	37	373		135
1992	1476	1198	581	168	118	320	11	278
1993	1223	1047	392	83	252	320		176
1994	1243	1198	381	88	417	312		45
1995	1612	1297	640	189	68	400		315
1996	1773	1487	473	360	234	420		286
1997	1768	1520	435	568	203	314		248
1998	1976	1730	522	568	200	440		246
2000	2934	2664	1535	470	333	210	116	270
2001	1894	1894	753	450	430	160	101	
2002	2664	2664	1480	455	319	260	150	
2003	3669	3669	2049	710	400	261	249	
2004	3010	3010	1175	1062	198	170	405	
2005	3708	3708	1578	1306	202	50	572	
2006	2631	2631	1119	420	434	30	628	
2007	1434	1434	748	133	108	81	364	
2008	1157	1157	603	107	87	65	295	
2009	1066	1066	555	98	80	60	273	
2010	1037	1037	539	95	77	58	268	

13-12 中等专业学校分类别专任教师数

单位:人

年份	合计	中等技术学校						中等师范学校
			农科	林科	医药	财经	其他	
1991	429	373	192	68	33	80		56
1992	416	359	190	63	33	65	8	57
1993	399	353	175	61	40	77		46
1994	424	376	182	67	50	77		48
1995	436	384	109	47	41	77	110	52
1996	566	498	273	112	41	72		68
1997	557	498	248	95	42	71	42	59
1998	577	518	233	102	50	72	61	59
2000	540	478	203	102	47	67	59	62
2001	415	415	170	105	46	45	49	
2002	416	416	168	96	42	50	60	
2003	297	297	69	96	43	30	59	
2004	157	157	40	20	24	10	63	
2005	175	175	46	20	24	10	75	
2006	179	179	42	20	25	5	87	
2007	198	198	64	20	24	8	82	
2008	198	198	64	20	24	8	82	
2009	214	214	69	22	27	8	88	
2010	147	147	47	15	18	8	59	

13-13 普通高等学校教职工数

单位：人

年 份	教职工总 数	校本部教职工	专任教师	教辅人员	行政人员	工勤人员
1991	3001	1580	429	229	401	521
1992	2998	1572	416	222	411	523
1993	2524	1605	554	154	392	505
1994	2626	1778	613	275	386	504
1995	2516	1594	603	214	327	450
1996	2513	1557	639	202	313	403
1997	2501	1543	633	199	314	397
1998	2497	1515	619	202	312	382
2000	2341	1391	627	88	257	419
2001	2174	1274	586	74	249	365
2002	1960	1042	567	209	134	132
2003	2705	1593	880	197	199	317
2004	2969	1882	1084	251	279	268
2005	3129	2154	1264	294	334	262
2006	2389	2034	1331	240	251	212
2007	2441	2116	1444	213	249	210
2008	2512	2202	1482	237	290	193
2009	2603	2300	1546	275	297	182
2010	2558	2260	1502	257	300	201

13-14 普通中等专业学校教职工数

单位：人

年 份	教职工总 数	校本部教职工	专任教师	教辅人员	行政人员	工勤人员
1991	1033	1144	429	80	192	443
1992	1136	1125	416	85	195	429
1993	1323	1199	399	103	194	503
1994	1304	1304	424	138	203	539
1995	1318	1221	436	119	231	435
1996	1532	1451	566	129	223	533
1997	1504	1457	557	147	257	496
1998	1550	1511	577	139	271	524
2000	1531	1418	540	133	259	486
2001	1215	1103	415	106	153	429
2002	1211	1102	416	109	152	425
2003	895	856	297	114	115	330
2004	390	386	157	53	66	110
2005	398	394	175	53	60	106
2006	351	347	179	50	69	49
2007	370	370	198	52	67	53
2008	367	367	198	50	67	52
2009	384	384	214	57	67	46
2010	389	389	220	50	73	46

13-15 各级学校教师负担学生数

单位:人

年 份	高等学校		中等学校		小学	
	教师楼	平均每个教师负担学生数	教师楼	平均每个教师负担学生数	教师楼	平均每个教师负担学生数
1991	533	5.7	7500	15.2	9636	17.4
1992	531	6.3	7565	14.6	9489	18.0
1993	554	6.9	8863	15.5	9283	18.8
1994	613	6.9	8390	15.8	8953	19.1
1995	603	6.6	9159	14.9	9321	18.4
1996	639	6.1	10111	13.9	10123	16.8
1997	633	6.5	10136	13.9	10004	17.1
1998	619	7.5	11620	13.7	9680	15.8
2000	627	12.7	10862	14.6	9220	15.9
2001	586	11.1	9551	15.3	8100	16.8
2002	567	15.7	9875	15.2	7900	16.6
2003	880	13.8	9748	15.6	7815	17.1
2004	1084	15.8	9639	15.9	7824	16.8
2005	1264	16.3	9521	15.6	7609	16.9
2006	1331	16.1	9179	14.9	7321	16.3
2007	1444	16.7	9100	14.3	7219	15.0
2008	1482	18.2	9169	13.7	7415	14.4
2009	1546	18.2	9075	13.0	7381	13.9
2010	1502	19.4	9057	12.5	7316	13.2

13-16 平均每万人口在校学生数和大中小学学生构成

单位:人

年 份	各级学校在校学生数占垦区人口%	平均每万人口中			大中小学学生占学生总数%		
		大学生（人）	中学生（人）	小学生（人）	大学生	中学生	小学生
1991	18.2	20	730	1075	1.0	40.0	58.9
1992	18.2	21	706	1095	1.1	38.8	60.0
1993	20.2	24	699	1147	1.2	42.0	55.3
1994	19.7	27	705	1160	1.4	33.8	55.6
1995	19.9	26	872	1145	1.3	41.9	55.0
1996	20.1	26	876	956	1.4	40.1	56.0
1997	26.4	26	731	1095	1.3	36.1	54.1
1998	20.6	30	826	982	1.6	44.9	53.5
2000	20.0	51	882	937	2.5	48.1	49.4
2001	18.5	42	936	871	2.3	50.6	47.1
2002	18.6	57	965	842	3.1	51.8	45.1
2003	19.8	81	933	894	4.1	51.0	44.9
2004	19.2	109	901	839	5.7	46.9	47.9
2005	19.8	138	989	855	6.9	49.9	43.2
2006	17.8	137	844	765	7.8	48.3	43.9
2007	16.4	151	786	677	9.2	48.5	41.3
2008	16.2	168	733	647	10.4	48.4	41.2
2009	14.8	170	691	621	11.5	46.6	41.9
2010	14.5	176	665	586	12.1	47.5	40.4

13-17 各分局各类学校数

单位:所

年份 单位	普通 高等学校	中等专业 学校	中等 技术学校	中等 师范学校	普通 中学	完全 中学
2002	2	5	5		144	
2003	4	2	2		142	11
2004	4	2	2		138	8
2005	4	2	2		132	6
2006	4	2	2		131	3
2007	4	2	2		131	5
2008	4	2	2		126	2
2009	4	2	2		126	2
2010	4	2	2		124	2
宝泉岭局		1	1		16	
红兴隆局					15	
建三江局					17	
牡丹江局					16	
北安局		1	1		17	
九三局					13	
齐齐哈尔局					9	
绥化局					9	
哈尔滨局					10	
总局直属	4				2	2

13-17续表

单位:所

年份 单位	高中	初中	九年一贯 制学校	职业 中学	小学	幼儿园
2002	22	83	28	3	156	87
2003	22	82	30	4	146	86
2004	20	88	24	4	140	85
2005	18	84	26	4	134	88
2006	20	57	49	2	101	78
2007	20	47	60	2	69	109
2008	17	57	50	2	78	117
2009	17	40	67	2	59	116
2010	17	34	71	5	47	116
宝泉岭局	3	1	12		2	14
红兴隆局	2	11	2	2	15	17
建三江局	2		15		2	23
牡丹江局	1		15		1	14
北安局	3		14			14
九三局	2	11		2	13	13
齐齐哈尔局	2	2	5		3	2
绥化局	1	8			9	9
哈尔滨局	1	1	8	1	2	10
总局直属						

13-18 各分局各类学校教职工数

单位:人

年份 单位	普通 高等学校	中等学校	中等专业 学校	中等 技术学校	中等 师范学校	普通 中学
2002	1960	15344	1211	1211		13795
2003	2705	14829	895	895		13632
2004	2969	14402	390	390		13710
2005	3129	14066	398	398		13366
2006	2389	13204	351	351		12776
2007	2441	13072	370	370		12635
2008	2202	13083	367	367		12665
2009	2603	12926	384	384		12495
2010	2558	13040	389	389		12564
宝泉岭局		2004	191	191		1813
红兴隆局		1770				1717
建三江局		1693				1693
牡丹江局		1827				1827
北安局		2076	198	198		1878
九三局		1215				1181
齐齐哈尔局		655				655
绥化局		986				986
哈尔滨局		542				542
总局直属	2558	272				272

13-18续表

单位:所

年份 单位	高中	初中	职业 中学	小学	幼儿园
2002	3738	10057	338	11541	1451
2003	3692	9940	302	11251	1470
2004	3706	10004	302	11286	1430
2005	3613	9753	302	10821	1385
2006	3453	9323	77	10014	1195
2007	3410	9225	67	9855	1513
2008	3343	9322	51	10112	1485
2009	3310	9185	47	10051	1571
2010	3311	9259	87	9894	1834
宝泉岭局	480	1333		1099	299
红兴隆局	453	1264	53	1423	276
建三江局	448	1245		1477	477
牡丹江局	484	1343		1253	376
北安局	497	1381		1437	136
九三局	313	868	34	797	124
齐齐哈尔局	173	482		709	31
绥化局	261	725		1193	77
哈尔滨局	143	399		382	38
总局直属	59	219		124	

13-19 各分局各类学校教师数

单位:人

年份 单位	普通 高等学校	中等学校	中等专业 学校	中等 技术学校	中等 师范学校	普通 中学
2002	567	9875	416	416		9227
2003	880	9748	297	297		9253
2004	1084	9639	157	157		9284
2005	1264	9521	175	175		9148
2006	1331	9179	179	179		8966
2007	1444	9100	198	198		8868
2008	1482	9098	198	198		8864
2009	1546	9018	214	214		8765
2010	1502	9130	220	220		8853
宝泉岭局		1306	92	92		1214
红兴隆局		1296				1253
建三江局		1137				1137
牡丹江局		1279				1279
北安局		1346	128	128		1218
九三局		883				869
齐齐哈尔局		529				529
绥化局		736				736
哈尔滨局		383				383
总局直属	1502	235				235

13-19续表

单位:人

年份 单位	高中	初中	职业 中学	小学	幼儿园
2002	2202	7025	232	7900	921
2003	2306	6947	198	7815	953
2004	2394	6890	198	7824	952
2005	2278	6870	198	7609	899
2006	2347	6619	34	7321	741
2007	2287	6581	34	7219	973
2008	2347	6517	36	7415	952
2009	2308	6457	39	7381	980
2010	2393	6460	57	7316	1130
宝泉岭局	382	832		790	182
红兴隆局	366	887	43	979	157
建三江局	357	780		1109	299
牡丹江局	286	993		975	186
北安局	368	850		936	109
九三局	209	660	14	602	93
齐齐哈尔局	141	388		578	15
绥化局	115	621		930	60
哈尔滨局	50	333		295	29
总局直属	119	116		122	

13-20 各分局各类学校在校学生数

单位:人

年份 单位	普通 高等学校	中等学校	中等专业 学校	中等 技术学校	中等 师范学校	普通 中学
2002	8895	150468	10311	10311		138028
2003	10196	156035	10196	10196		144172
2004	17090	152903	9302	3524		141506
2005	20659	148277	7221	7221		138911
2006	21432	136818	4935	4935		131625
2007	24115	130259	4108	4108		125834
2008	27032	124607	3353	3353		120903
2009	28174	117274	2680	2680		114119
2010	29054	113587	3189	3189		109696
宝泉岭局		16444	1258	1258		15186
红兴隆局		14870				14404
建三江局		14986				14986
牡丹江局		14025				14025
北安局		17079	1431	1431		15648
九三局		11503				11290
齐齐哈尔局		7371				7371
绥化局		9838				9838
哈尔滨局		4019				3996
总局直属	29054	3452	500	500		2952

13-20续表

单位:人

年份 单位	高中	初中	职业 中学	小学	幼儿园
2002	30202	107826	2130	131388	22999
2003	36157	108015	1667	134198	24265
2004	36693	104813	2095	131703	26806
2005	36640	102271	2145	128320	21555
2006	36120	95505	258	119267	21554
2007	35619	90215	317	108471	30405
2008	34991	85912	351	106808	27920
2009	34515	79604	475	102484	27180
2010	34227	75469	702	96746	28346
宝泉岭局	5689	9497		8263	3323
红兴隆局	5316	9088	466	9099	3893
建三江局	5162	9824		15821	5812
牡丹江局	4472	9553		16168	3245
北安局	5397	10251		15002	2951
九三局	2742	8548	213	7888	3825
齐齐哈尔局	1784	5587		8045	682
绥化局	1375	8463		10099	3139
哈尔滨局	667	3329	23	4617	1403
总局直属	1623	1329		1744	73

13-21 各分局各类学校招生数

单位:人

年份 单位	普通高等学校	中等学校	中等专业学校	中等技术学校	中等师范学校	普通中学
2002	3149	46527	3425	3425		42464
2003	3315	40833	2904	2904		37571
2004	6542	42554	2791	2791		39245
2005	5903	39268	1706	1706		37024
2006	7280	39180	1121	1121		37979
2007	8370	37280	1466	1466		35661
2008	9571	32164	948	948		31121
2009	8688	32174	894	894		31047
2010	7881	33498	1383	1383		31870
宝泉岭局		4312	498	498		3814
红兴隆局		4140				3997
建三江局		5137				5137
牡丹江局		4644				4644
北安局		5710	758	758		4952
九三局		2822				2743
齐齐哈尔局		2203				2203
绥化局		2421				2421
哈尔滨局		1084				1061
总局直属	7881	1028	127	127		898

13-21续表

单位:人

年份 单位	高中	初中	职业中学	小学	幼儿园
2002	11983	30481	638	23735	16434
2003	13628	23943	358	26800	17468
2004	12943	26302	518	24153	18518
2005	12326	24698	538	21900	13742
2006	12554	25425	80	18114	13716
2007	11331	24330	153	16669	20831
2008	11403	19718	95	16243	19167
2009	11764	19283	233	15345	17993
2010	11079	20791	245	15535	18061
宝泉岭局	1818	1996		1421	2398
红兴隆局	1775	2222	143	1550	2670
建三江局	1728	3409		2474	2592
牡丹江局	1587	3057		2322	1336
北安局	1659	3293		2191	2180
九三局	848	1895	79	1383	2709
齐齐哈尔局	475	1728		1117	572
绥化局	407	2014		2031	2128
哈尔滨局	242	819	23	850	1403
总局直属	540	358		196	73

13-22 各分局各类学校毕业生数

单位:人

年份 单位	普通 高等学校	中等学校	中等专业 学校		
				中等 技术学校	中等 师范学校
2002	859	35203	2664	2664	
2003	3690	35665	3690	3690	
2004	2364	42977	3010	3010	
2005	2814	40915	3708	3708	
2006	5974	43212	2631	2631	
2007	6144	38322	1157	1157	
2008	7386	37112	1157	1157	
2009	7931	36997	1066	1066	
2010	8301	36461	1037	1037	
宝泉岭局		5012	355	355	
红兴隆局		3999			
建三江局		4805			
牡丹江局		4734			
北安局		5886	288	288	
九三局		2826			
齐齐哈尔局		2619			
绥化局		3152			
哈尔滨局		1035			
总局直属	8301	974	394	394	

13-22 续表

单位:人

年份 单位	普通 中学			职业 中学	小学
		高中	初中		
2002	31505	7959	23546	1034	30481
2003	31239	6877	24362	736	23983
2004	39001	10565	28436	966	26439
2005	36211	11176	25035	996	25128
2006	40433	11867	28566	148	25431
2007	36803	11526	25277	84	24375
2008	35871	12018	23853		19734
2009	35822	11914	23908	109	19314
2010	34317	11215	23102	82	20836
宝泉岭局					
红兴隆局	4657	1962	2595		1996
建三江局	3929	1694	2235	70	2222
牡丹江局	4805	1671	3134		3409
北安局	4734	1383	3351		3057
九三局	5598	1850	3748		3293
齐齐哈尔局	2814	1018	1796	12	1895
绥化局	2619	484	2135		1728
哈尔滨局	3152	450	2702		2014
总局直属	1035	217	318		864
	974	486	488		358

13-23 各分局中学毕业生和小学毕业生升学率

年份 单位	高中毕业生升学率			初中毕业生升学率			小学毕业生升学率		
	毕业生人数（人）	升入高等学校（人）	升学率（%）	毕业生人数（人）	升入高级中学人数（人）	升学率（%）	毕业生人数（人）	升入初级中学人数（人）	升学率（%）
2002	7959	6225	78.2	23546	13324	56.6	30481	30481	100.0
2003	6877	6566	95.5	24362	14992	61.5	23983	23983	100.0
2004	10565	7813	74.0	28436	14427	50.7	26439	26439	100.0
2005	11176	8944	80.0	25035	14490	57.8	25128	25128	100.0
2006	11867	8911	75.1	28566	13576	47.5	25431	25431	100.0
2007	11526	9249	80.2	25277	11799	46.7	24375	24375	100.0
2008	12018	9854	82.0	23853	11863	49.7	19734	19734	100.0
2009	11914	9336	78.3	23908	12190	51.0	19314	19314	100.0
2010	11215	9344	83.3	23102	11536	49.9	20836	20836	100.0
宝泉岭局	1962	1949	99.3	2695	1818	67.5	1996	1996	100.0
红兴隆局	1694	1582	93.4	2235	1822	81.5	2222	2222	100.0
建三江局	1671	1627	97.3	3134	1730	55.2	3409	3409	100.0
牡丹江局	1383	974	70.4	3351	1615	48.2	3057	3057	100.0
北安局	1850	1339	72.4	3748	1945	51.9	3293	3293	100.0
九三局	1018	834	81.9	1796	883	49.2	1895	1895	100.0
齐齐哈尔局	484	357	73.8	2135	477	22.3	1728	1728	100.0
绥化局	450	139	30.9	2702	407	15.1	2014	2014	100.0
哈尔滨局	217	191	88.0	818	270	33.0	864	864	100.0
总局直属	486	352	72.4	488	488	100.0	358	358	100.0

注:升入高等学校人数中含部分往届毕业生。

13-24 各分局小学学龄儿童入学率

年份 单位	学龄儿童数（人）	已入学学龄儿童数（人）	入学率（%）
2002	127015	127015	100.0
2003	130075	130075	100.0
2004	124850	124850	100.0
2005	122107	122107	100.0
2006	113397	113397	100.0
2007	101882	101882	100.0
2008	101342	101342	100.0
2009	97426	97426	100.0
2010	92451	92451	100.0
宝泉岭局	7713	7713	100.0
红兴隆局	8871	8871	100.0
建三江局	14792	14792	100.0
牡丹江局	14935	14935	100.0
北安局	14100	14100	100.0
九三局	7888	7888	100.0
齐齐哈尔局	7692	7692	100.0
绥化局	10099	10099	100.0
哈尔滨局	4617	4617	100.0
总局直属	1744	1744	100.0

注：14-1至14-24表资料由总局教育局提供。

13-25 广播、电视自办节目播出情况

(2010年)

单位	有线广播站(个)	自办广播节目平均每日播音时间(小时)		广播人口覆盖率(%)	有线电视站(个)	自办电视节目平均每周播放时间(小时)		电视人口覆盖率(%)
		小计	新闻			小计	新闻	
总计	**105**	**192;00**	**14:00**	**92.5**	**105**	**58;30**	**19;30**	**91.8**
宝泉岭局	13	24;00	1:45	92.6	13	6:30	2:10	92.6
红兴隆局	12	24;00	1:45	96.4	12	6:30	2:10	96.4
建三江局	15	24;00	1:45	91.3	15	6:30	2:10	90.3
牡丹江局	13	24;00	1:45	93.1	13	6:30	2:10	93.1
北安局	14	24;00	1:45	90.4	14	6:30	2:10	87.1
九三局	11	24;00	1:45	89.0	11	6:30	2:10	86.1
齐齐哈尔局	7	24;00	1:45	84.2	7	6:30	2:10	84.2
绥化局	9	24;00	1:45	91.8	9	6:30	2:10	91.8
哈尔滨局	7			96.3	7			96.3
总局直属	4			100.0	4	6:30	2:10	100.0

注：14-25表资料由总局广播电视局提供。

13-25续表

年份 单位	有线电视总用户数(万户)	转播电视节目套数(套)	电视转播台(座)	电视发射机(部)	千瓦发射机(部)	广播电视事业机构(个)	职工人数(人)	卫星地面站(座)	开通光纤网长度(公里)			开通光纤的农牧场及生产队(个)
									一级	二级	三级	
总计	**26.44**	**27**	**37**	**66**	**43**	**105**	**1168**	**139**	**2789**	**3535**	**8607**	**1393**
宝泉岭局	3.46	27	9	15	12	13	159	14		485	835	210
红兴隆局	5.80	27	7	12	5	12	170	13		664	1771	290
建三江局	4.05	27	7	13	11	15	195	19		560	913	211
牡丹江局	2.74	27	6	10	4	13	145	26		470	1500	180
北安局	3.20	27	2	4	3	14	131	6		340	1567	170
九三局	3.86	27	3	6	4	11	101	5		486	802	151
齐齐哈尔局	1.46	27	2	4	4	7	59	10		230	500	80
绥化局	0.97	27	1	2		9	38	20		300	294	101
哈尔滨局	0.72	27				11	32	18			280	
总局直属	0.18	27					138	8			145	

13-26 专业艺术表演团体单位、人员数及演出、收支情况

指　　标	单位	1995	2000	2003	2004	2005	2006	2007	2008	2009	2010
单位数	个	1	1	1	1	1	1	1	1	1	1
人员数	人	73	54	29	29	27	26	26	27	24	24
演出场数	场	68	164	60	60	150	100	50	68	80	51
# 到基层演出	场	11	140	59	50	106	62	40	50	68	30
观众人数	人次	60000	195000	80000	100000	150000	150000	95000	130000	150000	102000
# 基层观众	人次	20000	160000	75000	60000	100000	93000	80000	90000	120000	60000
本年新创作并演出剧目	个	30	36	15	30	16	18	17	9	19	14
# 获奖总数	个	3	17	5	1			5			3
国家经费补贴	万元	80	170	15	198	239	272	462	462	473	422
演出收入	万元	3	5	8	21	11	7.8	5.8	3	3.2	4.8

注:14-26 表资料由总局文工团提供.

13-27 杂志和报纸出版情况

年 份	杂　志				报　纸			
	种　数（种）	每期平均印　数（册）	总印数（万册）	总印张数（万印张）	种　数（种）	每期平均印数（份）	总印数（万份）	总印张数（万印张）
1991	6	44600	48.0	157.3	4	56800	730.4	730.4
1992	6	50600	55.0	192.2	5	65800	1345.8	1332.3
1993	6	56100	58.0	199.7	5	67900	1497.1	1417.4
1994	7	24517	24.6	74.3	4	60000	1081.3	277.5
1995	7	16000	13.4	41.9	4	68836	1347.0	671.7
1996	4	23000	17.0	68.8	2	47136	1547.0	612.0
1997	6	22750	19.7	82.6	2	51000	1653.1	720.0
1998	6	21200	29.1	85.7	2	67400	2046.1	2046.0
1999	5	18559	14.6	68.3	2	72500	2023.6	2024.0
2000	5	15560	11.0	58.4	1	55000	1650.0	1650.0
2001	4	12580	7.6	38.9	1	40050	1335.1	1335.0
2002	4	15416	9.3	48.1	1	48000	1598.4	1598.4
2003	4	12486	7.5	38.2	1	49000	1631.7	1631.7
2004	4	8325	5.0	26.1	1	36500	1216.3	1216.3
2005	4	13000	7.8	40.7	1	38100	1269.0	1269.0
2006	4	12600	7.8	38.6	1	42300	1387.8	1387.8
2007	4	11400	7.6	35.7	1	44450	1541.8	1541.8
2008	4	12100	7.8	36.5	1	46485	1612.7	1612.7
2009	4	17900	11.5	53.8	1	48800	1756.0	1756.0
2010	4	19133	19.2	79.1	1	50807	1829.1	1829.1

13–28　科学研究与技术开发机构、人员、经费及资产情况

指　　标	单位	2009				2010			
		合　计	自然科学技术领域	社会人文科学领域	科学技术情　报	合　计	自然科学技术领域	社会人文科学领域	科学技术情　报
独立研究与开发机构									
(一)总局直属									
机 构 数	个	19	17	1	1	19	17	1	1
职工人数	人	871	832	12	27	847	801	14	32
# 科技人员	人	513	475	12	26	423	389	3	31
管理人员	人	95	91	0	4	138	132	2	4
工　　人	人	318	317	0	1	308	299	9	0
经费收入额	万元	9352.0	8700.0	182.0	470.0	10259.6	9588.3	210	461.3
# 国　　拨	万元	4643.2	4105.8	179.4	358.0	5481.7	5181.7	24	276
基本建设投资额	万元	40.0	40.0	0.0	0.0	1671.8	1621.8	50	0
# 设备及工器具购置	万元	620.2	620.2	0.0	0.0	226.6	166.6	50	10
年末固定资产原值	万元	10360.0	9700.0	60.0	600.0	13663.0	13096.4	58.3	508.3
(二)分局直属									
机 构 数	个								
职工人数	人								
# 科技人员	人								
管理人员	人								
工　　人	人								
经费收入额	万元								
# 国　　拨	万元								
基本建设投资额	万元								
# 设备及工器具购置	万元								
年末固定资产原值	万元								

13–29　黑龙江省科学技术奖励名单

序　号	项目名称	奖励名称	主要完成单位	主要完成人	获奖等级
100001	高油高产高抗大豆新品种垦农22的选育与推广	进步奖	黑龙江八一农垦大学	朱洪德、费志宏、朱桂英、李佐同、于立河、范文艳、郭永霞、李海燕、冯丽娟	二等奖
100002	万寿菊高产栽培体系的研究	进步奖	黑龙江八一农垦大学	范文艳、宫占元、杨克军、姜述君、马晓丹、宋玉华、王立凤	三等奖
100003	啤酒大麦新品种垦啤麦7、8号及栽培技术推广	进步奖	黑龙江省农垦总局红兴隆农业科学研究所	李作安、许文芝、李洁、梁长欣、周军、党爱华、党爱华	三等奖
100004	新三江白猪选育	进步奖	黑龙江八一农垦大学	耿忠诚、黄大鹏、杨隽、刘胜军、李馨、王宏光、张爱忠	三等奖
100005	沙棘果酒果醋菌种筛选及其酿造工艺研究	进步奖	黑龙江八一农垦大学	杨宏志、张　军、牛广财、王长远、朱　丹、李志江、宋德禄	三等奖
100006	东北农区奶牛高效饲养综合技术的研究	进步奖	黑龙江八一农垦大学	苗树君、曲永利、许丽、李红宇、甘文平、王君伟、张洪涛	三等奖

13-30 科学研究与技术开发项目科技奖励情况

单位:个

指　　标	2002	2003	2004	2005	2006	2007	2008	2009	2010
本年开展的研究与开发项目	105	94	94	187	121	202	29	29	165
本年完成并通过鉴定的研究与开发项目	37	25	20	50	38	23	21	34	61
获奖的研究、开发项目	34	32	6	34	7	33	29	7	40
获国家星火奖									0
获科技进步奖	32	30	6	34	7	33	29	7	28
# 国家级科技进步奖									0
省、部级科技进步奖	10	8	6	5	7	6	5	7	6
总局级科技进步奖	22	22		29		27	24		22
获农业部丰收奖	2	2							12
获省星火奖									0
一、独立研究与开发机构									
本年开展的研究与开发项目	65	62	62	127	39	134	14	14	115
本年完成并通过鉴定的研究与开发项目	23	17	14	8	11	5	3	5	
获奖的研究、开发项目	9			10	2	14	7	4	26
获国家星火奖									
获科技进步奖	7	7	5	10	2	14	7	4	16
# 国家级科技进步奖									
省、部级科技进步奖	2	3			2	1	1	4	1
总局级科技进步奖	5	4		10		13	6		15
二、非独立研究与开发机构									
本年开展的研究与开发项目	40	34	30	60	82	68	15	15	50
本年完成并通过鉴定的研究与开发项目	14	8	6	42	27	18	18	29	
获奖的研究、开发项目	25	23	1	24	5	19	22	3	14
获国家发明奖									
获科技进步奖	25	23	1	24	5	19	22	3	12
# 国家级科技进步奖									
省、部级科技进步奖	8	5	1	5	5	5	4	3	5
总局级科技进步奖	17	18		19		14	18		7
获农业部丰收奖									2
获省星火奖									

主要统计指标解释

科技活动 指在所有科学技术领域内，即自然科学、农业科学、医药科学、工程与技术科学、人文与社会科学中，与科技知识的产生、发展、传播和应用密切相关的全部的、有组织的、系统的科技活动。所谓有组织的、系统的科技活动，指在一个机构的范围之内，并列入这一机构的工作计划，由这一机构的人员有计划地进行的科技活动。目前科技活动统计包括研究与发展活动、研究与发展成果应用活动和科技服务活动。

研究与发展(R&D) 指为了增进知识，以及利用这些知识去开创新的用途而进行的系统的创造性的工作。它具备四种基本条件：创造性、新颖性或创新、科学方法的运用和新知识的产生。它包括三种类型：基础研究、应用研究和实验发展。

①**基础研究** 指不直接考虑用途，以揭示客观事物的本质、运动规律，获得新发现、新学说为目的或对已有的规律、发现、学说作系统的补充而进行的理论研究或实验。其成果以科学论文、科学著作为主要形式。

②**应用研究** 指利用基础研究所发现的知识，确定特定的目标，为了明确基础研究成果的实用化的可能性，探索新方法(原理性)而进行的独创性研究，及时对已经实用化的技术探索新的应用方法(原理性)而进行的研究。应用研究实际上并不直接产生新的(或改进)产品或工艺，其成果为科学论文、科学著作、原理性模型和专利等。

③**实验发展** 指利用基础研究、应用研究及实际经验所获得的知识，为生产新的材料、产品和装置、建立新的工艺、系统和服务，对已生产和建立的上述各项进行实质性的改进而从事的系统性工作。其成果为一种具有新产品或新技术基本特点的原型，可达到设计定型的新产品或新工艺、实验报告等。垦区的科研项目与课题大多属试验发展类。

科技活动机构 指调查范围内有建制的从事科技活动的科研机构。包括国有科学研究与技术开发机构、科技情报与文献机构，全日制普通高等学校附属科技活动机构、大中型工业企业附属的技术开发机构。全日制普通高等学校附属的科技活动机构指学校上级主管部门正式批准的以科技活动为主，相对稳定的开展科技活动的机构。大中型工业企业附属的技术开发机构(也称企业办科技机构)指企业自办或与外单位合办，管理上同生产系统相对独立的，或单独核算的专门技术开发机构，如企业办研究所或开发中心、开发部等。垦区科研机构主要包括总局、分局属科研部门，农场附属的研究与开发机构、工业企业附属的技术开发机构等。

科研单位个数 指专门进行工、农业生产科学研究、科学试验的专门科研单位。

从业人员 指由本机构年末直接组织安排工作并支付工资的各类人员总数，包括固定职工、国家有编制的合同制职工、招聘人员和返聘的离退休人员。不包括离退休人员，停薪留职人员。

科技人员 是指在垦区科研机构工作并已取得科学技术职称，或大学、大专、中专的理、工、农、经等科学毕业生。

科研成果 凡是经过科学鉴定或同行评议，或得到其它方式的社会公认，认为符合科研成果条件，并附有评价，鉴定材料或实际试用的报告资料的科学工作成果，均作为科研成果予以统计。

普通高等、中等专业学校 指垦区按照国家规定的审批程序批准举办，通过全国统一招生考试招收高中毕业生和具有同等学历者初中毕业生和具有同等学历者，实施高等或中等教育，培养高等或中等专门人才的学校。包括大学(本科)、专科学校、大专(专科)和中等专业学校。

成人高等、中等学校 指垦区按照国家规定的审批程序批准举办，通过统一考试，招收高中毕业生和具有同等学历者、在职职工，利用多种形式对成人实施高等和中等教育，培养相当普通高等学校、专科学校、中等学校或本科、专科水平的专门人才的学校。包括电视大学、职工高等学校、干部管理学院、教育学院、独立函授学院以及普通高等学校举的函授夜大学等和职工中等专业学校等。

普通中学 指垦区内高、初中合一或高中、初中分设的中学，也包括中小学合一，以中学为主的学校，但这类学校的学生要分开统计，即小学校的学生数要统计到小学学生中去。

一贯制学校 指在一所学校连续实施中小学教育的机构。其中包括实施九年义务教育的九年一贯制学校和实施高中教育的十二年一贯制学校。

教职工总数 指垦区在各类学校中工作的在册全部职工人数。包括校本部、科研机构、校办工厂农(林)场和附属机构的人员。但不包括离休人员，学校办集体所有制单位人员等。

专任教师 指垦区各类学校中，专职从事教学工作的人员。高等学校函授部夜大学的专任教师也包括在内。但不包括调离教学岗位，担任行政领导的原教学人员。

教辅人员 指从事教学辅助工作，为教学服务的人员。如图书管理员、资料室的资料员、电化教育馆人员等。

在校学生数 指学年初开学以后，具有学籍的在校学生人数，但普通中学不包括毕业生在校补习复读的学生数。农垦学校个数和在校学生数的规定：在农垦系统办的学校中，高中、职高、初中、小学多制合一的，其学校个数为1，并填在普通中学栏内，但在校学生数应分别统计。

升学率 被升入高一级学校的人数与应届毕业学生总人数之比。计算公式为：

$$\text{升学率}=\frac{\text{被录取升入高一级学校的人数}}{\text{应届毕业学生总数}}\times 100\%$$

这一指标反映某一级教育的学生继续接受高一级教育的比例。

14 卫生、环保和其他

卫生机构人员数（人）

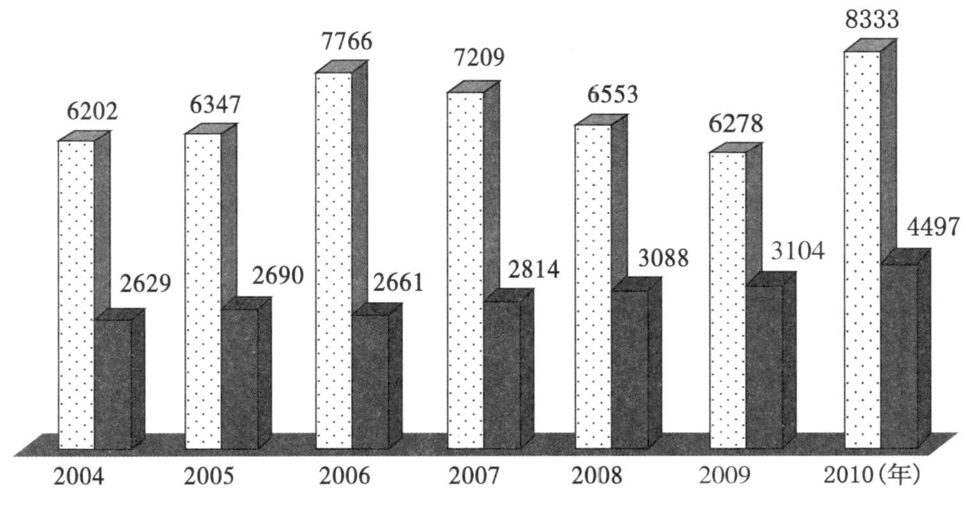

交通事故发生情况

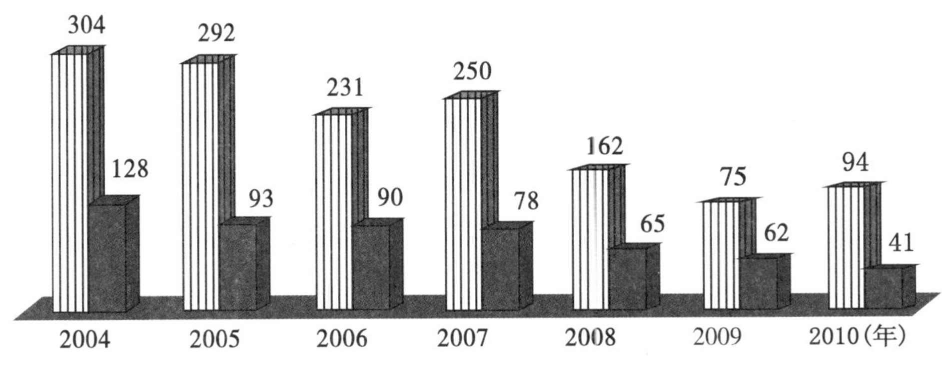

14-1 卫生机构数

单位:个

年份	总计	医院	疗养院、所	门诊部、所	卫生所	卫生监督所	妇幼保健所、站	个体开业诊所	其它卫生机构
1990	3265	147	1	2916	2755	98	78	18	7
1991	3248	150	1	2891	2711	100	85	14	7
1992	3271	158	1	2866	2721	101	94	44	7
1993	3261	123	1	2800	2644	100	99	131	7
1994	3250	127	1	2784	2739	105	102	124	7
1995	3185	136	1	2736	2698	104	100	101	7
1996	3042	126	1	2709	2651	103	97		6
1997	3053	116	1	2726	2674	110	97		3
1998	2978	116	1	2662	2607	102	96		1
2000	2829	116	1	2511	2460	105	95		1
2001	2666	116	1	2349	2146	105	95		
2002	2524	122	1	2241	1937	90	70		
2003	2587	123	1	2286	2141	95	82		
2004	2577	122	1	2260	2105	101	93		
2005	2313	115	1	1870	1806	115	99		
2006	2397	116	1	1947	1854	116	111		
2007	2601	116	1	2179	2144	112	89		
2008	2564	116	1	2132	2090	114	92		
2009	2581	116	1	2166	1994	101	97	10	
2010	2285	116	1	1839	1686	116	97		

14-2 卫生机构人员数

单位:人

年份	总计	卫生技术人员	#医生				#护师、护士	每千人口医生数
				#中医	#西医师	#西医士		
1990	19185	14903	7628	252	4024	3350	3748	4.8
1991	20082	15306	7340	236	3795	3307	3656	4.7
1992	20508	15994	7007	231	4096	2676	3562	4.5
1993	19458	15441	6795	222	4384	2189	3399	4.3
1994	18409	14498	6553	210	4241	2097	3233	4.2
1995	18436	14426	6758	164	4520	2074	3456	4.4
1996	17638	14052	6832	151	4578	2101	3506	4.4
1997	17290	13889	7145	136	5080	1928	3729	4.6
1998	16464	13251	6933	108	5144	1679	3617	4.4
2000	14079	11487	6392	88	5174	1130	3289	4.1
2001	13472	11022	6237	192	5002	507	2939	4.1
2002	12735	10535	6161	69	5066	986	2880	3.9
2003	12052	10053	6621	85	4862	874	2715	4.2
2004	11704	9836	6202	80	4806	821	2629	3.3
2005	12096	10103	6347	76	4918	840	2690	4.0
2006	12322	10427	7766	46	5134	786	2661	4.9
2007	12498	10767	7209	40	5321	690	2814	4.4
2008	13228	11482	6553	139	5374	1040	3088	4.09
2009	13173	11290	6278	127	5044	1107	3104	4.03
2010	14202	12143	8333	150	5079	978	4497	4.96

注：14-1至14-9表资料由总局卫生局提供

14-3 卫生机构床位数

单位:张

年 份	总 计	医 院	#综合医院	疗养院、所	每千人口医院床位数
1990	9324	9004	8278	320	5.6
1995	9301	8981	8661	320	6.0
1996	9133	8813	8563	320	5.6
1997	8891	8571	8321	320	5.7
1998	8558	8238	7988	320	5.4
2000	7838	7518	7268	320	5.1
2001	7334	7014	6680	320	4.7
2002	7217	6897	6647	320	4.3
2003	7194	6874	6624	320	4.1
2004	6970	6650	6400	320	5.6
2005	7352	7032	6677	320	4.5
2006	7483	7163	6798	320	4.7
2007	7724	7404	6959	320	4.7
2008	8274	7974	7374	300	4.8
2009	8959	8659	7151	300	5.4
2010	11416	9590	8849	300	6.4

14-4 各局卫生机构、床位、人员数

年 份	机构数（个）	医院床位数（张）	人员合计（人）	卫生技术人员	其他技术人员	管理及工勤人员
2000	2829	7838	14079	11487	194	2398
2001	2666	7334	13472	11022	171	2279
2002	2524	6897	12735	10535	162	2038
2003	2587	6874	12052	10053	207	1792
2004	2577	6650	11704	9836	207	1661
2005	2313	7032	12096	10103	437	1556
2006	2397	7163	12322	10427	359	1536
2007	2601	7404	12498	10767	389	1342
2008	2564	7974	13228	11482	407	1339
2009	2581	8659	13173	11290	350	1533
2010	2285	9590	14202	12143	626	1562
宝泉岭局	360	1132	1727	1165	43	219
红兴隆局	517	1301	2848	2437	58	353
建三江局	374	1056	1477	1739	96	222
牡丹江局	345	1050	1947	1671	81	157
北 安 局	252	700	1360	1165	50	152
九 三 局	138	620	1243	1013	75	155
齐齐哈尔局	157	708	1059	925	39	95
绥 化 局	95	310	480	446	0	34
哈尔滨局	42	213	230	197	15	18
总局直属	5	2500	1831	1385	169	157

14-5 卫生机构、床位、人员数

(2010年)

机构类别	机构数（个）	床位数（张）	人员合计（人）	卫生技术人员	其他技术人员	管理及工勤人员
总　计	**2285**	**11416**	**14202**	**12143**	**626**	**1562**
一、医疗卫生机构	1955	11083	13440	11465	612	1494
1. 医院	116	9590	10930	8884	595	1468
(1) 总局总医院	1	908	1002	784	52	166
(2) 分局中心医院	7	2784	3490	2761	228	501
(3) 农(厂)场职工医院	107	5098	5899	4926	234	756
(4) 专科医院	1	800	539	413	81	45
2. 卫生院、门诊部(所)	1839	1493	2510	2581	17	26
(1) 卫生院、门诊部	153	384	468	396	12	19
(2) 卫生所	1686	1109	2042	2185	5	7
二、疗养院	1	300	83	23	10	50
三、卫生监督及防保机构	329	33	679	655	4	18
1. 卫生监督所	116		289	271	3	13
2. 疾病预防控制中心	116		212	206	1	5
3. 妇幼保健站	97	33	178	178		

14-6　医院病床使用情况

单位:张

年　份	病床周转次　数（次）	病床工作日（日）	病床使用率（%）	出院者平均住　院　日（日）
1990	18.19	274.51	75.21	13.69
1993	13.78	189.40	51.89	12.74
1994	10.82	151.17	41.42	12.32
1995	10.31	150.06	40.56	12.56
1996	11.80	154.00	42.19	11.50
1997	11.70	154.10	42.22	11.70
1998	12.20	154.74	42.38	11.20
1999	12.15	154.83	42.51	11.50
2000	11.02	124.50	34.12	9.80
2001	13.00	160.60	44.00	11.00
2002	15.10	167.10	45.78	10.00
2003	14.87	178.40	48.87	10.80
2004	14.47	154.16	45.67	9.13
2005	18.89	259.47	58.14	11.50
2006	17.53	219.48	56.00	12.50
2007	18.08	247.77	63.26	11.98
2008	15.69	217.87	62.00	12.09
2009	16.29	227.24	62.68	11.90
2010	17.83	225.48	64.19	12.37

14-7　医院诊疗人次和入院人数

年　　份 医院类别	诊疗人次（人次）	#门、急诊	入院人数（人）	每百诊次的入院数(人)	每百门、急诊次的入院人数（人）
1995	1760466	1756621	106947	6.1	6.1
2000	2033217	1648100	95428	4.7	5.8
2001	1121671	890500	57503	5.1	6.5
2002	1734296	1581446	89881	5.1	5.6
2003	2340238	1627949	89760	3.8	1.2
2004	1035274	337205	83387	3.5	9.4
2005	1564276	31410	100309	6.41	8.5
2006	1659555	67003	104409	6.29	8.95
2007	2051904	62299	114909	5.6	6.4
2008	2065895	88926	120935	5.9	13.8
2009	2207402	116628	124061	5.9	12.5
2010	2514211	280153	148523	6.1	13.6
1.总局总医院	180862	7092	14833	8.2	24.8
2.分局中心医院	682768	183390	60937	8.9	8.4
3.农场职工医院	1650581	89671	72753	4.4	14.6

注:本表不包含门诊部、所、基层卫生所、室和个体开业诊所的诊疗人次数。

14-8 住院病人疾病前十位顺位

(2010年)

顺 位 号	疾 病 名 称	百分比(%)
1	呼吸系统疾病	24.76
2	循环系统疾病	15.29
3	消化系统疾病	12.16
4	损伤、中毒和外因的某些其他后果	11.95
5	泌尿生殖系统疾病	6.31
6	影响健康状态和与保健机构接触的因素	5.9
7	肿瘤	4.98
8	妊娠、分娩和产褥期	4.1
9	内分泌、营养和代谢疾病	3.58
10	传染病、寄生虫病	3.08

14-9 住院病人疾病死因前十位顺位

(2010年)

顺 位 号	疾 病 名 称	百分比(%)
1	循环系统疾病	37.96
2	肿瘤	35.1
3	损伤、中毒和外因的某些其他后果	11.2
4	消化系统疾病	5.4
5	呼吸系统疾病	4.06
6	某些传染病和寄生虫病	2.8
7	泌尿生殖系统疾病	1.67
8	内分泌、营养和代谢疾病	1.57
9	神经系统疾病	1.34
10	血液和造血器官疾病	1.06

14-10 离休、退休及退职职工人数

单位:人

年 份	离退休、退职职工人数	# 国有经济单位	在职职工与离退休职工之比	# 国有经济单位
1996	157160	157160	4.0	4.0
1997	158523	158523	3.9	3.8
1998	168974	168596	3.4	3.2
1999	175036	174472	2.7	2.6
2000	176445	175850	2.5	2.4
2001	197714	196708	2.1	2.0
2002	203575	203459	2.0	1.9
2003	209503	209059	1.9	1.8
2004	209645	208631	1.8	1.7
2005	222677	221663	1.6	1.4
2006	229558	228544	1.5	1.3
2007	230577	229563	1.6	1.4
2008	245583	244569		
2009	263703	262689	1.4	1.3
2010	341186	340177	1.1	1.1

14-11 主要年份离休、退休及退职人员福利费用总额

单位:万元

项 目	2008	2009	2010
总 计	**290076**	**379906**	**491546**
1. 离 休 金	21145	25371	21415
2. 退 休 金	252858	323802	419854
3. 退职生活费	5197	7287	11672
4. 医疗费	9344	21187	22253
5. 生活补助费			5537
6. 丧葬抚恤救济费		2259	6303
7. 冬季取暖补贴			3276
8. 离退休人员统筹外费用	1532		1236

注：14-10 至 14-14 表资料由总局人力资源和社会保障局提供。

14-12 按经济类型和企业、事业、机关分的离休、退休及退职职工福利费用

单位:万元

年份	费用总额	国有单位				集体单位
			企业单位	事业单位	机关单位	
2000	105799.8	105697.8	102012.5	2485.4	1199.9	96.9
2001	138152.7	127962.4	120473.9	5727.1	1761.4	1150.5
2002	160989.5	152182.9	150671.4	6059.4	2747.2	61.8
2003	162462.1	153574.9	151849.8	7540.7	3071.6	199.1
2004	155810.0	155810.0	143677.0	11034.0	1099.0	
2005	158898.0	158836.0	150588.0	7609.0	639.0	63
2006	235433.0	235370.0	223193.0	8038.0	4139.0	63
2007	247288.0	244784.0	229951.0	13786.0	984.0	63
2008	290076.0	290014.0	272561.0	12345.0	5108.0	62
2009	381452.0	381390.0	352022.0	20682.0	8686.0	62
2010	491546.0	383406.0	364235.0	13393.0	5778.0	61

14-13 职工福利费用构成

(2010年)

单位:万元

项目	费用总额	国有单位	集体单位	其他单位
总计	**55131.0**	**38591.7**		**16539.3**
1. 丧葬抚恤金	2744.0	1920.8		823.2
2. 生活困难补助费	3900.0	2730.0		1170.0
3. 集体福利设施补贴	17567.0	12296.9		5270.1
4. 独生子女费	5090.0	3563.0		1527.0
5. 职工住房取暖补贴	14870.0	10409.0		4461.0
6. 其他	10960.0	7672.0		3288.0

14-14 职工福利费用总额

单位:万元

年份	合计	国有单位	#单位支付	#集体经济单位	职工福利费用总额相当于工资总额(%)
1986	7570.5	7515.6	7244.5	54.9	10.8
1987	8743.1	8679.2	8370.7	63.9	11.8
1988	7590.2	7529.9	7231.5	60.3	9.2
1989	10631.2	10577.5	10203.6	53.7	11.0
1990	18853.1	18841.4	18401.6	11.7	20.2
1991	14741.2	14730.7	14221.8	10.5	16.5
1992	26911.4	26901.9	26351.6	9.5	21.1
1993	28751.0	28751.0	28751.0		21.5
1994	31428.4	31428.4	30548.2		
1995	30011.6	30011.6	30011.6		14.7
1996	27882.3	27882.3	27882.3		12.4
1997	25367.4	25367.4	25367.4		11.1
1998	32161.5	31930.5	31930.5	231.0	11.4
2000	31246.4	30956.9	30956.9	70.9	12.4
2001	27880.1	27600.4	27600.4	82.5	12.4
2002	26979.4	22609.8	16686.7	19.1	10.0
2003	26199.2	23378.9	16714.9	171.5	9.8
2004	32505.0	28950.0	24119.0		12.0
2005	29857.0	24138.0	16516.0		11.0
2006	38913.0	32151.0	24589.0		13.6
2007	44615.0	44108.0	28482.0		
2008	52319.0	45899.0	34308.0		
2009	68530.0	54824.0	47920.0		15.5
2010	55131.0	43002.0	23413.0		8.3

注：往年职工福利包括保险费用，今年起重新调整，不再包含保险费用。因此，职工福利费用总额占职工工资总额比例有所下降。

14-15 非煤工矿商贸事故发生情况

(2010年)　　单位:万元

项　目	单 位	非煤工矿商贸事故按发生程度分				
		合　计	特　大	重　大	较　大	一　般
发　生	起	1				1
死　亡	人	1				1
重　伤	人					
损失折款	万元	50				50
平均每起事故损失	万元	50				50

14-16 火灾与交通事故发生情况

(2010年)　　单位:万元

项　目	单 位	火灾按事故发生程度分					交通按事故发生程度分				
		合 计	特 大	重 大	较 大	一 般	合 计	特 大	重 大	较 大	一 般
发　生	起	28				28	94				94
死　亡	人						41				41
受　伤	人						93				93
损失折款	万元	218.5				218.5	28.7				28.7
平均每起事故损失	万元	7.8				7.8	0.31				0.31

注：14-15至14-16表资料由总局安监局提供，损失折款为直接损失。

14-17 垦区残疾人状况

(2010年)

指 标 名 称	单位	数量	指 标 名 称	单位	数量
一、基本情况			低视力者配用助视器	人	14
残疾人总数	人	90715	4. 精神康复		
其中：听力残疾	人	14786	覆盖总人口	万人	161
言语残疾	人	1179	监护病人数	人	6526
肢体残疾	人	37193	参与服务人数	人	700
视力残疾	人	11792	接受治疗的精神病人数	人	2954
精神残疾	人	6622	其中:中国残联彩票公益金资助	人	2311
智力残疾	人	6440	总投入资金数	万元	343
多重残疾	人	12703	其中:中国残联彩票公益金资助	万元	135
二、组织建设			参与服务的总人数	人	700
1. 组织机构数	个	123	5. 聋儿康复		
2. 专兼残联干部数	人	224	新收训聋儿	人	39
3. 残联编制总数	人	20	培训聋儿家长	人	39
4. 已建残疾人协会	个	451	接受抢救性康复和彩票公益金资助	人	7
三、康复			**四、教育**		
1. 康复训练			1. 在地方特教普校就读的学生	人	149
肢体残疾康复训练	人	48	2. 普通学校随班就读的残疾学生	人	280
智力残疾康复训练	人	39	3. 学龄残疾儿童少年合计	人	620
2. 康复服务			4. 未入学适龄残疾儿童	人	235
残疾人用品用具供应件数	件	1021	5. 本年度资助残疾学生	人	380
其中：免费发放用品用具件数	件	1021	其中:中国残联彩票公益金资助	人	160
用品用具供应品种	件	25	中国残联彩票公益金资助	万元	10
3. 视力康复			**五、扶贫**		
其中：白内障复明手术	例	480	1. 贫困残疾人口状况		

注：14-17 表资料由总局残联提供。

14-17续表

指标名称	单位	数量	指标名称	单位	数量
特困残疾人口		6110	本年度开发公益岗位	人	110
2.扶贫效果			企业安置就业	人	90
本年度扶持贫困残疾人	人	1482	盲人按摩机构数	人	4
本年实际解决温饱残疾人	人	1450	从业人员数	人	24
本年返贫	人	10	**七、托养服务**	个	
本年实用技术培训	人	774	1.托养服务机构	个	6
3.残疾人危房改造			2.托养残疾人数	人	486
残疾人危草房改造总户数	户	1300	其中：精神残疾	人	438
中国残联彩票公益金资助	户	1000	智力	人	6
农场撤队并区计划完成	户	300	其他	人	42
共投入资金	万元	650	**八、阳光家园计划**		
其中:中国残联彩票公益金资助	万元	125	1.机构康复训练人数	人	230
4.社会帮扶			2.居家护理重度残疾人数	人	316
结对帮扶的单位	个	185	累计投入资金	万元	95
结对帮扶的个人	人	334	其中:中国残联支持	万元	55
帮扶资金累计	万元	118.92	总局各级匹配	万元	40
六、就业			**九、残疾人综合服务设施**		
1.累计残疾人就业人数	人	15218	机构个数	个	9
集中就业残疾人数	人	184	投入使用	个	5
本年度安排集中就业	人	28	在建及筹建	个	4
按比例安排就业累计	人	2417	**十、社会保障**		
本年度按比例安排就业	人	45	参加社会保险	人	9481
个体就业累计	人	12544	纳入最低生活保障	人	27629

14-18 工业污染排放及处理利用情况

(2010年)

单位名称	企业个数（个）	企业专职环保人员数（个）	工业锅炉数（台）	# 烟尘排放达标	# 二氧化硫排放达标	工业锅炉蒸吨数（蒸吨）	# 烟尘排放达标
总计	**99**	**157**	**192**	**168**	**164**	**1596.2**	**1368.2**
宝泉岭局	15	42	27	25	24	195	179
红兴隆局	17	19	46	43	41	266	254
建三江局	16	16	21	20	14	79	75
牡丹江局	23	36	36	27	27	287	225
北安局	4	9	9	9	9	94	94
九三局	7	10	18	10	15	207.2	79.2
齐齐哈尔局	4	5	8	7	7	40	34
绥化局	8	8	14	14	14	76	76
哈尔滨局	4	10	7	7	7	52	52
总局直属	1	2	6	6	6	300	300

注：14-18至14-24表资料由总局环保局提供。

14-18续表1

单位名称	# 二氧化硫排放达标	工业炉窑数（台）	# 烟尘排放达标	# 二氧化硫排放达标	工业用水总量（万吨）	新鲜水量	重复用水量
总计	**1434.2**	**12**	**10**	**10**	**2250.02**	**1483.03**	**766.79**
宝泉岭局	173	1	1	1	88.87	69.25	19.62
红兴隆局	242	3	1	1	312.64	225.51	87.09
建三江局	63				29.82	21.25	8.57
牡丹江局	225	8	8	8	756.98	614.93	141.89
北安局	94				75.67	46.25	29.42
九三局	175.2				185.14	136.41	48.74
齐齐哈尔局	34				70.13	62.22	7.91
绥化局	76				37.97	25.19	12.77
哈尔滨局	52				16.68	14.55	2.13
总局直属	300				676.11	267.46	408.65

14-18续表2

单位名称	工业用水重复利用率（%）	废水治理设施数（套）	废水治理设施处理能力（万吨/日）	废水治理设施运行费用（万元）	工业废水排放量（万吨）	工业废水达标量（万吨）	工业废水排放达标率（%）
总　　计	**34.08**	**56**	**5.57**	**822.1**	**1269.24**	**720.43**	**56.76**
宝泉岭局	22.08	4	0.74	113.0	49.18	46.30	94.13
红兴隆局	27.86	4	0.45	36.6	191.73	188.00	98.05
建三江局	28.74	3	0.19	8.3	15.83	7.36	46.49
牡丹江局	18.74	18	2.86	168.3	569.28	206.98	36.36
北　安　局	38.88	6	0.81	39.5	37.00	18.15	49.06
九　三　局	26.32	5	0.27	24.8	129.92	16.59	12.77
齐齐哈尔局	11.28	4	0.05	155.0	61.30	54.40	88.74
绥　化　局	33.64	5	0.09	203.5	16.14	7.75	48.01
哈尔滨局	12.77	3	0.02	33.1	12.85	0.90	7
总局直属	60.44	4	0.10	40.0	186.00	174.00	93.55

14-18续表3

单位名称	工业废水污染物去除量（吨）		工业废水排放量（吨）		煤炭消费总量（万吨）		
	化学需氧量	氨　氮	化学需氧量	氨　氮		燃料煤消费量	原料煤消费量
总　　计	**5686.12**	**276.92**	**9939.55**	**540.85**	**169.05**	**127.23**	**41.82**
宝泉岭局	562.37		354.37	42.29	11.31	11.07	0.23
红兴隆局	616.00	21.30	1924.80	52.40	23.30	22.30	1.00
建三江局	109.80	1.98	486.27	21.65	14.28	14.28	
牡丹江局	3788.80	2.22	4246.05	180.82	60.52	19.93	40.59
北　安　局	233.51	0.97	225.06	24.46	4.19	4.19	
九　三　局	150.22		2003.95	80.06	7.03	7.03	
齐齐哈尔局	68.43	0.45	147.88	10.14	3.17	3.17	
绥　化　局	6.64		170.60	7.66	2.16	2.16	
哈尔滨局	0.35		150.57	16.38	3.74	3.74	
总局直属	150.00	250.00	230.00	105.00	39.35	39.35	

14-18续表4

单位名称	工业废气排放量（万标立方米）	燃料燃烧中排放量	生产工艺过程中排放量	废气治理设施（套）	废气治理设施处理能力（万立方米/时）	废气治理设施运行费用（万元）
总计	**897011**	**829736**	**67275**	**209**	**218.73**	**517.3**
宝泉岭局	56893	55693	1200	22	22.41	30.8
红兴隆局	144905	129905	15000	49	29.14	86
建三江局	97955	97955		25	11.94	116.7
牡丹江局	199572	148497	51075	60	81.56	121.8
北安局	31046	31046		8	24.24	31
九三局	60589	60589		19	14.87	41.6
齐齐哈尔局	8157	8157		6	0.82	4.4
绥化局	15759	15759		8	2.73	8
哈尔滨局	18700	18700		6	19.02	5
总局直属	263435	263435		6	12.00	72

14-18续表5

单位名称	二氧化硫排放量（吨）	燃料燃烧过程中排放量	#排放达标量	生产过程中排放量	#排放达标量	烟尘去除量（吨）	烟尘排放量（吨）
总计	**9233**	**8782.19**	**7540.42**	**447.71**	**429.41**	**62820.83**	**16177.72**
宝泉岭局	815.97	769.17	679.49	46.80	45.80	3868.37	356.86
红兴隆局	1854.93	1790.00	1270.63	60.93	60.93	10714.70	5127.85
建三江局	1207.95	1207.85	1078.12			14435.33	7520.41
牡丹江局	1909.87	1569.90	1121.91	339.98	322.68	5435.42	894.55
北安局	254.49	254.49	254.49			5273.54	260.61
九三局	610.65	610.65	610.65			540.85	121.14
齐齐哈尔局	160.85	160.85	160.85			356.41	13.26
绥化局	166.75	166.75	166.75			956.98	98.49
哈尔滨局	234.93	234.93	234.93			1320.57	128.03
总局直属	2017.61	2017.61	1962.61			19918.67	1656.50

14-18续表6

单位名称	#排　放 达标量	工业粉 去除量 (吨)	工业粉 排放量 (吨)	#排　放 达标量	工业固体废 物 产 生量 (万吨)	工业固体废物 综合利用量 (万吨)	工业固体废物 综合利用率 (%)
总　　计	**15532.79**	**6053.24**	**11425.88**	**4794.53**	**52.72**	**52.72**	**100**
宝泉岭局	310.91	1011.60	6439.98		21.61	21.61	100
红兴隆局	5072.85	1100.00	1287.00	1287.00	5.21	5.21	100
建三江局	7349.55	15.48			3.74	3.74	100
牡丹江局	654.50	3926.16	3698.90	3507.53	6.35	6.35	100
北　安　局	250.86				1.59	1.59	100
九　三　局	37.84				1.67	1.67	100
齐齐哈尔局	13.26				0.37	0.37	100
绥　化　局	98.49				0.61	0.61	100
哈尔滨局	128.03				0.77	0.77	100
总局直属	1616.50				10.80	10.80	100

14-19　各地区生活及其他污染情况

(2010年)

单位名称	生活及其他 煤炭消费量 (万吨)	城镇生活污 水CDD排放 量(吨)	城镇生活污水中 氨氮排放量 (吨)	生活及其他 SO_2(吨)	生活及其他 烟尘排放量 (吨)
总　　计	**82.33**	**17640.45**	**2058.00**	**3516**	**4191**
宝泉岭局	14.86	2693.70	314.26	733	800
红兴隆局	18.70	3116.37	363.57	810	910
建三江局	14.15	2498.79	291.52	579	710
牡丹江局	19.00	1852.74	216.15	560	790
北　安　局	3.62	2457.18	286.67	174	220
九　三　局	6.50	1368.75	159.68	312	350
齐齐哈尔局	1.03	2279.79	265.97	60	78
绥　化　局	2.00	764.31	89.16	128	149
哈尔滨局	1.00	505.89	59.02	64	82
总局直属	1.47	102.93	12.00	96	102

14-20 各地区环境信访工作情况

(2010年) 单位：件

单位名称	水污染	大气污染	固体废物污染	躁声污染	生态环境破坏	其他
总计	**2**	**3**		**2**		
宝泉岭局	1	2		1		
红兴隆局		1				
建三江局						
牡丹江局				1		
北安局						
九三局						
齐齐哈尔局						
绥化局						
哈尔滨局	1					
总局直属						

14-21 黑龙江垦区自然保护地名录

保护地名称	面积(公顷)	主要保护对象	类型	建立时间	主管部门
宝泉岭分局	**6133**				
1. 宝泉岭农场	800	沼泽湿地	湿地	2000.10.20	宝泉岭农场
2. 宝泉岭农场	500	沼泽湿地	湿地	2000.10.20	宝泉岭农场
3. 二九〇农场	2333	湿地	湿地	2003.6.15	二九〇农场
4. 新华农场	2500	湿地	湿地	2006.10	新华农场
红兴隆分局	**36027.2**				
1. 王麻子沟保护地	15000	水曲柳核桃楸	次生林	2000.12	双鸭山
2. 黑渔泡自然保护地	2666	湿地	湿地	2000.12	友谊
3. 八虎力自然保护地	2666	湿地	湿地	2000.12	曙光
4. 蛤蟆通自然保护地	10161	水体、次生林	水体	2000.12	八五二
5. 北兴自然保护地	600	湿地	湿地	1998.8	北兴
6. 江川荷花池保护地	15	荷花	湿地	1998.6	江川
7. 曙光荷花池保护地	1.2	荷花	湿地	1999.4	曙光

14-21 续表1

保护地名称	面积(公顷)	主要保护对象	类　型	建立时间	主管部门
8. 马鞍山	3143	次生林	次生林	2004.5	北　兴
9. 西大林子	108	次生林	次生林	2005.11	八五三
10. 白桦	1667	次生林	次生林	2006.12	八五二
建三江分局	**18449.4**				
1. 前锋农场	8466.4	沼泽湿地	湿　地	1999.11.9	分局环保局
2. 鸭绿河农场	1173.3	沼泽湿地	湿　地	1999.11.9	分局环保局
3. 浓江农场	2136.4	沼泽湿地	湿　地	1999.11.9	分局环保局
4. 青龙山农场	4566.7	沼泽湿地	湿　地	1999.11.9	分局环保局
5. 红卫农场	1333.3	沼泽湿地	湿　地	1999.11.9	分局环保局
6. 前锋农场	773.3	沼泽湿地	湿　地	2000.10.14	前锋农场
牡丹江分局	**16316.6**				
1. 八五四农场	3333.3	湿　地	湿　地	2000	八五四农场
2. 八五一一农场	690.9	森　林	森　林	2000.11.21	八五一一农场
3. 云山农场	8000	森　林	森　林	2000.11.20	云山农场
4. 宁安农场	702	林　地	森　林	2000.11.24	宁安农场
5. 八五六农场	3590.4	湿　地	湿　地	2002.12.31	八五六农场
北安分局	**98380.92**				
1. 锦河农场	19333	人工林	森　林	2000.5.23	锦河农场
2. 龙门农场	756	湿　地	湿　地	2002.7.10	龙门农场
3. 龙门农场	10733	林　地	森　林	2002.7.10	龙门农场
4. 二龙山农场	450	沼泽湿地	湿　地	1999.9.15	二龙山农场
5. 龙镇农场	272.8	沼泽湿地	湿　地	1999.9.22	龙镇农场
6. 龙镇农场	904.5	沼泽湿地	湿　地	1999.9.22	龙镇农场
7. 龙镇农场	245.3	天然次生林	森　林	2000.6.18	龙镇农场
8. 龙镇农场	814	草原、林地	森　林	2001	龙镇农场
9. 龙镇农场	2508.75	林　地	森　林	2001	龙镇农场
10. 尾山农场	4000	天然次生林	森　林	1999.9.26	尾山农场
11. 格球山农场	407.52	人工林	森　林	1998.12.23	格球山农场
12. 格球山农场	779.25	沼泽湿地	湿　地	1998.12.23	格球山农场
13. 格球山农场	733.3	湿　地	湿　地	2001.10.	格球山农场
14. 格球山农场	837.5	人工林	森　林	2001.10.	格球山农场

14-21续表2

保护地名称	面积(公顷)	主要保护对象	类　型	建立时间	主管部门
15.红星农场	4030.14	湿　地	湿　地	2001.10.10	红星农场
16.赵光农场	5142.16	草　地	草　地	2002.4.1	赵光农场
17.建设农场	49	沼泽湿地	湿　地	1999.8.15	建设农场
18.红色边疆农场	533.33	草　地	草　原	1999.8.16	红色边疆农场
19.红色边疆农场	1000	沼泽湿地	湿　地	2000.7.2	红色边疆农场
20.红色边疆农场	5333.3	草　地	草　原	2001.8	红色边疆农场
21.襄河农场	400	沼泽湿地	湿　地	2000.10.16	襄河农场
22.襄河农场	800	沼泽湿地	湿　地	1999.9.3	襄河农场
23.襄河农场	4446.66	湿　地	湿　地	2001.9	襄河农场
24.引龙河农场	950	沼泽湿地	湿　地	1999.8.26	引龙河农场
25.引龙河农场	280	沼泽湿地	草　原	2000.6.5	引龙河农场
26.引龙河农场	1000	林　地	森　林	2001.5.20	引龙河农场
27.长水河农场	40	人工林	森　林	2000.7.31	长水河农场
28.长水河农场	728.08	沼泽湿地	湿　地	1999.7.20	长水河农场
29.长水河农场	9041.33	林地、草地	森　林	2001.7.11	长水河农场
30.逊克农场	10333.33	人工林	森　林	2001.8	逊克农场
31.长水河农场	82	湿　地	湿　地	2002.11.22	长水河农场
32.逊克农场	10666.67	湿　地	湿　地	2002.1.3	逊克农场
33.引龙河农场	750	林地、湿地、草地	森　林	2003.4.10	引龙河农场
九三分局	**46546.16**				
1.鹤山农场	533.33	草　地	草　原	1999.9.6	鹤山农场
2.鹤山农场	33.33	草　地	草　原	1999.9.6	鹤山农场
3.鹤山农场	66.67	草　地	草　原	1999.9.6	鹤山农场
4.鹤山农场	100	草　地	草　原	1999.9.6	鹤山农场
5.鹤山农场	1839.13	林　地	森　林	1999.11.2	跃进农场
6.鹤山农场	2242.27	湿　地	湿　地	2002.10.25	鹤山农场
7.鹤山农场	1467.46	湿　地	湿　地	2002.10.25	鹤山农场
8.鹤山农场	64.3	草　地	草　原	1999.8.10	大西江农场
9.大西江农场	50	草　地	草　原	1999.8.10	大西江农场
10.大西江农场	35.2	草　地	草　原	1999.8.10	大西江农场

14-21 续表 3

保护地名称	面积(公顷)	主要保护对象	类　型	建立时间	主管部门
11. 大西江农场	257.3	湿　地	湿　地	2000.8	大西江农场
12. 大西江农场	2720.32	湿　地	湿　地	2002.10.25	大西江农场
13. 尖山农场	178.43	天然草地	草　原	1999.8.10	尖山农场
14. 尖山农场	264.7	湿　地	湿　地	2000.8.10	尖山农场
15. 尖山农场	2559.32	湿　地	湿　地	2002.10.25	尖山农场
16. 荣军农场	373.33	沼泽湿地	湿　地	1999.7.21	荣军农场
17. 荣军农场	40	沼泽湿地	湿　地	1999.7.21	荣军农场
18. 荣军农场	1334.31	湿　地	湿　地	2003.12.19	荣军农场
19. 红五月农场	42	草　地	草　原	1999.10.12	红五月农场
20. 红五月农场	147.53	草　地	草　原	1999.10.12	红五月农场
21. 红五月农场	154	草　地	草　原	1999.10.12	红五月农场
22. 红五月农场	105.47	草　地	草　原	1999.10.12	红五月农场
23. 红五月农场	232.33	草　地	草　原	1999.10.12	红五月农场
24. 红五月农场	179.73	草　地	草　原	1999.10.12	红五月农场
25. 红五月农场	151.2	草　地	草　原	1999.10.12	红五月农场
26. 红五月农场	161	草　地	草　原	1999.10.12	红五月农场
27. 红五月农场	80.53	草　地	草　原	1999.10.12	红五月农场
28. 红五月农场	39	草　地	草　原	1999.10.12	红五月农场
29. 红五月农场	255.8	草　地	草　原	1999.10.12	红五月农场
30. 红五月农场	113.27	草　地	草　原	1999.10.12	红五月农场
31. 红五月农场	64.93	草　地	草　原	1999.10.12	红五月农场
32. 七星泡农场	544	湿地动植物	湿　地	2000.5	七星泡农场
33. 七星泡农场	280	湿地动植物	湿　地	2000.5	七星泡农场
34. 七星泡农场	490.14	湿地动植物	湿　地	2000.5	七星泡农场
35. 七星泡农场	980	水　域	湿　地	2000.5	七星泡农场
36. 七星泡农场	2301.79	水域湿地草原	湿　地	2000.5	七星泡农场
37. 七星泡农场	461	湿地动植物	湿　地	2000.5	七星泡农场
38. 嫩江农场	300	野生植物	湿　地	1999.10.7	嫩江农场
39. 嫩江农场	1000	野生植物	湿　地	1999.10.7	嫩江农场
40. 嫩江农场	2500	野生植物	湿　地	1999.10.7	嫩江农场

14-21续表4

保护地名称	面积(公顷)	主要保护对象	类　型	建立时间	主管部门
41. 山河农场	2250.5	野生植物	湿　地	1999.11.17	山河农场
42. 山河农场	2658.57	湿　地	湿　地	2002.10.25	山河农场
43. 嫩北农场	279	林　地	森　林	1999.6.21	嫩北农场
44. 嫩北农场	1425.6	林　地	森　林	2002.6.21	嫩北农场
45. 嫩北农场	106	沼泽湿地	湿　地	1999.6.21	嫩北农场
46. 嫩北农场	900	林　地	森　林	2002.6	嫩北农场
47. 嫩北农场	1200	林　地	森　林	2002.6	嫩北农场
48. 嫩北农场	700	沼泽湿地	湿　地	2002.6	嫩北农场
49. 建边农场	1666.67	草　地	草　原	1999.5.30	建边农场
50. 建边农场	1770	草　地	草　原	1999.5.30	建边农场
51. 建边农场	3436.7	草　地	草　原	2003.4.11	建边农场
52. 建边农场	5410	湿　地	湿　地	2003.4.11	建边农场
绥化分局	**4185.2**				
1. 和平牧场	2160	苇　地	湿　地	2001.10.2	和平牧场
2. 海伦农场	66.7	湿　地	湿　地	2001.6.15	海伦农场
3. 海伦农场	133.3	湿　地	湿　地	2001.6.15	海伦农场
4. 绥棱农场	36	湿　地	湿　地	2001.5.6	绥棱农场
5. 绥棱农场	59	湿　地	湿　地	2001.5.6	绥棱农场
6. 嘉荫农场	37.5	湿　地	湿　地	2001.4.7	嘉荫农场
7. 嘉荫农场	42..5	湿　地	湿　地	2001.4.7	嘉荫农场
8. 柳河农场	150	湿　地	湿　地	2001.11.20	柳河农场
9. 柳河农场	154	湿　地	湿　地	2001.11.20	柳河农场
10. 安达畜牧场	266.7	湿　地	湿　地	2001.5.5	安达畜牧场
11. 和平牧场	462	湿　地	湿　地	2002.6.22	和平牧场
12. 红光农场	660	湿　地	湿　地	2002.3.20	红光农场
齐齐哈尔分局	**10834.5**				
1. 绿色草原牧场	4000	沼泽地、草地	草　地	1999.5.20	绿色草原牧场
2. 查哈阳农场太平湖水	6000	林地、水体草地	湿　地	2000.10.23	查哈阳农场
3. 富裕牧场盐碱草原	604.5	草　地	草　原	2001.11.5	富裕牧场
4. 依安农场	230	水　面	湿　地	2002.7.8	依安农场
哈尔滨分局	**1075.64**				
1. 四方山农场	1075.64	草　地	草　原	2003.10.28	四方山农场

14-22 各地区自然保护区名录

(2010年)

自然保护区名称	地 点	面积（公顷）	主要保护对象	批准日期	类 型	级别
1. 洪河自然保护区	同江市抚远县洪河农场	21836	水禽，自然沼泽湿地	1984.1 1996.11	内陆湿地和水域生态系统	国家级
2. 兴凯湖自然保护区	密山市兴凯湖农场、八五七农场、虎林市八五六农场、鸡西市八五一〇农场	120761	珍贵稀有野生动，植物湿地生态环境	1990.4 1994.4	内陆湿地和水域生态系统	国家级
3. 挠力河自然保护区	宝清县饶河县富锦市五九七、八五二、八五三、红旗岭、饶河、八五九、胜利、红卫等	160595	湿地，水禽	2002.7	内陆湿地和水域生态系统	国家级
4. 虎口湿地自然保护区	虎林县八五八、八五六农场	15000	湿地、水禽	1997.2	内陆湿地和水域生态系统	省 级
5. 勤得利鲟鳇鱼自然保护区	同江市抚远县勤得利农场	36663	鲟鳇等水生动物、森林湿地水域	1998.12	野生动物	省 级
6. 乌苏里江自然保护区	抚远县八五九农场	39668	湿地、水禽	2001.1	内陆湿地和水域生态系统	省 级
7. 哈拉海自然保护区	齐齐哈尔市哈拉海农场	16564	湿地，水禽	2005.7	内陆湿地和水域生态系统	省 级
8. 水莲自然保护区	萝北县共青、名山、军川农场	8952	湿地，水禽	2003.9	内陆湿地和水域生态系统	省 级
9. 东风自然保护区	德都县七星泡农场、五大连池市格球山农场	1667	水禽，水资源，野生动物，沼泽湿地	1994.6 1996.12	内陆湿地和水域生态系统	总局级
10. 科洛河自然保护区	嫩江县山河、嫩江、七星泡农场	3577	湿地、水禽	1996.12	内陆湿地和水域生态系统	总局级
11. 锦江自然保护区	二九一农场	9700	湿地	2006.1	内陆湿地和水域生态系统	总局级
12. 友谊自然保护区	友谊农场	4593	湿地	2007.12	内陆湿地和水域生态系统	总局级
13. 双兴自然保护区	绥棱县绥梭农场	3396	水生资源野生动植物	1995.7	内陆湿地和水域生态系统	分局级
14. 锦河自然保护区	黑河市锦河农场	1500	森林、野生动植物风景点	1995.9	森林生态系统	分局级
15. 跃进自然保护区	德都县二龙山农场	2800	森林生态系统、动植物	1996.1	森林生态系统	分局级
16. 育新自然保护区	海伦市海伦农场	3361	森林生态系统、动植物	1996.1	森林生态系统	分局级
17. 青石岭自然保护区	北安市建设农场	20300	水、鱼、鸟及周围森林植被	1997.11	水域生态系统类型	分局级
18. 和平草原自然保护区	大庆市和平牧场	6500	草原草甸	2000.3	草原与草甸生态系统	分局级
19. 沾河自然保护区	逊克县逊克农场	2904	火山遗迹、珍贵动植物	2001.11	地质遗迹	分局级
20. 嘉荫次生林自然保护区	嘉荫县嘉荫农场	10133	天然次生林	2001.12	森林生态系统	分局级
21. 王老好河然保护区	长水河农场	2700	湿地	2005.1	内陆湿地和水域生态系统	分局级
22. 其它自然保护区	扎龙自然保护区（林甸县巨浪农场、齐齐哈尔种畜场）	17100	湿地、水禽	2005.1	内陆湿地和水域生态系统	
23. 其它自然保护区	嘟噜河自然保护区（绥滨县普阳农场、汤原县梧桐河农场）	4813	湿地、水禽	2003	内陆湿地和水域生态系统	

14-23 生态垦区建设指标

指　　　　标	计量单位	完成情况
经济发展		
1. 农场家庭年人均纯收入	元 / 人	13267
2. 第三产业占 GDP 比例	%	24.9
3. 环保投入占 GDP 比例	%	1.62
4. 受保护地区占国土面积比例	%	13.58
5. 应当实施强制性清洁生产企业通过验收的比例	%	30
生态环境保护与建设		
6. 森林覆盖率（林草覆盖率平原区）	%	17.2
7. 地表水水质满足功能区要求率	%	
8. 集中式饮用水源水质达标率	%	100
9. 主要污染物排放强度 SO_2	千克 / 万元 GDP	1.745
10. 主要污染物排放强度 COD	千克 / 万元 GDP	3.9
11. 城市噪声满足功能区要求率	%	96.5
12. 化肥施用强度（折纯）	Kg/hm^2	157.64
13. 农用塑料薄膜回收率	%	95.9
14. 规模化畜禽养殖场粪便综合利用率	%	98.6
15. 绿色食品（含有机食品）种植面积比率	%	59.1
16. 工业固体废物处置利用率	%	100
17. 工业用水重复利用率	%	44.5
18. 城市污水集中处理率	%	57.4
19. 城镇生活垃圾无害化处理率	%	88.5
20. 城镇人均公共绿地面积	m^2 / 人	16.2
节能减排与资源利用		
21. 单位 GDP 能耗	吨标煤 / 万元	0.96
22. 单位 GDP 水耗	M^3/ 万元	1050
23. 秸秆综合利用率	%	91.2
24. 城市燃气普及率	%	81.1
社会进步		
25. 集中供热普及率	%	55.1
26. 城市化水平	%	72.3
27. 公众对环境的满意率	%	95

主要统计指标解释

卫生机构 经卫生及有关行政部门批准，有固定的专业卫生人员和卫生经费，为社会提供医疗、预防保健服务或从事医学教育、科研等工作的单位。它包括医院，疗养院、所，门诊部、所，专科防治所、站，疾病预防控制中心、妇幼保健所、站，药品检验所、室，医学科学研究机构以及其他卫生机构。

医院 指经上级主管部门批准，设有固定床位能收留病人住院并能为病人提供医疗、护理服务的医疗机构。包括农场及农场以上医院、农场卫生院、其他医院三部分。按所属性质分为卫生部门、工业及其他部门、集体所有制、私人开业四类，其中农场及农场以上医院按业务性质分为综合医院和专业医院。

妇幼保健所、站 我国妇幼保健事业的主干机构，也是与医疗、防疫机构并列的卫生事业的重要组成部分。它是根据妇女与儿童的生理特点、针对危害妇女儿童健康的主要疾病和影响因素，采取防治及保健措施，以保障妇女儿奄的身心健康，提高他们的健康水平为主要目标的卫生事业单位。省、地级妇幼保健机构一般设妇幼保健院，县级妇幼保健机构一般设妇幼保健所、站。各级妇幼保健机构是本地区妇幼保健、计划生育技术的业务指导中心，以预防保健为中心、指导基层为重点，保健与临床相结合。

床位数 指医疗机构能够接待病人住院治疗的固定实有床位。包括正规床、简易床、监护床和正在消毒、修理的床位以及因扩建或大修理而停用的床位(按扩建或大修前的床位数计算)。

病床不包括：门诊诊断室的检查床、观察室的观察床、抢救室的抢救床，产科的待产床、接产床、新生儿床，库存床，为急用临时增设的加床，病人在家治疗的家庭病床，病人家后的陪待床。

卫生机构年末从业人员 在卫生机构工作的全部工作人员。按其现任职务，可划分为卫生技术人员、其他技术员人、管理人员、工勤人员。

医务人员又称卫生技术人员：指由卫生事业机构支付工资的全部固定职工和合同制职工中现任职务为卫生技术工作的人员。包括中医师、西医师、中西医结合高级医师、护师、中药师、西药师、检验技师、其他技师、中医士、西医士、护士、助产士、中药剂士、西药剂士、检验士、其他技士、其他中医、护理员、中药剂员、西药剂员、检验员、其他初级卫生技术人员。

医生：经卫生部门审查合格，从事医疗工作能独立处置一般病号疾病和应急救护，有处方权的人员。包括卫生技术人员中的中医师、西医师、中西医结合高级医师，中医士、西医士和其他中医 。

职工福利费用总额 指垦区各单位实际支付给职工和离休、退休、退职人员的各项现金补贴和非货币性集体福利。

(1)职工福利费用具体包括：①医疗卫生费：指职工的医疗费住院费、职工供养直系亲属的医疗补助费，职工因工伤就医路费，住院伙食补助费，包括各企业、事业、机关单位的医疗机构医务经费。②丧葬抚恤救济费；③生活困难补助；④文体宣传费；⑤集体福利事业补贴费；⑥集体福利设施费；⑦计划生育补贴；⑧上下班交通费补贴；⑨洗理卫生费；⑩其他。

(2)离休、退休、退职人员福利费用具体包括：①离休费；②退休费；③退职生活费；④医疗卫生费：指按国发(1978)104号文件规定发给退职人员的退职生活费。⑤护理费：指因工致残，饮食起居需人扶劝的离休、退休人员的护理费，以及因病生活不能自理的离休干部护理费。⑥生活补贴：指按1985年国务院《关于发给离休、退休人员生活补贴费的通知》规定，发给离休、退休人员的生活补贴费。⑦交通费补贴：指按月发给离休人员的交通费补贴。⑧丧葬抚恤救济费。⑨其他：包括易地安置的离休、退休、退职人员安家补贴费，生活困难补助以及书报费、洗理费、副食品价格补贴、房贴、水电贴、少数民族补贴以及由于肉、蛋、糖、蔬菜等调价发给的价格补贴等。

STATISTICAL YEARBOOK

附录 各农牧场和总局直属单位基本情况

附录 1-1　第二、三产业单位数

（2010年）　　　　单位：个

农　　场	管理区个数	工业企业数	建筑企业数	运输仓储业数	批发和零售企业数	住宿和餐饮企业数	居民服务及其它服务业单位数	学校数	医疗卫生机构
二九〇	6	5	2	1	2			1	44
绥滨	4	8	1	1	2	1		1	42
江滨	4	3		1	3	1	1	1	28
军川	4	4	3		2	1	1	1	43
名山	3	6		1	3	1		1	25
延军	2	6	1	1	2		2	1	16
共青	4	5		2	3			1	34
宝泉岭	5		2		4		2	2	59
新华	4	8	1	1	3	1	1	1	44
普阳	4	5	2	1	3	2		1	25
汤原	2	1	1	1	3	1	1	2	14
依兰			1		2	1		1	9
梧桐河	2	2			1		1	1	22
友谊	11	22	3	1	9	3	1	1	56
五九七	6	12		4	5		14	2	53
八五二	8	7	2	3	1			4	94
八五三	7	19	3	3	4	1	1	4	67
饶河	9	2		3	3	1		2	37
二九一	4	9	2	3	4	1		2	45
双鸭山	5	5	1	1	1			2	21
江川	5	7	1	2		1		2	24
曙光	5	1	1	1				2	8
北兴	8	8	1	4	2	7		2	44
红旗岭	3	4	2	2		1	1	2	29
宝山	2	2	1	1		1		2	3
八五九	9	5	2	4	3	1		1	7
胜利	7	5	1	3	4	2		1	10
七星	6	3	3	3	3			2	40
勤得利	8	4		3	1	1	1	1	32
大兴	6	2		2				1	15
青龙山	5	4	1	3	2	1		1	26
前进	12	6	2	2	1	1		1	17
创业	5	7		3	2	1		1	14
红卫	11	3	1	2	1			1	20
前哨	9	3	2	2	2			1	3
前锋	8	5	1	4	2	1		1	6
洪河	9	2		2	2	1		1	4
鸭绿河	5	2	1	1				1	10
二道河	7	2		2		1		1	3
浓江	5	3		1	1			1	14
八五〇	13	9	2	3	6			2	36
八五四	12	15		1	4		1	2	41
八五五	6	6	1	2	3		2	2	34
八五六	14	9	1	4	4		1	2	38
八五七	10	18	1	3	6		1	2	23
八五八	9	5	2	2	2		2	2	16
八五一〇	7	5		3	3			1	18
八五一一	7	10	1	4	8		3	2	33
庆丰	9	6		2	2			2	25
云山	10	7	1	3	1	1	1	2	17
兴凯湖	6	8	1	4	2	1	1	2	32
海林	3	3		2	3			2	15
宁安	3	7			3	1		2	12
山市种奶牛场		2							2
锦河	4	7		1				2	22
红色边疆	5	4	2	1	2			2	20

附录1-1续表　　　　(2010年)　　　　单位:个

农　　场	管理区个数	工业企业数	建筑企业数	运输仓储业数	批发和零售企业数	住宿和餐饮企业数	居民服务及其它服务业单位数	学校数	医疗卫生机构
逊　克	10	4	1	2	1			2	45
龙　门	5	6		2	3	1		2	8
襄　河	6	5	1	2	8			2	12
龙　镇	6	8	2	1	3			2	13
二龙山	8	13	1	2	2			2	23
引龙河	7	7	3	2	2			2	22
尾　山	4	3	1	1	1	1		2	14
格球山	4	5		2	1			2	3
长水河	6	8	2	3	2	1		2	23
赵　光	9	8	1	1	1			2	20
红　星	5	6	2	2	4			2	24
建　设	6	6	1	2	2			2	15
五大连池原种场	12	2	1	2	2	1	1		3
鹤　山	13	6	1		1			3	2
大西江	4	1			3			2	10
尖　山	9	4	1		1			2	3
荣　军	5	2			2			1	10
红五月	5	1			2	1		2	3
七星泡	10	3	1		3			3	3
嫩　江	10	2	1		3			2	3
山　河	8	1			2			2	3
嫩　北	8	2	1	1	2			2	2
建　边	5	1	1					2	16
哈拉海	1	3						2	2
克　山	4	5	1	1	2			3	3
依　安	2	2						1	1
富裕牧场	4	7			5			2	18
查哈阳	8	20	2	1	1			4	40
泰　来		1						2	3
绿色草原牧场	3	2						1	2
巨浪牧场		1						2	1
齐齐哈尔种畜场	3	7			1				
繁荣种畜场	4	4							8
大山种羊场		1							1
红旗种马场									1
嘉　荫	4	7	1	1	12			2	33
铁　力	3	16	4		9			2	9
海　伦	4	5	2	1	11			2	9
红　光	2	7	3	1	12	1		2	9
绥　棱	3	7	4	3	8	1		2	22
安达牧场		2		1	4			1	1
和平牧场	5	7	2	1	2			2	21
肇　源		3	1	1	5			2	1
柳　河		6			4			2	2
涝洲鱼种场									
庆　阳	1	8		2	1			1	1
岔林河	1	4			1			1	1
沙　河	1	1			4			1	1
香坊实验	2	17		1	3	1		1	
青　年	1	7							3
闫家岗	1	7	1					2	1
红　旗	1	7	2		3			1	1
四方山	1							1	1
松花江	1	3			3			2	3
阿城原种场		1							5
九龙山柞蚕育种场									
佳南实验农场									2

附录1-2　土地利用情况

（2010年）

农场名称	土地面积（公顷）	#耕地面积	#林地面积	#园地面积	#草原面积	#水面面积	#可垦荒地面积
二九〇	80122	41111	10899		4335	12545	
绥滨	51888	35800	10199		208	3091	89
江滨	35453	23260	5326		1252	674	
军川	59974	39301	8592		1006	2503	1504
名山	29018	17672	2642			3149	3458
延军	44080	14675	4258			1642	2018
共青	57359	30800	8957		980	2354	10221
宝泉岭	67100	28183	14060	18	10812	6182	2038
新华	55873	29307	8322		787	3468	2670
普阳	42131	33800	4111	2		2408	
汤原	13276	9690	1137	15	758	136	273
依兰	5629	3532	697	5	270	256	138
梧桐河	31268	17442	2293		1616	3355	1359
友谊	188812	106676	18969	394	7806	6390	11805
五九七	96205	40160	8996	1428	6552	5278	5213
八五二	133592	74645	27253		493	10603	4885
八五三	118152	53806	24874	200		20532	13100
饶河	69642	32134	20494			3041	7010
二九一	60150	37877	4438		218	5476	1347
双鸭山	33565	14800	13371	30	296	705	414
江川	37167	17112	2459		1545	696	50
曙光	17215	13659	2562		171	75	
北兴	77558	30005	31937	59	581	1616	6581
红旗岭	37388	18327	8222		68	2766	4026
宝山	10940	7370	733		567	11	408
八五九	135581	84800	24166		1433	7342	4922
胜利	90500	46200	22090		4667	1315	3396
七星	120822	75333	14063			754	9137
勤得利	124673	55267	21365			16045	4506
大兴	80000	48065	6595		1369	2286	4598
青龙山	60133	36491	8498		499	2389	280
前进	76584	53067	7420		5006	1271	3242
创业	52987	37333	6762		1911	588	2884
红卫	64831	38667	8342		535	5093	786
前哨	66405	38333	14400		1069	3900	1351
前锋	110350	71334	7028		701	639	10562
洪河	65680	42666	6832		4000	193	515
鸭绿河	51275	29067	9588		948	135	2655
二道河	55766	34887	5506		1054	1623	1662
浓江	54000	35533	5568		267	3575	757
八五〇	49667	33601	10022		1214	189	
八五四	123244	67927	17949		8152	4386	4499
八五五	54243	30014	21705		69	653	
八五六	122039	78867	14132		17252	7268	
八五七	50833	36063	4760		1219	569	
八五八	74248	40267	10007		5660	6507	1172
八五一〇	50958	21629	18673	16	91	388	
八五一一	52244	22993	24030		17	1608	784
庆丰	62772	44431	5751		5352	3703	68
云山	49215	31480	8904	5	2729	3207	1286
兴凯湖	113934	39090	7010		154	44540	
海林	17591	8944	3618	11	1200	151	
宁安	11703	4589	6435	75		78	
山市种奶牛场	18119	4490	10381		2624	22	
锦河	157572	10791	23359	45	134	976	3586
红色边疆	78853	14905	8005	2	4889	1894	1934

附录1-2续表　　　　　　　　　　　　　(2010年)

农场名称	土地面积（公顷）	#耕地面积	#林地面积	#园地面积	#草原面积	#水面面积	#可垦荒地面积
逊　克	179307	39084	24584		10000	1316	
龙　门	35323	15765	10801		3486	242	1647
襄　河	59740	18606	6519		12500	746	
龙　镇	47203	22341	3699	4	6126	495	1396
二龙山	52722	26827	5242		7594	1380	2637
引龙河	42151	23340	7512		3500	768	2441
尾　山	30073	15238	7447	14	6166	409	
格球山	26260	14400	7667	12	3254	273	
长水河	45024	24067	8681		7288	587	2999
赵　光	45657	33200	3366		4877	721	1719
红　星	39227	25730	2938	1	5014	572	3225
建　设	39080	20080	7115		5110	527	1766
五大连池原种场	18837	10352	3349	6	1661	2042	
鹤　山	56956	35578	10402	4	6553	303	
大西江	37958	20030	9480	20	5490	726	57
尖　山	40539	27130	6916		3991	133	71
荣　军	21025	16408	3320		914	113	
红五月	28983	16487	6383		3308	382	1024
七星泡	79163	33529	14083		8513	1120	4341
嫩　江	48941	30038	5972		9570	410	
山　河	91992	26767	13838		17561	1387	1440
嫩　北	42202	27012	6880	1	4920	1398	
建　边	79853	20225	6455		18656	1173	9934
哈拉海	29473	10730	1728		12335	2000	
克　山	35049	29606	3495		160	120	
依　安	9723	5744	2800	1	187	561	
富裕牧场	27637	11667	6406		7794	616	379
查哈阳	83877	58334	15477	6	4069	2105	210
泰　来	10213	4667	2914		1420	873	
绿色草原牧场	38137	5667	10058		13844	1543	221
巨浪牧场	9667	2272	1362		4769	667	
齐齐哈尔种畜场	20552	4556	971	441	7673	160	
繁荣种畜场	11131	9710	457		379	25	
大山种羊场	14861	3230	3112		2667	1467	
红旗种马场	4520	1574	122		2392		
嘉　荫	50305	14973	29101		87	427	236
铁　力	23926	13348	1639	13	149	68	3150
海　伦	23878	15831	3241			980	2654
红　光	16765	9876	3555		1769	186	653
绥　棱	26690	14614	3335		4694	1520	
安达牧场	4895	984	775	48	2538	164	
和平牧场	32491	7320	9816	13	10804	2364	
肇　源	7811	3856	996		148	1511	
柳　河	14552	3920	7833	22		400	109
涝洲鱼种场	536	8	5			495	
庆　阳	7639	3341	2075		146	180	276
岔林河	9148	3725	1275		2672	643	
沙　河	2543	1047	896			471	
香坊实验	1106	706	49				
青　年	664	331	4			9	
闫家岗	1068	539	42		98	233	
红　旗	1325	831	95	33			
四方山	17667	7602	1686		6371	648	
松花江	8744	4207	3661			63	
阿城原种场	2627	1578	193			11	
九龙山柞蚕育种场	843	32	807				
佳南实验农场	4013	2878	68	3	43	255	

附录 1-3　入口、从业人员

(2010年)

农场名称	年末总户数（户）	年末总人数（人）	年末社会从业人员（人）	1. 按三次产业分		
				第一产业	第二产业	第三产业
二九〇	8197	21456	12013	9375	764	1874
绥滨	6685	19192	12381	8779	1687	1915
江滨	7372	16760	10434	7445	924	2065
军川	7495	18986	11642	9310	886	1446
名山	4657	10600	6922	5162	832	928
延军	3102	10004	6895	4738	1326	831
共青	8261	18669	9175	6324	1416	1435
宝泉岭	9067	27023	16323	9450	1689	5184
新华	9151	23027	12871	8729	1548	2594
普阳	4139	11039	8521	7055	522	944
汤原	2867	6269	4443	2603	690	1150
依兰	1463	3582	2576	2045	124	407
梧桐河	3829	9550	7166	5943	426	797
友谊	35180	101723	41968	33524	3311	5133
五九七	13400	29985	18839	15588	882	2369
八五二	22620	48085	31284	21607	3681	5996
八五三	13896	32224	21985	15712	2394	3879
饶河	5306	12768	9359	7349	691	1319
二九一	7655	18751	11999	9431	803	1765
双鸭山	6646	14347	9818	7059	1201	1558
江川	5356	13281	8607	6848	752	1007
曙光	4355	12298	5896	4663	566	667
北兴	7459	20244	11827	8318	447	3062
红旗岭	3355	9497	6335	4163	992	1180
宝山	2477	6627	3194	2564	239	391
八五九	7866	18832	13217	10363	728	2126
胜利	5663	14156	10614	7815	1040	1759
七星	11282	34286	19036	11138	1520	6378
勤得利	7282	22100	12027	7614	660	3753
大兴	4364	13485	5549	3737	218	1594
青龙山	4301	11304	7772	6264	157	1351
前进	5589	15964	12419	9805	706	1908
创业	3962	10526	7513	4693	898	1922
红卫	3965	10467	5080	3655	239	1186
前哨	3992	11965	5751	3360	805	1586
前锋	4428	12018	6836	4739	269	1828
洪河	1858	4467	4078	3362	74	642
鸭绿河	1976	5304	4100	3445	92	563
二道河	1303	3270	2763	1669	207	887
浓江	2335	5644	3793	3203	109	481
八五〇	7671	15123	8607	6595	310	1702
八五四	8453	21996	8129	4568	1584	1977
八五五	5253	12696	6925	5312	638	975
八五六	8204	21280	10689	6733	755	3201
八五七	6477	17095	7202	4406	801	1995
八五八	6278	14913	7292	5284	689	1319
八五一〇	6927	14138	5145	1988	1266	1891
八五一一	6643	15500	6583	4079	597	1907
庆丰	7337	14455	6774	4818	1102	854
云山	4721	11150	5223	3913	335	975
兴凯湖	4557	9390	6383	4866	534	983
海林	2492	6921	4354	2633	862	859
宁安	2128	6580	3123	2030	355	738
山市种奶牛场	2075	5912	3615	2123	113	1379
锦河	3865	8784	4217	3155	304	758
红色边疆	3598	10400	3797	3016	237	544

附录1-3续表1　　　　　　　　　　(2010年)

农场名称	年末总户数(户)	年末总人数(人)	年末社会从业人员(人)	1. 按三次产业分		
				第一产业	第二产业	第三产业
逊　克	7981	23207	8807	7437	248	1122
龙　门	2946	7380	4260	3278	313	669
襄　河	2438	8259	4938	3772	373	793
龙　镇	5311	14455	6647	4582	603	1462
二龙山	5419	17280	8396	6211	661	1524
引龙河	4118	12235	5909	4557	382	970
尾　山	3167	10122	4876	3285	470	1121
格球山	3604	8422	4110	2723	544	843
长水河	4644	13199	8659	6260	704	1695
赵　光	10274	26589	11106	6909	556	3641
红　星	3950	11871	6797	5478	554	765
建　设	5106	14698	7546	6263	444	839
五大连池原种场	2833	7156	4832	4217	108	507
鹤　山	8245	21458	13964	10843	1099	2022
大西江	4872	12406	6808	5035	467	1306
尖　山	5555	13642	9532	8710	363	459
荣　军	4095	9863	4932	4470	145	317
红五月	3750	10100	6421	5036	124	1261
七星泡	5612	15075	7545	5901	561	1083
嫩　江	4475	10598	5342	4048	341	953
山　河	4455	13769	8000	6151	342	1507
嫩　北	3967	11870	6578	5366	208	1004
建　边	3200	9177	6177	5168	181	828
哈拉海	1708	3844	2215	1808	100	307
克　山	8314	22099	15985	13640	774	1571
依　安	1761	4321	2702	2150	277	275
富裕牧场	4948	11229	6456	4251	1357	848
查哈阳	23936	62416	29187	21457	2314	5416
泰　来	774	3017	1365	1214	11	140
绿色草原牧场	1950	5356	3186	2757	64	365
巨浪牧场	1276	3211	1653	1399	43	211
齐齐哈尔种畜场	2984	7765	3310	2598	196	516
繁荣种畜场	3886	11010	4281	4048	75	158
大山种羊场	1125	3819	2055	1765	40	250
红旗种马场	932	3152	670	600	18	52
嘉　荫	4122	9936	6108	3910	1160	1038
铁　力	3861	9446	6964	4799	846	1319
海　伦	5754	12843	6371	4125	800	1446
红　光	4323	11262	6709	4341	907	1461
绥　棱	3343	7871	4409	2884	660	865
安达牧场	842	1835	1357	835	130	392
和平牧场	4157	10720	5812	3771	1018	1023
肇　源	1803	4130	3626	2736	144	746
柳　河	1012	2637	1515	933	110	472
涝洲鱼种场	241	626	290	290		
庆　阳	2859	7888	4011	2990	368	653
岔林河	1610	4341	1930	1336	155	439
沙　河	626	2197	1207	928	149	130
香坊实验	1508	4308	2681	885	789	1007
青　年	427	1820	909	280	509	120
闫家岗	1116	2890	1692	1147	233	312
红　旗	1036	2956	2839	550	806	1483
四方山	1862	5801	2363	2041	30	292
松花江	1932	4802	2362	740	754	868
阿城原种场	1616	4909	2145	1967	118	60
九龙山柞蚕育种场	71	241	63	63		
佳南实验农场	719	2286	683	683		

附录1-3续表2　　　　　　　　　　　(2010年)

农场名称	2. 按职工非职工分			其他从业人员（人）
	在岗职工（人）	专业技术人员（人）	国有单位（人）	
二九〇	5343	710	5343	6670
绥滨	3602	518	3326	8779
江滨	2982	373	2976	7452
军川	4374	527	4374	7268
名山	2516	334	2506	4406
延军	1849	239	1842	5046
共青	2956	250	2956	6219
宝泉岭	2695	683	2660	13628
新华	2223	491	2223	10648
普阳	1932	434	1764	6589
汤原	1796	85	1727	2647
依兰	1063	67	770	1513
梧桐河	1212	204	1212	5954
友谊	21899	1094	20276	20069
五九七	9787	612	9766	9052
八五二	12784	1197	12406	18500
八五三	8966	922	8509	13019
饶河	4105	313	4066	5254
二九一	5063	571	4944	6936
双鸭山	4802	345	4802	5016
江川	4391	254	4214	4216
曙光	3636	505	3177	2260
北兴	5725	621	5638	6102
红旗岭	3309	290	3309	3026
宝山	1106	23	1106	2088
八五九	919	454	919	12298
胜利	1153	610	1000	9461
七星	1734	881	1734	17302
勤得利	1241	480	1241	10786
大兴	853	343	815	4696
青龙山	515	277	515	7257
前进	684	392	668	11735
创业	598	275	598	6915
红卫	572	273	572	4508
前哨	714	320	714	5037
前锋	1459	422	1435	5377
洪河	456	314	456	3622
鸭绿河	433	187	433	3667
二道河	406	169	406	2357
浓江	1364	289	1364	2429
八五〇	2347	467	2263	6260
八五四	2090	542	2090	6039
八五五	2085	695	2085	4840
八五六	2475	507	2369	8214
八五七	2551	599	2551	4651
八五八	1471	356	1471	5821
八五一〇	1666	315	1666	3479
八五一一	1799	555	1793	4784
庆丰	1863	360	1863	4911
云山	2599	330	2540	2624
兴凯湖	1873	374	1867	4510
海林	722	201	541	3632
宁安	1385	176	1375	1738
山市种奶牛场	1504	12	1504	2111
锦河	2346	270	2281	1871
红色边疆	2563	315	2221	1234

附录1-3续表3　　　　　　　　(2010年)

农场名称	2. 按职工非职工分			其他从业人员（人）
	在岗职工（人）	专业技术人员（人）	国有单位（人）	
逊　克	3614	446	3614	5193
龙　门	2028	316	1739	2232
襄　河	2086	234	1997	2852
龙　镇	3172	377	3139	3475
二龙山	3856	759	3831	4540
引龙河	2621	335	2602	3288
尾　山	1932	221	1884	2944
格球山	1791	290	1728	2319
长水河	2956	187	2819	5703
赵　光	3833	524	3752	7273
红　星	4837	333	4769	1960
建　设	2946	381	2911	4600
五大连池原种场	2876	249	2876	1956
鹤　山	7484	270	7363	6480
大西江	3606	298	3315	3202
尖　山	4880	337	4771	4652
荣　军	3562	223	3324	1370
红五月	3657	241	3158	2764
七星泡	5339	545	5328	2206
嫩　江	3769	272	3730	1573
山　河	3574	365	3421	4426
嫩　北	4360	260	3710	2218
建　边	2261	323	2261	3916
哈拉海	1334	99	1334	881
克　山	8298	795	8263	7687
依　安	1181	265	1181	1521
富裕牧场	2177	34	1458	4279
查哈阳	11946	1232	11838	17241
泰　来	381	52	381	984
绿色草原牧场	873	203	873	2313
巨浪牧场	528	5	528	1125
齐齐哈尔种畜场	3305	44	2358	5
繁荣种畜场	2070	67	2053	2211
大山种羊场	1138		995	917
红旗种马场	535	3	465	135
嘉　荫	3691	265	3135	2417
铁　力	3666	433	3426	3298
海　伦	2514	283	2195	3857
红　光	1902	383	1902	4807
绥　棱	2536	236	2206	1873
安达牧场	158	55	158	1199
和平牧场	1348	234	1348	4464
肇　源	670	105	670	2956
柳　河	647	167	539	868
涝洲鱼种场	150	1	150	140
庆　阳	1527	37	1527	2484
岔林河	853	169	853	1077
沙　河	235	44	235	972
香坊实验	588	33	580	2093
青　年	89	66	89	820
闫家岗	169	90	168	1523
红　旗	401	182	397	2438
四方山	932	47	932	1431
松花江	344	109	344	2018
阿城原种场	1004	17	1004	1141
九龙山柞蚕育种场	63	9	63	
佳南实验农场	683	14	683	

附录1-4　生产总值

（2010年）　　　　单位:万元

农场名称	生产总值	#公有及公有控股	第一产业	#农业	#畜牧业	第二产业	工业	建筑业
二九〇	102553	61973	74109	58059	15703	16244	14938	1306
绥滨	104331	64579	69656	58319	11113	15059	12019	3040
江滨	60641	31754	36833	27259	9415	12719	10363	2356
军川	94641	52039	63233	48347	14657	11683	6161	5522
名山	71070	28928	42775	25932	15902	14198	11647	2551
延军	34984	13545	16488	12487	3668	13224	12700	524
共青	67252	36536	48098	33540	13775	9497	8497	1000
宝泉岭	105749	27894	49097	25208	22810	14452	9032	5420
新华	70650	34082	43750	30601	11785	14604	10791	3813
普阳	88018	48652	60760	46563	13839	13678	11558	2120
汤原	28535	12791	17482	10201	6943	4968	4728	240
依兰	12186	6167	6464	3856	2247	2494	1630	864
梧桐河	38960	23374	25425	21585	3637	9178	8932	246
友谊	217062	114155	137621	102313	31905	41861	32828	9033
五九七	108671	50813	64529	47983	12674	19899	14160	5739
八五二	253192	114799	129018	95193	30729	60141	36193	23948
八五三	164833	81737	93967	73829	19226	42953	29123	13830
饶河	76662	46140	55357	42023	10357	7199	5970	1229
二九一	90104	55251	60011	47993	7945	11933	4272	7661
双鸭山	43059	17151	23802	13965	9029	9823	5023	4800
江川	57897	29603	43025	27959	11528	9259	6124	3135
曙光	49059	11416	24736	10099	14419	14001	11000	3001
北兴	64103	34222	45406	29718	13656	9294	5873	3421
红旗岭	65088	31153	38337	27249	10588	17892	12067	5825
宝山	21872	12868	14284	11492	2622	3552	1044	2508
八五九	121715	94844	94714	87162	7008	10417	7140	3277
胜利	79934	51629	55445	47754	7084	13217	7185	6032
七星	152792	108182	109971	99849	9162	11910	8303	3607
勤得利	81794	62405	67205	59677	6756	3864	2579	1285
大兴	84923	70047	73073	68036	4734	3032	1292	1740
青龙山	53481	40574	43070	38674	4365	2495	1325	1170
前进	111198	80148	82862	75886	6935	15857	12371	3486
创业	81487	55298	55308	51492	3752	17050	15610	1440
红卫	80539	64497	64499	59889	4449	6035	2475	3560
前哨	52184	38683	38784	35345	3021	3440	1528	1912
前锋	96579	81191	84675	77532	6298	3803	3002	801
洪河	63399	54668	55752	53025	2645	3032	2532	500
鸭绿河	52422	43700	46268	42710	3506	1868	1235	633
二道河	53489	44925	46261	43739	2022	2881	1841	1040
浓江	69797	59399	59672	56842	2798	3449	1946	1503
八五〇	88931	51936	55841	44129	11491	16290	13350	2940
八五四	138902	93675	95415	85205	9710	19241	15283	3958
八五五	47987	24769	30102	21955	7921	6612	5360	1252
八五六	155303	113707	116645	106467	9257	18232	14357	3875
八五七	103675	53133	63171	46972	14078	21765	17265	4501
八五八	93496	52798	60583	48090	11368	18305	13383	4922
八五一〇	66016	26846	27453	15107	11478	18351	16039	2312
八五一一	63213	24782	32376	17568	14726	16212	11059	5154
庆丰	82051	46614	49963	42852	6950	21254	15722	5532
云山	74986	41703	50198	37551	12073	9875	5730	4145
兴凯湖	80001	36793	52093	46403	5183	10590	6325	4265
海林	41096	9038	22731	7564	15011	8515	5600	2915
宁安	34544	12533	22016	10769	11168	7887	6942	945
山市种奶牛场	4168	2174	3038	1731	1237	363	363	
锦河	14685	7594	6975	3800	1985	2200	1830	370
红色边疆	19011	9116	9943	6580	2906	2068	1550	518

附录1-4续表1 (2010年) 单位:万元

农场名称	生产总值	#公有及公有控股	第一产业	#农业	#畜牧业	第二产业	工业	建筑业
逊克	47772	28202	29551	16969	10866	4130	3059	1071
龙门	17951	10244	9010	5600	2700	2042	1632	410
襄河	26049	14873	14707	10548	3517	2639	2148	491
龙镇	34150	16128	16592	12001	3621	4355	2900	1455
二龙山	43618	21599	26049	17999	6600	6845	4745	2100
引龙河	33762	18532	19963	13024	5656	4599	2610	1989
尾山	29912	17872	16538	10281	5482	3804	2729	1075
格球山	29629	18259	13776	7645	5511	6336	5674	662
长水河	36923	18614	18891	9258	7106	5576	4866	710
赵光	48011	25091	27463	20272	6325	6548	4485	2063
红星	37718	23783	22882	17333	4901	3825	3306	519
建设	29179	19404	17497	12405	3707	1741	1410	331
五大连池原种场	9704	7070	6867	6040	501	112	100	12
鹤山	57744	29404	37887	23081	14195	11082	3745	7337
大西江	41785	25204	26607	13599	7140	4986	2520	2466
尖山	41335	24178	29960	18140	10275	5971	3601	2370
荣军	31379	15146	17766	11454	5891	3719	2567	1152
红五月	26751	12871	18770	10664	7176	2729	2634	95
七星泡	48928	32629	34540	25409	6146	4085	2612	1473
嫩江	40162	27503	27422	19894	4558	4875	2502	2373
山河	36360	21391	25474	18353	4595	3005	2505	500
嫩北	32847	21627	23577	18560	4277	4218	2506	1712
建边	32838	18180	18766	12339	4209	5126	2526	2600
哈拉海	14895	10807	10794	9072	1703	2503	2503	
克山	55218	20553	27183	13398	13043	5316	3557	1759
依安	16545	7242	11792	5693	5629	2096	2096	
富裕牧场	34830	10917	27362	8858	17776	2712	2436	276
查哈阳	154906	58988	77724	48613	26872	16695	12233	4462
泰来	13158	4808	10269	4721	5459	1249	1249	
绿色草原牧场	18899	4575	15218	3511	11473	921	721	200
巨浪牧场	9853	2578	7236	2108	5030	863	660	203
齐齐哈尔种畜场	13214	4183	8599	3183	4650	1457	1457	
繁荣种畜场	7693	3865	4904	3604	1219	490	490	
大山种羊场	5976	3171	4419	2761	829	555	425	130
红旗种马场	1928	729	1292	737	329	60		60
嘉荫	44809	13217	23789	11641	10431	9425	6365	3060
铁力	61208	20670	27539	15734	10522	18128	12318	5810
海伦	45891	17769	24710	14409	8048	7956	5590	2366
红光	38799	10391	18060	7680	9828	10746	8519	2227
绥棱	51046	27717	33248	23823	8356	8760	5784	2976
安达牧场	9653	871	3889	613	3258	1661	1571	90
和平牧场	34870	8722	19402	6101	13191	7807	6702	1105
肇源	29317	10159	19677	7471	11058	4380	3811	569
柳河	12497	5793	7390	3936	2545	1746	1710	36
涝洲鱼种场	616	521	589	6	68			
庆阳	21763	8891	10719	8142	847	7650	7650	
岔林河	10808	5934	7122	5453	488	1312	1312	
沙河	3182	1642	1091	1020	58	1088	1088	
香坊实验	18271	4324	5657	3721	1843	7906	7688	218
青年	6751	558	2661	241	2420	3028	3028	
闫家岗	13250	3505	5638	2060	3488	4438	2363	2075
红旗	18050	4522	5137	3999	1138	8245	6685	1560
四方山	13273	8900	11089	7507	2524	222	222	
松花江	11461	3914	3490	2921	309	5852	5852	
阿城原种场	3584	3147	2767	1767	1000	325	325	
九龙山柞蚕育种场	60	51	51	15	36			
佳南实验农场	1616	1050	1547	1050	473			

附录1-4续表2　　(2010年)　　单位:万元

农场名称	第三产业	# 交通运输业	# 批发零售业	# 住宿餐饮业	# 居民服务和其他服务业	# 卫生、社会保障和社会福利业	# 教育
二九0	12200	1839	4866	930	48	759	885
绥滨	19616	2556	3660	1220	4701	264	857
江滨	11088	1882	4530	1497	217	203	551
军川	19725	4052	9081	1031	1239	338	577
名山	14097	1222	6787	2070	569	318	694
延军	5272	728	2518	435	41	88	342
共青	9656	2454	2073	1100	404	116	853
宝泉岭	42200	11500	13454	8408	3904	178	1612
新华	12296	2741	1982	1182	2060	288	1038
普阳	13580	3391	5277	1661	592	281	609
汤原	6085	1179	825	175	1360		300
依兰	3227	647	743	390	103	83	102
梧桐河	4357	430	897	871	135	172	336
友谊	37580	7669	7018	4621	9532	640	112
五九七	24243	5815	10266	1373	874	420	1150
八五二	64033	8760	32552	5987	7162	1138	1173
八五三	27912	6317	8579	2120	2985	1032	1366
饶河	14105	4783	3964	583	1044	170	667
二九一	18160	4067	5701	890	2839	365	1041
双鸭山	9434	1967	2609	382	667	213	779
江川	5612	1323	1180	465	90	82	505
曙光	10322	2576	1042	672	3822	59	822
北兴	9404	1041	1422	1617	379	256	856
红旗岭	8859	1496	2598	703	295	236	602
宝山	4036	1803	1544	69	7	30	72
八五九	16584	3552	4493	1375	728	223	2179
胜利	11272	2432	2670	1281	1230	302	841
七星	30911	6102	8433	2615	4537	591	2856
勤得利	10725	1981	2649	991	900	370	1072
大兴	8818	2735	1992	1198	293	114	673
青龙山	7917	1214	3275	517	424	60	749
前进	12479	2982	3326	1664	673	281	1050
创业	9129	1242	2235	1120	630	125	869
红卫	10005	1855	2461	750	1380	220	800
前哨	9960	1222	4002	741	242	295	718
前锋	8101	1708	2930	528	451	288	311
洪河	4615	811	1305	504	385	54	451
鸭绿河	4286	958	1066	460	330	61	432
二道河	4347	1080	1342	481	344	79	129
浓江	6676	1114	2891	624	447	68	275
八五〇	16800	2538	7734	708	1434	789	1227
八五四	24246	6821	6076	1579	1303	497	1093
八五五	11272	2372	3076	1564	1011	358	876
八五六	20426	3810	5210	1798	1545	740	1380
八五七	18740	2760	7616	1642	1982	964	747
八五八	14608	1763	5092	1240	607	492	625
八五一0	20212	1814	2976	3017	1796	166	971
八五一一	14625	4319	3706	1123	906	783	915
庆丰	10834	2484	3590	423	899	485	683
云山	14913	3738	4280	756	2632	256	364
兴凯湖	17318	3056	9875	1321	222	302	541
海林	9850	2707	3377	786	843	273	416
宁安	4641	355	1670	595	330	266	418
山市种奶牛场	767	39	120	42		8	
锦河	5510	917	799	404	40	84	596
红色边疆	7001	891	2071	755	282	212	495

附录1-4续表3　　(2010年)　　单位:万元

农场名称	第三产业	# 交通运输业	# 批发零售业	# 住宿餐饮业	# 居民服务和其他服务业	# 卫生、社会保障和社会福利业	# 教　育
逊　克	14091	544	2436	852	232	303	591
龙　门	6899	1393	1990	579	240	255	779
襄　河	8702	1193	2778	307	338	372	793
龙　镇	13203	1253	5302	1047	552	435	1180
二龙山	10724	1956	4095	709	83	86	656
引龙河	9200	2813	2429	339	173	220	503
尾　山	9570	1239	2778	1506	290	610	846
格球山	9517	991	3854	391	368	325	545
长水河	12456	1795	3246	2304	291	575	933
赵　光	14000	2306	4363	763	583	256	1517
红　星	11011	1318	3251	519	771	349	1005
建　设	9941	590	2184	627	51	462	1066
五大连池原种场	2726	152	544	312	61	26	
鹤　山	8774	641	1205	314	197	175	991
大西江	10192	704	4998	723	474	491	856
尖　山	5404	280	730	220	13	199	479
荣　军	9894	858	6273	410	988	107	280
红五月	5251	214	2223	282	113	132	493
七星泡	10303	742	3975	1068	1241	207	1333
嫩　江	7866	902	2145	423	157	258	792
山　河	7881	990	2210	613	698	295	687
嫩　北	5052	275	986	942		191	653
建　边	8946	600	2900	666	276	95	589
哈拉海	1598	25	479	74	41	55	191
克　山	22719	3240	12097	646	1459	650	1325
依　安	2657	780	256	113	54	162	353
富裕牧场	4756	211	1733	204	104	157	534
查哈阳	60488	11500	17814	5894	10886	1279	3903
泰　来	1640	147	625	233	299	37	31
绿色草原牧场	2760	70	980	234	10	61	366
巨浪牧场	1754	194	249	22	585	31	296
齐齐哈尔种畜场	3159	1497	573	99	312		
繁荣种畜场	2299	86	368	90	196	261	
大山种羊场	1002	116	276	58	199	65	
红旗种马场	576	72	224	35	53	9	
嘉　荫	11595	2749	3746	880	400	285	1120
铁　力	15540	5310	5085	320	300	62	830
海　伦	13225	2502	5585	474	338	100	1186
红　光	9993	1756	5213	461	324	73	691
绥　棱	9037	2123	2191	1263		89	767
安达牧场	4103	144	3627	55			57
和平牧场	7661	1050	2404	842	147	398	763
肇　源	5260	532	2436	428	180	82	370
柳　河	3361	1005	349	175	142	170	589
涝洲鱼种场	27						
庆　阳	3394	938	643	173	39	62	311
岔林河	2374	1043	300	150		55	220
沙　河	1003	35	161	9		16	444
香坊实验	4708	240	1311	1773	588		244
青　年	1062		600			25	
闫家岗	3174	462	1051	668		48	132
红　旗	4668	393	2143	690	594	24	396
四方山	1962	510	360	250		39	123
松花江	2119	313	495	202	81	45	339
阿城原种场	492		17			23	
九龙山柞蚕育种场	9						
佳南实验农场	68						

附录1-5　固定资产投资

(2010年)　　　　单位:万元

农场名称	固定资产投资				按用途分投资		按投资行业分	
	合计	公有控股经济	非公有控股经济	#个体	生产性建设	非生产性建设	农林牧渔业	工业
二九〇	24230	14810	9420	150	5877	18353	3262	
绥滨	18741	10973	7768	7768	8393	10349	6882	317
江滨	16199	4554	11645	11645	4322	11876	3908	77
军川	20549	5766	14783	2532	8008	12541	5072	700
名山	13805	4794	9012	1772	4056	9749	4030	
延军	9523	3842	5681	4261	2034	7489	1095	
共青	19886	7883	12003	12003	8115	11771	5518	380
宝泉岭	11781	3741	8040	8040	3042	8739	1658	1354
新华	24906	18930	5977	5977	12012	12894	5310	2081
普阳	15910	8920	6990	6990	8197	7713	3862	915
汤原	7240	2022	5218	5218	3540	3700	1540	2000
依兰	3193	702	2491	2491	1871	1322	575	1000
梧桐河	5654	3760	1894	1894	487	5167	487	
友谊	34439	21460	12980	12980	10105	24335	9118	
五九七	25506	18512	6994	6994	16239	9267	7254	300
八五二	35407	24929	10478	10478	7403	28004	3191	
八五三	39017	27815	11202	11202	18090	20927	14369	1129
饶河	16614	9350	7264	7264	4114	12500	4114	
二九一	36111	27161	8950	8950	10682	25429	8099	435
双鸭山	13459	6580	6879	6879	2424	11034	2424	
江川	19286	14472	4814	4814	4803	14483	764	3256
曙光	17245	8742	8503	8503	2643	14602	1930	
北兴	22667	13627	9040	9040	9182	13485	4426	
红旗岭	10383	4775	5608	5608	3183	7200	2595	
宝山	8073	4029	4045	4045	978	7096	978	
八五九	31599	23495	8104	8104	17838	13761	13919	189
胜利	31227	16104	15123	13668	18390	12837	14361	2047
七星	18820	9877	8943	8943	4855	13965	4855	
勤得利	23519	17656	5863	5863	5543	17976	5543	
大兴	12893	9196	3697	3697	3745	9148	3558	
青龙山	14598	7607	6991	6991	4623	9975	2082	
前进	20195	8067	12128	12128	5282	14913	5282	
创业	18387	12175	6212	6212	5786	12601	1386	200
红卫	13993	8635	5358	5358	5748	8245	1891	
前哨	11470	6362	5108	5108	6481	4989	4968	
前锋	9457	4245	5212	5212	4027	5430	3577	150
洪河	12922	10730	2192	2192	11750	1172	10197	
鸭绿河	7257	3421	3836	3836	2308	4949	2048	
二道河	7005	5291	1714	1714	5047	1958	4744	250
浓江	4829	2021	2808	2808	1681	3148	1681	
八五〇	19915	12658	7257	7257	11144	8771	5621	3817
八五四	21654	13626	8028	8028	4147	17507	4147	
八五五	16779	9171	7608	4908	8609	8170	4917	2700
八五六	31144	18299	12845	12845	15678	15466	15678	
八五七	18382	13095	5287	5256	7654	10728	6486	31
八五八	26433	17525	8908	8908	9818	16615	9818	
八五一〇	18518	4978	13540	7007	3300	15218	2977	
八五一一	16613	9489	7124	6924	5709	10904	3727	1290
庆丰	20740	20126	614	614	9552	11188	7765	
云山	19471	11410	8061	1688	10589	8882	9651	
兴凯湖	17954	17634	320	320	4265	13689	4039	
海林	11816	5607	6209	6209	1128	10688	693	435
宁安	11576	7038	4538	4538	2282	9294	1911	271
山市种奶牛场	4133	2644	1489	1489	165	3968	100	
锦河	4940	4887	53	53	2366	2574	686	53
红色边疆	14270	5563	8707	8707	4107	10163	3976	

附录1-5续表1　　(2010年)　　单位:万元

农场名称	固定资产投资				按用途分投资		按投资行业分	
	合计	公有控股经济	非公有控股经济	#个体	生产性建设	非生产性建设	农林牧渔业	工业
逊克	16863	7290	9573	9573	3748	13115	1715	
龙门	5665	1326	4339	4339	1075	4590	610	400
襄河	7851	3628	4223	2326	3138	4713	1766	50
龙镇	15532	13832	1700	1700	4248	11284	3842	
二龙山	9306	6036	3270	1370	4330	4976	4170	
引龙河	5711	5469	242	190	1173	4538	1173	
尾山	10870	6057	4813	4813	3198	7672	3198	
格球山	8029	2912	5117	2097	4684	3346	3101	
长水河	16606	7717	8890	8890	2931	13675	2388	310
赵光	20585	13116	7469	7469	7786	12799	5930	
红星	17731	9506	8225	8225	3765	13966	3407	358
建设	23691	6953	16738	16738	6239	17452	5239	
五大连池原种场	5700	5408	292	292	400	5300	400	
鹤山	11764	7788	3977	3977	9183	2581	9183	
大西江	8007	5937	2070	2070	3699	4308	3699	
尖山	16465	11280	5185	5185	7671	8794	7671	
荣军	9525	5322	4203	4203	4429	5096	4429	
红五月	7357	3024	4333	4333	3229	4128	3229	
七星泡	19247	11003	8244	8244	9130	10117	9048	
嫩江	16558	5019	11539	11539	6324	10234	6324	
山河	13627	8169	5458	5458	6777	6850	6177	500
嫩北	11674	6872	4802	4802	4020	7654	3760	
建边	11319	2582	8737	8737	2453	8866	2183	100
哈拉海	8289	4883	3406		1444	6845	410	
克山	31167	16363	14804	14804	7154	24013	5574	960
依安	17473	1921	15552	15552	5282	12191	859	4100
富裕牧场	12208	8245	3963	3963	5893	6315	4786	
查哈阳	56240	16108	40132	40132	10129	46110	7377	
泰来	1061	1061			731	330	429	
绿色草原牧场	3292	1820	1472		1501	1791	1315	
巨浪牧场	2329	1076	1253	1253	693	1636	660	
齐齐哈尔种畜场	6171	1503	4668	4668	4104	2067	1647	
繁荣种畜场	6084	1394	4690		5263	821	280	4000
大山种羊场	625	130	495	495	495	130	145	350
红旗种马场								
嘉荫	6364	6264	100	100	3302	3062	2698	
铁力	15015	8306	6709	6709	2039	12976	2003	
海伦	24519	8347	16172	16172	3842	20677	3198	
红光	12191	5157	7034		1125	11066	837	
绥棱	16345	16345			2413	13932	2274	
安达牧场	3094	329	2765	1720	1181	1913	1181	
和平牧场	12329	12009	320	320	3068	9261	1579	210
肇源	7752	4294	3458	3458	1313	6439	595	718
柳河	4087	3938	149	149	663	3424	591	
涝洲鱼种场								
庆阳	9823	9160	664	664	6840	2983	815	5500
岔林河	2999	1286	1713	1713	1803	1196	1803	
沙河	400	400			100	300	100	
香坊实验	4652	4652			4597	55	3691	747
青年	759	759			377	382	377	
闫家岗	11037	6713	4324	4324	2284	8753	1737	471
红旗	10878	7318	3560	3560	3210	7668	3210	
四方山	6091	3198	2893	2893	1320	4771	1131	
松花江	3617	3617			2704	913	612	1975
阿城原种场	311	311				311		
九龙山柞蚕育种场								
佳南实验农场								

附录1-5续表2　　　　(2010年)　　　　单位:万元

农场名称	按投资行业分							
	建筑业	交通运输仓储业	批发和零售业	房地产业	水利环境和公共设施业	居民服务和其它服务业	教育	卫生、社会保障和福利业
二九〇		2068	547	15105	2102		9	286
绥滨		1194		8366	433		408	23
江滨		338		11000	238	73	213	353
军川		2236		11551	990			
名山		17	9	7240	369	1	1963	24
延军		939		5668	452	536	500	
共青		2217		10555	61	440	50	
宝泉岭		30		7139			1577	
新华		4621			91	11952	533	60
普阳		3420		6171	433		87	150
汤原					300	2800		400
依兰		296		875	365	17	12	
梧桐河				2000	3167			
友谊		987		23887	448			
五九七		8685		6572	1415			260
八五二		4212		19925	7230		459	363
八五三		2592		18200		1917	600	210
饶河				7694	4030	450	199	
二九一		2148		18735	2634		2360	1700
双鸭山				10740			195	6
江川		783		9650	3333	1500		
曙光	200	513		14295			157	
北兴		4756		12412	789			
红旗岭		588		7000	200			
宝山				6886			210	
八五九		3730		12629	558	81	300	186
胜利		1883	99	9100	1625	530	420	11
七星				13920				
勤得利				7600	10340	24		
大兴		187		5495		1159	18	
青龙山		2541		8910	578			487
前进				14632	281			
创业		4200		11700	700		30	150
红卫		3857		7885	360			
前哨		1513		4387	243		84	140
前锋	300			4980	300			150
洪河		1553		443	373	304	7	1
鸭绿河		260		4710	80		22	14
二道河		53		1403	42		120	78
浓江				3148				
八五〇		1706		6290	1902	59	52	67
八五四				12281	1033	1138	878	1592
八五五	69	923		5756	170	1393	53	
八五六				14210				
八五七		1137		6568	929	755	255	65
八五八				9395	2049	3352	990	380
八五一〇		323		12601	860	1387		370
八五一一		692		8626	686	180		883
庆丰		1787		10830	358			
云山		938		5884		1340	388	
兴凯湖		226		11041		820		
海林				8483	1897	80	206	
宁安			100	6911		1555	100	450
山市种奶牛场		65			618			3200
锦河		1627		830	461	462	4	
红色边疆		131		8637	803		272	65

附录1-5续表3　　(2010年)　　单位:万元

农场名称	按投资行业分							
	建筑业	交通运输仓储业	批发和零售业	房地产业	水利环境和公共设施业	居民服务和其它服务业	教育	卫生、社会保障和福利业
逊克		1679	354	8811	117	3898	52	5
龙门		65		4200	350			
襄河		1322		4229	298		186	
龙镇		406		9800	1095	245		20
二龙山		160		1900	2900			
引龙河				4188		350		
尾山				6160		974	525	
格球山		1583		3020			29	10
长水河		233		13058	50	543		
赵光		1856		6357	2975	3167	150	26
红星				7717	4046	738	53	5
建设			1000	14075	1099			50
五大连池原种场					5200			
鹤山				1835	36	600		6
大西江				3992	316			
尖山				8608		30	150	6
荣军				4851		115	100	6
红五月				3808	260			60
七星泡		82		9052		49	581	
嫩江				9641	250	200		95
山河		100		6850				
嫩北		260		6944	710			
建边		120	50	8500	36	200	60	
哈拉海		1034		5150	358	785	365	17
克山		620		16710	1082	864	150	2117
依安		323		11452	459	40	31	209
富裕牧场		1107		4370	1855		40	
查哈阳		2752		42368	2537		400	
泰来		302			88		8	216
绿色草原牧场		186		1732			19	19
巨浪牧场		33		1220				
齐齐哈尔种畜场		2457		1800		174		16
繁荣种畜场		983		550				271
大山种羊场						130		
红旗种马场								
嘉荫		604		1535	671	856		
铁力		36		10700		1769	216	
海伦		644		18800	1148		710	
红光		288		9679	489		31	
绥棱		139		11723	94	1445	243	
安达牧场				1720	110			
和平牧场		1279		7224	1861		23	
肇源				4141	1550		35	517
柳河		72		1805	1570		21	
涝洲鱼种场								
庆阳		525		2735		38	10	200
岔林河				896	300			
沙河				195				
香坊实验		159			55			
青年					335			47
闫家岗		77		8417	120		200	
红旗				5200	363	2067		
四方山		189		4010	572		138	
松花江		117			728		32	
阿城原种场					311			
九龙山柞蚕育种场								
佳南实验农场								

附录1-6　人民生产、生活

(2010年)

农场名称	从业人员劳动报酬（万元）	职工工资总额（万元）	年末储蓄总额（万元）	人均纯收入（元）	等级公路（公里）	家用计算机（台）
二九〇	15556	7449	52878	17394	265	1132
绥滨	14211	4048	30400	17866	381	1951
江滨	11833	3345	24474	13687	55	1384
军川	14328	5231	36185	17372	254	1916
名山	9129	2382	20170	16912	105	851
延军	9391	2167	13722	11307	132	479
共青	9028	2450	29559	15588	130	629
宝泉岭	29055	3691	135093	13180	200	1345
新华	19148	3412	44317	13027	179	1362
普阳	7022	3425	28277	21508	120	1399
汤原	4421	1858	9195	13635	84	370
依兰	2334	1092	2870	12560	8	409
梧桐河	8059	1593	12826	13502	77	969
友谊	81905	40067	48562	11842	525	5922
五九七	23209	13095	17706	12548	296	4095
八五二	29504	13567	129916	18506	398	5217
八五三	46570	21805	39363	17157	355	4683
饶河	10131	6750	10393	17866	197	1125
二九一	32617	13938	26947	20001	276	1068
双鸭山	15856	7900	7272	10800	179	807
江川	4449	1497	5925	19125	108	1083
曙光	12273	7043	3693	12326	156	487
北兴	19476	14382	38500	15287	173	1860
红旗岭	11104	5586	23364	21793	129	554
宝山	4380	1031	5587	15793	39	1480
八五九	21943	1863	54568	17333	269	1350
胜利	22033	1986	31520	17928	192	1166
七星	34399	3979	14353	17643	303	3369
勤得利	8818	2778	50000	17002	161	2492
大兴	4151	1461	34402	18002	75	1152
青龙山	8324	1271	6630	16625	76	1393
前进	23928	1215		17556	118	1323
创业	14494	1395	21900	19080	80	932
红卫	7778	1844	22800	17216	70	71
前哨	7768	1566	13257	14342	25	766
前锋	16064	3041	23523	17146	34	1739
洪河	5857	1293	83000	19103		641
鸭绿河	6201	724	10136	16501	55	722
二道河	3889	751	6573	19546	111	741
浓江	3286	839	6209	18052	89	160
八五〇	7342	1852	19607	14852	180	2296
八五四	12892	2105	18745	15718	358	1029
八五五	6488	1741	12915	14059	224	1496
八五六	13035	2390	24086	16615	238	2028
八五七	8161	1893	15626	17417	162	2425
八五八	10757	1609	12306	15774	167	540
八五一〇	5783	1808	6982	9051	144	752
八五一一	8381	1038	10442	15655	171	1429
庆丰	7073	1596	14579	14525	146	1674
云山	4578	1796	7325	14558	162	1202
兴凯湖	3564	1475	6056	14070	160	512
海林	11545	1465	5137	17734	80	1193
宁安	3024	994	3696	14649	30	418
山市种奶牛场	1608	780	1087	4746	49	79
锦河	3980	2082	5514	10752	365	307
红色边疆	3824	2307	6165	11080	98	538

附录1-6续表1　(2010年)

农场名称	从业人员劳动报酬（万元）	职工工资总额（万元）	年末储蓄总额（万元）	人均纯收入（元）	等级公路（公里）	家用计算机（台）
逊克	6572	3478	14015	12436	393	1010
龙门	4544	1816	6869	11266	75	425
襄河	4389	1967	5918	11270	102	183
龙镇	5893	3195	8664	11450	116	560
二龙山	7918	3748	10889	12363	141	938
引龙河	5718	3102	8699	11270	169	941
尾山	5133	2350	9531	12483	96	681
格球山	4608	2101	6371	13507	96	905
长水河	11481	3053	8825	11807	116	1023
赵光	10371	4244	19874	13266	210	2590
红星	5755	3719	6223	12054	115	670
建设	8635	3198	12311	12807	146	1048
五大连池原种场	2633	1787	2863	7644	70	208
鹤山	25771	16001	13689	15217	161	478
大西江	12728	7843	2416	13690	90	329
尖山	13550	10373	16606	15618	144	1153
荣军	5443	4983	8200	12961	55	237
红五月	7894	5053	5499	12352	56	337
七星泡	18177	10165	19195	13593	152	1502
嫩江	7492	5615	13575	15061	156	1168
山河	16414	8588	17998	14994	100	1074
嫩北	13752	8104	20427	12569	146	908
建边	14555	5065	10219	12798	68	406
哈拉海	5251	3906	3444	15386	81	216
克山	19978	15012	19614	13177	248	1197
依安	2899	1185	3066	12011	8	186
富裕牧场	7662	3851	10238	10961	47	275
查哈阳	56450	19900	38671	12382		1352
泰来	684	303	1085	14531		123
绿色草原牧场	3639	1409	2834	14426	2	300
巨浪牧场	3489	588	3329	13508	14	30
齐齐哈尔种畜场	3926	3630	290	10400		158
繁荣种畜场	4135	2018	264	5115		68
大山种羊场	1428	809	478	7018		208
红旗种马场	213	181	140	4013		28
嘉荫	6871	2367	6373	20115	46	115
铁力	4789	3004	8627	22000	82	2200
海伦	8605	2781	4940	15497	88	659
红光	7217	1874	4968	13184	97	649
绥棱	4505	2424	5028	19022	92	767
安达牧场	2796	161	1331	11038	9	50
和平牧场	6419	2037	4962	13001	94	393
肇源	4873	527	3448	22035	25	286
柳河	2556	607	1221	19148	31	347
涝洲鱼种场	214	141	460	9607		
庆阳	5129	3807	3186	16206		300
岔林河	2427	697	2228	15904		237
沙河	1845	395	326	14620	2	72
香坊实验	5402	1294	4239	16186		
青年	1355	204	324	15886		
闫家岗	2151	391	1407	15739		122
红旗	7033	1209	1743	15980		485
四方山	3140	1575	128	17649	44	
松花江	4593	738	3807	15734	10	
阿城原种场	761	414	898	6062		27
九龙山柞蚕育种场	40	40	241	5000		
佳南实验农场	605	563		7857		97

附录1-6续表2　　　　(2010年)

农场名称	固定电话（部）	社会消费品零售总额（万元）	普通中学在校学生数（人）	小学在校学生数（人）	医院床位数（张）	医生数（人）
二九〇	4601	22892	801	750	60	74
绥滨	2933	22213	608	654	60	84
江滨	2764	18549	595	455	40	40
军川	3204	21902	732	602	121	94
名山	1283	20767	395	336	20	39
延军	1471	10722	280	262	22	36
共青	2428	16100	670	582	40	5
宝泉岭	3360	75353	1502	817	35	48
新华	2657	12021	753	948	60	57
普阳	2072	18561	497	446	54	33
汤原	814	5100	219	213	20	20
依兰	648	2966		192	20	12
梧桐河	1452	5903	312	342	27	30
友谊	20139	25169			221	176
五九七	5866	18657	757	697	182	80
八五二	13087	39988	1721	1181	225	183
八五三	7249	24040	1267	1305	171	178
饶河	2599	9841	379	403	112	50
二九一	5555	8021	632	916	60	86
双鸭山	1664	4886	542	531	50	35
江川	3070	6486	388	407	38	45
曙光	2401	4978	350	430	63	35
北兴	5100	15865	583	610	109	74
红旗岭	2869	5142	427	423	50	43
宝山	972	1761	237	259	28	13
八五九	2341	8470	765	917	80	86
胜利	4547	8166	710	682	50	91
七星	6931	20872	1944	2082		14
勤得利	3673	5959	995	1378	54	61
大兴	2857	3708	418	818	48	49
青龙山	2244	4156	405	580	57	35
前进	1966	9810	1038	1058	92	87
创业	1754	3500	550	850	40	37
红卫	1645	8129	1182	468	40	66
前哨	1674	7076	677	819	50	46
前锋	3536	6420	839	853	50	54
洪河	555	1638	287	532	27	32
鸭绿河	1200	3102	260	330	40	25
二道河	710	2520		280	36	26
浓江	825	1869		290	14	29
八五〇	4970	6041	684	634	60	70
八五四	6525	13500	717	1139	100	43
八五五	3884	9926	452	450	60	68
八五六	5378	11273	833	865	124	54
八五七	5107	11821	692	647	92	58
八五八	4298	16801	548	590	62	60
八五一〇	3706	14344	1309		86	58
八五一一	5703	12655	756	671	100	64
庆丰	5083	10154	393	710	73	34
云山	3723	16614	468	479	85	12
兴凯湖	3180	9845	464	956	60	31
海林	1651	5700	251	445	30	23
宁安	1657	2871	264	602	68	17
山市种奶牛场	1187	773			20	3
锦河	1100	3590	342	111	20	11
红色边疆	2273	4555	350	486	24	38

附录1-6续表3　　(2010年)

农场名称	固定电话（部）	社会消费品零售总额（万元）	普通中学在校学生数（人）	小学在校学生数（人）	医院床位数（张）	医生数（人）
逊　　克	6449	7040	1150	2035	24	69
龙　　门	952	2860	356	562	20	6
襄　　河	1032	5734	387	403	22	21
龙　　镇	1405	10823	773	648	72	22
二 龙 山	4046	18630	599	764	30	
引 龙 河	1712	8742	486	419	20	25
尾　　山	1545	5195	503	482	20	43
格 球 山	1571	3863	261	412	24	40
长 水 河	2220	8804	435	485	24	36
赵　　光	9032	13637	1445	1825	98	20
红　　星	1752	8113	450	580	20	13
建　　设	1791	15810	588	543	67	19
五大连池原种场	750	1101			20	4
鹤　　山	2836	4271	352	957	60	34
大 西 江	3433	7659	563	645	34	30
尖　　山	1842	6641	454	487	100	18
荣　　军	1017	8233		287	30	27
红 五 月	1045	6054	305	359	30	11
七 星 泡	2778	9673	445	643	30	42
嫩　　江	1997	5134	420	487	15	28
山　　河	2678	5780	618	596	30	20
嫩　　北	2282	5426	630	581	40	11
建　　边	1519	5094	420	392	30	25
哈 拉 海	1050	1260	157	225	10	2
克　　山	5672	9632	1363	1102	120	80
依　　安	541	1522	465		50	7
富裕牧场	1946	3276	638	624	30	8
查 哈 阳	12014	95578	2199	2528	142	82
泰　　来	574	2218	115	185	24	11
绿色草原牧场	931	2079	205	388	18	15
巨浪牧场		716	129	246	10	5
齐齐哈尔种畜场	967	1294				
繁荣种畜场	1444	1299			60	18
大山种羊场	780	1565			10	3
红旗种马场	260	545			2	2
嘉　　荫	2668	24621	2113	1987	42	9
铁　　力	5500	13440	2316	1874	50	1
海　　伦	1238	10519	2359	2164	45	53
红　　光	1152	11715	2264	1912	32	20
绥　　棱	2293	9224	2637	1945	35	28
安达牧场	635	633		1010	4	4
和平牧场	1870	9333	1950	2190	20	12
肇　　源	1736	5786	1768	1398	48	9
柳　　河	901	1227	1096	899	30	8
涝洲鱼种场	171					
庆　　阳	699		789	980	30	9
岔 林 河	921		862		20	8
沙　　河	361			297	10	6
香坊实验	1472			770		
青　　年	278				20	9
闫 家 岗	782		194	247	10	4
红　　旗	556		833	690	15	5
四 方 山	538			237	9	4
松 花 江			193	201	30	6
阿城原种场	710				20	13
九龙山柞蚕育种场	23					
佳南实验农场	617				42	10

附录1-7　机械年末拥有量

(2010年)

农场名称	大中型拖拉机（台）	#100马力以上	小型拖拉机（台）	大中型拖拉机配套农具（台）	小型拖拉机配套农具（台）	播种机（台）	机动水稻插秧机（台）
二九〇	1298	49	851	1625	836	340	1784
绥滨	1223	55	699	1217	562	291	1765
江滨	1129	33	475	1151	540	498	1045
军川	868	50	683	1374	791	702	349
名山	394	56	613	607	702	409	313
延军	516	35	501	779	861	628	49
共青	1090	149	256	1223	324	550	373
宝泉岭	776	57	593	1665	684	590	203
新华	1919	30	219	4039	152	877	1114
普阳	949	56	515	1350	615	350	953
汤原	540	34	116	848	488	578	30
依兰	99	10	231	161	265	175	24
梧桐河	433	7	457	506	330	174	941
友谊	1538	480	3235	3354	3030	1077	2021
五九七	402	112	1559	1316	1517	1139	608
八五二	1142	245	1278	2005	1534	1128	621
八五三	1118	92	2105	2247	3511	605	1701
饶河	611	37	829	1353	855	614	311
二九一	415	71	1316	1313	1397	490	1451
双鸭山	750	42	327	1177	442	828	31
江川	976		175	1077	179		1670
曙光	135	30	634	247	501	266	204
北兴	1259	88	939	1896	1283	1531	48
红旗岭	322	32	1164	643	361	135	542
宝山	192	11	375	206	343	37	653
八五九	1216	63	705	1952	843	575	1391
胜利	1328	54	122	6173	227	125	1335
七星	1917	54	1016	6047	2329	241	2954
勤得利	1053	103	1013	1716	1076	422	1028
大兴	462	57	1769	1452	1213	376	923
青龙山	715	25	616	984	1023	380	1613
前进	1128	132	219	1880	304	112	2429
创业	1167	5	264	2179	978	56	2366
红卫	915	3	756	845	237	16	1682
前哨	556	97	594	607	429	392	666
前锋	681	52	319	1348	754	173	2459
洪河	475	29	427	506	323	71	1244
鸭绿河	649	6	923	1707	741	65	1360
二道河	732	4	11	1464	22	12	1264
浓江	922	20	790	2429	1266	74	1680
八五〇	1088	31	651	1623	428	248	1584
八五四	1006	98	1782	1010	1023	357	1809
八五五	236	70	940	349	1081	805	111
八五六	1988	23	1649	2586	1159	611	1526
八五七	1230	24	991	2296	1010	192	2204
八五八	912	12	1320	1104	1404	108	1921
八五一〇	269	71	796	552	858	605	17
八五一一	590	62	704	481	2027	831	238
庆丰	899	48	1474	1205	989	411	773
云山	301	21	1116	319	1014	845	796
兴凯湖	598	12	1316	754	901	19	1496
海林	128	71	283	379	257	72	14
宁安	186	39	449	357	203	129	150
山市种奶牛场	5		680		876	339	
锦河	115	57	469	493	583	125	
红色边疆	835	34	240	1016	617	277	

附录1-7续表1　　　　　　　　　　　　　　（2010年）

农场名称	大中型拖拉机（台）	#100马力以上	小型拖拉机（台）	大中型拖拉机配套农具（台）	小型拖拉机配套农具（台）	播种机（台）	机动水稻插秧机（台）
逊克	408	109	2570	2143	2826	2294	
龙门	54	47	741	227	678	715	
襄河	41	29	557	257	491	370	
龙镇	105	30	458	512	561	289	
二龙山	151	91	940	827	994	309	
引龙河	286	104	1106	1107	1202	493	
尾山	82	59	270	550	345	183	
格球山	107	63	188	481	164	75	
长水河	143	86	263	755	224	108	
赵光	173	81	499	775	507	240	
红星	220	68	858	657	949	368	
建设	206	55	550	792	852	415	
五大连池原种场	341	23	467	370	414	475	
鹤山	268	88	586	764	616	343	
大西江	87	35	512	262	298	159	
尖山	167	79	408	574	688	251	
荣军	79	55	116	389	22	84	
红五月	91	63	293	310	137	82	
七星泡	276	82	572	737	482	172	
嫩江	82	65	591	506	732	201	
山河	223	59	745	624	806	273	
嫩北	190	60	937	796	1264	96	
建边	125	53	524	424	619	225	
哈拉海	85	15	480	170	960	400	6
克山	232	99	442	1345	241	311	
依安	103	61	235	139	218	70	293
富裕牧场	69	18	483	119	495	223	90
查哈阳	619	184	2214	712	682	143	2162
泰来	260	2	13	259	167	43	153
绿色草原牧场	45	14	783	51	611	244	
巨浪牧场	16	8	254	70	267	88	
齐齐哈尔种畜场	7	5	517	7	457	85	38
繁荣种畜场	571	4	136	514	120	346	36
大山种羊场	580		115	230	77	200	155
红旗种马场	137	4	48	100		100	
嘉荫	235	64	43	1158	62	152	28
铁力	244	15	646	262	651	421	314
海伦	113	67	331	113	320	218	
红光	74	24	363	232	298	202	
绥棱	84	19	143	209	253	264	44
安达牧场	3	2	16	1	6	6	
和平牧场	45	3	588	17	619	217	
肇源	30	12	150	45	65		730
柳河	108	19	138	79	187	149	9
涝洲鱼种场							
庆阳	52		1102	19	245		182
岔林河	360		772	173	287	41	711
沙河	35		122	45	122	21	52
香坊实验	2	2	7		16	4	
青年			15	4		4	7
闫家岗	13	12	29	8	13	8	1
红旗	15	4	17	31	4	13	
四方山	127	15	329	183	336	418	
松花江	29	9	174	67	288	146	12
阿城原种场	2	1	1		56	50	12
九龙山柞蚕育种场							
佳南实验农场	43	6	228	105	80	38	30

附录1-7续表2　　　　　　　　　　　　　（2010年）

农场名称	联合收割机（台）	#自走式	脱粒机（台）	种子清选机（台）	汽车合计（台）	#载重汽车	推土机（台）	挖掘机（台）	农业机械总动力（千瓦）
二九〇	372	372	81	28	317	100	6	2	125698
绥滨	529	529	10	3	536	167	5	6	139046
江滨	324	319	10	20	402	45	4	3	103581
军川	149	129	115	26	144	63	2	3	72191
名山	105	100	59	31	153	87	2	4	48592
延军	85	85	15	3	152	74	8	10	34768
共青	211	199	180	5	256	67	23	16	78756
宝泉岭	182	182	48	8	1092	695	12	14	70417
新华	431	431	25	4	795	133	22	8	123204
普阳	197	182	67	16	160	55	14	8	88460
汤原	128	128	25	1	157	102	5		31159
依兰	38	38	14	5	54	35	4		12682
梧桐河	218	218	13	3	134	62	5	2	60303
友谊	795	754	217	28	1083	303	46	35	294371
五九七	390	368	84	12	136	25	16	9	107450
八五二	406	384	1	69	995	329	11	7	146134
八五三	537	537	215	5	702	366	5	15	163757
饶河	363	363	21	9	222	86	5	11	73736
二九一	279	279	145	7	470	154	2	7	110690
双鸭山	62	62	54	5	163	72	10	2	34750
江川	336	336			334	76	11	4	87077
曙光	98	93	4	2	24	3	6		32442
北兴	153	148	124		731	276	2	3	76698
红旗岭	293	293			204	47	3	14	59742
宝山	84	84			130	71	9	6	36105
八五九	394	362	88	18	514	122	15	17	131102
胜利	394	394	73	23	445	60	9	16	129943
七星	679	679	16	5	1858	562	15	19	218454
勤得利	464	404		24	326	44	16	28	144598
大兴	264	264	36	8	85	42	5	8	97732
青龙山	341	341		19	225	45	2	3	88125
前进	406	406		2	137	65	2	6	126331
创业	440	440	167	2	175	70	6	5	117084
红卫	253	238			305	101	4	10	106867
前哨	275	275	1		204	75	6	11	72970
前锋	246	246	139	17	239	28	19	7	120941
洪河	388	303	98	3	159	16	4	5	86084
鸭绿河	271	271		1	211	51	12	8	70771
二道河	129	129	202	1	93	27	1	21	60633
浓江	355	355	132		97	21	2	7	100298
八五〇	354	354	53	4	333	124	16	5	111270
八五四	665	642	180	3	253	154	6	8	170023
八五五	102	102	21	5	266	134	9	3	42773
八五六	466	443	45	10	439	72	11	35	183647
八五七	572	572	126	12	383	225	17	15	147128
八五八	474	464	454	2	146	92	19	10	122393
八五一〇	87	78	13	12	136	34	2		42174
八五一一	84	63	32	6	351	234	8	2	47156
庆丰	425	424	65	19	153	121	57	5	110158
云山	233	233	551	24	80	33	2	2	67086
兴凯湖	248	243	84	5	264	90	6		86892
海林	97	97		2	243	98	7	5	28907
宁安	116	111	19	7	55	22	1	1	27393
山市种奶牛场	6	4			15	2	6		10018
锦河	81	81		3	105	44	3	10	26917
红色边疆	44	44	27	30	129	60	1	3	37043

附录1-7续表3　　　　(2010年)

农场名称	联合收割机(台)	#自走式	脱粒机(台)	种子清选机(台)	汽车合计(台)	#载重汽车	推土机(台)	挖掘机(台)	农业机械总动力(千瓦)
逊克	134	98		35	176	48	5	6	93742
龙门	40	40		3	65	11	7	4	28138
襄河	42	28		3	116	58	3	4	18290
龙镇	79	79			158	45	3	5	25186
二龙山	84	54		11	225	111	3	15	57383
引龙河	143	143	31	33	298	154	22	5	46205
尾山	35	35		9	151	52	7	3	19785
格球山	47	46		21	75	26	4	2	16854
长水河	65	65			315	86		4	27902
赵光	76	70		2	282	106	27	14	38306
红星	62	62	8	10	207	110	1		41607
建设	63	63	1	10	127	62	6	5	40135
五大连池原种场	37	37	1	9	99	18			21126
鹤山	116	102	4	8	173	38	6	4	50281
大西江	75	75	1	5	122	50	3	1	30059
尖山	106	99	3	25	176	20	4	3	42455
荣军	56	56		13	85	32	1	2	27465
红五月	55	55		5	51	10			24430
七星泡	113	113		21	199	80	2	3	56241
嫩江	61	61		7	129	19	4	2	33458
山河	117	117		12	125	30	1		39248
嫩北	83	74	14	14	123	38	10	6	46545
建边	91	88	12	13	88	33	12	3	33450
哈拉海	23	23			24	3			23459
克山	115	114		27	378	216	3	1	43677
依安	59	59	1	6	66	41	2		16547
富裕牧场	38	38			129	3	4	1	17822
查哈阳	313	312		2	619	56	234	10	140744
泰来	52	47	20		10	5	10	3	15160
绿色草原牧场	2	2	33		47				18379
巨浪牧场	12	12			43	9		1	9923
齐齐哈尔种畜场	15		7		275	142	1	7	12903
繁荣种畜场	24	24	22		11	3	2	2	19720
大山种羊场	232	105			69	15	20	2	31269
红旗种马场	2	2			26	5	4	1	7068
嘉荫	114	114			125	60			28871
铁力	119	117	4		114	30	3	6	43963
海伦	79	75			155	57	8	8	22151
红光	73	73			115	30	10	6	20312
绥棱	77	77	4	4	136	75	8	7	16191
安达牧场	10	10			37	16	1	2	4084
和平牧场	10	8	13		78	27	3	1	15414
肇源	165	165			123	9	4	2	23326
柳河	19	19	26		57	23	3	3	8542
涝洲鱼种场					1		1		685
庆阳	54	48	7		185	84	23		24098
岔林河	135	135			175	136	15	2	37781
沙河	18	18			9	3	5		6052
香坊实验					194	55	1	1	2461
青年	3	3			42	2			1798
闫家岗	2				58	8	1	1	5731
红旗					151	51	1	2	3112
四方山	15	15	8	2	157	138	2		15164
松花江	23	21			56	35	1		6439
阿城原种场				3			3		1231
九龙山柞蚕育种场									
佳南实验农场	15	15	6		2				6399

附录1-8 农业现代化生产及基础设施情况

(2010年)

农场名称	当年机耕面积（公顷）	当年机播（公顷）	有效灌溉面积（公顷）	排灌站（座）	排灌能力（立方米/秒）	机电井（眼）
二九〇	41818	41818	33136	1	16	2477
绥滨	35800	35800	33022	3	48	2128
江滨	23246	23246	15996			1250
军川	39267	37190	19163	1	10	1240
名山	17672	17672	17203			1047
延军	14675	14280	1600			85
共青	30800	30238	11883			490
宝泉岭	28939	28939	3960	3	9	776
新华	29307	27667	12553	3	32	1000
普阳	33800	33800	33116	4	15	2914
汤原	9690	9684	288	1	1	6
依兰	3632	3521	981	2	2	40
梧桐河	17442	17442	14898	5	40	795
友谊	106676	95659	51187	16	60	3500
五九七	40160	40160	16000	8	37	874
八五二	74645	74561	10007	4	35	37
八五三	53600	52226	28000	10	39	1567
饶河	32134	30089	17200	5	15	896
二九一	37877	36657	25496	8	60	2633
双鸭山	14334	13534	757			44
江川	17112	17112	17112	3	60	1897
曙光	13659	13320	3000	2	4	204
北兴	30005	29685	2200	1	1	10
红旗岭	18327	18315	14667	7	84	151
宝山	7370	7197	6598	1	12	1062
八五九	84000	84000	53333	1	32	1614
胜利	46200	28333	28333	2	6	1577
七星	75333	75333	55833			2475
勤得利	55267	48941	46667			1571
大兴	46067	44329	40000	2	4	1561
青龙山	36491	36491	25972	2	24	1333
前进	53067	52531	48000	1	6	2045
创业	37333	37333	36000	1	2	2036
红卫	38667	38667	35333	3	14	1414
前哨	38333	38333	28667			1258
前锋	71334	68149	53334			2365
洪河	42666	40256	36000	1	12	1513
鸭绿河	29067	27977	25334			1040
二道河	36216	34580	29986			869
浓江	35533	35041	32600			1479
八五〇	33402	33282	23333	1	10	2341
八五四	67927	67927	43667	2	10	1165
八五五	30014	29572	1815	1	3	28
八五六	78867	73855	57000	2	500	1896
八五七	36062	35969	28000	21	320	547
八五八	39801	39400	35334	7	49	1756
八五一〇	21629	21629	510			
八五一一	22860	22586	3667	4	9	119
庆丰	44431	44431	26678	2	130	2171
云山	31480	31468	15638	9	48	1115
兴凯湖	39075	38648	35127			
海林	8944	7982	400			
宁安	7585	4907	2971	2	6	2
山市种奶牛场	4488	4488				
锦河	10791	8275	320			27
红色边疆	14334	14334	1367			431

附录1-8续表1　　　　(2010年)

农场名称	当年机耕面积（公顷）	当年机播（公顷）	有效灌溉面积（公顷）	排灌站（座）	排灌能力（立方米/秒）	机电井（眼）
逊克	39084	38884	200			
龙门	16217	16217				
襄河	18606	18066				3
龙镇	21067	21026	667	1	1	27
二龙山	28860	28860	799	1	9	2
引龙河	23340	23340				
尾山	15238	15238				1
格球山	14133	14113				
长水河	24067	24067				
赵光	33200	33133	287	1	8	
红星	25730	25730	1343			13
建设	16960	15960	3333	1	9	
五大连池原种场	10352	10352				
鹤山	35578	35521	353	2	6	
大西江	20030	20030				
尖山	27130	26053				37
荣军	16408	16408	1917			47
红五月	16263	16263				6
七星泡	33518	33279		1	3	1
嫩江	30038	30038	226			11
山河	26754	26351				
嫩北	27012	26932	136	4	78	
建边	20225	20225				9
哈拉海	10730	9730	7617			430
克山	29606	29300	13669			169
依安	5667	5494	4399	1	1	129
富裕牧场	11667	10000	8523			177
查哈阳	58333	56666	49785	26	95	6388
泰来	4667	2800	4667	6	11	410
绿色草原牧场	5667	5667	837			51
巨浪牧场	2667	2534	2272			241
齐齐哈尔种畜场	4273	4228	3499	2	2	
繁荣种畜场	9710	9710	4530			91
大山种羊场	3970	3780	2031	5	10	7
红旗种马场	1513	1513	667			63
嘉荫	14973	13973	1460			
铁力	12454	10308	8787	1	2	493
海伦	15831	15831	900			
红光	9876	9542	334	1	2	
绥棱	14280	13334	2808			24
安达牧场	797	797	720			120
和平牧场	7133	7133	6630			220
肇源	3856	3548	3856	3	18	
柳河	3920	3233	1467	2	1	2
涝洲鱼种场	8		8	1	1	
庆阳	3326	3249	2361	2	2	161
岔林河	3725	3570	3380			1123
沙河	1047	948	497	2	2	137
香坊实验	650	344	706			65
青年	331	331	195			28
闫家岗	539	539	494			73
红旗	527	139	593			46
四方山	7602	7552	67			59
松花江	4207	3779	424			
阿城原种场	1547	1410	682			
九龙山柞蚕育种场						
佳南实验农场	2878	2713	1456	1	1	127

附录1-8续表2　　　　　　　　　　　　(2010年)

农场名称	化肥施用量（折纯量，吨）	农业用电量（万千瓦时）	粮食仓储能力（吨）	粮食处理中心（座）	粮食处理中心（吨/小时）	农用飞机场（处）	种子加工厂（座）
二九〇	8436	259	40191	1	30	1	1
绥滨	8901	216	31100	1	30	1	1
江滨	6085	159	32350	1	30	1	1
军川	6652	254	45041	1	30	1	1
名山	3939	66	30000	1	30		1
延军	2695	83	19120	1	41		1
共青	7595	263	17000	1	30	1	1
宝泉岭	5321	7916	127770	1	30	1	1
新华	6834	482	54150	2	30	1	1
普阳	8837	277	24370	5	79	1	1
汤原	2205	90	8500				
依兰	875	80	15490				
梧桐河	3681	176	2000	1	15		1
友谊	18530	1560	293455	9	200	1	1
五九七	6959	2530	44128	1	75	2	
八五二	13197	585	11100	1	50	1	
八五三	8550	1077	14740	7	95	1	1
饶河	4715	411	14568	1	38	1	
二九一	5595	396	41690	4	44	1	1
双鸭山	3256	380	2250				
江川	3566	402	12450	1	20	1	
曙光	4147	259	13928				
北兴	5329	202	8000			1	
红旗岭	2799	620	1500			1	
宝山	1252	195	8000				
八五九	14925	593	107730	2	80	1	1
胜利	6070	699	60990	2	42	1	
七星	14298	2021	123865	4	75	1	1
勤得利	9892	784	15939	3	70	1	
大兴	7361	855	42600	2	20	1	
青龙山	5918	856	36510	1	20	1	1
前进	10351	800	140750	2	57	1	1
创业	7307	818	52900	3	65	1	
红卫	7019	366	10500	1	5	1	1
前哨	5574	1148	57000	3	32	1	
前锋	11055	794	30000	2	30	1	1
洪河	5519	683	43540	1	90	1	
鸭绿河	4880	411	34360	1	80	1	1
二道河	5779	1027	98600	4	616	1	1
浓江	7518	1250	32320	1	20	1	
八五〇	6186	262	37900	4	70	1	1
八五四	8990	403	58220			1	1
八五五	4914	230	22975	1	30		1
八五六	14693	761	28350	1	25	3	1
八五七	8337	273	142600	2	70	1	1
八五八	7843	315	43360	4	64	1	1
八五一〇	3867	188	16884	1	8		1
八五一一	3453	276	39421	1	10		1
庆丰	6582	904	51980	1	15	1	3
云山	3914	141	52263	1	13	1	1
兴凯湖	3494	1505	10372	1	45	1	1
海林	2175	67	19200	1	10		1
宁安	1530	55	12590	1	5		1
山市种奶牛场	893	36					
锦河	1199	36	4370				
红色边疆	3251	332	11570	1	15	1	1

附录1-8续表3　　　　　　　　　　　　(2010年)

农场名称	化肥施用量(折纯量,吨)	农业用电量(万千瓦时)	粮食仓储能力(吨)	粮食处理中心(座)	粮食处理中心(吨/小时)	农用飞机场(处)	种子加工厂(座)
逊　　克	3856	370	31968	3	35	1	
龙　　门	2305	25	14240	1	25	1	
襄　　河	3318	49	18820	2	60	1	
龙　　镇	3163	62	21730	4	39	1	1
二 龙 山	3800	14.5	18895	3	70	1	1
引 龙 河	3823	187	24860	6	91	1	
尾　　山	2175	251	12970	5	74		
格 球 山	2016	22.7	12830	5	45	1	
长 水 河	3309	85	18650	1	15	1	1
赵　　光	4901	299	52585	2	35	1	1
红　　星	2913	74.6	13162	2	30	1	1
建　　设	2966	187	12900	2	60	1	1
五大连池原种场	1239	193.7	8880	1	15		1
鹤　　山	4807	76	17575	4	262	1	1
大 西 江	1997	172.3	14930	1	35	1	1
尖　　山	3985	168	25350	1	60	1	1
荣　　军	2921	82	24070	1	20		
红 五 月	2057	64.9	12780	1	300		2
七 星 泡	4858	62	20220	2	25	1	1
嫩　　江	5686	63.3	27205	4	60	1	1
山　　河	3403	34.8	19700	2	85	2	1
嫩　　北	3955	45	26067	6	90	1	1
建　　边	3481	110	34480	1	60		1
哈 拉 海	2424	274.9					
克　　山	4884	131	14248	2	88	1	2
依　　安	491	57	4550				
富裕牧场	3817	42				1	
查 哈 阳	9339	376.3	276994	2	42	1	1
泰　　来	1477	82					
绿色草原牧场	862	117					
巨浪牧场	498	10					
齐齐哈尔种畜场	1369	37					
繁荣种畜场	2290	29	2000	1	10		
大山种羊场	783	80					
红旗种马场		19					
嘉　　荫	2086	80	21685	9	62		1
铁　　力	2168	306	3230				
海　　伦	3574	38	7230				
红　　光	2181	50	9716			1	
绥　　棱	1803	186	7180				
安达牧场	220	56		2	40		
和平牧场	2271	264.7					
肇　　源	1181	401	3000				
柳　　河	805	64					
涝洲鱼种场		30					
庆　　阳	836	92	2850	1	15		1
岔 林 河	807	51	10000				
沙　　河	337	40	4000				
香坊实验	88	92					
青　　年	45	4					
闫 家 岗	81	140					
红　　旗	94	103					
四 方 山	1313	113					
松 花 江	775	11	3810				
阿城原种场	310	10					
九龙山柞蚕育种场							
佳南实验农场	468	37					

附录1-9　农林牧渔业总产值及商品产值

(2010)

单位：万元

农场名称	农林牧渔业总产值	#国有经济	#农业	#林业	#畜牧业	#渔业
二九〇	137266	102428	101859	289	34833	210
绥滨	119348	94835	94369	74	24513	233
江滨	68054	48564	48279	201	19490	26
军川	112136	80615	80325	290	31346	10
名山	76931	43945	43593	238	31927	710
延军	33577	24855	24595	430	8359	137
共青	87988	57883	57404	344	29305	135
宝泉岭	94927	42200	41175	1269	50780	65
新华	80238	53920	53239	602	25179	148
普阳	117586	87625	87003	394	29962	87
汤原	32728	18255	17760	175	14464	10
依兰	12419	6920	6706	112	5097	127
梧桐河	49764	41441	41096	208	8323	15
友谊	254475	188550	183471	1107	65066	1029
五九七	113944	78872	80682	2307	26250	215
八五二	224632	153447	151064	3399	68276	1892
八五三	162457	121905	121160	875	39531	557
饶河	98189	71935	70252	1443	22818	1961
二九一	105613	83146	81345	783	16405	620
双鸭山	44353	25318	24073	1015	19035	230
江川	76223	46343	45833	28	23982	365
曙光	54274	21418	21275	157	32531	19
北兴	83060	51088	50704	2716	29055	461
红旗岭	69088	47187	46576	226	21608	293
宝山	24955	19547	18839	209	5900	7
八五九	169693	154392	153780	342	14666	635
胜利	100152	84406	83824	286	15274	472
七星	197380	177122	175435	666	19788	434
勤得利	120342	105201	105065	509	13668	1100
大兴	129518	119438	119050	30	9933	147
青龙山	81883	72534	72503	27	9289	60
前进	141643	126527	126477	50	15090	26
创业	98445	90364	90314	50	7983	98
红卫	108940	100244	100124	80	8537	159
前哨	77896	70924	70690	234	6420	9
前锋	150922	137513	135867	186	13400	10
洪河	102272	96440	96410	30	5707	125
鸭绿河	75925	68568	68516	53	7315	42
二道河	82823	77779	77598	63	4284	24
浓江	87416	80917	80892	26	6466	33
八五〇	97864	73682	73770	272	23676	76
八五四	174302	152470	152092	378	20977	856
八五五	56671	39582	39206	216	17036	95
八五六	190337	167686	167747	147	20275	2168
八五七	116439	84680	82223	2458	30466	1148
八五八	112959	84317	85856	50	25261	1791
八五一〇	53396	27709	26338	523	25254	1278
八五一一	61922	31748	31748	90	30058	26
庆丰	93606	78018	77913	124	15373	197
云山	96046	67142	68847	790	26209	200
兴凯湖	97626	46448	86444	420	10408	354
海林	45893	14262	14211	160	31377	144
宁安	43699	19678	19474	40	24082	104
山市种奶牛场	6832	4049	3935	115	2774	8
锦河	15211	8897	8260	2628	4162	12
红色边疆	23866	16536	16536	530	6509	60

附录1-9续表1　　　　(2010年)　　　　单位:万元

农场名称	农林牧渔业总产值	#国有经济	#农业	#林业	#畜牧业	#渔业
逊克	68477	43294	41387	1776	24146	125
龙门	19188	12768	12352	640	5701	15
襄河	30401	22084	21343	705	7824	493
龙镇	35462	27672	26178	754	7625	166
二龙山	52042	36557	35581	1230	13470	1192
引龙河	41584	28722	27898	824	11403	918
尾山	35272	22784	21878	528	11926	34
格球山	29129	17619	17065	554	10957	254
长水河	41721	25987	21863	4088	15645	90
赵光	59989	44119	43575	575	13615	525
红星	45794	34545	34370	265	10122	382
建设	35578	27080	24808	905	7981	518
五大连池原种场	15106	11643	13268	335	1183	
鹤山	76919	45804	44610	690	31070	137
大西江	47939	32357	24448	301	15582	83
尖山	58083	34909	32388	80	22728	28
荣军	33677	20481	19771	710	13092	103
红五月	36703	19452	19044	266	16002	373
七星泡	61679	47862	44404	269	13817	298
嫩江	50964	40823	35525	272	10113	28
山河	49889	31561	33642	892	12058	261
嫩北	44640	34955	33748	730	9686	57
建边	34791	24953	22033	470	9353	
哈拉海	20061	16076	16039	37	3985	
克山	59690	30516	29189	445	29081	19
依安	25102	12543	11861	236	12509	50
富裕牧场	61426	21708	20228	970	39506	212
查哈阳	164064	102295	100368	53	60562	574
泰来	21961	9835	9743	92	11974	130
绿色草原牧场	32920	7424	6986	227	25497	
巨浪牧场	16047	4632	4552	11	11375	40
齐齐哈尔种畜场	23746	7951	6815	147	15795	
繁荣种畜场	13230	10079	10079		2907	
大山种羊场	10161	6911	6003	48	2072	318
红旗种马场	2390		1286		693	
嘉荫	54848	18192	22910	273	27827	325
铁力	53153	25869	25803	66	25814	270
海伦	46533	23872	23872		18208	541
红光	36629	13561	13733		21719	253
绥棱	65299	44177	44177		18991	816
安达牧场	9137	1370	1362	8	7735	
和平牧场	45001	12606	11870	736	32174	
肇源	35697	11268	10698	570	22281	1070
柳河	14887	7174	7426	783	5997	195
涝洲鱼种场	1154	985	15		169	970
庆阳	19244	12970	14309	1485	1870	410
岔林河	14286	10504	10686	460	1047	438
沙河	1835	1683	1683		128	23
香坊实验	11071	6974	6767		4097	
青年	6335	573	573		5762	
闫家岗	11870	4287	4125		7583	162
红旗	10258	7803	7803		2456	
四方山	19150	13521	11732	969	5629	180
松花江	6402	5639	5201	88	703	60
阿城原种场	5526	5526	2835		2691	
九龙山柞蚕育种场	118	118	33		85	
佳南实验农场	6826	4236	4236		2505	85

附录1-9续表2　　　　(2010年)　　　　单位:万元

农场名称	农林牧渔业商品产值（现价：万元）	#农　业	#林　业	#畜牧业	#渔　业
二九〇	129381	94663	25	34488	205
绥滨	109650	85233		24187	230
江滨	61855	42598		19257	
军川	103414	73047	117	30241	10
名山	67698	35089	17	31891	701
延军	33020	24103	423	8359	135
共青	81687	53521	14	28022	130
宝泉岭	88975	38470	38	50408	59
新华	71911	46422	162	25179	148
普阳	106274	82234	5	24034	
汤原	29858	15385		14464	9
依兰	11993	6668	102	5097	127
梧桐河	48433	40228		8205	
友谊	236554	173340	1032	61173	1008
五九七	99160	72612	2076	24263	209
八五二	214431	143247	3275	66106	1803
八五三	151896	113718	636	37014	527
饶河	90494	65888	1403	21390	1813
二九一	91378	74711	29	16022	616
双鸭山	43445	23246	995	18975	229
江川	66080	42860	20	22868	332
曙光	50630	19470	129	31014	17
北兴	79068	47508	2375	28735	450
红旗岭	67429	46095	226	20840	268
宝山	22958	17332	193	5427	6
八五九	161621	146091	240	14666	624
胜利	96126	80879	278	14969	
七星	180178	160606	17	19121	434
勤得利	114430	100884	96	12350	1100
大兴	120896	110994	30	9728	144
青龙山	75333	66607	25	8646	55
前进	131341	116679	37	14599	26
创业	90282	83458	48	6682	94
红卫	108888	100124	68	8537	159
前哨	71105	65034	165	5897	9
前锋	142558	129828		12731	
洪河	94996	89661	28	5307	
鸭绿河	71532	64611		6879	42
二道河	75772	71746	63	3939	23
浓江	82148	76039		6078	31
八五〇	84917	63281	255	21309	72
八五四	156474	134884	378	20407	804
八五五	53431	36461	183	16695	92
八五六	175403	156293	120	17057	1933
八五七	108547	76861	2251	28362	1074
八五八	105870	80623	50	23416	1781
八五一〇	52011	26255	523	23959	1274
八五一一	55280	28451	86	26717	26
庆丰	81507	66657	78	14587	185
云山	92273	66033	765	25286	189
兴凯湖	90602	81356	120	8801	325
海林	42011	13491	141	28235	144
宁安	40526	18127	38	22288	73
山市种奶牛场	6141	3738	68	2327	8
锦河	12807	7021	2235	3540	11
红色边疆	20316	14212	456	5597	51

附录1-9续表3　　(2010年)

农场名称	农林牧渔业商品产值（现价：万元）	#农　业	#林　业	#畜牧业	#渔　业
逊　克	59237	36558	945	21628	107
龙　门	17647	11291	640	5701	15
襄　河	20002	14077	621	5075	229
龙　镇	32228	24237	605	7226	160
二龙山	46380	32429	984	11795	1172
引龙河	37367	25444	743	10262	918
尾　山	28870	18920		9950	
格球山	12969	12969			
长水河	37199	19438	2623	15048	90
赵　光	52283	39970	48	11782	483
红　星	35154	26681	265	7869	339
建　设	29500	22610	200	6300	390
五大连池原种场	13463	12260	19	1183	
鹤　山	65958	39043	530	26283	103
大西江	37827	22570	301	14873	83
尖　山	43082	27220	40	15800	23
荣　军	30209	18415	260	11433	101
红五月	33236	17595	200	15093	349
七星泡	53407	40501		12614	292
嫩　江	40593	31290	45	9230	28
山　河	41965	31747	199	9761	258
嫩　北	38945	30632	60	8197	57
建　边	20045	15662	87	4296	
哈拉海	17500	13515		3985	
克　山	56703	29189	233	27261	19
依　安	16310	5880		10400	30
富裕牧场	54000	18100		35900	
查哈阳	161552	100367	50	60562	573
泰　来	21938	9743	92	11974	130
绿色草原牧场	18024	1080		16944	
巨浪牧场	9889	650		9200	39
齐齐哈尔种畜场	22344	6549		15795	
繁荣种畜场	12986	10079		2907	
大山种羊场	7185	5207	24	1720	234
红旗种马场	1978	1286		693	
嘉　荫	51273	22908	270	27770	325
铁　力	47014	21423		25321	270
海　伦	38316	23789		13986	540
红　光	32585	12607		19725	253
绥　棱	63983	44177		18991	816
安达牧场	8068	1198		6870	
和平牧场	26459	6695	580	19184	
肇　源	34620	10698	570	22281	1070
柳　河	14401	7426	783	5997	195
涝洲鱼种场	1071	12		148	911
庆　阳	14035	11900	1098	719	318
岔林河	11750	9920	400	1010	420
沙　河	1749	1605		121	23
香坊实验	10864	6767		4097	
青　年	6335	573		5762	
闫家岗	11870	4125		7583	162
红　旗	10225	7781		2444	
四方山	9965	5678		4287	
松花江	5490	4738	50	652	50
阿城原种场	4831	2451		2380	
九龙山柞蚕育种场	115	30		85	
佳南实验农场	6826	4236		2505	85

附录1-10　农作物播种面积、单产和总产

(2010年)

农场名称	总播种面积（公顷）	1.粮食			(1)谷物		
		面积（公顷）	单产（公斤/公顷）	总产（吨）	面积（公顷）	单产（公斤/公顷）	总产（吨）
二九0	41818	41476	9403	390008	39460	9742	384418
绥滨	35800	35800	9540	341521	35150	9669	339862
江滨	23246	23145	8126	188083	20132	8938	179944
军川	39267	38152	8414	321021	31992	9555	305689
名山	17672	17672	8727	154229	16813	9040	151995
延军	14675	14108	8654	122096	11433	10041	114796
共青	30800	30800	8669	267005	30000	8829	264882
宝泉岭	28939	28819	7186	207093	25478	7877	200693
新华	29307	29307	7812	228940	24334	9000	218996
普阳	33800	33200	8744	290292	28530	9702	276805
汤原	9690	9690	8189	79353	8340	9110	75978
依兰	3632	3261	8645	28192	3030	9110	27603
梧桐河	17442	17442	8665	151130	17067	8811	150372
友谊	106676	104330	7800	813749	83343	9004	750453
五九七	40160	39467	7846	309656	32000	9019	288600
八五二	74645	72374	7732	559606	45340	10557	478635
八五三	53600	53333	8446	450459	41333	10027	414459
饶河	32134	32000	8106	259380	26600	9203	244800
二九一	37877	34943	9561	334103	34676	9613	333342
双鸭山	14334	13067	8545	111660	10800	9805	105889
江川	17112	17112	9300	159141	17112	9300	159141
曙光	13659	13001	7838	101905	9667	9610	92903
北兴	30005	29467	6841	201570	18600	9190	170925
红旗岭	18327	17345	9240	160266	16001	9750	156010
宝山	7370	7197	9071	65284	7082	9179	65008
八五九	84000	84000	8028	674350	68666	9285	637550
胜利	46200	46200	7634	352697	34333	9495	325997
七星	75333	75333	9149	689186	67833	9861	668935
勤得利	55267	55267	7631	421762	50400	8194	413001
大兴	46067	45734	8913	407631	40667	9733	395817
青龙山	36491	36491	7526	274629	26508	9513	252168
前进	53067	53067	9032	479312	48107	9760	469523
创业	37333	37333	9348	349000	36066	9598	346150
红卫	38667	38667	9534	368665	36000	10075	362705
前哨	38333	38333	7714	295717	30000	9295	278843
前锋	71334	71334	7409	528504	64667	7987	516504
洪河	42666	42666	8564	365380	36933	9474	349900
鸭绿河	29067	29067	8497	246974	25347	9524	241394
二道河	36216	36216	8249	298741	29986	9532	285817
浓江	35533	35533	7818	277790	32767	8330	272936
八五〇	33402	32293	8215	265276	28148	9053	254824
八五四	67927	67394	7881	531101	53667	9178	492551
八五五	30014	27682	6614	183084	16482	9334	153836
八五六	78867	77334	8427	651718	69667	9085	632916
八五七	36062	35399	8464	299611	32333	9025	291802
八五八	40267	39801	8473	337228	37334	8869	331118
八五一〇	21629	19706	6113	120465	10680	9138	97594
八五一一	22993	19477	6464	125904	11000	9327	102600
庆丰	44431	43416	7240	314350	36012	8211	295698
云山	31480	30601	7931	242690	25667	8902	228486
兴凯湖	39090	39017	8570	334338	36707	8949	328498
海林	8944	7680	7150	54914	4933	9486	46796
宁安	7585	5577	6784	37832	3402	8915	30330
山市种奶牛场	4490	4000	5850	23401	2000	9013	18026
锦河	10791	9889	2530	25020	3041	4182	12717
红色边疆	14334	14334	5744	82341	7800	8207	64014

附录1-10续表1 (2010年)

农场名称	总播种面积（公顷）	1.粮食			(1)谷物		
		面积（公顷）	单产（公斤/公顷）	总产（吨）	面积（公顷）	单产（公斤/公顷）	总产（吨）
逊克	39084	38417	4166	160050	14667	6164	90408
龙门	16217	15551	4122	64094	7333	5796	42499
襄河	18606	17472	4381	76538	5201	6580	34222
龙镇	21067	19467	4524	88064	9467	6144	58163
二龙山	28860	26884	4909	131982	12182	6613	80555
引龙河	23340	22673	4425	100335	9001	6479	58319
尾山	15238	14535	4969	72219	5734	7159	41051
格球山	14133	13733	4054	55670	4400	6607	29070
长水河	24067	23000	5195	119496	12733	6706	85390
赵光	33200	32366	5294	171355	17888	6893	123307
红星	25730	23723	4991	118396	11349	6773	76869
建设	16960	16526	5682	93897	7859	8327	65444
五大连池原种场	10352	9851	4696	46260	5326	5978	31839
鹤山	35578	31768	5199	165177	12495	8470	105838
大西江	20030	18594	4413	82050	6090	7492	45629
尖山	27130	25101	5214	130879	8145	9162	74626
荣军	16408	15380	4194	64504	4680	7179	33597
红五月	16487	14505	5037	73061	5580	8117	45293
七星泡	33529	29360	4987	146424	11606	7952	92289
嫩江	30038	27393	3952	108268	8432	6418	54113
山河	26767	23677	4237	100313	8052	6443	51882
嫩北	27012	24366	4695	114405	9304	7409	68932
建边	20225	19257	3704	71322	6204	5276	32732
哈拉海	10730	10310	8519	87836	10170	8593	87394
克山	29606	26883	5211	140095	9333	6333	59103
依安	5734	5067	7326	37121	4134	8352	34528
富裕牧场	11667	8333	6734	56115	8133	6863	55815
查哈阳	58333	54467	7495	408250	48800	8156	398000
泰来	4667	3927	8504	33397	3800	8736	33198
绿色草原牧场	5667	2601	4095	10651	1501	6026	9045
巨浪牧场	2667	1600	6124	9798	1335	7055	9419
齐齐哈尔种畜场	4295	4228	6738	28490	4028	6964	28053
繁荣种畜场	9710	9556	6280	60007	7662	7345	56277
大山种羊场	3970	3970	5488	21789	2521	7878	19860
红旗种马场	1513	1513	2550	3858	413	5709	2358
嘉荫	14973	14973	5075	75994	6333	8345	52846
铁力	13348	13134	7929	104135	10867	8919	96926
海伦	15831	14538	5594	81325	6533	8889	58074
红光	9876	9601	5793	55618	4601	8589	39518
绥棱	14280	12800	6048	77411	6134	9093	55779
安达牧场	984	538	6980	3755	494	7500	3705
和平牧场	7320	3124	9026	28196	2853	9735	27774
肇源	3856	3856	10200	39331	3856	10200	39331
柳河	3920	3820	6814	26029	2520	8795	22163
涝洲鱼种场	8	8	6625	53	8	6625	53
庆阳	4287	4147	9158	37977	3916	9568	37469
岔林河	3725	3725	9985	37195	3725	9985	37195
沙河	1047	1047	6798	7117	830	8011	6649
香坊实验	693	87	8000	696			
青年	331	331	6538	2164	238	8000	1904
闫家岗	539	339	8599	2915	299	8599	2571
红旗	629	133	6000	798			
四方山	7602	6179	7305	45137	5299	8144	43157
松花江	4207	4062	7387	30008	2915	9381	27345
阿城原种场	1578	1547	800	12376	1547	8000	12376
九龙山柞蚕育种场	32	32	6000	192	32	6000	192
佳南实验农场	2878	2866	6853	19641	2181	8298	18099

附录1-10续表2　　(2010年)

农场名称	#水稻			#小麦			#玉米		
	面积（公顷）	单产（公斤/公顷）	总产（吨）	面积（公顷）	单产（公斤/公顷）	总产（吨）	面积（公顷）	单产（公斤/公顷）	总产（吨）
二九〇	30667	9655	296101				8793	10044	88317
绥滨	30135	9666	291279				5015	9688	48583
江滨	13733	8490	116599				6399	9899	63345
军川	16886	9377	158332				15106	9755	147357
名山	11133	8892	98996				5680	9331	52999
延军	1600	8874	14199				9833	10231	100597
共青	9333	8815	82272				20667	8836	182610
宝泉岭	3600	8433	30358				21878	7786	170335
新华	11668	8559	99863				12666	9406	119133
普阳	27530	9698	266981				1000	9824	9824
汤原	288	9399	2707				8052	9100	73271
依兰	810	9428	7637				2220	8994	19966
梧桐河	13667	8887	121455				3400	8505	28917
友谊	45343	9008	408445				38000	9000	342008
五九七	16000	8918	142680				16000	9120	145920
八五二	10007	9376	93825				35333	10891	384810
八五三	28000	10095	282661				13333	9885	131798
饶河	17200	9150	157380				9400	9300	87420
二九一	20142	9534	192031				14534	9723	141311
双鸭山	667	8552	5704				10133	9887	100185
江川	17112	9300	159141						
曙光	3000	9300	27900				6667	9750	65003
北兴	2200	8925	19635				16400	9225	151290
红旗岭	14667	9750	143003				1334	9750	13007
宝山	6598	9210	60768				484	8760	4240
八五九	53333	9345	498400				15333	9075	139150
胜利	28333	9600	271997				6000	9000	54000
七星	55667	9900	551101	166	5024	834	12000	9750	117000
勤得利	46667	8250	385003				3733	7500	27998
大兴	40000	9750	390000				667	8721	5817
青龙山	25972	9570	248550				536	6750	3618
前进	48000	9765	468720				107	7505	803
创业	36000	9600	345604				66	8273	546
红卫	35333	10095	356670				667	9048	6035
前哨	28667	9378	268846				1333	7500	9997
前锋	53334	8250	440006				11333	6750	76498
洪河	36000	9525	342900				933	7503	7000
鸭绿河	25334	9525	241306				13	6769	88
二道河	29986	9532	285817						
浓江	32600	8340	271884				167	6299	1052
八五〇	23333	9035	210807				4800	9151	43927
八五四	43667	9150	399551				10000	9300	93000
八五五	1815	9000	16335				14667	9375	137501
八五六	57000	9060	516418				12667	9197	116498
八五七	28000	9006	252157				4333	9150	39645
八五八	35334	8854	312844				2000	9137	18274
八五一〇	510	8867	4522				10170	9152	93072
八五一一	3667	9000	33003				7333	9491	69597
庆丰	26678	7882	210269				9334	9152	85429
云山	15667	8648	135486				10000	9300	93000
兴凯湖	35127	8933	313804				1580	9300	14694
海林	400	9000	3600	533	6745	3595	4000	9900	39601
宁安	2210	8860	19581	30	3900	117	1162	9150	10632
山市种奶牛场							2000	9013	18026
锦河				2041	2924	5967	1000	6750	6750
红色边疆				800	3630	2904	7000	8730	61110

附录1-10续表3　　(2010年)

农场名称	#水稻			#小麦			#玉米		
	面积（公顷）	单产（公斤/公顷）	总产（吨）	面积（公顷）	单产（公斤/公顷）	总产（吨）	面积（公顷）	单产（公斤/公顷）	总产（吨）
逊克				8000	4426	35405	6667	8250	55003
龙门				6666	5625	37496	667	7501	5003
襄河				3467	5776	20024	1734	8188	14198
龙镇	667	7951	5303	5800	4800	27840	3000	8340	25020
二龙山	333	7874	2622	6721	5175	34781	5128	8415	43152
引龙河				6667	5775	38503	2334	8490	19816
尾山				3067	5808	17812	2667	8714	23239
格球山				3067	5700	17483	1333	8692	11587
长水河				7133	5235	37342	5600	8580	48048
赵光	67	7507	503	7021	3900	27385	10800	8835	95419
红星	1343	7523	10103	5340	4730	25260	4666	8895	41506
建设	1000	8009	8009	1293	5807	7509	5566	8970	49926
五大连池原种场				3893	5048	19651	1433	8505	12188
鹤山				4493	5663	25444	8002	10047	80394
大西江				2035	4706	9576	4055	8891	36053
尖山				2030	3979	8077	6115	10883	66549
荣军				1442	4100	5912	3238	8550	27685
红五月				2245	5703	12803	3335	9742	32490
七星泡				3856	5487	21158	7750	9178	71131
嫩江				2947	3316	9772	5485	8084	44341
山河				4699	5632	26465	3353	7580	25417
嫩北				3964	5601	22202	5340	8751	46730
建边				5537	4960	27461	667	7903	5271
哈拉海	4062	9157	37196				5919	8237	48755
克山				5333	4800	25599	4000	8376	33504
依安	3467	8660	30025				667	6751	4503
富裕牧场	3533	7596	26835				4600	6300	28980
查哈阳	28400	9155	260000				20400	6765	138000
泰来	2800	9435	26418				1000	6780	6780
绿色草原牧场							1501	6026	9045
巨浪牧场	133	7707	1025				1202	6983	8394
齐齐哈尔种畜场	1533	7389	11328				2495	6703	16725
繁荣种畜场	1267	7721	9783				6233	7302	45512
大山种羊场	2031	8295	16847				490	6149	3013
红旗种马场	333	6000	1998				80	4500	360
嘉荫	1000	8766	8766	667	4904	3271	4666	8746	40809
铁力	8667	9085	78738				2200	8267	18188
海伦	800	8311	6649	333	4886	1627	5400	9222	49798
红光	334	8488	2835	600	4887	2932	3667	9204	33751
绥棱	2668	8914	23782				3466	9232	31997
安达牧场							467	7501	3503
和平牧场							2672	9960	26612
肇源	3856	10200	39331						
柳河	1467	8748	12834				1053	8859	9329
涝洲鱼种场	8	6625	53						
庆阳	3306	9825	32481				610	8177	4988
岔林河	3380	10110	34172				345	8762	3023
沙河	497	8249	4100				333	7655	2549
香坊实验									
青年	195	8000	1560				43	8000	344
闫家岗	200	8600	1720				99	8596	851
红旗									
四方山	67	8254	553				5073	8250	41851
松花江	424	9660	4096				2491	9333	23249
阿城原种场	682	8000	5456				865	8000	6920
九龙山柞蚕育种场							32	6000	192
佳南实验农场	1302	8500	11067				879	8000	7032

附录1-10续表4 (2010年)

农场名称	#大麦 面积(公顷)	#大麦 单产(公斤/公顷)	#大麦 总产(吨)	(2)豆类 面积(公顷)	(2)豆类 单产(公斤/公顷)	(2)豆类 总产(吨)	#大豆 面积(公顷)	#大豆 单产(公斤/公顷)	#大豆 总产(吨)
二九〇				2016	2773	5590	1399	2850	3987
绥滨				650	2552	1659	650	2552	1659
江滨				3013	2701	8139	3013	2701	8139
军川				6160	2489	15332	6160	2489	15332
名山				859	2601	2234	859	2601	2234
延军				2675	2729	7300	2675	2729	7300
共青				800	2654	2123	800	2654	2123
宝泉岭				3341	1916	6400	3341	1916	6400
新华				4973	2000	9944	4973	2000	9944
普阳				4670	2888	13487	4370	2895	12653
汤原				1350	2500	3375	1350	2500	3375
依兰				231	2550	589	229	2555	585
梧桐河				375	2021	758	375	2021	758
友谊				20987	3016	63296	20987	3016	63296
五九七				7467	2820	21056	7467	2820	21056
八五二				27034	2995	80971	26867	3000	80603
八五三				12000	3000	36000	12000	3000	36000
饶河				5400	2700	14580	5400	2700	14580
二九一				267	2850	761	267	2850	761
双鸭山				2267	2546	5771	2267	2546	5771
江川									
曙光				3334	2700	9002	3334	2700	9002
北兴				10867	2820	30645	10867	2820	30645
红旗岭				1334	3150	4202	1334	3150	4202
宝山				115	2400	276	115	2400	276
八五九				15334	2400	36800	15334	2400	36800
胜利				11867	2250	26700	11867	2250	26700
七星				7500	2700	20251	7500	2700	20251
勤得利				4867	1800	8761	4867	1800	8761
大兴				5067	2332	11814	4667	2345	10946
青龙山				9983	2250	22461	9983	2250	22461
前进				4960	1974	9789	3893	1980	7708
创业				1267	2249	2850	1267	2249	2850
红卫				2667	2235	5960	2667	2235	5960
前哨				8333	2025	16874	8333	2025	16874
前锋				6667	1800	12000	6667	1800	12000
洪河				5733	2700	15480	5733	2700	15480
鸭绿河				3720	1500	5580	3720	1500	5580
二道河				6230	2074	12924	6230	2074	12924
浓江				2766	1755	4854	2766	1755	4854
八五〇				4135	2517	10407	2868	2564	7354
八五四				13727	2808	38550	12200	2850	34770
八五五				11200	2611	29248	10200	2625	26773
八五六				7667	2452	18802	6667	2550	17001
八五七				3066	2547	7809	3000	2550	7651
八五八				2467	2477	6110	2000	2496	4991
八五一〇				9026	2534	22871	7390	2559	18908
八五一一				8477	2749	23304	7337	2790	20468
庆丰				7404	2519	18652	5677	2555	14506
云山				4934	2879	14204	4667	2895	13511
兴凯湖				2310	2550	5890	2293	2549	5846
海林				2747	2955	8118	2747	2955	8118
宁安				1781	2724	4852	1781	2724	4852
山市种奶牛场				2000	2688	5375	2000	2688	5375
锦河				6815	1782	12145	6408	1800	11534
红色边疆				6534	2805	18327	6534	2805	18327

附录1-10续表5

(2010年)

农场名称	#大麦			(2)豆类			#大豆		
	面积（公顷）	单产（公斤/公顷）	总产（吨）	面积（公顷）	单产（公斤/公顷）	总产（吨）	面积（公顷）	单产（公斤/公顷）	总产（吨）
逊克				23683	2925	69273	23683	2925	69273
龙门				7934	2550	20232	7934	2550	20232
襄河				10671	3052	32569	7271	2854	20748
龙镇				9333	2775	25899	9333	2775	25899
二龙山				11902	3205	38141	10850	3236	35110
引龙河				13005	2923	38014	12667	2925	37051
尾山				8134	3241	26365	8134	3241	26365
格球山				9333	2850	26600	9333	2850	26600
长水河				9600	3240	31104	9600	3240	31104
赵光				13978	3180	44448	13978	3180	44448
红星				11706	3203	37492	10307	3275	33751
建设				8667	3283	28453	8667	3283	28453
五大连池原种场				4525	3187	14421	4200	3240	13607
鹤山				17333	3143	54478	17333	3143	54478
大西江				11830	2890	34187	11830	2890	34187
尖山				15418	3150	48563	14349	3150	45200
荣军				10133	2850	28879	10133	2850	28879
红五月				8359	3014	25196	7359	3020	22226
七星泡				17616	3040	53545	15561	3043	47359
嫩江				17120	2710	46397	16688	2702	45091
山河				15625	3100	48431	14014	3135	43936
嫩北				15062	3019	45473	13534	3037	41103
建边				13053	2956	38590	11053	2971	32836
哈拉海				115	2843	327			
克山				9550	2814	26872	8283	2985	24724
依安				733	1900	1393	733	1900	1393
富裕牧场				200	1500	300			
查哈阳				5667	1809	10250	4667	1714	8000
泰来				127	1567	199			
绿色草原牧场				1100	1460	1606			
巨浪牧场				265	1430	379			
齐齐哈尔种畜场				200	2185	437	176	2250	396
繁荣种畜场				1894	1969	3730	1634	1993	3256
大山种羊场				1449	1331	1929	1073	1425	1529
红旗种马场				1100	1364	1500	700	1500	1050
嘉荫				8640	2679	23148	8640	2679	23148
铁力				2267	3180	7209	2267	3180	7209
海伦				8005	2905	23251	8005	2905	23251
红光				5000	3220	16100	5000	3220	16100
绥棱				6533	3201	20915	6533	3201	20915
安达牧场				44	1136	50			
和平牧场				271	1557	422			
肇源									
柳河				1267	2875	3642	1267	2875	3642
涝洲鱼种场									
庆阳				231	2199	508	189	2254	426
岔林河									
沙河				217	2157	468	217	2157	468
香坊实验									
青年				93	2796	260	93	2796	260
闫家岗									
红旗									
四方山				880	2250	1980	880	2250	1980
松花江				1147	2322	2663	1128	2333	2632
阿城原种场									
九龙山柞蚕育种场									
佳南实验农场				685	2251	1542	683	2250	1537

附录1-10续表6　　(2010年)

农场名称	(3)薯类面积(公顷)	2.油料作物			3.麻类			4.药材面积(公顷)	5.蔬菜瓜果类面积(公顷)
		面积(公顷)	单产(公斤/公顷)	总产(吨)	面积(公顷)	单产(公斤/公顷)	总产(吨)		
二九〇									
绥滨									
江滨									
军川									
名山									
延军									
共青									
宝泉岭									
新华									
普阳									
汤原									
依兰		54	2000	108					
梧桐河									
友谊		346	1277	442					
五九七									27
八五二		1400	1525	2135				187	266
八五三		267	1206	322					
饶河								74	60
二九一									667
双鸭山		267	1019	272					533
江川									
曙光		127	1354	172					263
北兴		65	1200	78					6
红旗岭	10	742	1260	935					40
宝山									126
八五九									
胜利									
七星									
勤得利									
大兴		333	976	325					
青龙山									
前进									
创业									
红卫									
前哨									
前锋									
洪河									
鸭绿河									
二道河									
浓江									
八五〇	10	64	938	60				34	55
八五四		333	1126	375					
八五五		1452	1050	1525					213
八五六		333	1417	472					200
八五七									
八五八									32
八五一〇		852	545	464					404
八五一一		2193	996	2185				93	
庆丰		333	2399	799					44
云山									12
兴凯湖									6
海林									197
宁安	394	110	2309	254					909
山市种奶牛场		67	1000	67					66
锦河	33	12	2000	24	184	2717	500	390	211
红色边疆									

附录1-10续表7　　　　　　　　　　　　(2010年)

农场名称	(3) 薯类	2.油料作物			3.麻　　类			4. 药材	5. 蔬菜瓜
	面　积（公顷）	面　积（公顷）	单　产（公斤/公顷）	总　产（吨）	面　积（公顷）	单　产（公斤/公顷）	总　产（吨）	面　积（公顷）	果类面积（公顷）
逊　克	67							467	200
龙　门	284								
襄　河	1600	334	1805	603					400
龙　镇	667							1267	
二龙山	2800							576	
引龙河	667								
尾　山	667								36
格球山									400
长水河	667								
赵　光	500								
红　星	668							803	208
建　设									
五大连池原种场									467
鹤　山	1940							797	
大西江	674								
尖　山	1538							160	68
荣　军	567								
红五月	566								6
七星泡	138	185	1276	236	700	5054	3538		50
嫩　江	1841	79	1418	112	164	1646	270	166	14
山　河								109	180
嫩　北		509	1758	895	202	4703	950	331	114
建　边		121	2504	303					47
哈拉海	25	36	2250	81					
克　山	8000	667	1507	1005				134	588
依　安	200								400
富裕牧场									1200
查哈阳									1667
泰　来		333	2700	899				7	133
绿色草原牧场								633	
巨浪牧场								266	
齐齐哈尔种畜场									67
繁荣种畜场									34
大山种羊场									
红旗种马场									
嘉　荫									
铁　力								214	
海　伦								333	
红　光									
绥　棱	133								1480
安达牧场		43	2791	120				83	187
和平牧场		2000	2862	5725				1334	528
肇　源									
柳　河	33								13
涝洲鱼种场									
庆　阳		38	2868	109				2	
岔林河									
沙　河									
香坊实验	87								414
青　年									
闫家岗	40	10	2500	25					175
红　旗	133							10	354
四方山		663	1544	1024					40
松花江		9	1667	15					1
阿城原种场									31
九龙山柞蚕育种场									
佳南实验农场									10

附录1-10续表8　　　　　　单位：公顷

农场名称	6.甜菜			7.饲料面积		8.其他作物面积
	面积（公顷）	单产（公斤/公顷）	总产（吨）		青饲料面积	
二九〇				342	342	
绥滨						
江滨				101	101	
军川				1115	1115	
名山						
延军				567	567	
共青						
宝泉岭				120	120	
新华						
普阳				600	600	
汤原						
依兰				317	317	
梧桐河						
友谊	2000	41382	82764			
五九七	333	45045	15000			333
八五二	33	53939	1780	333	333	52
八五三						
饶河						
二九一	2000	67982	135963	267	267	
双鸭山	200	35000	7000			267
江川						
曙光	134	60000	8040			134
北兴	200	37500	7500	267	267	
红旗岭				200	200	
宝山				47		
八五九						
胜利						
七星						
勤得利						
大兴						
青龙山						
前进						
创业						
红卫						
前哨						
前锋						
洪河						
鸭绿河						
二道河						
浓江						
八五〇				948	933	
八五四				200	200	
八五五				667	667	
八五六				334	334	666
八五七				663	663	
八五八				434	434	
八五一〇				667	667	
八五一一				1133	1133	
庆丰				638	638	
云山				867	867	
兴凯湖				67	67	
海林				400	400	667
宁安	447	57013	25485			542
山市种奶牛场				33	33	324
锦河				105		
红色边疆						

附录1-10续表9　　(2010年)　　单位:公顷

农场名称	6.甜菜 面积（公顷）	6.甜菜 单产（公斤/公顷）	6.甜菜 总产（吨）	7.饲料面积	#青饲料面积	8.其他作物面积
逊克						
龙门				666	666	
襄河				400	400	
龙镇				333	333	
二龙山				1200	1200	200
引龙河				667	667	
尾山				667	667	
格球山						
长水河				1067	1067	
赵光				834	834	
红星				996	996	
建设				434	434	
五大连池原种场				34	34	
鹤山	483	35410	17103	1330	1330	1200
大西江	263	38726	10185	613	613	560
尖山	393	38779	15240	608	608	800
荣军	345	29168	10063	683	683	
红五月	218	40000	8720	713	713	1045
七星泡	1384	37035	51257	850	850	1000
嫩江	446	40504	18065	776	776	1000
山河	934	30000	28020	1767	1767	100
嫩北	933	30863	28795	557	557	
建边	600	44250	26550	200	200	
哈拉海				373	373	11
克山				1334	1334	
依安	67	49254	3300	200	200	
富裕牧场	200	45000	9000	1734	1734	200
查哈阳				2199	1566	
泰来				267	267	
绿色草原牧场				2433	1600	
巨浪牧场				801	801	
齐齐哈尔种畜场						
繁荣种畜场	120	37500	4500			
大山种羊场						
红旗种马场						
嘉荫						
铁力						
海伦				667	667	293
红光				275	275	
绥棱						
安达牧场				133	133	
和平牧场						200
肇源						
柳河						87
涝洲鱼种场						
庆阳						100
岔林河						
沙河						
香坊实验				169	169	23
青年						
闫家岗				15	15	
红旗						132
四方山	640	30000	19200	80	80	
松花江						135
阿城原种场						
九龙山柞蚕育种场						
佳南实验农场	2	25000	50			

附录1-11　林业、水果生产情况

(2010年)

农场名称	年末人工成林面积（公顷）	#当年造林面积	#用材林面积	#农田防护林面积	育苗面积（公顷）	林木采伐量（立方米）	果园面积（公顷）	水果产量（吨）
二九〇	7986	183	81	6684	10	30		
绥滨	6915	174	3076	1900	30			
江滨	5306	153		5306		180		
军川	6040	167	594	5150	7			
名山	2535	48	604	1544	5	570		
延军	3757	97	2118	1086				
共青	8922	197	2627	6183				
宝泉岭	10969	228	7418	3300	8	893	18	134
新华	6803	117	5019	1705		213		
普阳	3865	131	704	2712	10	160		
汤原	1115	60	116	992	13			
依兰	564	60	295	249				
梧桐河	2288	103		1955				
友谊	12192	144	2345	9758	1		394	2133
五九七	4508	300	860	3200	20	1199	1428	10652
八五二	9448	279	2077	7371	33			
八五三	8736	346		7603	20		200	3462
饶河	7469		5575	1834	11	4500		
二九一	4428	167		4308	5	573		
双鸭山	1955	187	756	1199	9		30	180
江川	2454	57	100	2031				
曙光	2382		486	1896	14			
北兴	9217		8256	857	19	1200	59	73
红旗岭	3309		2380	781		1485		
宝山	733	97	80	653	8			
八五九	8602	66	3712	4478	1			
胜利	8579	133	4777	3266	10	247		
七星	12657	200	1566	10987		266		
勤得利	7334	133	2096	5105	6			
大兴	6087	100	310	4728				
青龙山	4073	133	551	3522				
前进	6330	135	2077	3603	5	250		
创业	5818	100	824	4831				
红卫	7784	100	608	6696				
前哨	6930	133	981	5562	10			
前锋	6881	333	4065	1911	15			
洪河	5648	67	2071	3577				
鸭绿河	2935	117	936	1889				
二道河	5055	167	1070					
浓江	5420	134	810	4574				
八五〇	4923		1625	3298	10	4252		
八五四	15136	161	11780			2202		
八五五	12405	173	11684	592		1700		
八五六	5274	65	2773	1923		1485		
八五七	4483	429	3731	752	13	413		
八五八	3306		3289					
八五一〇	6611		4646	1625				
八五一一	8808		7789	192		1800		
庆丰	3627		1681	1684		3400		
云山	5880	187	4190	1690		900	5	133
兴凯湖	3257	247	2717	509	20	300		
海林	3514		3147	296	3	400		
宁安	2824		2584	88	9	400	75	392
山市种奶牛场	2927	62	2865			1364		
锦河	23052		22792		3	4717		
红色边疆	7735	200	6948	637		203		

附录1-11续表　　　　　　　　　　　　　　　　　　(2010年)

农场名称	年末人工造林面积（公顷）	#当年造林面积	#用材林面积	#农田防护林面积	育苗面积（公顷）	林木采伐量（立方米）	果园面积（公顷）	水果产量（吨）
逊克	9798		8983	586	26			
龙门	8906	208	8331	455		100		
襄河	6519		6142	39	13	3950		
龙镇	2873		2230	515	32			
二龙山	3478		1140	870	20	300		
引龙河	5911		5224	568	15	900		
尾山	7480	142	6647	833	7	380		
格球山	7467		4851	2616	13			
长水河	5091		3118	1756	94	18193		
赵光	3304	212	862	2211				
红星	2516	94	127	2389	20	401		
建设	6209		5298	600	25			
五大连池原种场	3339		2035	129				
鹤山	10114	417	4077	2192	30	2500		
大西江	9382		4977	2165	20	530		
尖山	6916	67	4512	2271	9	1500		
荣军	3320	164	1323	722	6	800		
红五月	3898	498	1557	1051	80	356		
七星泡	14055		10784	2674	8	500		
嫩江	4390	309	2938	892	63	2600		
山河	13838		9696	1750				
嫩北	5456	185	3184	580	76	1100	1	20
建边	6340	150	466	5874				
哈拉海	1728	114	1354		5	214		
克山	3067		435	2346	17	6037		
依安	2800	445	1398	1402				
富裕牧场	6406	66	520	3142				
查哈阳	15477	233	6132	4980		406		
泰来	2858	200	1670		1	100		
绿色草原牧场	10058	200		10058	32	3515		
巨浪牧场	1362	14	800					
齐齐哈尔种畜场	959	137	172				261	7820
繁荣种畜场	457							
大山种羊场	1577	160	60					
红旗种马场	122	34						
嘉荫	20342	200	19158	842				
铁力	1236	66	579	475				
海伦	3241		1766	1295				
红光	3443		1781	1638				
绥棱	1682		1057	625				
安达牧场	770		537		5			
和平牧场	9716			9716	100	1290		
肇源	985		739					
柳河	1205		1205		64		22	260
涝洲鱼种场								
庆阳	1471		1423					
岔林河	1275	14	399	100				
沙河	464		451	13				
香坊实验	49			49				
青年	4							
闫家岗	42			42				
红旗	95			95			36	1008
四方山	1686	93		379				
松花江	2817		1777		40	49		
阿城原种场								
九龙山柞蚕育种场								
佳南实验农场	68			68				

附录 1-12　畜牧业、渔业生产情况

(2010年)

农场名称	大牲畜年末存栏（头）	#马	#黄牛	#奶牛	猪年末存栏（头）	羊年末存栏（只）	禽年末存栏（只）	出栏肥猪（头）	出栏肉牛（头）
二九〇	5816		1200	4616	57835	1717	77410	191500	4855
绥滨	2510		260	2250	37944	3100	58000	137548	1190
江滨	3070		78	2992	24710	1597	33806	83039	2037
军川	5433		344	5089	61866	2268	19418	190167	1793
名山	5515		1893	3622	54934	2031	69361	144162	10885
延军	3297		489	2808	9092	2903	26422	43475	1177
共青	3738		501	3237	55190	2839	22888	166493	957
宝泉岭	5458		144	5314	118734	1075	144048	326831	1031
新华	4954		901	4053	40502	3503	200150	129811	2341
普阳	2596		574	2022	76619	6310	40000	160003	6735
汤原	3474		2819	655	31423	4112	43386	97142	2511
依兰	1723		317	1406	3675	1160	7500	12096	3174
梧桐河	1534		213	1321	43173	1331	7662	61470	250
友谊	54118		52469	1649	140561	140740	2168313	236844	11943
五九七	12386		12386		35253	36265	222043	62049	16478
八五二	21152		20328	824	71305	27235	545400	364066	17959
八五三	11791		8165	3626	79650	12390	460786	156448	9137
饶河	15896		15896		12737	95208	148498	39909	14345
二九一	17285		12600	4685	11200	10755	300000	16350	11400
双鸭山	6052		5792	260	38940	5467	96830	89410	5163
江川	299		289	10	95514	923	109280	125755	3738
曙光	1012		764	248	88840	762	333000	223807	141
北兴	19603		19076	527	31348	20637	134996	65052	21590
红旗岭	7401		7401		15074	102614	100630	40892	4783
宝山	2215		2215		4031	3458	39104	6301	2491
八五九	3752		31	3721	8060	10010	165000	42432	80
胜利	4520		4318	202	10014	24027	165000	49178	6963
七星	10066		10066		14059	48029	554194	55995	7205
勤得利	4371		3764	607	10074	22018	201037	43808	3300
大兴	3506		3506		7085	30106	120000	28011	4601
青龙山	2501		2501		7002	19002	80145	32643	3448
前进	6230		6230		12101	33010	271704	48563	6258
创业	1253		1253		6511	13059	91123	19024	2201
红卫	240		240		7797	42960	100000	26000	20
前哨	955		955		6012	24012	50100	24459	1204
前锋	3000		2600	400	9000	26000	230000	44800	4704
洪河	2813		2813		6006	36031	95200	13101	2756
鸭绿河	3405		3405		6509	21015	95023	18004	4059
二道河	1200		1200		5000	21000	55000	10000	1285
浓江	2412		2412		5018	41023	25633	15510	1542
八五〇	11856		4420	7436	30790	3230	167000	45032	6298
八五四	10127		4312	5815	28104	4022	160029	35133	6785
八五五	8659		3955	4704	20020	8018	172198	23395	6664
八五六	8200		4200	4000	7957	4102	160026	58496	5800
八五七	14045		5039	9006	36005	3237	221369	44869	4941
八五八	9316		5314	4002	39164	3234	341875	60956	8400
八五一〇	9276		6145	3131	45078	7482	170515	86457	5161
八五一一	22142		5582	16560	19307	5832	498170	19908	5662
庆丰	7083		3078	4005	17032	3417	145300	22809	8402
云山	12921		4618	8303	23031	9855	210800	36500	4443
兴凯湖	7701		7701		20300	3759	239600	17689	2520
海林	13768		3237	10531	20227	3321	156800	22564	8868
宁安	7100		7100		54470	4230	100530	86020	12480
山市种奶牛场	3300		600	2700	2500	1500	10000	3500	1400
锦河	4216		4002	214	4602	23759	64500	4602	4234
红色边疆	6871		6566	305	11429	12415	72500	13542	4390

附录 1-12 续表 1

（2010 年）

农场名称	大牲畜年末存栏（头）	#马	#黄牛	#奶牛	猪年末存栏（头）	羊年末存栏（只）	禽年末存栏（只）	出栏肥猪（头）	出栏肉牛（头）
逊克	24329	171	23957	201	23489	179057	140503	27212	9986
龙门	5628		3614	2014	8035	8216	34200	9200	2115
襄河	7601	150	6101	1350	7903	8162	62242	9100	10002
龙镇	4587	6	2092	2489	7105	12345	35100	11577	2886
二龙山	10646	20	2210	8416	6621	3852	51525	7767	3836
引龙河	12611		5661	6950	8700	5500	56741	12010	4200
尾山	10159		3709	6450	8806	13880	38100	10114	4822
格球山	8540	211	2361	5968	7753	4102	49100	9000	5113
长水河	12516		2708	9808	6905	3702	143000	9525	4119
赵光	12603		3000	9603	6300	4200	52000	8300	4499
红星	10308		2500	7808	4000	4000	35308	8240	3561
建设	8096	78	7043	975	14786	13246	53000	17369	5172
五大连池原种场	752		485	267	577	1524	15500	920	525
鹤山	17033	50	2149	14800	4923	18301	35894	38687	15751
大西江	12085		4835	7230	3994	23004	129400	8320	9983
尖山	11503	330	3846	7014	6492	31498	30932	19240	5687
荣军	7590	6	46	7526	1966	3230	12000	15705	5976
红五月	8782		1153	7629	3445	10200	18010	11700	7210
七星泡	17951	102	8578	9251	4502	23105	55215	10879	7012
嫩江	10379	14	1550	8807	1991	12100	14220	9800	3840
山河	10178		2817	7361	3728	2905	10088	9442	26093
嫩北	10991	13	4463	6508	492	3176	8384	1159	12387
建边	17471	234	16002	1235	2490	60500	30636	1753	9186
哈拉海	2994		87	2907	1618	10340	6900	2562	645
克山	12671		2643	10028	32402	9567	177980	75846	6484
依安	3624		2219	1405	5789	2814	57891	45215	5519
富裕牧场	16411		1386	15025	19149	5909	196730	70086	10035
查哈阳	16535		3524	13011	48207	35070	372278	161965	11322
泰来	5237		2956	2281	4074	2323	15130	17853	8636
绿色草原牧场	16618		1716	14902	4030	1176	14733	24007	6418
巨浪牧场	8485		415	8050	1200		2798	6878	1845
齐齐哈尔种畜场	8155	135	423	7597	10576	798	236850	25675	1297
繁荣种畜场	1978	8	350	1505	6025	4500	35050	9870	119
大山种羊场	2162	55	322	1653	985	828	9431	829	309
红旗种马场	280		200	80	900	2100	20000	1605	120
嘉荫	21986		21986		45415	54640	190000	44086	15500
铁力	16090		14180	1910	53090	11160	209200	55100	10020
海伦	10102		8018	2084	29040	8004	148082	41656	9244
红光	10108		8105	2003	30008	17429	113166	51245	11246
绥棱	15015		15015		45302	12521	205583	50324	15109
安达牧场	4834	48	1136	3632	4089	2765	47025	4036	2735
和平牧场	23532	219	4034	19013	13635	14769	67892	18850	10651
肇源	1185		1185		4490	6372	141042	7165	2871
柳河	1795		1795		11358	2801	70892	10856	1305
涝洲鱼种场					112		4964	619	
庆阳	300		300		2100	394	21000	3057	680
岔林河	1014		1000	14	2500		37000	2000	500
沙河	69		69		945		4575	743	63
香坊实验					3508		89000	9714	
青年					1000		343935	2352	
闫家岗	2000			2000	9100		120000	15000	720
红旗	810			810	8150		70500	7625	20
四方山	2950	12	12	2912	2794	5068	182554	3675	964
松花江	403		308	95	2253	2607	10176	2652	224
阿城原种场							150000		
九龙山柞蚕育种场									
佳南实验农场	414		41	373	9165	58	30276	10200	59

附录1-12续表2　　　　　　　　　　　　(2010年)

农场名称	出栏肉羊（只）	出栏肉禽（只）	肉类总产量（吨）	牛奶产量（吨）	羊毛产量（公斤）	禽蛋产量（吨）	蜂蜜产量（公斤）	鲜鱼产量（吨）	#养殖产量（吨）
二九〇	895	36463	14354	13330	11000	556		131	65
绥滨	3252	29300	9999	8538	15200	609		156	111
江滨	2230	48870	6350	13498	7426	1103	570	12	12
军川	1435	17291	13867	15042	985	300		5	
名山	7741	150120	13036	14126	6213	795		118	6
延军	3013	7031	3326	7606	2979	360	1050	65	45
共青	3440	18296	12674	8810	8030	254		81	78
宝泉岭	3324	84586	23285	13037	1500	1410	1210	50	22
新华	3983	348326	10269	14002	6860	931		148	148
普阳	13471	65138	12947	7751	15223	166	500	60	
汤原	3516	55683	7354	1710	527	205	420	9	9
依兰	2855	28400	1609	4383	900	156		69	52
梧桐河	964	5167	4713	2572	4898	50		12	
友谊	85309	3457657	29715	3838	331330	3432	4600	926	895
五九七	55130	614300	10426		39548	340	180281	176	106
八五二	45124	1591629	32366	2517	17544	2069		1806	1726
八五三	15695	1605507	16633	8433		2395	205207	491	359
饶河	14723	618264	7388			264	299169	465	53
二九一	14000	713700	5651	10840	18305	466	1000	630	600
双鸭山	7568	216536	8563	863	9440	616	61541	157	157
江川	8657	273520	11425	85	8600	445		405	405
曙光	400	993000	20065	376		453		16	16
北兴	30012	527488	10983	2464	7232	483	219800	282	276
红旗岭	71080	139867	5337			146	15200	216	145
宝山	5553	122359	1863		12880	78		5	5
八五九	15893	493100	4188	13573		781		520	124
胜利	30183	400000	6060	708	2800	495	2500	285	96
七星	45673	783147	7434	29	5021	1076		362	362
勤得利	30011	361165	4968	1982	1000	1271	41000	950	650
大兴	37013	193000	3785		4000	687		109	
青龙山	20308	230355	3685			578		60	
前进	35052	281850	5684			911		20	
创业	28007	210127	2637		2369	1013		81	81
红卫	44000	300000	3139		3000	455		85	55
前哨	21023	100100	2555		2150	282		5	
前锋	36000	250000	5103	1042		425		10	
洪河	30093	82600	2063		5000	161		90	60
鸭绿河	30014	160021	2783			442		35	
二道河	26000	80000	1505			175		15	
浓江	36155	120000	2183		1000	258		25	8
八五〇	7340	529000	5638	29500	2850	1450		61	61
八五四	8292	881231	5763	22889	1900	1152	52000	651	651
八五五	20170	645765	4820	18202	4029	1408	45900	104	104
八五六	8898	679974	6194	15502	29820	679		328	328
八五七	5395	768441	5768	34630	6399	1762		869	581
八五八	6835	1249351	9065	15747	2894	2643	10010	1210	1029
八五一〇	13420	441939	8057	12283	3448	615	126100	725	375
八五一一	6238	458830	3902	64090	3650	1174	2500	40	40
庆丰	7010	739500	4908	15510	2850	850	7500	130	120
云山	18080	631000	4939	32011	4100	1060	79800	125	125
兴凯湖	4742	381681	2803			1000		560	120
海林	5531	440940	4283	41022		1147		135	135
宁安	16480	364840	8427		13850	725		54	54
山市种奶牛场	1000	10000	500	8700		35		9	1
锦河	23759	86000	1680	470	7580	110	9200	20	16
红色边疆	7450	73100	2035	897	1789	326		200	35

附录1-12续表3　　(2010年)

农场名称	出栏肉羊(只)	出栏肉禽(只)	肉类总产量(吨)	牛奶产量(吨)	羊毛产量(公斤)	禽蛋产量(吨)	蜂蜜产量(公斤)	鲜鱼产量(吨)	#养殖产量(吨)
逊克	136814	182016	5900	546	330700	597		60	
龙门	4800	49000	1200	6160	9400	296	180	13	9
襄河	4548	100002	2373	3709	13158	266		411	411
龙镇	10820	146800	1956	7393	10086	253		210	210
二龙山	4105	247680	1962	24164	10950	341		820	606
引龙河	4300	117560	1835	21190	5260	280		510	510
尾山	17095	41000	2346	19614	6400	98		34	34
格球山	4500	95500	1910	22280	4500	228		280	280
长水河	2369	311000	1962	33013	2099	146		30	27
赵光	2500	69027	1846	29800	4700	234		489	489
红星	3200	107491	1378	23600	5000	510		317	303
建设	13773	110300	2446	2084	18000	486		517	412
五大连池原种场	1962	41000	362	710	3924	215			
鹤山	39124	126771	6911	25752	39265	209		84	84
大西江	26162	144500	2735	13974	132600	608		75	75
尖山	77459	123830	3866	13100	165000	880		22	22
荣军	18066	31600	2392	18071	32400	192		124	124
红五月	30800	77288	3001	12034	49510	145	5000	197	197
七星泡	24709	101116	2440	18827	122755	776		430	430
嫩江	17600	94690	2251	19120	34481	209	138	20	20
山河	7781	16655	4778	12092	6600	32		205	177
嫩北	4768	23649	1983	5250	21992	227	1167	54	54
建边	43334	37443	2239	1500	91000	70			
哈拉海	11394	27500	528	4506	49540	22			
克山	13103	333588	8331	28843	26204	1852		15	15
依安	17306	117203	4896	4167		198		40	40
富裕牧场	13604	526540	9240	49733	25000	3634		194	194
查哈阳	98427	1205584	19408	41618	180150	2607		379	377
泰来	7260	137410	3040	6815		435		106	80
绿色草原牧场	4329	120084	3006	50283		45			
巨浪牧场		88000	824	25080		42		50	50
齐齐哈尔种畜场	525	2641100	7522	24964		263			
繁荣种畜场	2717	34310	756	2900	10000	96			
大山种羊场	515	54062	305	4139	1000	21		240	193
红旗种马场	1400	69000	305	230	4000	9			
嘉荫	67000	408907	8281			683	48640	325	
铁力	18300	799100	7944	7687		1024		270	270
海伦	19052	549180	6421	7203	35077	1039	6250	726	726
红光	37462	702253	7649	7890	31342	664		304	304
绥棱	18113	518012	7981	145	12780	328		554	361
安达牧场	4036	71205	987	12550	12194	39			
和平牧场	22136	220602	4076	70779	109914	1184			
肇源	5423	168117	1732		4500	610		670	670
柳河	3202	348394	2123		7310	604		153	146
涝洲鱼种场		2341	72			24		1100	1100
庆阳	1195	439085	930	55			8356	232	159
岔林河		30000	294	12		400		358	136
沙河		4710	75	2		15	8000	20	15
香坊实验		142500	1038	2776		752			
青年		912300	2651			1219			
闫家岗		227500	2073	6152		1655		147	117
红旗		51300	762	2804		723			
四方山	5695	74360	682	9468	23100	1565		200	200
松花江	1513	9132	296	93		45		50	20
阿城原种场		750000	1425			486			
九龙山柞蚕育种场									
佳南实验农场	310	60495	1045	825		1386		162	162

附录1-13　工业总产值、销售产值及产品产量

（2010年）

农场名称	工业总产值（万元）	工业销售产值（万元）	大米（吨）	小麦粉（吨）	食用植物油（吨）	配混合饲料（吨）	白酒（折65度，商品量）（千升）	砖（折标准砖）（万块）
二九〇	65292	64767	43000	2600	2425	2265	529	3350
绥滨	31688	31688	16800	4400	3600	1700	1900	1650
江滨	27309	27309	32366		2284		552	800
军川	18004	17984	32000				1600	3050
名山	29066	29066	5032		504		205	1872
延军	31885	31885						800
共青	30417	30971	5270		222	3200	363	1500
宝泉岭	28335	27554	50401		362	26500	456	667
新华	33308	33463	33481		2169	18926	89	2149
普阳	31558	31558	47252		1588			3486
汤原	14301	14301	5794		1658			
依兰	5325	5325	1800		260	980	160	
梧桐河	25524	25524	69080				279	
友谊	107137	107497	73220	4221	17550	2150	3383	14071
五九七	43312	43308	41500		705		735	7140
八五二	100866	100866	56855			27361	1222	1120
八五三	88396	88291	134450		1150	17100	3818	450
饶河	18977	128977	26649	1771	663		1085	1465
二九一	14073	13543	14800	1000	80		320	1050
双鸭山	15904	15904	2688	400	140		1450	3850
江川	24452	22552	6300					700
曙光	30301	30783	23678					
北兴	17094	17074		603	1484		820	
红旗岭	43605	43558	94200				150	760
宝山	3309	3310	8295					
八五九	30210	30210	50000		580	1670	2330	1400
胜利	25491	25277	35067	6073			54	850
七星	37895	37895	822650	4500	1030	5000	1510	1400
勤得利	11960	11960	30245					880
大兴	5008	5008	11972					
青龙山	4793	4793	14426					574
前进	54836	49933	31000		13000		380	600
创业	70260	69619	208850					1200
红卫	9100	9100	18800					
前哨	8443	8443	13055					2000
前锋	10405	10405	21000					300
洪河	11496	11496	26150					
鸭绿河	5301	5302	13180					
二道河	5657	5658	13400					
浓江	6488	6488	18708					
八五〇	46221	46226	88110					1867
八五四	61980	61557	164741		5965		201	828
八五五	18960	17047	40		421	1850	155	920
八五六	56003	55272	119824					
八五七	61175	61175	130974		330	3504		851
八五八	56512	55103	133800			1000		1800
八五一〇	43253	43710					1050	
八五一一	37096	29265	18706		3136	16958		340
庆丰	59469	59469	145390			4610		1200
云山	20130	20130	16872			3218		2040
兴凯湖	10139	10125	21222					1600
海林	22005	15726		3500		21000	200	900
宁安	28291	25132		13990	400			4168
山市种奶牛场	1269	1269						
锦河	9009	9009					365	

附录1-13续表　　(2010年)

农场名称	工业总产值（万元）	工业销售产值（万元）	大类（吨）	小麦粉（吨）	食用植物油（公斤）	配混合饲料（吨）	白酒（折65度，商品量）（千升）	砖（折标准砖）（万块）
逊　克	7785	7785					28	4320
龙　门	5627	5627						
襄　河	7687	7687		1600		4000		800
龙　镇	10217	10217		3000				900
二龙山	19396	19396		2940		23010		2000
引龙河	7440	7300		945	365	985	2101	2450
尾　山	7984	6556						
格球山	17255	14587		3011	151	1971	546	1800
长水河	21627	17585		11555	99	2587		
赵　光	14987	14987		6426		6800	180	5150
红　星	11104	11104		720	702	1200	1298	1024
建　设	6010	6010		500	50		150	600
五大连池原种场	365	365					2	
鹤　山	11616	11616				2530		980
大西江	8710	8710						
尖　山	12650	12650						1183
荣　军	9280	9280		1500	180		55	650
红五月	9300	4774		5000	800	19531	420	1092
七星泡	7606	7606		2530	980	2085		
嫩　江	8937	3006		496	20	2480		2340
山　河	11918	11918		2928	600		1265	4100
嫩　北	6155	6864		1180				
建　边	9018	9018		6500			50	1600
哈拉海	8542	8542	4258					375
克　山	14230	12695		4420	680	5850	320	
依　安	11793	11793	19500					1800
富裕牧场	6777	4890				13000	2400	1500
查哈阳	50730	50730	124590				89	5497
泰　来	3835	3532	6152		75			
绿色草原牧场	1781	1781			95		96	
巨浪牧场	3107	3107			35	11000	33	
齐齐哈尔种畜场	3668	3638				10014		1235
繁荣种畜场	2471	2471	3000		390			300
大山种羊场	4013	4013	8500					
红旗种马场								
嘉　荫	14523	14523		9800			880	1280
铁　力	24335	24335	12100		300		3240	700
海　伦	16554	14336					905	812
红　光	21920	21843						1092
绥　棱	11217	11217	5003	3145	372		209	
安达牧场	4368	4326						920
和平牧场	17356	17356				16078		5314
肇　源	8760	8760	22774					
柳　河	4748	4748						653
涝洲鱼种场								
庆　阳	27550	27550	43105				240	
岔林河	6445	6260	1400					
沙　河	2853	3075	2400					1400
香坊实验	21015	21029				45542	790	
青　年	7808	7718				240		
闫家岗	6915	6000						
红　旗	27285	27159				2070		
四方山	592	5920				2200		
松花江	17449	16670						
阿城原种场	675	675						1500
九龙山柞蚕育种场								
佳南实验农场								

附录1-14　农村公路里程及公路硬化情况

(2010年)

单位:公里

农场名称	公路里程	#硬化路面里程			不含专用公路里程	硬化率(%)
			有铺装里程	简易铺装里程		
依　兰	66.6	1.4	1.4		31.9	4
新　华	351.5	76.6	76.6		177.3	43
江　滨	207.1	73.3	73.3		118.0	62
军　川	356.4	125.7	125.7		240.3	49
名　山	162.7	55.3	55.3		77.2	72
延　军	172.6	59.5	59.5		107.8	55
共　青	263.2	56.4	56.4		133.5	42
宝泉岭	375.3	73.9	73.9		202.3	37
绥　滨	342.1	118.9	118.9		235.1	51
普　阳	316.3	60.4	60.4		167.3	36
汤　原	167.4	18.5	18.5		61.5	30
梧桐河	229.6	40.8	40.8		111.4	37
二九〇	414.6	115.9	115.9		272.1	43
八五二	860.3	200.8	200.8		437.3	46
八五三	693.0	151.8	151.8		340.1	45
红旗岭	289.9	85.8	85.8		161.4	53
饶　河	329.6	121.2	121.2		152.4	80
五九七	568.1	100.0	100.0		269.2	36
双鸭山	213.1	20.2	20.2		94.4	21
北　兴	433.4	88.8	88.8		213.3	42
友　谊	56.2	11.5	11.5		47.0	25
二九一	335.2	94.8	94.8		184.3	51
宝　山	67.2	39.1	39.1		42.0	84
江　川	264.1	83.5	83.5		138.1	60
曙　光	160.0	61.1	61.1		92.1	66
胜　利	461.7	131.7	131.7		250.7	53
建三江局	66.4	37.6	37.6		66.4	57
勤得利	424.2	97.1	97.1		219.7	44
前　哨	393.1	97.1	97.1		269.8	36
前　锋	346.4	56.7	56.7		244.0	23
八五九	482.8	93.0	93.0		271.8	34
红　卫	293.4	72.0	72.0		214.9	34
二道河	193.5	7.7	7.7		125.3	6
前　进	270.4	73.0	73.0		134.3	54
青龙山	228.4	69.9	69.9		128.8	54
洪　河	206.7	25.3	25.3		130.6	19
鸭绿河	189.2	62.1	62.1		117.6	53
浓　江	218.1	67.7	67.7		137.4	49
大　兴	367.9	115.1	115.1		247.0	47
七　星	521.7	130.1	130.1		246.2	53
创　业	485.2	85.0	85.0		224.9	38
八五一〇	228.7	92.9	92.9		142.0	65
八五四	464.4	168.8	168.8		292.1	58
八五八	258.8	128.9	128.9		186.7	69
庆丰农场	274.6	60.5	60.5		174.1	35
八五〇	268.4	66.4	66.4		168.5	39
八五六	420.1	205.7	205.7		310.0	66
云　山	239.9	103.4	103.4		159.4	65
八五七	238.0	128.9	128.9		145.8	88
八五一一	251.0	66.6	66.6		166.0	40
兴凯湖	180.3	112.5	112.5		136.2	83
八五五	261.1	85.9	85.9		188.1	46
海　林	140.5	63.1	63.1		79.9	79

注:附录1-14表资料由总局交通局提供。

附录1-14续表　　　　(2010年)　　　　单位:公顷

农场名称	公路里程	#硬化路面里程	有铺装里程	简易铺装里程	不含专用公路里程	硬化率(%)
宁　安	63.1	16.9	16.9		37.6	45
山市种奶牛场	36.3	36.3	36.3		36.3	100
赵　光	249.5	57.0	57.0		173.3	33
格球山	113.1	31.2	31.2		80.7	39
尾　山	120.0	31.1	31.1		95.2	33
锦　河	175.5	42.7	42.7		160.5	27
逊　克	510.0	57.8	57.8		426.3	14
红色边疆	95.7	24.4	24.4		59.2	41
红　星	130.5	38.9	38.9		99.6	39
建　设	161.7	115.6	115.6		119.7	97
长水河	229.4	69.6	69.6		155.9	45
二龙山	172.5	39.9	39.9		123.4	32
龙　镇	154.4	41.8	41.8		121.7	34
引龙河	222.1	68.0	68.0		136.1	50
襄　河	144.6	51.5	51.5		107.1	48
龙　门	90.1	26.4	26.4		67.8	39
五大连池原种场	47.3	18.9	18.9		47.3	40
七星泡	189.6	60.5	60.5		146.9	41
嫩　江	202.0	42.6	42.6		152.0	38
哈拉海	70.7	11.6	11.6		49.3	24
大西江	134.7	56.4	56.4		101.0	56
鹤　山	113.3	25.0	25.0		91.2	40
跃　进	250.3	150.9	150.9		84.1	43
尖　山	131.0	58.2	58.2		139.3	78
红五月	101.1	27.1	27.1		114.2	49
荣　军	116.9	44.8	44.8		65.5	81
山　河	160.2	48.7	48.7		84.7	57
嫩　北	166.4	56.4	56.4		111.0	51
建　边	106.4	42.6	42.6		53.6	80
查哈阳	684.9	152.3	152.3		367.5	41
依　安	108.7	21.7	21.7		43.1	50
泰　来	79.3	20.7	20.7		50.8	41
富裕牧场	157.2	32.0	32.0		118.5	27
克　山	283.8	72.2	72.2		168.9	43
巨浪牧场	61.6	13.4	13.4		46.2	29
绿色草原牧场	147.2	25.3	25.3		117.0	22
齐齐哈尔种畜场	59.3	6.6	6.6		59.3	11
大山种羊场	81.2	19.0	19.0		81.2	23
繁荣种畜场	107.4	5.6	5.6		107.4	5
红旗种马场	53.6				53.6	0
和平牧场	122.7	65.4	65.4		84.5	77
肇　源	73.5	19.2	19.2		32.2	60
嘉　荫	160.6	32.9	32.9		82.5	40
铁　力	289.8	56.3	56.3		163.4	34
柳　河	56.9	11.3	11.3		35.6	32
绥　棱	202.2	82.8	82.8		121.8	68
安达牧场	37.9	3.2	3.2		12.9	25
红　光	192.3	91.9	91.9		104.5	88
海　伦	232.6	85.7	85.7		97.5	88
茂兴湖水产养殖场	28.3	2.4	2.4		28.3	8
涝洲鱼种场	8.9	2.3	2.3		8.9	26
闫家岗	13.5	13.2	13.2		13.5	98
红　旗	8.2	5.1	5.1		8.2	63
青　年	5.5	2.5	2.5		5.5	45
香坊实验	6.8	4.2	4.2		6.8	61
松花江	30.0	21.2	21.2		30.0	71
沙　河	10.3	2.3	2.3		10.3	23
岔林河	46.6	10.0	10.0		15.1	66
庆　阳	88.0	27.2	27.2		53.5	51
四方山	33.7	33.7	33.7		33.7	100
佳南实验	17.3	4.9	4.9		17.3	28

附录2 总局直属单位基本情况

(2010年)

农场名称	所在地	总户数（户）	总人口（人）	年末在岗职工（人）	在岗职工工资总额（万元）	增加值（万元）	固定资产投资完成额（万元）	汽车（辆）	房屋实有面积（平方米）
农垦科学院*	佳木斯	1129	3291	1312	2804	6266	15263	21	72513
黑龙江北大荒药业有限公司	哈尔滨	1535	3713	2378	4603	10859	6329	11	268859
北大荒丰缘麦业有限公司	哈尔滨	281	598	1308	2092	28581	1309	15	123990
黑龙江省完达山乳业股份有限公司	哈尔滨	722	2023	5713	14549	52750	31284	122	501617
九三粮油工业集团有限公司	哈尔滨	1929	6155	3099	11108	155495	20054		435648
黑龙江北大荒薯业	哈尔滨	295		579	2227	11798	1824	18	211594
北大荒米业有限公司	哈尔滨	1120	3840	1263	6092	21342	2133		
哈尔滨龙垦麦芽有限公司	哈尔滨	425	689	520	1355	4085			51106
北大荒股份浩良河化肥厂分公司	伊 春			1844	5772	2092		12	
北大荒纸业有限责任公司	鸡 西	912	2375	1070	1423	-559	988	1	98456
黑龙江浩良河化肥厂(非上市)*	伊 春	2237	5064	415	968	2792	5951	10	278870
黑龙江农垦贸易集团公司	哈尔滨	103	581	116	417	35			11291
黑龙江农垦北大荒商贸集团有限责任公司	哈尔滨	1299	5276	4523	11330	37278		340	349895
黑龙江农垦科研育种中心(总部)*	哈尔滨	128	299	210	1245	6114	465	8	23447
黑龙江北大荒粮食集团有限公司	哈尔滨	428	935	478	1015	4795	5081	15	214951
黑龙江农垦通信有限公司	哈尔滨	1275	3733	1948	5444	11852		46	118730
黑龙江农垦建工集团	哈尔滨	1468	4340	1614	4557	102698		100	114327
黑龙江省农垦建筑设计院	哈尔滨	42	146	61	237	393		3	4200
黑龙江汇雅装饰公司	哈尔滨	15	42	30	41	45			900
黑龙江北大荒种业集团有限公司	哈尔滨	17	51	26	184	449	275		2650
黑龙江农垦绿森林野生特产有限公司	哈尔滨	6	18	6	8	7			240
黑龙江北大荒众荣农机有限公司	哈尔滨	12	56	14	27	447			800
黑龙江垦丰种业有限公司	哈尔滨	82	145	132	598	3865		7	14245
北大荒农机有限公司	哈尔滨	9	23	18	243	883		1	1400
黑龙江农垦盛达水利物资经销有限公司	哈尔滨	3	9	4	13	13			
北大荒鑫亚经贸有限责任公司	哈尔滨	65	190	90	183	5488		13	3710
黑龙江农垦农业综合开发有限责任公司	哈尔滨	4	12	5	7	24			500
黑龙江方达电梯销售有限公司	哈尔滨	11	33	14	3	5			880
黑龙江北大荒北药开发有限公司	哈尔滨	66	296	208	321	402		4	3456
黑龙江北大荒粮油拍卖有限公司	哈尔滨	3	10	3	9	35			82
黑龙江农垦天阳农机有限公司	哈尔滨	11	26	28	52	5094		16	240
黑龙江农垦干部培训中心	哈尔滨	64	150	303	657	2166		1	29149
黑龙江农垦水利有限公司	哈尔滨	610	1830	233	359	510		20	13286
黑龙江成业建设工程有限责任公司	哈尔滨	62	233	165	630	1380		20	
黑龙江农垦嘉隆建筑工程有限公司	哈尔滨	246	738	308	711	852			18800
黑龙江正业建设有限公司	哈尔滨	403	641	457	1476	2349		3	14162
黑龙江天德建筑工程有限公司	哈尔滨	26	78	1123	1525	2288		2	2870
黑龙江九三农垦恒达建筑安装工程有限责任公司	哈尔滨	130	324	160	38	101		2	
黑龙江农垦佳昌建筑安装公司	佳木斯	28	84	45	436	3265		7	2120
黑龙江省农垦硕亚建筑安装工程有限公司	佳木斯	189	436	436	1559	3921		14	13000
黑龙江垦区兴垦建筑安装有限公司	佳木斯	196	585	202	449	728			12152
黑龙江农垦佳昌房地产开发有限公司	佳木斯	73	227	785	2112	1029			
黑龙江农垦鑫泰房地产开发有限公司	佳木斯	18	57	18	97	700			1206
黑龙江农垦通用航空公司	佳木斯	179	425	191	1159	3425		11	29886
八一农垦大学	大 庆	1072	19114	1142	5412	1159	655	35	462351

附录2续表　　　　　　　　　　　　　(2010年)

农场名称	所在地	总户数(户)	总人口(人)	年末在岗职工(人)	在岗职工工资总额(万元)	增加值(万元)	固定资产投资完成额(万元)	汽车(辆)	房屋实有面积(平方米)
黑龙江农垦佳星液化气经销有限公司	佳木斯	18	41	27	31	60		4	1275
黑龙江农垦佳木斯学校	佳木斯		990	336	1321	2760		1	12500
黑龙江省农垦总局精神病防治院	佳木斯	318	684	539	1272	2891		3	
黑龙江农垦佳木斯医院	佳木斯	27	84	86	303	764		1	7540
黑龙江农垦总局驻佳木斯办事处	佳木斯	111	268	43	172	395		9	24508
黑龙江国营农场总局机关农场	佳木斯					259			800000
黑龙江农垦总局驻北京办事处	北　京	19	38	42	111	284		13	
黑龙江农垦太湖疗养院	宜　兴	50	154	85	863	1082		9	25090
黑龙江农垦泰鑫房地产开发有限公司	哈尔滨	20	42	38	179	3525			1400
黑龙江农垦鑫源房地产开发公司	哈尔滨		26	20	78	85			500
黑龙江岳华房地产估价有限公司	哈尔滨	5	15	12	106	97			450
黑龙江岳华工程造价咨询有限公司	哈尔滨			10	46	153			
北大荒鑫都房地产开发有限公司	哈尔滨	14	49	26	180	132			
黑龙江农垦享通有限责任公司	哈尔滨	22	60	27	55	91		1	2100
黑龙江农垦总局卫生监督所	哈尔滨	20	41	17	86	170		2	2998
黑龙江农垦总局办公室	哈尔滨	520	1520	432	1753	4381	2048	51	133166
黑龙江农垦总局老干部休养所	哈尔滨	11	11	14	70	90		4	1817
黑龙江省总局医院	哈尔滨	290	1070	968	3962	8776	4010	14	63307
黑龙江农垦总局北大荒文工团	哈尔滨	20	58	25	168	223		3	2850
黑龙江农垦日报社	哈尔滨	62	135	82	634	1566		3	7502
黑龙江垦区采购招标中心	哈尔滨	9	26	20	80	126		2	6920
北大荒文学杂志社	哈尔滨	4	12	5	20	58			320
黑龙江农垦海源水利有限公司	哈尔滨		410	119	420	1410		61	10815
黑龙江挠力河国家级自然保护区管理局	哈尔滨	3	6	3	12	12			270
黑龙江省宏禹水利工程建设监理有限责任公司	哈尔滨	30	99	59	115	144			2100
黑龙江农垦海纳水利咨询勘测设计有限公司	哈尔滨	30	75	30	44	21			2100
黑龙江农垦环宇工程建设投资有限公司	哈尔滨	11	17	11	21	43			880
黑龙江华业工程设计有限公司	哈尔滨	5	15	10	40	169			400
黑龙江农垦现代农业工程设计有限公司	哈尔滨	28	67	29	109	199			1680
黑龙江正业勘测设计有限公司	哈尔滨	127	336	164	1274	3379		3	7846
黑龙江农垦三兴农业生物工程研究所	哈尔滨	4	11	2	3	10			400
黑龙江农垦宏大土地开发整理有限公司	哈尔滨	1	3	1	3	3			80
黑龙江省农垦乳品检测中心	哈尔滨	4	33	33	133	263		2	955
黑龙江农垦金秋家政服务有限公司	哈尔滨	5	15	3	15	14			
黑龙江农垦兴达物业有限责任公司	哈尔滨	14	52	14	10	16			
黑龙江农垦水利工程建设监理咨询有限公司	哈尔滨			120		337			
黑龙江省农业机械安全监理总站农垦分站	哈尔滨	1	4	2	8	14			90
黑龙江省新奥博工程咨询有限公司	哈尔滨	38	71	90	53.8	180.1		3	3040
黑龙江海华城市规划技术中介服务有限公司	哈尔滨			10		67			
黑龙江农垦方圆城乡规划设计有限公司	哈尔滨			10		10			
黑龙江农垦龙信产权交易有限公司	哈尔滨	4	12	10	30	130			484
黑龙江省农垦总局种子管理处	哈尔滨	10	30	10	45	48		1	365
黑龙江农垦资产评估有限公司	哈尔滨	5	22	13	30	43		1	1200
黑龙江农垦社会保险事业管理局	哈尔滨	31	89	74	246	390		2	7800
黑龙江省农垦总局能源办	哈尔滨		19	8	33	69			872

附录2续表　　(2010年)

农场名称	所在地	总户数（户）	总人口（人）	年末在岗职工（人）	在岗职工工资总额（万元）	增加值（万元）	固定资产投资完成额（万元）	汽车（辆）	房屋实有面积（平方米）
黑龙江农垦勘察设计院	哈尔滨	212	837	304	2927	3249			20000
黑龙江农垦广播电视局	哈尔滨	33	76	133	459	1153		4	6482
黑龙江农垦总局住房公积金管理中心	哈尔滨	20	30	34	150	154		2	1830
黑龙江农垦管理干部学院	哈尔滨	174	450	221		2154		5	28993
黑龙江农垦职业学院	哈尔滨	356	733	588	2473	4716	313	5	137688
黑龙江农垦农业职业技术学院	哈尔滨	286	855	464	2100	3222	1144		152393
黑龙江农垦总局工程质量监督站	哈尔滨	7	21	10	46	130		1	950
黑龙江农垦工会委员会	哈尔滨	24	55	30	128			2	2889
黑龙江农垦经济研究所	哈尔滨		22	14	69	157			1840
黑龙江农垦总局特种设备检验所	哈尔滨	15	40	15	75	87			1019
黑龙江农垦公安局交警支队	哈尔滨	50	160	57	275	566		11	9421
黑龙江省农垦总局就业局	哈尔滨	8	21	21	94	120		1	1023
黑龙江省农垦职业技能鉴定指导中心	哈尔滨	2	6	3	16	17			200
黑龙江哈尔滨职业介绍所	哈尔滨			4	18	23			280
黑龙江农垦阳光农业相互保险公司	哈尔滨	209	1209	364	1139	34024		152	41556
黑龙江建正会计师事务所	哈尔滨	2	13	5	18	14			500
黑龙江省农垦总局墙体材料改革办公室	哈尔滨		9	6	50	80		1	500
黑龙江省农垦总局哈尔滨干休所	哈尔滨	7	20	18	27	140			735
黑龙江农垦绿色食品办公室	哈尔滨		18	14	75			2	1210
黑龙江农垦迈高广告有限公司	哈尔滨	3	9	6	5	2		1	266
黑龙江农垦经济调查队	哈尔滨	5	15	8	40	44			350
黑龙江农垦工程咨询评审中心	哈尔滨			8	47	118		1	1340
黑龙江农垦人才中心	哈尔滨	9	19	14	102	164			600
黑龙江农垦工商行政管理局	哈尔滨	37	111	86	302	738		10	8020
黑龙江农垦工程造价管理站	哈尔滨	5	12	6	37	57			582
黑龙江农垦总局交通局	哈尔滨		204	73	326	880	256000	11	14908
黑龙江农垦总局环境保护局	哈尔滨	26	78	32	143	258		2	2071
黑龙江农垦总局水务局	哈尔滨	25	65	29	127	934		1	5400
黑龙江农垦总局植保植检站	哈尔滨	2	6	2	13	11			130
黑龙江农垦总局气象管理站	哈尔滨	4	10	4	15	15			150
黑龙江农垦总局森林病虫害防治检疫站	哈尔滨	2	6	2	10	10			
黑龙江农垦土地勘测规划院	哈尔滨	7	25	10	98	141			1140
黑龙江农垦土地整理储备中心	哈尔滨	10	27	10	52	71			600
黑龙江省农垦总局直属行政事业财务结算中心	哈尔滨	113	264	81	318	1145		5	8820
北大荒博物馆	哈尔滨	1	17	3	24	177			4052
黑龙江农垦公安局	哈尔滨	87	223	105	564	724		15	8650
黑龙江农垦检查院	哈尔滨	41	110	41	322				
黑龙江农垦中级法院	哈尔滨	75	223	72	372	534		15	14470
黑龙江农垦司法局	哈尔滨	4	11	9	4859	58		1	364
黑龙江农垦总局政法委	哈尔滨	10	23	10	45	82			1180
黑龙江省区公证处	哈尔滨	3	10	9	63	72		1	223
黑龙江省国土资源厅驻农垦总局国土资源局	哈尔滨	11	30	17	70	414			1200
黑龙江省农业机械安全监理总站农垦分站	哈尔滨	1	4	2	8	14			90
农垦总局图书馆	哈尔滨	3	5	5	12	12			258
黑龙江北大荒农业股份有限公司	哈尔滨	66	194	71	409	2920		7	8654

中国统计出版社最新图书简目

(仅供参考,以最后出书为准)

统计资料

中国统计年鉴-2011
2011中国发展报告
长江和珠江三角洲及港澳特别行政区统计年鉴-2011
中国劳动统计年鉴-2011
中国建筑业统计年鉴-2011
中国商品交易市场统计年鉴-2011
中国民政统计年鉴-2011
中国建制镇统计资料-2011
中国高技术产业统计年鉴-2011
全国农产品成本收益资料汇编-2011
中国县（市）社会经济调查年鉴-2011
中国国内生产总值核算历史资料(1952-2004)
大中型批发零售和住宿餐饮企业统计年鉴-2011

中国统计摘要-2011
中国第三产业统计年鉴-2011
中国社会统计年鉴-2011
中国人口和就业统计年鉴-2011
中国房地产统计年鉴-2011
中国贸易外经统计年鉴-2011
中国农村统计年鉴-2011
中国教育经费统计年鉴-2010
中国科学技术协会统计年鉴-2011
中国棉花年鉴-2007/2008
中国农村住户调查年鉴-2011（中、英文）
中国季度国内生产总值核算历史资料(1992-2005)
2005年中国1%人口抽样调查系列资料

国际统计年鉴-2011
中国区域经济统计年鉴-2011
中国城市统计年鉴-2010
中国工业经济统计年鉴-2011
中国能源统计年鉴-2011
中国基本单位统计年鉴-2011
中国农产品价格调查年鉴-2011
中国农村贫困监测报告-2011
工业企业科技活动资料-2011
中国城市(镇)生活与价格年鉴-2011
中国农村全面建设小康监测报告-2011
中国零售和餐饮业连锁企业统计年鉴-2011
第二次全国残疾人抽样调查资料系列

2011年省级综合统计年鉴系列

北京 天津 河北 山西 内蒙古
河南 湖北 湖南 广东 广西
新疆 新疆生产建设兵团

辽宁 吉林 黑龙江 上海 江苏
海南 重庆 四川 贵州 云南

浙江 安徽 福建 江西 山东
西藏 陕西 甘肃 青海 宁夏

2011年市(县)级综合统计年鉴系列

石家庄 唐山 邯郸 太原 大同
包头 沈阳 大连 长春 吉林市
苏州 无锡 常州 徐州 南通
金华 嘉兴 衢州 安庆 福州
济南 青岛 潍坊 东营 郑州
东莞 惠州 深圳 桂林 南宁
乌鲁木齐 吐鲁番

长治 阳泉 晋城 朔州 晋中
四平 延吉 哈尔滨 齐齐哈尔
盐城 镇江 江阴 丹阳 杭州
福州经济技术开发区
洛阳 三门峡 南阳 武汉 宜昌
柳州 来宾 河池 海口 成都

运城 忻州 临汾 呼和浩特
黑龙江垦区 上海浦东新区
宁波 绍兴 台州 舟山 温州
厦门经济特区 南昌 上饶
十堰 荆州 黄冈 长沙 广州
贵阳 昆明 西安 庆阳 银川

“十一五”规划教材

非参数统计 医学统计学
多元统计分析 经济计量学教程
统计数据处理概论
企业经营管理统计
统计学:从数据到结论

概率论与数理统计 统计学
应用时间序列分析
质量管理统计方法 社会统计学
市场调查与预测
国民经济核算教程(国民经济统计学)

现代金融投资统计分析
统计指数理论及应用
多元统计分析实验
统计学原理（非统计专业使用）
概率论与数理统计(经济、管理类专业使用)

重点图书

新中国六十年
挑大学选专业2012—高考志愿填报指南
挑大学选专业2012—考研择校指南